Ensayo

Biografía

Ian Gibson (Dublín, 1939) es un hispanista internacionalmente reconocido y, desde 1984, ciudadano español. Entre sus libros más destacados figuran *La represión nacionalista de Granada en 1936 y la muerte de Federico García Lorca* (París, Ruedo Ibérico, 1971) —Premio Internacional de la Prensa (Niza, 1972)—, prohibido por el régimen franquista, la magna biografía *Federico García Lorca* (1985-1987) —reeditado en un solo volumen en 2011—, *La vida desaforada de Salvador Dalí* (1998), *Vida, pasión y muerte de Federico García Lorca* (1998), *Lorca-Dalí. El amor que no pudo ser* (1999), *Ligero de equipaje. La vida de Antonio Machado* (2006), *Lorca y el mundo gay* (2007), *El hombre que delató a García Lorca* (2007), la novela *La berlina de Prim*, ganadora del Premio Fernando Lara (2012), *Luis Buñuel. La forja de un cineasta universal* (2013), *Poeta en Granada. Paseos con Federico García Lorca* (2015) y *Los últimos caminos de Antonio Machado. De Collioure a Sevilla* (2019). Gibson vive actualmente en el popular barrio madrileño de Lavapiés.

Ian Gibson

Lorca - Dalí
El amor que no pudo ser

Edición corregida y revisada

DEBOLS!LLO

Papel certificado por el Forest Stewardship Council®

MIXTO
Papel | Apoyando la
silvicultura responsable
FSC www.fsc.org FSC® C117695

Penguin
Random House
Grupo Editorial

Primera edición: junio de 2016
Décima reimpresión: diciembre de 2025

Printed in Spain – Impreso en España

ISBN: 978-84-663-3366-5
Depósito legal: B-7.352-2016

Compuesto en M. I. Maquetación, S. L.
Impreso en Arcángel Maggio Europa S. L.

P 3 3 3 6 6 B

ÍNDICE

A mi no me gusta que nada me guste extraordinariamente, huyo de las cosas que me podrian extasiar
como de los autos, el extasis es un peligro para la inteligencia.

Salvador Dalí,
carta a Federico García Lorca

Algo que también es primordial es respetar los propios instintos. El día en que deja uno de luchar contra sus instintos, ese día se ha aprendido a vivir.

Federico García Lorca,
entrevistado en Buenos Aires, 1933.

Dalí y Lorca en Figueres, primavera de 1927. El pintor hacía el servicio militar.

INTRODUCCIÓN

Después de tantos años dedicados a Lorca y Dalí, y antes de cerrar la etapa biográfica de mi quehacer profesional, he sentido la necesidad de escribir un libro centrado en la profunda amistad que unió a pintor y poeta, y que tan enjundiosas consecuencias tuvo para la obra de ambos. Libro que aunara amenidad narrativa con rigor erudito y apacibilidafld —quiero decir, la tranquila ponderación de textos clave— y que, al mismo tiempo, comunicara al lector, o lectora, la tristeza y rabia que produce, a cada paso, no poder saber más, mucho más, acerca de una de las relaciones verdaderamente apasionantes del siglo que se acaba.

«Fue un amor erótico y trágico, por el hecho de no poderlo compartir»: así definió Dalí, tres años antes de morir, su amistad con el poeta, enfatizando con ello, una vez más, su pretendida condición de heterosexual.[1]

Aquella amistad sólo se conoce parcialmente, en primer lugar porque, si han sobrevivido numerosas cartas de Dalí a Lorca —unas cuarenta—, las de éste al pintor han desaparecido en su casi totalidad. ¿Dónde están? Anna Maria Dalí, hermana de Salvador, alegaba que se habían perdido durante los vaivenes de la guerra, pero el propio Dalí, en una entrevista de 1978, declaró que las tenía en su poder y que, llegado el momento, las daría a conocer.[2] Nunca lo hizo y hoy no se encuentran en la Fundación Gala-Salvador Dalí, de Figueres, depositaria del archivo del pintor. ¿Conservaba Dalí realmente las cartas del poeta? Tiendo a creer que sí. ¿Dónde pueden estar, entonces? ¿Nos encontramos ante un robo? Es posible. Después de la muerte de Gala en junio de 1982, Dalí nunca volvió a poner los pies en la laberíntica casa de Port Lligat, y parece que hubo sustracciones de papeles y documentos. Tal vez, entre ellas, esta correspondencia. Fuera como fuese, sabemos por las tres o cuatro cartas de Lorca al pintor que se han salvado, así como por las contestaciones de Dalí a otras, que el poeta puso su más acendrado empeño creador y comunicativo en las misivas dirigidas al predilecto. Su pérdida es una tragedia humana y artística.

En cuanto a los testimonios escritos contemporáneos de los que estuvieran al tanto de la relación de Dalí y Lorca, la situación es desoladora (por no extendernos sobre testimonios escritos u orales posteriores, muy poco fiables). Es una inmensa suerte, por tanto, que se hayan conservado algunas cartas altamente reveladoras, imprescindibles, de Luis Buñuel a José Bello, en las cuales se trasluce la envidia y el encono que provocaban en el joven cineasta la amistad de pintor y poeta, el azoramiento del aragonés ante el hecho homosexual en sí, y su voluntad de separar a los dos amigos y atraer a Dalí a París. Sin estos escasos documentos sería imposible aproximarnos a la realidad de las relaciones del genial trío hacia finales de los años veinte, pasados ya los «días heroicos» de la Residencia de Estudiantes. También, al abrigo del olvido, tenemos algunos comentarios del propio Lorca, de incalculable valor, acerca de los sentimientos que le inspiraba Dalí, comentarios contenidos sobre todo en la correspondencia del poeta con el crítico de arte catalán Sebastià Gasch. Se trata, otra vez, de mínimos textos de excepcional valor biográfico.

Luego está el testimonio de la obra de los dos.

Tal obra demuestra que el encuentro de Lorca y Dalí fue enormemente fructífero para la creatividad de uno y otro, dando lugar a un complejo tejido de influencias, complicidades, sugerencias, trasvases y reacciones. De que así fue no puede caber duda alguna después de las meticulosas monografías sobre el joven Dalí y su entorno llevadas a cabo, a lo largo de muchos años, por Rafael Santos Torroella, notables por su rigor. Me complace reconocer aquí, una vez más, cuánto deben a este generoso maestro mis propias investigaciones sobre pintor y poeta. También quiero dejar constancia de la importancia para las mismas del libro de Agustín Sánchez Vidal, *Buñuel, Lorca, Dalí: el enigma sin fin* (1988), donde el autor sigue, con admirable tenacidad detectivesca, las huellas de cada uno de los tres amigos en la obra de los otros dos. No se pueden olvidar tampoco las pioneras indagaciones de Antonina Rodrigo, *García Lorca en Cataluña* (1975) y la posterior *Lorca-Dalí. Una amistad traicionada* (1981). A los tres autores, así como a don Emili Gasch Grau, hijo de Sebastià Gasch, que me permitió amablemente leer la correspondencia inédita de Dalí con su padre, mi más sincero agradecimiento.

IAN GIBSON
Restábal (Granada)

1. EL LORCA JOVEN:
DESEAR Y NO PODER CONSEGUIR

Federico García Lorca, nacido el 5 de junio de 1898 en el pueblo de Fuente Vaqueros, a dieciocho kilómetros de Granada, viene al mundo en momentos de auténtico trauma nacional. En abril, Estados Unidos ha declarado la guerra a España tras la voladura del *Maine* en el puerto de La Habana. A principios de mayo llega la noticia de la destrucción de la flota en la bahía de Manila, con cuatrocientas bajas españolas y ni una sola norteamericana. La ignominiosa derrota causa rabia, estupor, vergüenza y un sentimiento de impotencia generalizada. Se desencadena en la prensa popular un histerismo revanchista. La gente se lanza a la calle. Hay gritos contra el gobierno, la monarquía, las fuerzas armadas. En julio es el desastre final, el de Cuba. Parece imposible. El imperio español sobre el cual no se ponía el sol, ha perdido el último retazo de sus antes inmensos dominios al otro lado del Atlántico.[1]

Por lo que toca a Granada, 1898 significa otro triste desenlace: el suicidio, a los treinta y tres años, del escritor Ángel Ganivet, que aquel noviembre se tira a las heladas aguas del Dvina, en Riga. Tal vez por todo ello habrá en Federico García Lorca una tendencia a situar su nacimiento, no en 1898, sino en el más prometedor 1900.

«Yo soy del corazón de la Vega de Granada.» Así le gustaba contestar al poeta cuando le preguntaban por sus orígenes, enfatizando con ello el hecho de ser no sólo granadino sino granadino de campo.[2]

Fue bautizado Federico del Sagrado Corazón de Jesús. Su padre, Federico García Rodríguez, natural de Fuente Vaqueros (o de La Fuente, como se suele llamar localmente el pueblo), era labrador enriquecido por el *boom* de la remolacha de azúcar de finales del siglo, que cambió los destinos de la Vega. Su madre, Vicenta Lorca Romero, natural de Granada y profesora de primera enseñanza, procedía de una familia humilde. La primera mujer de García Rodríguez, Matilde Palacios, había muerto en 1894 sin tener hijos después de catorce años de matrimonio.

Lorca se referiría a ella como «aquella otra "que pudo ser mi madre"».[3]

Federico García Rodríguez es el mayor de nueve hermanos y hermanas. Todos ellos viven y se casan en el pueblo, y el futuro poeta crece rodeado del intenso cariño de familia numerosísima, con primos y primas a la vuelta de cada esquina. En Fuente Vaqueros pasa los primeros ocho o nueve años de su vida, en íntimo contacto con la naturaleza, y siempre dirá que aquella circunstancia moldeó su sensibilidad artística. «Amo a la tierra. Me siento ligado a ella en todas mis emociones. Mis más lejanos recuerdos de niño tienen sabor a tierra», declaró en Buenos Aires en 1934, dos años antes de su muerte, añadiendo que adolecía de lo que los psicoanalistas llamarían un «complejo agrario».[4] Y es cierto que las raíces de su poderoso lenguaje metafórico se hunden en el campo que él conoció y amó en su infancia —campo fertilísimo, cruzado por el Genil y el Cubillas y dominado hacia el sudeste por la inmensa mole de Sierra Nevada— y en la manera de hablar de sus habitantes.

Los García de Fuente Vaqueros, gentes de la Vega por los cuatro costados, eran una familia nada común. De poca formación profesional, casi todos tenían una innata aptitud artística. Tocaban la guitarra, la bandurria o el piano, contaban con gracia infinitas anécdotas, improvisaban coplas y conocían muchas canciones populares. Uno de ellos, el tío abuelo Baldomero, a quien adoraba Federico, ejercía de juglar por los pueblos vegueros y había publicado un librito de versos, *Siemprevivas*, de inspiración religiosa. Un tío, Luis, tocaba el piano maravillosamente de oídas y sin haber aprendido una nota. Otro dibujaba. Los García, además, amaban la lectura, sintiendo especial predilección por Víctor Hugo, cuyas obras completas había comprado el padre del futuro poeta en una hermosa edición de seis tomos con láminas en color. Existe la posibilidad de que allí empezara a leer.[5]

Vicenta Lorca Romero, once años más joven que su marido, era una mujer inteligente y voluntariosa que se había hecho maestra a fuerza de una admirable tenacidad. El poeta diría que, si heredó de su padre la pasión, de la madre le vino la inteligencia. Habría que matizar esta aseveración, pues no cabe duda de que Federico García Rodríguez era hombre avispado a su manera, ducho en la compraventa de terrenos.[6]

El psicoanalista Emilio Valdivielso Miquel ha llamado la atención sobre el hecho de que, cada vez que daba a luz, Vicenta Lorca enfermaba y era incapaz de amamantar al recién nacido, que se entregaba a una nodriza (después de Federico nacieron, en 1900, Luis —fallecido en 1902 a causa de una «pneumonía gripal»—;* Francisco, en 1902; María de la Concepción, en 1903, y, en 1910, Isabel).[7] Según hipótesis de Valdivieso, se trataba de depresiones postpártum o psicosis puerperales. Cree encontrar en la poesía de Lorca indicios de que en su fondo interno el poeta se sentía, en terminología psicoanalítica, «niño abandónico». O, para decirlo de otra manera, que padecía una aguda «ansiedad de separación»:

> Abandónico no es lo mismo que abandonado. Aunque el poeta no fuese totalmente abandonado por su madre, fue dejado en manos de una madre sustituta, y las vivencias habituales de Federico son las que tienen los niños abandónicos: el sentimiento continuo de inseguridad. La amenaza continua de un nuevo abandono está en ellos como una espada de Damócles encima de su cabeza, haciéndoles reaccionar con una urgencia de cariño excesiva, una demostración constante, por parte de los demás, de que no van a ser de nuevo abandonados. En ocasiones estos niños reaccionan con agresividad y negativismo, pero lo más frecuente es que sean insaciables de amor y de atención, y ésta fue la tónica general [...] del comportamiento de Federico.[8]

Apoya la hipótesis de Valdivielso Miquel el hecho de que la patética imagen del niño abandonado aflora con cier-

---

* Lorca alude a la muerte de Luis en una «suite» (*OC*, I, p. 198):

> *Adiós pájaro verde*
> *Ya estarás en el Limbo*
> *Visita de mi parte*
> *a mi hermano Luisillo*
> *en la pradera*
> *con los mamoncillos.*

ta insistencia en la obra del poeta. Lorca protesta con rabia, por ejemplo, en su primer libro, *Impresiones y paisajes* (1918), ante el espectáculo de los huérfanos encerrados en un miserable hospicio de Galicia.[9] Y en un temprano poema, «Canción menor» (1920), encontramos estos versos harto significativos:

> *Daré todo a los demás*
> *y lloraré mi pasión*
> *como niño abandonado*
> *en cuento que se borró.*[10]

Valdivielso Miquel incluso cree posible que aquella temprana experiencia de sentirse abandonado o rechazado pudo ser el núcleo originario de la posterior evolución del joven Federico hacia la homosexualidad. De todo ello no tendría la culpa Vicenta Lorca, naturalmente, víctima ella misma de circunstancias infantiles por lo visto muy desfavorables.[11]

El médico hace hincapié en las fotografías de la madre del poeta, tomando nota de «la expresión de frialdad, distancia, desinterés, ausencia, desgarro e incomunicación» que parecen desprender.[12] Y es cierto que en ninguna de ellas se la ve risueña, feliz o relajada. Muy exigente consigo misma, Vicenta Lorca también lo era con su familia, como demuestran las cartas dirigidas a Federico a lo largo de quince años.[13]

Por otro lado, los escritos adolescentes de Lorca revelan que, al recordar su infancia, la percibía como ya inquieta ante el hecho amoroso. Así, en «Meditación bajo la lluvia», leemos:

> *Yo siento la nostalgia de mi infancia intranquila,*
> *Mi ilusión de ser grande en el amor, las horas*
> *Pasadas como ésta contemplando la lluvia*
> *Con tristeza nativa.*
> *   Caperucita roja*
> *Iba por el sendero...*
> *Se fueron mis historias, hoy medito, confuso,*
> *Ante la fuente turbia que del amor me brota.*[14]

Y en «Balada triste»:

> *Yo siempre fui intranquilo,*
> *Niños buenos del prado.*
> *El ella del romance me sumía*
> *en ensoñares claros.*
> *¿Quién será la que coge los claveles*
> *Y las rosas de Mayo?*[15]

Hoy no es un secreto que a los siete años se puede amar, soñar con el amor y sufrir por el amor. De ello sabía mucho Lorca y es la raíz del tono elegíaco que se oye en toda su obra.

Se ha dicho que unos pocos meses después de su nacimiento Federico padeció una grave enfermedad que le impidió caminar hasta los cuatro años,[16] y el mismo poeta solía declarar que si era incapaz de correr era porque de joven había sufrido una lesión en las piernas.[17] Sin embargo, en la familia García Lorca no ha habido constancia de dicha enfermedad, omisión improbable de haber existido realmente.[18] Carmen Ramos, hija de la nodriza de Federico, negaba que hubiera sufrido tal percance e insistía, en cambio, en que a los quince meses caminaba normalmente.[19] Preciso es decir, sin embargo, que el poeta tenía los pies absolutamente planos,[20] y, además, la pierna izquierda algo más corta que la derecha, defectos sin duda congénitos y que prestaban a su andar un balanceo característico evocado después por numerosos amigos, entre ellos Emilio Garrigues:

> Cualquiera que le haya conocido recordará cómo compensaba la torpeza de sus piernas con una supercarga, una alta tensión somática, explotando al máximo la capacidad expresiva del busto, las manos, la frente, el entrecejo y, naturalmente, de la mirada.[21]

En un poema juvenil Lorca se queja de sus «torpes andares», probable alusión a la deficiencia que estamos comentando, que considera motivo suficiente para ser rechazado en el amor.[22] Numerosas personas evocarían más tarde el terror que sentía al cruzar la calle, temiendo que un coche le atropellase.[23]

En cuanto a sus alegadas dificultades para hablar, que le impedirían articular bien las palabras hasta los tres años, el hecho es que no hay prueba alguna al respecto.[24] Su hermano Francisco, que recibió información fidedigna de su madre acerca de los primeros años del primogénito, declaró que, por el contrario, habló precozmente.[25]

Más precoz aún fue la aparición de la habilidad musical propia de los García. «Antes de hablar Federico tarareaba ya las canciones populares y se entusiasmaba con la guitarra», manifestaría la madre.[26] Vicenta, que tenía aficiones musicales aunque no tocaba ningún instrumento, alentó en su hijo el desarrollo de aquella disposición innata y que tan buenos frutos daría después en su vida y su obra.[27]

En el que tal vez fuera su primer escrito en prosa, *Mi pueblo*, el Lorca adolescente evoca con nostalgia, desde Granada, los juegos que solía organizar en la buhardilla de la casa familiar de Fuente Vaqueros. El texto da la impresión de que, si el niño se encargaba de orquestar aquellas actividades con tanto empeño era, en cierto modo, para compensar su propia falta de agilidad física. Es probable, además, que tal *handicap* sirvió para alentar sus facultades de observación y su imaginación. Sea como fuera, desde sus primeros años Federico se mostró extraordinariamente atento al mundo que le rodeaba.[28]

Fuente Vaqueros siempre tuvo fama de liberal y abierto. Tal vez la circunstancia no era ajena al hecho de ser el pueblo más importante de una finca de unas 1.500 hectáreas conocida como el Soto de Roma. Durante siglos había pertenecido a la Familia Real, siendo utilizado como coto de caza, pero en 1813, al final de la Guerra de la Independencia, fue regalado por las Cortes de Cádiz al duque de Wellington, vencedor de Napoleón por tierras españolas. Con ello sus habitantes pasaron a ser súbditos —apenas es una exageración— de una familia aristocrática inglesa, protestante por más señas. Ello hizo que los de La Fuente fuesen a la vez más liberales (por el contacto con otra manera de pensar) y —al ser arrendatarios de extranjeros— más díscolos que las gentes de los pueblos que caían fuera del Soto de Roma.[29]

En Fuente Vaqueros, según el hermano del poeta, los curas tenían poco que hacer, careciendo los lugareños de entusiasmo por la Iglesia. Federico García Rodríguez no era excepción a la regla. En cuanto a Vicenta Lorca, siempre se mantendría fiel a su religión, aunque dentro de unas coordenadas progresistas. El joven Federico la acompañaba a menudo a la iglesia del pueblo, y los ritos y la liturgia católicos le llegaron a impresionar profundamente. Tan es así que pronto empezó a imitarlos a su manera. Carmen Ramos nunca olvidaría las «misas» organizadas por el niño en el patio de su casa. Toda la familia y los criados tenían la obligación de asistir. Federico improvisaba un sermón, y si los presentes no lloraban de verdad, se enfadaba y les amonestaba. Pero un día vio su primera representación de títeres en la plaza del pueblo, y eso acabó para siempre con la etapa. A partir de entonces los muñecos eran la obsesión del dramaturgo en ciernes, y aún más cuando, poco después, su madre le compró un auténtico teatrillo de muñecos.[30]

Había nacido el futuro director de La Barraca, el teatro de los estudiantes de Madrid que, bajo la Segunda República, el poeta llevaría por las plazas y los pueblos de España.

De las muchas fincas rústicas de Federico García Rodríguez la más dilatada y bella era la de Daimuz, que extiende por la orilla derecha del río Cubillas, con sus densas choperas, y disfruta extraordinarias vistas de Sierra Nevada. Plantada a finales de siglo con remolacha de azúcar, Daimuz fue base de la fortuna del padre. Lorca recordaría haber oído a su madre leer aquí, en voz alta, obras de Víctor Hugo. En 1934 evocó un luminoso incidente ocurrido cuando tenía siete u ocho años:

Fue por el año 1906. Mi tierra, tierra de agricultores, había sido arada por los viejos arados de madera, que apenas arañaban la superficie. Y en aquel año, algunos labradores

adquirieron los nuevos arados Brabant* —el nombre me ha
quedado para siempre en el recuerdo—, que habían sido pre-
miados por su eficacia en la Exposición de París del año 1900.
Yo, niño curioso, seguía por todo el campo al vigoroso arado de
mi casa. Me gustaba ver cómo la enorme púa de acero abría
un tajo en la tierra, tajo del que brotaban raíces en lugar de
sangre. Una vez el arado se detuvo. Había tropezado en algo
consistente. Un segundo más tarde, la hoja brillante de acero
sacaba de la tierra un mosaico romano. Tenía una inscripción
que ahora no recuerdo, aunque no sé por qué acude a mi memoria el nombre de los pastores Dafnis y Cloe.
      Ese mi primer asombro artístico está unido a la tierra.
Los nombres de Dafnis y Cloe tienen también sabor a tierra y a amor.[31]

   ¿Ocurrió realmente la escena tal como la describe el
poeta? Francisco García Lorca lo puso en duda. Añadió,
que, si por aquellas fechas se habían encontrado indicios
romanos en la cercana finca de Daragoleja, no había ocurrido lo mismo en Daimuz. Sin embargo, al poeta no le
engañaba la memoria ni inventaba historias. Hace no muchos años aparecieron restos de una alquería romana bajo
el fértil suelo de la propiedad. Centenares de monedas ro-
manas se han extraído del lugar —todas pertenecientes al
período de Constantino—, gran cantidad de mosaicos y una
preciosa estatuilla en bronce de la diosa Minerva, de ocho
centímetros de altura, hoy en el Museo Arqueológico de
Granada. Parece cierto, pues, que al evocar su primera experiencia de «asombro artístico» el poeta recordaba un hecho real que, de manera repentina, le había abierto una
página de la antiquísima historia de Andalucía. ¡En aquella misma finca que ahora pertenecía a su padre habían vivido terratenientes romanos, muchos siglos antes de la llegada de los árabes que le habían dado el nombre de Daimuz!
Resulta difícil no relacionar aquella experiencia, recordada
por el poeta de manera tan gráfica, con la Andalucía del
Romancero gitano. Andalucía mítica, milenaria, atravesa-
da por todas las razas del Mediterráneo.

---

*   Correctamente, Bravant.

En 1907, cuando Federico tiene ocho o nueve años, su padre traslada a la familia al pueblo de Asquerosa (hoy Valderrubio) —de debatida etimología—, situado a unos cuatro kilómetros de Fuente Vaqueros al otro lado del río Cubillas, fuera ya del Soto de Roma.* Parece ser que el labrador quería estar más cerca de las tierras que poseía en aquella zona; otra razón sería la mayor proximidad de la estación de ferrocarril —el apeadero de San Pascual, hoy desaparecido—, que facilitaba el acceso a Granada. Federico, que había empezado ya sus estudios primarios, los continúa en Asquerosa y luego, en 1908, pasa una temporada en Almería, en casa de quien había sido maestro de Fuente Vaqueros, Antonio Rodríguez Espinosa. Allí empieza su primer año de bachillerato, pero sobreviene luego una enfermedad y tiene que volver al pueblo.[32]

En el verano de 1909 la familia se muda a Granada, donde, aquel otoño, ingresará Federico en el instituto. Ha terminado la etapa «veguera» del niño enamorado de la naturaleza. Aunque cada verano volverá a pasar unas semanas con sus padres y hermanos en Asquerosa (pero nunca en Fuente Vaqueros), nada es ya lo mismo. Su nostalgia de aquel paraíso perdido aflorará con persistencia en su obra y no es exagerado afirmar que la Vega constituye tanto el fondo como el trasfondo del mundo poético lorquiano.

Granada, a principios de siglo, es una pequeña capital de provincias de alrededor de 75.000 habitantes. «Una ruina viviente»: así la había definido en 1898 la prestigiosa guía Baedeker, observando que, si algunas de sus calles principales se habían adecentado algo «para complacencia del visitante extranjero», las demás se encontraban llenas de suciedad y escombros.[33]

Cuando llegan los García Lorca a la ciudad once años después la situación ha mejorado un poco y la influencia de la revolución azucarera de la Vega se está notando. Estimulada por los grandes beneficios generados por el nuevo cultivo, la burguesía granadina ha decidido que ya es hora de poner al día y «europeizar» la ciudad de la Alhambra. Expre-

---

* En 1943 el pueblo fue rebautizado como Valderrubio..

sión de la nueva actitud es la Gran Vía de Colón, ancha y rectilínea avenida que desentona cruelmente con la personalidad íntima y recoleta de Granada (pese a las bellas fachadas modernistas de algunos de sus edificios). Lorca llegará a la conclusión de que la «Gran Vía del Azúcar» —como se la apodó— había contribuido de manera contundente «a deformar el carácter de los actuales granadinos».[34]

Con ello hacía suyo el criterio del malogrado escritor Ángel Ganivet, que en su ensayo *Granada la bella* (1897) había lamentado «la epidemia del ensanche» y «el amor a la línea recta» que, a su juicio, destruían el lugar. Otro síntoma de que en el fondo los granadinos no amaban su propia ciudad era el hecho, a juicio de Ganivet, de que habían tapado a la vista el pequeño río Darro que corre por su centro antes de juntarse con el cercano Genil. Otra vez Lorca estaría de acuerdo.

En realidad, la paulatina destrucción de Granada había empezado siglos atrás, en 1492, a partir de la toma de la ciudad —último baluarte islámico en España— por los Reyes Católicos. Con la expulsión de los judíos (se ha calculado que unos 20.000), la conversión forzosa (o exilio) de los musulmanes y la repoblación cristiana, Granada había caído rápidamente en decadencia. Lorca iba a formar una opinión pésima de la burguesía granadina, por su falta de sensibilidad estética y su desprecio por el que hoy llamaríamos medio ambiente.

En cuanto a la literatura y el arte, la Granada de 1909 vivía todavía sumergida en una modorra pseudo-oriental ajena a la modernidad. Pesaba sobre la poesía local, así como sobre la ciudad misma, la tradición alhambreña de fuentes lloronas, ruiseñores y princesas moras enamoradas de cristianos, y habría sido difícil, por no decir imposible, que un adolescente granadino de entonces con sensibilidad artística pudiera evitar del todo la influencia de tal lastre. Lorca no sería excepción a la regla, como demuestran varios de sus primeros poemas. Pero muy pronto se dará cuenta del peligro de caer en tópicos, y en su obra madura sólo asomarán raras veces los patios y albercas de los palacios nazaríes, y entonces siempre en clave estilizada, depurada.

Era práctica muy difundida en la España de entonces que los padres acomodados enviasen a sus hijos a colegios privados para reforzar la enseñanza oficial impartida en los institutos. Federico García Rodríguez no quería que Federico y Francisco estudiasen con los curas. De haber sido así los habría mandado con toda probabilidad al cercano colegio de los Escolapios —los García Lorca vivían en la Acera del Darro—, muy favorecido por las familias «bien» de la ciudad. Optó por confiarles a un pariente de su mujer, Joaquín Alemán, que regía un pequeño establecimiento laico llamado, engañosamente, Colegio del Sagrado Corazón de Jesús.[35]

La carrera de Federico en el Instituto de Granada no fue brillante (la de su hermano Francisco, sí), pese a las constantes exigencias de Vicenta Lorca y sabemos que en una de sus clases tuvo la mala suerte de tropezar con un maestro machista que, considerándole poco varonil, dio en llamarle Federica, lo cual seguramente hizo sufrir agudamente al muchacho recién llegado de la Vega.[36] El problema fundamental, con todo, residía en que lo único que realmente le interesaba a Lorca en esta etapa de su vida era la música. Muy conscientes de su innato talento musical, sus padres le habían buscado un profesor de piano al poco tiempo de llegar a la ciudad. Después de varios años con distintos profesores, la suerte quiso que se encargara de su formación un viejo compositor fracasado, pero excelente profesor y buen pianista, Antonio Segura Mesa (ilustración 10). Con él adquirió pronto una técnica pianística realmente apreciable, compuso varias pequeñas partituras y se inició en el estudio sistemático de la música folklórica.[37]

Progresa tan deprisa como pianista que Segura llega al convencimiento de que está llamado a tener una carrera musical profesional. Pero al morirse el maestro en 1916, los padres se oponen tajantemente a que su hijo mayor se embarque en una aventura tan arriesgada, insistiendo en que su obligación, primero, es conseguir un título universitario.[38]

La muerte de Segura Mesa coincide con la fuerte influencia sobre Federico de Martín Domínguez Berrueta, catedrático de teoría de la literatura y de las artes en la Universi-

dad de Granada, donde ingresa para estudiar simultáneamente las carreras de filosofía y letras y derecho. Berrueta, oriundo de Salamanca, es un fervoroso amante del arte
y tiene la obsesión de que sus alumnos reciban una enseñanza eminentemente práctica. Por ello organiza cada primavera y verano viajes de estudio por Andalucía y, a veces,
por Castilla y otras provincias del norte, viajes que constituyen entonces una llamativa novedad. En 1916 y 1917
Lorca acompaña a Berrueta en varias rutas, visitando no
sólo las otras principales ciudades de Andalucía sino Galicia, León y Castilla la Vieja.[39]

En 1917 se apodera de él un tumultuoso impulso literario que, entre aquel año y el siguiente, da lugar a unos
doscientos poemas, prosas de corte metafísico que bautiza
«místicas», pequeñas obras de teatro y los textos que inte-
grarán su primer libro, *Impresiones y paisajes*, fruto en
gran parte de los viajes de estudios con Berrueta. «Era un
llenar cuartillas sin cuento —recuerda Francisco García
Lorca—; un ejercicio incesante al que se entregaba principalmente de madrugada. Si se quedaba sin cuartillas, apro-
vechaba otros papeles.»[40] En ellos Lorca puso lo más personal suyo, y, contrariamente a lo que más tarde sería su
práctica, los solía fechar, casi como si de un diario íntimo
se tratara.

El artista joven retratado en estas páginas es un alma
en pena y víctima de una desgarradora angustia erótica.

Hay constantes alusiones, en primer lugar, a un apasionado primer amor que no pudo ser. La amada, nunca
identificada por su nombre, es una chica rubia, de ojos
azules. La primera referencia a ella aparece en una prosa fechada el 5 de enero de 1917, «La sonata de la nostalgia», donde el poeta escribe: «Las noches de septiembre
son claras y frías. En una de esas noches vino al suelo la
balumba de mis ilusiones [...] Septiembre tiene unas noches claras y con luna azul. Mi primer amor se desmoro-
nó en una noche clara y fría de ese mes.»[41] En otra prosa,
«Estado sentimental. Canción desolada», fechada «23 de
Enero» y casi seguramente del mismo año, los pormenores
se acumulan:

En el frío y la oscuridad de una noche de otoño me mataste con lo que decías, mi cuerpo se aletargó, mis ojos querían llorar, y la vida futura cayó sobre mi espíritu como una gran losa de hielo... Las terribles palabras las dijiste llorando y, pasándome las tibias manos por la cara, suspiraste: «Así tiene que ser. La sociedad sanguinaria nos separa. A mí también se me destroza el corazón...».

Unas líneas después el poeta subraya que la separación se debió a «las espantosas conveniencias sociales». Y pregunta:

¿Por qué no me puedes pertenecer? ¿Por qué tu cuerpo no puede dormir junto al mío, si lo quisieras así? ¿Por qué tú me amas con locura y no nos podemos amar? La sociedad es cruel, absurda y sanguinaria. ¡Maldita sea! Caiga sobre ella, que no nos deja amarnos libremente, nuestra maldición.

¿Qué importa que haya diferencia de clases si nosotros somos una sola alma? ¿Qué importa que tu familia sea infame y esté prostituida tu madre si tú eres pura y eucarística...? Mi pecho quisiera estallar y muchas veces llamo a la muerte... pero no puede ser... La sociedad nos separa y nos mata.[42]

¿Se habían opuesto los padres del poeta a que mantuviera relaciones con una chica de clase inferior a la suya? ¿Había llegado realmente a prostituirse la madre de la misma? ¿O estamos ante una ficción? El tema es tan recurrente e insistente en la *juvenilia* que la base autobiográfica parece fuera de duda, por mucho que luego se reelaborara literariamente.

Cuando, a mediados de 1917, surge torrencialmente la inspiración poética, no faltan ni el obsesivo tema del amor perdido —o «desmoronado»—,[43] ni la insistencia del poeta en que está hablando de lo realmente experimentado (nada de ejercicios literarios). El 30 de diciembre de 1917 compone un poema, «Canción desolada», de título idéntico al subtítulo de la prosa que acabamos de citar. Allí apostrofa a los «poetas de falsa lira» cuyos cantos de amor son «siempre bellos / Y casi ninguno desgarrador» porque no han vivido las experiencias que evocan:

¿Qué sabéis de Amor cuando cantáis
Fuertes escenas que os figuráis,
Alejados del mar de la vida...?

Lorca, por el contrario, alega estar inmerso en aquel mar y haber amado —y perdido— de veras. Si no puede cantar tan devastadora experiencia es porque «nuestro beso está perdido / En lejanos labios del olvido / Donde jamás tendrá su amanecer». Sin embargo, el mismo día compone otro poema en que sí recuerda el atroz «desmoronamiento» de su felicidad:

NOSTALGIA

Divina noche en que Amor me besó.
Los senderos eran de claveles.
Campo de luna era tono menor.
Yo era tímida oveja del Señor
En blanco camino de laureles.
Llegó el Amor con su rubio aliento
Y el jardín de mi alma floreció
Con rosas del beso y del ensueño,
Tristes magas del país marfileño
Que mi brujo piano desgranó.
Llegó la Ausencia con su amargura.
El Alma penetró en el corazón.
De pasionarias fue mi sendero
Sembrado con flechas del arquero
Que posee la dulzura y la ilusión.
En los crepúsculos sin colores
En que derramó mi pensamiento
Surge la tenue figura que amé
Y mi dolor ya sin forma la ve.
Tanto sufro que no la presiento.[44]

Llegado el verano de 1917 Lorca estaba enamorado, o creía estar enamorado, de otra muchacha, María Luisa Egea González, hija de un acomodado labrador oriundo del pueblo de Alomartes, no lejos de la Vega de Granada, cuyo hermano, Juan de Dios Egea, era contertulio del «Rinconcillo», el grupo del poeta y sus amigos que se reunía en el café Alameda. María Luisa —rubia, como el amor perdido de estos textos—, y cinco años mayor que él, era buena pianista y muy hermosa. Los sentimientos que abrigaba por ella, tal vez nunca declarados, le atormentaban durante su estancia de aquel julio en Burgos con el catedrático Martín Domínguez Berrueta, y aludió a ellos en varias cartas a su amigo José Fernández-Montesinos (cartas que, al parecer, no se han conservado). Por una de las respuestas de éste, sabemos que Federico le había dicho que María Luisa era «fría». Fernández-Montesinos quería saber a qué se refería el poeta con tal palabra, y procuró consolarle, al parecer sin demasiado éxito.[45]

Lorenzo Martínez Fuset, otro amigo, recibió parecidas confidencias, y le rogó que aclarase las enigmáticas alusiones a la muchacha contenidas en sus efusiones epistolares. ¿Quién era?[46] Al recibir su ejemplar del primer libro del poeta, *Impresiones y paisajes* (1918), y ver la dedicatoria a María Luisa Egea («Bellísima, espléndida y genial... Con toda mi devoción»), no tendría ninguna duda al respecto.[47] La «fría» María Luisa se fue pronto a vivir a Madrid, y cabe suponer que el no lograr entablar relación amorosa con ella (la tradición familiar confirma que no fue correspondido) contribuyó a ahondar la angustia del joven, cuya sed de plenitud erótica impregna todos estos textos.

A partir de enero de 1918 se multiplican los poemas en que aparece el tema de la pérdida del primer amor, fundido con la convicción de que ya nunca será posible otro. En «Romanzas con palabras» leemos:

> *Ella era dulce y vaga y sentida,*
> *Era sagrario donde iba mi vida.*
> *Pero una noche callada y dormida*
> *Como princesa de cuento se fue.*

Retomando el hilo de «Canción desolada», el poema advierte otra vez que no se trata de un tema literario:

No lloro de poesía
Que lloro de verdad.
Mi luz se va extinguiendo
Por vaga eternidad.
¡Ay mis trágicas bodas
sin novia y sin altar![48]

Abramos estas páginas donde las abramos, tropezaremos con parecidas alusiones a aquel gran y desconocido amor perdido para siempre.

El Lorca adolescente reflejado en estos textos está en plena rebeldía contra el Dios del Antiguo Testamento, «todo bajeza y temor iracundo»:[49]

Éste es reino del dolor
Y no existe el Dios de Amor
Que nos pintan.
Contemplando los cielos
Se adivina el imposible de Dios,
Dios que es eterno mudo,
Dios inconsciente, rudo,
El abismo.
El Dios que dice el Cristo
Que habita en los cielos, es injusto.
Truena sobre los buenos,
Truena sobre los malos,
Inclemente...[50]

En una de las «místicas» Lorca se pregunta: «¿No pudiera ser que fuéramos creados para servir de juguetes al Altísimo?». Juzga contundente el testimonio de la Biblia al respecto. «Parece —medita— que estamos destinados a movernos por las manos del Dios inflexible que nos tiene para su reír como metidos en una jaula.»[51] El joven Lorca, el cristiano, siempre temeroso de «la leyenda del castigo eterno» que le puede caer encima,[52] es incapaz de amar sinceramente a este Dios de la «suprema inflexibilidad»:[53]

Siempre estamos bajo el peso de la amenaza tremenda. ¡La mano de Dios! ¡La mano de Dios...! Y temblamos sin amarlo nunca... amándolo por el miedo, rogándole por el miedo a castigos que algunas gentecillas creen. Y cuando estamos alegres y nos acordamos de él temblamos también, porque aquella felicidad la destruirá en momentos.[54]

Encontramos el mismo concepto en boca de «El fantasma poeta» de *El primitivo auto sentimental* (1918):

El Amor a Dios no lo sentí nunca, ni lo siento ahora que estoy cerca de Él. El hombre teme sus castigos como teme su grandeza. El amor a Dios no ha sido sentido por nadie en la tierra. Los que lo ansiaban no lo deseaban por Él mismo sino por ellos. Y los que lo amaron no fue con amor puro y sin mancha, que hubiera sido el verdadero amor. Fue por sufrimientos de la carne [...] o por el terror a lo inconmensurable. Adivinaron la muerte y quisieron sobrevivir.[55]

Al Dios del Antiguo Testamento, que ha hecho un mundo donde el sufrimiento es norma, no está dispuesto a perdonarle. Para el poeta adolescente este Dios es tan nefasto que hasta odia a su propio hijo: «Ten mucho cuidado con él —le hace decir a un ángel en la obrita teatral *Jehová*—; un loco así nos puede dar un disgusto el día menos pensado».[56]

Pero Cristo, calificado de «Socialista divino»,[57] no es ningún loco, sino la expresión suprema de la caridad, la piedad y la compasión. El yo poético ha perdido su fe en el Dios cristiano pero no su profunda compenetración con el Jesús amigo de los enfermos, los débiles, de los tullidos:

Era el amor. Predicó la dulzura de las lágrimas y el encanto de la hermandad... Clamó contra los odios y contra la mentira. Esparció su melancolía de fracasado por las montañas, por los bosques, por las playas. Fue azucena y lago, inmensidad y flor silvestre, corazón y maravilla del desconocido. Vio y lloró. Sus ojos miraban y convencían. Sus largas andanzas por los campos las empleó en hacer amar a todos los seres. Explicó la igualdad y se llenó de pasión por la pobreza... y por eso lo amaron los humildes.[58]

Estos primeros escritos tienen una clara raíz evangélica y revelan una fuerte tendencia por parte del joven poeta a identificarse con el Cristo al que tanto admira. Se aprecia con nitidez en la obra inacabada *Cristo. Tragedia religiosa*, cuyo primer esbozo fue escrito casi seguramente en 1917-1918. En ella Jesús tiene diecinueve años, la misma edad que Federico en estos momentos. La vocación evangélica de Cristo, que choca con los deseos de sus padres, hace pensar en la insistencia de los de Lorca en que consiga como sea un título universitario y abandone sus pretensiones de ser músico profesional. Al enterarnos de que este Jesús, de niño, «se iba muy despacio siguiendo a una hormiga», recordamos que Lorca decía que en Fuente Vaqueros solía hablar con estos y otros insectos.[59] Luego, Cristo, como el Federico niño, pasa horas y horas charlando con la gente del pueblo, y a menudo su familia tiene que ir a buscarle. Jesús declara que su alma está «triste desde que nació» y que está «hecho para el dolor»... sentimientos que se expresan obsesivamente, en primera persona, en la *juvenilia* lorquiana, como hemos visto. Y quizás lo más notable, Jesús está sumido en un mar de desesperación erótica.

El momento más conmovedor de la tragedia ocurre cuando intenta explicar a su madre la incapacidad para corresponder a los sentimientos amorosos de Ester. Por mucho que quiera, le resulta imposible. Jesús y Ester son prototipos de otras parejas que aparecerán en la obra de Lorca, prisioneras en una cárcel de deseos frustrados. Pero sólo en *Cristo* presenciamos la tristeza de una madre que advierte que su hijo no es como los demás. «¡Dios mío! —exclama María—. ¡Quitad a mi hijo la amargura infinita que tiene en el corazón! ¡Haced que la risa brote de sus labios! ¿Qué río de dolor debe de cruzar? ¿Por qué lo habéis ungido en el óleo de la tristeza? ¿Para qué pasa las noches sollozando y mirando a las estrellas? ¡Hacédmelo como todos los jóvenes son!»[60] Nos preguntamos si el Lorca adolescente no tendría presente a su propia madre al escribir estas palabras, ya que es difícil pensar que la ex profesora Vicenta Lorca Romero no se hubiera dado cuenta ya de que su primogénito, pese a sus dones, su encanto y su aparente alegría, era en el fondo un marginado.

Para el Lorca joven, si la humanidad no quiere escuchar el mensaje de amor de Jesús, la culpa la tienen en gran parte los representantes «oficiales» del Salvador en la Tierra, empezando por el Papa, cuya figura le inspira el más profundo rechazo:

> Al sumo sacerdote que representa a Cristo, le besáis los pies y lo tenéis encerrado en palacios de mármol. Mirad que las calles están llenas de niños sin madres que les den la leche de sus pechos. Mirad qué dice San Mateo: que no os llaméis padres en la tierra porque el único Padre está en el cielo.[61]

Lorca considera que el clero traiciona metódicamente a Cristo, y la repugnancia que le inspiran estos célibes, según él mayormente hipócritas, es virulenta. En el mismo texto leemos:

> Sois unos miserables políticos del mal, ángeles exterminadores de la luz. Predicáis la guerra en nombre del Dios de las batallas y enseñáis a odiar refinadamente al que no es de vuestras ideas [...] Contra vosotros hay que ir, armado de Amor y de convencimiento. Ya sé que el mundo que ha sido educado por vosotros es un mundo imbécil y con las alas cortadas. Ya sé que quizá cortaréis mi alma antes de que os muerda en nombre del Bien pero contra vosotros dirigiré mis odios y mis cóleras y mi maldad de hombre. Contra vosotros hay que ir. Es necesario, preciso, rescatar las ideas de Jesús de vuestros manejos ruines.[62]

Al mismo tiempo Lorca ha llegado a odiar el militarismo en una época en que las primeras planas de la prensa española traen cada día noticias acerca de las sangrientas luchas que se están librando al otro lado de los Pirineos (el poeta está con los aliados), así como de los centenares de vidas españolas que se están segando en la inútil e interminable guerra africana contra Abd el-Krim. En «Patriotismo» (27 de octubre de 1917) descubre en la adulación de la bandera nacional una flagrante negación de Cristo. El nombre de Jesús, utilizado con finalidades nacionalistas espurias, ha sido causa de innumerables atrocidades:

España tomó para encubrir sus maldades a Cristo crucificado. Por eso aún vemos su ultrajada imagen por todos
los rincones. Con el nombre de Jesús se tostaban hombres.
En el nombre de Jesús se consumó el gran crimen de la
Inquisición. Con el nombre de Jesús se echó a la ciencia de
nuestro suelo. Con el nombre de Jesús ampararon infamias
de la guerra. Con el nombre de Jesús inventaron la leyenda de Santiago guerrero. Toman la luz y la hacen oscuridad.
Toman la paz y la hacen lucha.[63]

No lo duda, la única solución para los males de España radica en la escuela, en una nueva forma de enseñar
cuyo propósito fundamental sea liberar a la juventud del
miedo y del odio. Aquí apreciamos la fuerte influencia de la
Institución Libre de Enseñanza, filtrada a través de Martín Domínguez Berrueta y de Fernando de los Ríos (otro catedrático del poeta en la Universidad de Granada):

Debemos de formar en las escuelas ciudadanos amantes de la paz y conocedores del Evangelio. Debemos de crear
hombres que no sepan que existió el desdichado Fernando
el Santo ni Isabel la fanática ni Carlos el inflexible ni Pe-
dros ni Felipes ni Alfonsos ni Ramiros. Debemos de resuci-
tar las almas niñas contándoles que España fue la cuna de
Teresa la admirable, de Juan el maravilloso, de Don Quijote
divino y de todos nuestros poetas y cantores [...] Hay que
arrancar las nefastas ideas patrióticas de la juventud como
hay que arrancar a los patrioteros por honor a nuestras
madres el concepto de la patria madre [...] Hay que ser
hijos de la verdadera patria: la patria del amor y de la
igualdad.[64]

Lorca se había dado cuenta muy joven, allá en la Vega
granadina, de que la sociedad española era profundamente injusta. En *Mi pueblo*, ya mencionado, recuerda que en
Fuente Vaqueros había familias que vivían en la más ab-
yecta pobreza, entre ellas la de una niña con quien había
trabado amistad. El padre era un jornalero envejecido y
reumático, y los numerosos partos de la madre la habían
dejado extenuada. Les visitaba a menudo en su destartala-
da vivienda, pero no podía hacerlo el día que la madre la-
vaba la ropa, porque entonces todos tenían que quedarse

dentro, casi desnudos, mientras se secaban las únicas prendas que poseían. Afirma que nunca podrá olvidar a aquella madre:

> Los huesos rompiéndole las ropas y su mirar de más allá, sobre todo su mirar, serán en mí recuerdo eterno, por ser la primera impresión trágica que tuve de la miseria... En Andalucía, en sus pueblos cargados de olor y de sonido, todas las mujeres pobres mueren de lo mismo: de dar vidas y más vidas. Los hogares pobres de sus pueblos son nidales de sufrimiento y vergüenzas. Nadie se atreve a pedir lo que necesita. Nadie osa a rogar el pan, por dignidad y por cortedad de espíritu. Yo lo digo, que me he criado entre esas vidas de dolor. Yo protesto contra ese abandono del obrero del campo.[65]

Esta voz de protesta, extendiéndose a todos los que sufren, se oirá a lo largo de su obra. Es consustancial.

Si el Federico adolescente se rebela con tanta rabia contra el Dios cristiano —o sea, contra el Dios judío—, es, sobre todo, porque no tolera el erotismo y carga con prohibiciones mortales una actividad que debería ser fuente de gozo y de bondad:

> *¡Mi corazón es malo, Señor! Siento en mi carne*
> *La inaplacabla brasa*
> *Del pecado. Mis mares interiores*
> *Se quedaron sin playas.*
> *Tu faro se apagó. ¡Ya los alumbra*
> *Mi corazón de llamas!*[66]

Para Lorca, como para el inglés Swinburne —otro poeta que odia al Dios de las prohibiciones y los castigos— sólo una deidad repugnante sería capaz de crear el deseo sexual y luego condenarlo, convirtiéndolo en sufrimiento y angustia. En una de sus «místicas» pone en boca de Salomón y de David palabras de consuelo para los que padecen —como él— el desgarro de la dicotomía carne/espíritu, consecuencia de la imposición de la que, en resumidas cuentas, es sólo una hipótesis religiosa. Dice David: «Si tomáis por pecados los que no son sino vuestra naturaleza, que canta con todos sus sonidos, habréis caído en el pozo negro del egoísmo». Y continúa el salmista: «Vuestro gran pecado ha sido desligar la carne del espíritu, no comprendiendo en vuestra miserable pequeñez que la carne es el espíritu y el espíritu la carne».[67]

Al adolescente heterodoxo, rebelde contra el Dios del Antiguo Testamento pero seguidor del mensaje fraternal de Cristo, le atrae poderosamente la filosofía india. Francisco García Lorca ha recordado aquellas lecturas, «que se cruzaban con otras de místicos españoles».[68] El panteísmo, el panerotismo y la ternura de los sistemas orientales suscitan en un Lorca profundamente enamorado de la naturaleza, gracias a los once años de su infancia en la Vega de Granada, una honda resonancia. «De todas las ideas de los hombres el panteísmo se alza como torrente de luz», nos asegura,[69] y no nos puede sorprender el que entre los poemas juveniles haya uno inspirado por el budismo.[70] Tampoco sorprende la apóstrofe con que termina otro texto: «Galileo de luz, Buda, Mahoma, sois los grandes consoladores de los hombres, sois la tranquilidad del espíritu, sois caridad en las tinieblas del principio humano. Adueñarse de mi espíritu y mitigar mis dudas y mis tristezas.»[71]

El Lorca que reivindica, como verdadera patria, la del amor y de la igualdad está obsesionado no sólo por el deseo de experimentar la plenitud sexual, sino (incapaz de olvidar la pérdida de aquel primer amor frustrado) por la convicción de no alcanzarla ya nunca. En las torrenciales páginas adolescentes encontramos, una y otra vez, expresiones como «angustiosos deseos de abrazar»,[72] «la pasión hambrienta de besos de fuego»,[73] «mi corazón está sediento de amor y mi cuerpo quemado de deseos»[74] y hasta de confesiones como ésta: «Por ti sería carne sin alma para gozarte en una cópula que haría sonrojar de vergüenza y de espanto a la misma Venus».[75] Pero también topamos con innumerables frases que señalan hacia el inevitable fracaso del amor. Para el joven Lorca la vida es «un camino triste / que ilumina el sexo que en vano buscamos»[76] (hay mucho caminar infructuoso en estos textos, mucha búsqueda, mucho deseo de cambiar de sitio). En otro poema declara: «Tengo en el horizonte un lucero encendido / y el corazón me impide que corra a contemplarlo».[77] ¿Qué tiene el poeta en el corazón que le *impide* correr a contemplar lo que tanto anhela? En «Balada sensual» (20 de marzo de 1918) se aprecia un inicio de respuesta:

> *Se pierde la carne entre rosales.*
> *Se da neblina en la pasión.*
> *Brota en el alma la impotencia*
> *Y la ansiedad en el corazón.*[78]

Para el poeta, es decir, el afán erótico es inseparable ya de la angustia. O dicho de otra manera, la angustia —sean las que sean sus raíces— es lo que le *impide* ir en busca de la fruición amorosa. No se trata ya de una represión impuesta desde fuera (religión, sociedad) sino de que la prohibición, *internalizada*, se ha convertido en ansiedad: se ha hecho «en el alma la impotencia».

Choca encontrarnos aquí con la palabra impotencia. ¿Le atormentaba a Lorca la posibilidad de ser impotente ante la mujer? Varios pasajes de estos textos primerizos lo dan a entender inequívocamente. «Yo soy un hombre hecho para desear y no poder conseguir —confiesa rotundamente en "Estado de ánimo de la noche del 8 de enero"—. ¿Qué tienen los labios de las mujeres? ¿Por qué su contacto me hace morir? Sin contestación.» Un poco más adelante en el mismo texto, antes de afirmar que las llamas del deseo le «agostan la vida y la juventud», la alusión a la impotencia es otra vez clarividente: «¿Qué tienen los labios temblorosos de las mujeres? ¿Por qué suspiramos por lo inmenso si luego de oficiantes del amor no sabremos ser sacerdotes supremos en la mujer ni tener los desfallecimientos que merecen sus encantos?».[79] En «Carnaval. *Visión interior*» (febrero de 1918) surge otra pregunta en el mismo sentido:

> *¿Por qué estarán llamando sobre mi corazón*
> *Todas las ilusiones con ansia de llegar,*
> *Si las rosas que huelen a mujer*
> *Se marchitan a mi lento sollozar?*[80]

La angustia erótica traducida en imagen floral negativa reaparece en «Balada triste. Pequeño poema», compuesto aquel abril:

> *Cabalgué lentamente hacia los cielos,*
> *Era un domingo de pipirigallo,*
> *y vi que en vez de rosas y claveles*
> *Ella tronchaba lirios con sus manos.*[81]

Hay que reconocer, por otro lado, que para casi todos los jóvenes la iniciación sexual era entonces muy difícil. En 1932 Lorca recordará, meditando sobre la Granada de su adolescencia:

> Quien ha vivido, como yo, y en aquella época, en una ciudad tan bárbara bajo el punto de vista social como Granada cree que las mujeres o son imposibles o son tontas. Un miedo frenético a lo sexual y un terror al «qué dirán» convertían a las muchachas en autómatas paseantes, bajo las miradas de esas mamás fondonas que llevan zapatos de hombre y unos pelitos en el lado de la barba.[82]

Aquel «miedo frenético a lo sexual» no sólo oscurecía la adolescencia de las muchachas granadinas sino la de muchos, Lorca incluido. Según gustaba de recordar un amigo suyo, Miguel Cerón Rubio, los «chicos bien» de Granada, ante la práctica imposibilidad de tener relaciones sexuales con una joven de su clase social, solían iniciarse en los burdeles del barrio de La Manigua, algunos de ellos excepcionalmente lujosos. Cerón, que confesaba haberlos frecuentado asiduamente, contaba que, si a Federico le obsesionaba el sexo, no por ello estaba dispuesto a poner los pies en un lupanar. Al contrario, le horrorizaba la idea.[83] Algo de ello se vislumbra en los textos juveniles, donde expresa su compasión por las prostitutas y arremete contra los ricos con estas palabras: «Vosotros, los que solamente acariciáis a putas, no sabéis la emoción de abrazar y besar a un animal recién nacido.»[84]

¿Y la masturbación? Es otra fuente de angustia. En una de estas páginas leemos:

> Las acciones de mi cuerpo las contempla mi espíritu muy alto y soy dos durante el gran sacrificio del semen. Uno que mira al cielo incensado de azucena y de jacinto, y otro que es todo fuego y carne que esparce muerta vida con perfume de verano y de clavel... ¿Cuándo terminará mi calvario carnal...?[85]

Hacia finales de 1917 empezó a proyectar sus sentimientos de desánimo sobre otros personajes, dándose cuenta, quizá, de que no podía seguir hablando tan obsesivamente en primera persona. En «Viejo sátiro» aparece un «hombrecillo encorvado de cabellos de plata» que, a pesar de su edad avanzada y de vivir en la miseria, seguirá soñando hasta la muerte, «peregrino sediento de labios imposibles», con la «locura del sexo».[86] En otro poema esboza una evocación igualmente deprimente de Beethoven.[87] Pierrot, abandonado por Colombina, aparece en varias composiciones, a veces identificado explícitamente con el poeta.[88] En «Elegía», Lorca augura una vida sin amor a una joven granadina espiada por él y sus amigos.[89] Juana la Loca, a quien dedica otra elegía, es víctima del apasionado amor no correspondido que profesa a su marido, Felipe el Hermoso.[90] Éstos y parecidos personajes que aparecen en la *juvenilia* son los prototipos de una larga hilera de seres para quienes la búsqueda del amor, siempre frustrada, constituirá la principal fuerza impulsora de su vida.

Contra las negras sombras que amenazan con hundirle en la más profunda desesperación, el Lorca joven afirma su voluntad de aplicar contra viento y marea el programa vital que se ha diseñado para combatirlas, expuesto en el prólogo de *Impresiones y paisajes*:

> Es imprescindible ser uno y ser mil para sentir las cosas en todos sus matices. Hay que ser religioso y profano.

Reunir el misticismo de una severa catedral gótica con la maravilla de la Grecia pagana. Verlo todo, sentirlo todo. En la eternidad tendremos el premio de no haber tenido horizontes.[91]

El programa debe mucho a Rubén Darío, sin lugar a dudas el escritor que más influye en él. Con su incorporación de temas franceses *fin de siècle,* su refinado erotismo, su musicalidad y su exotismo, la obra de Rubén Darío había llegado como un hálito primaveral a una España donde la poesía se caracterizaba entonces por su tono académico, su insulsez y su trivialidad aburguesada. Dámaso Alonso, nacido como Federico en 1898, ha escrito palabras luminosas sobre la revolución desencadenada por Darío:

> Siempre he creído ilustrador comparar el descubrimiento de la dulce nueva de Garcilaso para un adolescente de mediados del siglo XVI, con lo que representó para los muchachos de mi generación el descubrimiento de Rubén Darío, con mi hallazgo de esa poesía, por ejemplo, año de 1915, en la sequedad adusta de un verano de Medinaceli. ¡Qué novedad de voz, qué extrañeza de colorido, qué inaudita musicalidad, qué incógnito mundo de arte! Así —con la misma avidez, pero, Dios mío, ¡con cuán diferente fruto!— creo que el adolescente, indeciso aún en la vida, debió de beber la dulzura de Garcilaso, empaparse de la nueva música, hecha de ritmo y de amorosa nostalgia.[92]

Otros poetas de la generación de Lorca, entre ellos Vicente Aleixandre y Luis Cernuda, han reconocido su enorme deuda para con el nicaragüense. De hecho les había sido imposible desoír a Rubén, por mucho que reaccionasen luego contra sus excesos verbales y la recargada joyería de sus imágenes. De todos ellos el más influido, el más poseído, fue Lorca, que además debía saber que el vate había estado en Granada y escrito sentidos párrafos sobre la belleza de sus cármenes. En abril de 1917, un año después del fallecimiento del gran poeta, le apostrofa así: «Rubén Darío que moriste de sensualidad, ten misericordia de mí».[93]

El Lorca adolescente no sólo se ha impregnado de la poesía de Darío sino que ha leído con fascinación *Los raros* (1896). De este librito —colección de entusiastas semblanzas de personajes bohemios y pintorescos de la literatura francesa de los últimos decenios del siglo XIX— hay claras huellas en *Impresiones y paisajes*, sobre todo de sendos apartados dedicados a Paul Verlaine y a Isidore Ducasse, el autotitulado conde de Lautréamont, autor de los *Cantos de Maldoror* (en un pasaje del cual, citado por Darío, y ahora por el granadino, hay una escalofriante evocación de los ladridos de los perros bajo la luz lunar).

Lorca, al tanto de la ambigüedad sexual del autor de *Los poetas malditos* y *Las fiestas galantes*, ha llegado por estas fechas a identificarse hasta cierto punto con el mismo. Lo demuestra la larga carta que dirige a finales de mayo de 1918 al poeta sevillano Adriano del Valle y Rossi, otro fervoroso de Rubén, que le acaba de expresar su admiración por *Impresiones y paisajes*. El tono no podía ser más modernista:

> Soy un pobre muchacho apasionado y silencioso que, casi casi como el maravilloso Verlaine, tiene dentro una azucena imposible de regar y presento a los ojos bobos de los que me miran una rosa muy encarnada con el matiz sexual de peonía abrileña, que no es la verdad de mi corazón [...] Mi tipo y mis versos dan la impresión de algo muy formidablemente pasional... y, sin embargo, en lo más hondo de mi alma hay un deseo enorme de ser muy niño, muy pobre, muy escondido.

La verdad del corazón de Federico García Lorca poco tenía que ver, era cierto, con la sexualidad simbolizada tradicionalmente por las rosas encarnadas. La presencia de la azucena verlainiana imposible de regar, y que Lorca oculta a los ojos bobos de los que le miran, sugiere que ya se está empezando a considerar, en parte al menos, homosexual.[94]

En cuanto a su tipo, al que se refiere de pasada en la carta a Adriano del Valle, las fotografías de esta época nos muestran a un joven de facciones irregulares, pelo negro y lacio, amplia frente, bellos ojos oscuros de intensa mirada, pómulos salientes y cara poblada de lunares (herencia de la madre). Y, desde luego, como era de rigor entonces, impecablemente vestido (ilustración 1).

Para el joven Lorca, como para Rubén Darío, la Grecia antigua representa un ideal humano muy superior al del catolicismo, en primer lugar porque las deidades paganas —de quienes tiene amplios conocimientos gracias sobre todo a su lectura de la *La Teogonía*, de Hesíodo—[95] no sólo no condenan el erotismo sino que lo comparten. En «La religión del futuro» (16 de enero de 1918) ensalza la «celeste religión» de la «cálida Grecia», religión hoy «de niebla cubierta» pero cuyo resurgimiento espera. Aquel glorioso día:

> *Las estatuas de nuestros jardines*
> *Vida tendrán*
> *Los Apolos entre los jazmines*
> *Suspirarán.*

> *En los parques dulces y brumosos*
> *Sensualidad*
> *Pondrá en los labios de los esposos*
> *Diafanidad.*[96]

En el mismo sentido aboga David en una «mística» citada anteriormente. «Yo fui el que guió al pueblo griego en su gran sabiduría terrenal —afirma el salmista—. Tended los corazones hacia la mar en que vive Eros, que allí encontraréis el olvido que no se olvida nunca. Oíd a los dioses paganos, que en ellos se esconde el eterno licor de la vida.» Al final de la prosa, el poeta ratifica en una «Meditación» las palabras de David: «Nuestras voces íntimas, las que nos enseñan el recuerdo agradable de lo que pasó y nos guían por donde nos manda la naturaleza, nos dicen siempre la canción de la carne».[97] Se repite el concepto en el poema «Mar» (abril 1919):

> *La estrella Venus es*
> *la armonía del mundo.*
> *¡Calle el Eclesiastés!*

Venus es lo profundo
del alma...[98]

Las alusiones al homoerotismo contenidas en la carta a Adriano del Valle se complementan con el diálogo de Platón y Safo en la prosa «El poema de la carne. Nostalgia olorosa y ensoñadora», fechada «12 de marzo» y con toda probabilidad del mismo año, 1918. Lorca no podía ser indiferente ante el hecho de que en la Grecia antigua se consideraba lícita la homosexualidad. El diálogo da a entender que ha leído el *Simposio*. Dice Platón en el diálogo lorquiano:

> Yo soy el sabio que aprendió lo que el gran Sócrates proclamaba. Yo soy el que adora y ama a los efebos... Sus pechos serán rectos, pero tienen un olor genial... Sus cabelleras serán cortas pero tienen luz y aroma de naranjas en sus bocas... ¡Safo! ¡Safo! Tú eres mi hermana del espíritu, tú eres en tu sexo lo que yo en el mío... ¿Por qué lloras?

Y contesta la desvergonzada Safo:

> Lloro porque deseo demasiado. Mi alma es ardiente y grande y ansía lo que es imposible. Las doncellas de Lesbia, tan rubias y tan blancas, no me aman todas, y yo las deseo. Cuando poseo a una de ellas, al agotar sus caricias siento dentro de mí la aguja del deseo de otra y así, siempre insaciable y ardorosa, suspiro amores y paso las noches en vela, recostada sobre los senos de una doncella.[99]

Esas elucubraciones sobre Platón y Safo coinciden con la publicación de *Impresiones y paisajes*, gracias a la benevolencia del padre, que ha hecho varias consultas al respecto. ¿Merecía realmente ser editado el libro? Aquellas descripciones de ciudades castellanas, praderas gallegas, puestas de sol granadinas, ¿resultaban? Luis Seco de Lucena, propietario de *El Defensor de Granada* —el diario más influyente de la ciudad— y el guitarrista Andrés Segovia, que entonces tenía veintitrés años, aseguraron rotundamente que sí. Y Federico García Rodríguez aceptó generoso su veredicto.[100]

El 17 de marzo de 1918, con *Impresiones y paisajes* en prensa, Federico lee algunos trozos de la obra en el Centro Artístico y Literario. La velada es un éxito, y el *Noticiero Granadino* expresa su admiración por los múltiples dones del joven poeta:

> Federico García Lorca une, a su buen natural, sólida cultura y cualidades que le aseguran un envidiable puesto en la república de las letras. ¿De las letras, nada más? No. Óigasele ejecutar al piano las más escogidas composiciones clásicas particularmente, y se verá en él no el poseedor pleno de la técnica, sino el sentimental, el hombre cuya alma vibra al compás de los dulces acentos musicales.
>
> Escúchense sus juicios sobre cualquier obra pictórica de los más diversos géneros y se le tendrá forzosamente por un crítico concienzudo y en su rostro se verá reflejarse la emoción del que siente hondamente. Oírle tratar de arquitectura es incluirle en la categoría del «verdadero artista».[101]

Uno de los muchos amigos de Lorca presentes en el acto, José Murciano, lo reseñó para una revista estudiantil. Su comentario nos muestra a un Lorca capaz ya de fascinar no sólo sentado ante un piano sino con su vehemente palabra. «Durante todo el tiempo en que la voz clara y armónica de su autor resonó en la sala —escribe—, puede decirse que jugó con el público; unas veces emocionándolo intensamente con sus descripciones de asuntos de tristeza y miseria; otras, con rasgos de humorismo lleno de gracia y perspicacia; no sabíamos si reír o llorar...» Murciano auguró al final de su crítica que Lorca no tardaría en escaparse de su jaula granadina, opinando que la ciudad era demasiado pequeña y estrecha de miras para retener a tan exquisito artista. En ello tenía razón: Federico ya pensaba en Madrid.[102]

En el prólogo de *Impresiones y paisajes* Lorca prevé que, después de unos pocos días en los escaparates de las librerías locales, el libro irá «al mar de la indiferencia».[103] Poco tiempo después lo retiró de los escaparates. Las críticas aparecidas en la prensa granadina habían sido muy positivas, sin embargo. «Papam habemus», exclamó uno de los comentaristas, después de ensalzar las muchas cualidades del novel escritor.[104] Doce años después, en Cuba, Lorca diría que el libro había sido comentado positivamente por Miguel de Unamuno (a quien había conocido de paso en Salamanca con Martín Domínguez Berrueta). «Nadie me ha enseñado tanto sobre mi arte como Unamuno en aquella ocasión», declaró. Pero la reseña del prolífico pensador, que escribía para docenas de publicaciones tanto españolas como extranjeras, no se ha encontrado todavía.[105]

A lo largo de su breve vida de escritor, Lorca no vacilaría en anunciar, como terminadas, obras que en realidad sólo tenía más o menos resueltas en su cabeza. Tal costumbre empezó con la lista que, no sin ostentación, dio a conocer al final de *Impresiones y paisajes*. Figuraba como «en prensa» una colección de poesías titulada *Elogios y canciones*. Parece difícil que se estuviera imprimiendo en febrero de 1918 y, de todas maneras, nunca se publicaría. «En preparación» había cinco obras que tampoco se editarían en vida del autor: *Místicas (de la carne y el espíritu)*, *Fantasías decorativas*, *Eróticas*, *Fray Antonio (poema raro)* y *Tonadas de la Vega (cancionero popular)*. Era evidente, de todas maneras, que seguía produciendo con un ritmo arrollador.

Su carrera universitaria se encuentra en esos momentos estancada. De hecho, en 1917-18 no se presenta a ningún examen de derecho o de filosofía y letras. Tampoco lo hará en 1918-19. Ante esta situación, sus padres, hondamente preocupados —pero por otro lado se supone que contentos con la publicación de *Impresiones y paisajes*—, empiezan hacia finales de 1918, casi seguramente influidos en ello por Fernando de los Ríos, a considerar la posibilidad de que Federico traslade sus estudios a Madrid el siguiente otoño.[106] Para tentar el terreno y, así lo espera, asegurarse una plaza en la famosa Residencia de Estudiantes —*sine qua non* del permiso paterno—, Lorca se dirige a Madrid en la primavera de 1919. Allí le esperan impacientemente varios amigos granadinos, en primer lugar el periodista José Mora Guarnido, que llevan meses pregonando la buena nueva de la llegada a la capital de un poeta nuevo excepcional. Federico no les fallará.[107]

2. EL DALÍ JOVEN:
EL EMPEÑO DE SER GENIO

Hijo de un notario, Salvador Dalí Cusí —oriundo de Cadaqués, aunque formado en la capital catalana— y de una linda barcelonesa, Felipa Domènech Ferrés, el futuro pintor Salvador Felipe Jacinto Dalí Domènech nace en Figueres el 11 de mayo de 1904.

Situada en el borde de la hermosa y fértil llanura del Alt Empordà, no lejos del mar, Figueres era entonces una floreciente y sofisticada ciudad de casi 11.000 habitantes e indiscutida cabeza de la comarca gerundense.

Hasta la firma de la Paz de los Pirineos en 1659, se encontraba a cierta distancia de la frontera francesa. Pero en virtud del nuevo acuerdo, por el cual España cedía a Francia el Rosellón y Perpiñán, se hallaba de repente a sólo unos veintitrés kilómetros del país vecino. Tal proximidad, y las tensiones que no dejaron de seguir produciéndose entre ambas naciones, no tardaron en convertir a la región en sensitiva zona fronteriza. Ello dio lugar, a mediados del siglo XVIII, a la construcción, justo detrás de Figueres, del castillo de San Fernando, inmensa fortaleza subterránea rodeada de un foso, que servía al mismo tiempo para recordar a los catalanes que estaban bajo el dominio del gobierno central de Madrid. Desempeñó un papel preponderante en el desarrollo socioeconómico de Figueres, proporcionando trabajo a cientos de albañiles y obreros, estimulando el comercio local y creando una fuerte demanda de entretenimiento, desde la prostitución hasta la ópera.[1]

Para principios del siglo XX, Figueres, una de las ciudades catalanas con mayor actividad política, era un auténtico hervidero de republicanismo y federalismo entreverados de anticlericalismo. Ejercían una oposición intensa, aunque minoritaria, los monárquicos partidarios del *statu quo* impuesto por Madrid. La ciudad editaba sus propios periódicos, tanto conservadores como progresistas, tenía varios clubes y centros sociales, una plaza de toros, sociedades musicales, un teatro visitado por las principales compañías dramáticas y operísticas del país y, los jueves, un bu-

llicioso mercado animado por los llamativos vestidos de la
gente del campo circundante. En 1877 había llegado el ferrocarril de Barcelona y desde 1896 había luz eléctrica.
Agosto de 1898 vio la entrada, desde Francia, del primer
automóvil y, por lo que tocaba a la arquitectura, el modernismo ya empezaba a hacerse notar.[2]

Figueres podía sentirse satisfecho también de sus apor-
taciones a la política y la cultura. Entre sus hijos célebres
estaban Abdó Terrades (1812-1856), profeta del federalismo
español, Narcís Monturiol (1819-1885), socialista defensor
de los derechos de la mujer y de los trabajadores, y, por si
fuera poco, pionero del submarino; y nada menos que tres
ministros de la malhadada Primera República: Francesc
Sunyer i Capdevila, Joan Tutau y el general Ramon Nouvi-
les. Tras la restauración borbónica de 1874 la ciudad había
mandado, sistemáticamente, diputados republicanos a las
Cortes. Tampoco habría que olvidar a Pep Ventura, creador
de la sardana moderna (aunque nacido en Jaén). Lejos de
ser un páramo provinciano, Figueres era una villa civiliza-
da, próspera e inquieta, influida por la cultura francesa y
la proximidad de Europa. Una villa de frontera.

Salvador Dalí Cusí (ilustración 3) y su hermano Rafael,
médico en Barcelona, eran ateos y anticlericales, disfruta-
ban discutiendo de religión y de política, compartían un
temperamento fogoso heredado de su padre, Galo Dalí Viñas, que se había suicidado a los 38 años presa de un ataque de paranoia, y se habían convertido pronto a la causa
del federalismo y de la defensa del idioma catalán (ambos
detestaban la monarquía). Salvador seguiría siendo ateo
hasta que los excesos de la guerra civil le impulsaran a re-
visar su posición ideológica, tras lo cual sería católico con
la misma vehemencia que le había caracterizado como librepensador. «Un militante permanente», le llamó Josep
Pla. Ello iba a influir en su hijo. Y también su férvido ca-
talanismo.[3]

Terminados sus estudios de derecho en la Universidad
de Barcelona, Dalí Cusí había conseguido, en 1900, la notaría de Figueres, debido a la insistencia de su íntimo

amigo José Pichot, que tenía allí un caserón lleno de recovecos y con un amplio jardín donde, dando rienda suelta a su vocación de floricultor, había creado un paraíso botánico. «Era uno de los lugares más maravillosos de mi infancia», recordaría años después el pintor.[4]

Los Pichot vieron frustrados sus intentos de formar una familia y adoptaron una niña, Julia, que iba a desempeñar un relevante papel en las fantasías sexuales del Dalí adolescente. Pepito, como se llamaba familiarmente, estaba fascinado con Salvador, y el pintor le trata con gran aprecio en su autobiografía, *La vida secreta de Salvador Dalí*. Si cada miembro del numeroso clan Pichot era creativo, «Pepito era, quizás, el más artístico de todos, sin haber cultivado, no obstante, ninguna de las bellas artes en particular».[5]

La madre del numeroso clan Pichot, Antonia Gironés, fue una mujer emprendedora. A principios de siglo había alquilado una casa de verano en Cadaqués,[6] y, encontrándose la familia muy a gusto en el pueblo, decidió comprar el pequeño promontorio bajo y árido de Es Sortell, ubicado en el extremo sudeste de la bahía.[7] Pepito fue el encargado de transformar en exótico jardín aquel yermo, tarea que, pese a todos los obstáculos, llevó a cabo con notable éxito. La vivienda, construida según un proyecto del pintor Miquel Utrillo, era una modesta construcción de una sola planta que se iría ampliando a lo largo de los años.[8]

Hay una interesante fotografía de la familia Pichot sacada, probablemente en 1908, en Es Sortell (ilustración 4). Sólo falta Pepito, autor de la misma. Junto a la puerta se ve al pintor Ramón, íntimo de Picasso, con su mujer, Laure Gargallo. El marido de Mercedes Pichot, el escritor Eduardo Marquina, nos contempla desde su silla de mimbre, con su hijo Luis, de cuatro años, a su lado. Tres de los hermanos son músicos. Detrás de Marquina, con una sonrisa deslumbrante, se ve a Ricardo, alumno predilecto de Pau Casals. Luis, hermano de Ricardo, es el joven atildado que aparece a la derecha de la fotografía con la pipa. Pocos años después, él, Ricardo y el pianista figuerense Lluís Bonaterra fundarán el Trío Hispania, con el cual darán populares conciertos en Europa y toda España. Junto a Marquina, y mirando a su hermano Ricardo, está María

Pichot. Conocida profesionalmente como María Gay (por su marido, el pianista Joan Gay), *Niní* —como se la llama en la familia— es una renombrada cantante de ópera. Los Pichot, no cabe duda, son una familia muy especial, muy dotada. Y su influencia sobre Salvador Dalí será fortísima.

Antonia Gironés estaba encantada con el éxito de Es Sortell, y Cadaqués se convirtió pronto en meca veraniega de los amigos bohemios de sus hijos, que llegaban a Figueres en tren y tomaban allí una tartana hasta el pueblo. Se trataba de un viaje demoledor de nueve horas, pero valía la pena porque al final del trayecto les esperaba uno de los lugares más bellos del Mediterráneo.[9]

Dada la íntima amistad de Salvador Dalí Cusí y Pepito Pichot, el notario y Felipa Domènech se contaban entre sus primeros invitados en Cadaqués. Y, como era inevitable, no pasó mucho tiempo antes de que Dalí Cusí sintiera ganas de tener algo suyo en el pueblo donde había nacido. Pepito, siempre atento a los deseos del gran amigo, le alquiló entonces un establo reformado, propiedad de su hermana María, que se encontraba en el borde de la pequeña playa de Es Llané, cerca de Es Sortell.[10] Detrás de la playa había huertas y olivares cercados por las características *parets seques* («paredes secas») del pueblo y sus alrededores y cruzados por senderos que subían hacia arriba, por la falda de la montaña. Más allá de Es Sortell se abrían numerosas calas hasta el límite marcado por el faro de la más conocida de ellas, cala Nans. Éste sería el paraíso infantil de Salvador Dalí, que poco a poco se ensancharía para abarcar todo Cadaqués y sus aledaños.

Entre éstos hay que destacar el cabo de Creus, «exactamente el épico lugar —nos recuerda Dalí en *La vida secreta*— donde los montes Pirineos llegan al mar en un grandioso delirio geológico».[11] Grandioso es, ciertamente, y lugar de incontables naufragios. A Dalí le gustaba señalar que Creus marca el punto más oriental de la península Ibérica, y que la isla que se encuentra justo enfrente, acertadamente bautizada Massa d'Oros, recibe cada día los primeros rayos de sol de toda España. Penetrados por una multiplicidad de calas grandes y pequeñas, los acantilados y peñas de Creus se componen básicamente de micacita, roca metamórfica producida por una tremenda compresión y formada por hojas alternativas de mica y cuarzo. A menudo la micacita oscura se yuxtapone con gruesas vetas de cuarzo puro, y aseguran los lugareños que, de los miles de millones de pequeñas placas plateadas incrustadas en las rocas, el sol saca un brillo que se divisa en días claros desde los lejanos barcos en altamar. Durante siglos las lluvias y la tramuntana (que aquí sopla como una fiera), con sus corrosivos cargamentos de arena y sal, han esculpido la micacita, fácilmente erosionable, hasta conseguir formas fantásticas: «el Águila», «el Camello», «el Monje», «la Mujer Muerta», «el Rinoceronte»... En Creus ni siquiera el visitante menos observador tardará en ver cosas extrañas (ilustración 5). Es un vasto teatro natural de ilusiones ópticas, y de la prolongada contemplación de sus metamorfosis nació la fascinación de Dalí por la imagen doble. Dijo una vez que su «paisaje mental» se parecía a «las rocas fantásticas y proteicas del cabo de Creus».[12] En otra ocasión explicó que se consideraba encarnación humana de ese primitivo y pétreo paisaje.[13]

No fue Dalí el primer artista hondamente conmovido por Creus, y él mismo quedaría impresionado al enterarse de que, como ya lo sospechaba, «el sublime Gaudí» había visitado el cabo en su adolescencia, nutriéndose su imaginación «de las rocas suaves y barrocas, duras y góticas de ese paraje divino».[14] No es extraño, por lo tanto, que con el paso del tiempo Dalí acabara construyendo su casa en la minúscula aldea de pescadores de Port Lligat, al pie del cabo, ni que Creus se convirtiera en uno de los escenarios clave de su obra pictórica.

En Es Sortell, el Dalí niño puede contemplar los cuadros impresionistas de Ramón Pichot y escuchar a Ricardo, Luis y María (doce años más tarde pintará un retrato impresionista de Ricardo ensayando con su violonchelo). A veces la familia organiza veladas musicales que son auténticos acontecimientos surrealistas *avant la lettre*, aprovechando para ellas noches de *calma blanca*, cuando Cadaqués se refleja en su bahía con nitidez fantasmal. En tales ocasiones, sobre todo cuando hay luna llena, los Pichot gustan de colocar un piano de cola en una barca provista de fondo ancho. Suben a bordo los intérpretes, vestidos de etiqueta, y se ancla la plataforma a cierta distancia de la playa. La música parece surgir, como el canto de las sirenas, desde lo más hondo del mar.[15]

Los Pichot no sólo son artistas creativos sino bohemios cosmopolitas y extravagantes. El contacto que verano tras verano tiene el Salvador niño con ellos y su círculo internacional de amistades actúa sobre su sensibilidad, forzosamente, como un potente estímulo. Incluso es posible que a sus seis años coincidiera en Es Sortell con su gran rival futuro, Picasso, cuando en el verano de 1910 el artista malagueño llega al pueblo con Fernande Olivier. Es seguro, de todas maneras, que oyó más tarde comentar aquella visita, nunca repetida, y se entera de que Picasso (cuyo cubismo alcanzaba entonces su momento de máxima abstracción) pintó durante su estancia importantes cuadros inspirados por Cadaqués, pueblo que, antes de alcanzar los diez años, Dalí ama con locura.[16]

Salvador Dalí nació artista, para orgullo de su madre Felipa Domènech. Sus primeros dibujos, según su hermana Anna Maria, cuatro años menor que él, eran pequeños cisnes y patos obtenidos al rascar la pintura roja de una mesa y dejar al descubierto la superficie blanca que había debajo. La fascinación de Felipa Domènech, boquiabierta ante la inventiva de su hijo, se hizo patente en una frase que repetía con frecuencia y que pasó a formar parte de la memoria colectiva de la familia: «Cuando Salvador dice que dibujará un cisne, dibuja un cisne; y cuando dice que será un pato, es un pato».[17]

Felipa Domènech sentía una satisfacción muy personal ante la revelación del talento artístico de su hijo, porque esta mujer de «ternura angelical» era capaz, nos cuenta Dalí, de elaborar con lápices de color «asombrosos dibujos de fantásticos animales en una larga tira de papel» que, cuidadosamente doblada, quedaba reducida «a un librito que se desplegaba como un acordeón».[18]

En la vida de Salvador y Anna Maria ejerció una fuerte influencia el aya de ambos, Llúcia Gispert de Montcanut.

Dalí recuerda a Llúcia y a su abuela Maria Anna Ferrés como «dos ancianas limpísimas, con los más blancos cabellos y el más delicado y arrugado cutis que haya visto nunca».[19] Anna Maria hace hincapié, en sus memorias, en la bondad de Llúcia, en su infinita paciencia y en su nariz bulbosa, objeto de mucho afecto y de constantes bromas.[20] Salvador, en cambio, recuerda preferentemente sus cuentos, dos de los cuales incorpora a *La vida secreta*. Llúcia solía cantarle, además, para hacerlo dormir, nanas tradicionales catalanas.[21]

Si Llúcia llevaba el folklore catalán en la sangre, Felipa Domènech y su hermana Catalina lo habían adquirido a fuerza de tesón en el Orfeó Català, de Barcelona. Catalina y su madre habían llegado hacia 1910 desde la capital a vivir con los Dalí en Figueres, convirtiéndose Catalina para los niños en su segunda madre, «la tieta». Ella y Felipa cantaban mientras se ocupaban de las faenas de la casa, y solían adormecer a Salvador —cuando no lo hacía Llúcia— con un bello romancillo:[22]

> *L'Àngel de la Son*
> *té les ales blanques,*
> *té d'or fi el cabell*
> *i el vestit de plata.*
> *No bé s'ha fet nit*
> *que del cel davalla,*
> *per obrir-li pas*
> *els estels s'aparten.*
> *L'Àngel de la Son,*
> *quan clareja l'auba,*
> *dret al paradís*
> *bat de nou les ales.*
> *En veure'l passar*
> *les aloses canten*
> *i s'aixeca el sol*
> *i les flors esclaten.**

---

* «El Ángel del Sueño / tiene las alas blancas, / tiene el cabello de oro fino / y el vestido de plata. / Nada más hacerse de noche / de los cielos baja, / para abrirle paso / las estrellas se apartan. / El Ángel del Sueño, / cuando clarea el alba, / derecho al paraíso / bate de nuevo las alas. / Al verle pasar / las alondras cantan / y se levanta el sol / y las flores se abren.»

A Salvador Dalí padre también le gustaba la música, y Anna Maria le evoca repantigado en su mecedora mientras suenan el *Ave María* de Gounod, o pasajes de *Lohengrin*, en un gramófono de descomunal bocina. Ferviente admirador de la sardana, y de su principal revitalizador, Pep Ventura, el corpulento notario se enorgullece de poseer la tenora del músico. De vez en cuando organiza una bailada de sardanas en la Rambla, previamente regada, y hasta la terraza de los Dalí llega la «fragancia sensual» de la tierra mojada.[23]

El futuro pintor es un caso crónico de «niño mimado». Sus padres, quizá culpándose hasta cierto punto de la muerte de su primer hijo —Salvador Galo Anselmo, fallecido en 1901 a los 22 meses, víctima de gastroenteritis—,[24] protegen excesivamente al segundo. Desde el día de su nacimiento se le satisface hasta el más mínimo de sus caprichos, y no tarda en aprender que, al poner en funcionamiento lo que Anna Maria denomina su «genio terrible», siempre consigue lo que quiere. Las rabietas del futuro exhibicionista mundial son apocalípticas y, según Anna Maria, la familia descubrió pronto que la única manera de tenerle tranquilo era no negarle nunca lo que anhelaba, sino tratar de persuadirle, sin que se diera cuenta de ello, a pedir otra cosa más razonable.[25]

El mismo Dalí recuerda que todas las mañanas, cuando se despertaba, su madre le miraba amorosamente a los ojos y le recitaba la fórmula tradicional *Cor, què vols? Cor, què desitges?* (Corazón, ¿qué quieres? Corazón, ¿qué deseas?). Un poco más adelante contestaría más de una vez que lo que deseaba era que ¡le llevasen al cine![26]

Este gusto por el cine había nacido a raíz de las proyecciones organizadas en casa cuando Salvador era todavía muy pequeño. Felipa Domènech se encargaba de manejar el rudimentario aparato, y Dalí nunca olvidó dos de los filmes que disfrutó entonces: *La toma de Port Arthur* (breve documental sobre la guerra ruso-japonesa) y una cinta titulada *El estudiante enamorado*. Anna Maria añade que su madre ponía películas de Charlot y de Max Linder. También había sesiones caseras de linterna mágica. Cuando en 1914 se abrió la Sala Edison, primer cine público de Figueres, Salvador podía ver todas las películas que se le antojaba.[27]

La política familiar de satisfacer cada deseo y veleidad del niño tuvo consecuencias permanentes para su desarrollo como ser humano. Terco como mulo cuando se empeñaba en conseguir algo, adorado, adulado, mimado, acicalado, rey de la casa, fue el indiscutido gallo del corral hasta la llegada de Anna Maria en enero de 1908. Ni en *La vida secreta* ni en ningún otro escrito conocido se detiene Dalí a analizar el impacto sobre la manera de ser de la intrusa. No obstante, el episodio del cometa Halley, en 1910, evocado en dicho texto, sugiere que la aparición de la rival le originó un descomunal resentimiento. Puede que Salvador no propinara aquella noche a Anna Maria, que tenía dos años, un puntapié en la cabeza, como afirma en el libro. Pero es probable que sintiera ganas de hacerlo.[28]

Lo que nos cuenta Dalí acerca de cómo utilizaba sus funciones excretorias para manipular a sus padres es desternillante, pero ¿es verdad que ocultaba cagarrutas por toda la casa, en los rincones más inaccesibles o insospechados, con la finalidad de sacar el máximo beneficio de la ansiedad que sus movimientos intestinales suscitaban en la familia?[29] ¿O que a los ocho años seguía orinándose en la cama para humillar a su padre, que le había prometido un triciclo rojo si dejaba de hacerlo?[30] Imposible saberlo, aunque acerca de las arraigadas obsesiones anales del pintor no puede caber la menor duda a la vista de sus cuadros de la época surrealista.

En 1908, a los cuatro años, Salvador ingresa en la Escuela Municipal de Figueres, dirigida por un profesor excéntrico e innovador llamado Esteban Trayter Colomer.

¿Por qué —se pregunta en *La vida secreta*— le envió su padre a tal institución, destinada a niños más bien pobres, en vez de a una escuela privada, más apropiada para los vástagos de su rango social? Dalí deduce que, en tanto que librepensador con simpatías anarquistas, su padre ni siquiera contempló las otras alternativas, por ser todas ellas católicas.[31] También es posible que el notario actuara impresionado por la personalidad y la reputación de Trayter. Hombre inquieto y polifacético, buen dibujante, coleccionista de capiteles románicos y esculturas góticas, el hombre era ardiente francófilo y hacía frecuentes visitas a París, regresando cargado de regalos para sus numerosos hijos, regalos tan maravillosos que éstos lo apodaron *Monsieur Lafayette* (por los famosos almacenes donde solía hacer sus compras).[32]

En 1952 Dalí volvió a evocar a Trayter:

> Cuando yo era muy pequeño, Trayter, mi primer profesor, lo único que me enseñó fue que «Dios no existe» y que «la religión era cuestión de mujeres». Esta idea me sedujo desde el principio. Al mismo tiempo encontré la confirmación empírica de esto en el seno de mi familia, en el cual las mujeres iban a la iglesia pero mi padre, que era librepensador, nunca. Además, esmaltaba su conversación, ya de por sí suculenta y pintoresca, con una serie ininterrumpida de las más variadas blasfemias.[33]

El proselitismo de Trayter en favor del ateísmo no está documentado, y, en realidad, parece altamente improbable si tenemos en cuenta los muchos honores oficiales acumulados durante su dilatada carrera de maestro de escuela, y también de su íntima amistad con un conocido cura de Figueres, el padre Callís.[34] No obstante, discípulo ferviente de Darwin, hasta el punto de ponerle el nombre Darwina a una de sus cuatro hijas, era un pensador indudablemente heterodoxo desde el punto de vista de la Iglesia católica.[35] Pero incluso si Trayter hubiera de verdad recomendado encarecidamente el ateísmo a sus alumnos, su pleito, en el caso de Salvador, sólo habría servido para reforzar el implacable adoctrinamiento anticatólico que éste recibía en casa de su propio padre, y que continuó a lo largo de su infancia y adolescencia.[36]

La afirmación de Dalí según la cual su aguda conciencia de ser más rico que los otros alumnos de la Escuela Municipal aumentó su «natural tendencia a la megalomanía» debe tomarse en serio. Vestido esmeradamente por su indulgente madre, su aspecto ofrecía un notable contraste con el de los demás niños, de familias menos favorecidas.[37]

A principios de siglo las fotografías estereoscópicas arrasaban en Europa. Muy pocas familias de clase media se salvaban del furor, y los Trayter no eran ninguna excepción. El profesor tenía en casa un artilugio que Dalí recuerda en *La vida secreta* como especie de «teatro óptico»:

> Nunca he podido determinar ni reconstruir en mi mente cómo era exactamente. Según mi recuerdo, se veía todo como en el fondo y a través de un agua muy límpida y estereoscópica, sucesiva y continuamente coloreada con las más variadas irisaciones. Las imágenes mismas estaban contorneadas y punteadas de agujeros de color iluminados por detrás, y se transformaban de una en otra de modo incomprensible que sólo podía compararse a las metamorfosis de las imágenes llamadas «hipnagógicas» que se nos aparecen en el estado de «semi-sueño». Fue en este maravilloso teatro del señor Trayter donde vi las imágenes que habían de conmoverme más hondamente para el resto de mi vida.[38]

La revelación de aquel mundo mágico fue sin duda uno de los orígenes de la fascinación por la visión estereoscópica y de las ilusiones ópticas de distinta índole que sería una característica de Dalí durante toda su vida (otro origen, ya lo hemos visto, eran las rocas del cabo de Creus).

En su evocación de la escuela de Trayter, Dalí dedica un espacio importante a su relación con un niño de ojos azules llamado Butchaques, bastante más alto que él. Había notado enseguida que Butchaques era el chico más guapo de sus compañeros. Le observaba a escondidas, y cuando sus miradas se cruzaban tenía la impresión de que la sangre se le helaba en las venas. Un día Butchaques se le acercó por detrás y le puso suavemente las manos en el hombro:

> Me estremecí y se me atragantó la saliva, lo que me hizo toser convulsivamente. Me alegré de esa tos, pues excusaba mi agitación y la disimulaba. En efecto, me había puesto como la grana al darme cuenta de que el niño que me tocaba era Butchaques.[39]

Un poco más abajo en el mismo capítulo, cuenta cómo, tras una insólita nevada en Figueres, conoce a la versión local de una niña rusa que ha visto en el maravilloso teatro de Trayter. La criatura, a quien llama retrospectivamente Galuchka, se le aparece súbitamente en las afueras de la ciudad. Sobrecogido por una «vergüenza mortal», Salvador está demasiado aturdido para acercarse a ella.[40] Cuando vuelve a encontrarla, esta vez en Figueres, le domina otra vez la misma «vergüenza insuperable», y decide esperar que anochezca antes de dar paso alguno. Así no se sentirá avergonzado y podrá mirar a Galuchka a los ojos sin que ésta perciba su rubor.[41]

En otros varios pasajes de *La vida secreta* Dalí da a entender, más que declararlo explícitamente, que el miedo a sonrojarse (ereutofobia) y la vergüenza doble al saber que la gente notaba su condición de vergonzoso fueron dos factores importantísimos en la cristalización de su personalidad, apartándole de sus compañeros y sumiéndole en el aislamiento. En su libro *Sobre la vergüenza y la búsqueda de la identidad*, tal vez el más penetrante estudio acerca de la cuestión publicado hasta la fecha, Helen Merrell Lynd ha dedicado páginas memorables a la «incomunicabilidad» de este sentimiento, a la vergüenza como emoción imposible de verbalizar cuando se produce porque «la experiencia de la vergüenza es en sí misma aislante, enajenante, incomunicable».[42] Como explica Lynd, una persona que está sintiendo vergüenza o sonrojándose es incapaz de comunicar a nadie lo que le está ocurriendo porque la adrenalina liberada en el flujo sanguíneo la empuja a escapar o a esconderse. Lo único que puede hacer es «disimular», camuflar su turbación lo mejor posible, fingir que no le pasa nada. *La vida secreta* nos permite deducir que ya a los siete u ocho años Dalí padecía una ereutofobia aguda que le hacía sumamente difícil mantener relaciones normales con quienes le rodeaban, incluidos, por supuesto, sus compañeros de clase (siempre dispuestos a reírse), y que no le dejaba más recurso que intentar por todos los medios disfrazar su angustia.

En 1910, finalizado el segundo año de Salvador con el profesor Trayter, el notario toma una decisión que va a influir hondamente en la vida de su hijo: le matricula en el colegio inaugurado en Figueres el año anterior por los Hermanos de las Escuelas Cristianas, la orden de enseñanza francesa fundada a fines del siglo XVII por Juan Bautista de La Salle. En 1904 se había prohibido a la orden seguir manteniendo colegios en Francia, con el resultado de que los hermanos intensificaran sus actividades en el extranjero, siendo Cataluña uno de sus primeros objetivos.[43]

El colegio de Figueres es una prolongación española del Instituto de los Hermanos de las Escuelas Cristianas de Béziers, internado de gran prestigio. Al principio casi todos los profesores del colegio de Figueres, así como la mayor parte de sus ciento veinte alumnos, provienen de la escuela madre. La enseñanza se imparte íntegramente en francés, atractivo señuelo para el decididamente francófilo Dalí Cusí, a quien se le presenta ahora una excelente oportunidad para que su hijo aprenda el idioma del país vecino. Oportunidad que justifica dejar de lado, por una vez, los prejuicios anticlericales.[44]

El soberbio complejo construido en 1909 en las afueras de la ciudad, junto a las vías del ferrocarril, lleva el nombre oficial de Collège Hispano-Français de l'Immaculée Conception Béziers-Figueras, pero pronto pasa a ser conocido popularmente como Els Fossos, por los hoyos que salpican los terrenos que rodean a los edificios.

Tanto insisten los curas de Els Fossos en que se hable allí exclusivamente francés que los alumnos descubiertos utilizando el catalán o el castellano durante el recreo se exponen a un castigo, si bien no demasiado severo.[45] Para facilitarles a los alumnos de Figueres la transición al francés, un hermano español versado en dicho idioma les da clases especiales.[46]

A consecuencia de los seis años pasados en el Colegio Hispano-Francés, Dalí cumple las aspiraciones de su padre al adquirir un excelente francés hablado, aunque siempre conservará un marcado acento catalán. Pero no puede con la poco fonética ortografía francesa, y nunca llegará a dominarla. Tampoco aprenderá más tarde a deletrear correctamente el catalán y el castellano. El manejo simultáneo de tres idiomas latinos, con sistemas ortográficos tan distintos, hará que sea incapaz de escribir correctamente en cualquiera de ellos. Y de esta inhabilidad ortográfica sacará después el mayor provecho posible.

En este punto se impone una reflexión: si en la Escuela Municipal dirigida por Esteban Trayter la enseñanza sólo se impartía en castellano (requisito legal para todos los centros oficiales de Cataluña, donde la lengua materna seguía excluida), entre los seis y los doce años Salvador habló y escuchó hablar francés mucho más que el castellano, lengua que apenas empleaba, pues en casa y con los amigos fuera de la escuela se conversaba habitualmente en catalán. Al abandonar Els Fossos para iniciar su enseñanza secundaria, la balanza se inclinaría hacia el castellano, pero para entonces el francés ya estaría profundamente arraigado en su inconsciente.

No se han conservado expedientes escolares que nos permitan evaluar la carrera de Dalí durante sus seis años en el colegio de los hermanos franceses. Sólo podemos estar seguros de que éstos se esforzarían por inculcarle una amplia cultura general.[47]

Que el plan de estudios incluía dibujo lo demuestra un breve artículo publicado por Dalí en 1927, en el que ensalza el «sentido común» de uno de sus profesores a quien le gustaba repartir dibujos entre sus alumnos y pedirles que los coloreasen cuidadosamente con acuarelas. Su consejo era muy simple: «Pintarlos bien, pintar bien en general, consiste en no sobrepasar la línea». Dalí, cuyas mejores obras destacan por su atención al detalle minúsculo, pudo muy bien tener una deuda real con aquel profesor anónimo, hoy por lo visto de imposible identificación.[48]

A comienzos de julio de 1912, cuando Salvador finaliza su segundo año en Els Fossos, la familia se muda desde su piso de la calle de Monturiol, 20, al número 24 de la misma calle. La flamante casa ocupa la última planta de un edificio de nueva construcción que da a la plaza de la Palmera (donde se celebra el mercado semanal de cada jueves y la feria anual de primavera). Como corresponde al ahora próspero notario, las habitaciones son más espaciosas y señoriales que las de la vivienda anterior. El cuadro *Muchacha de Figueras*, ejecutado por Dalí en 1926, capta con exactitud parte del panorama que desde allí se disfrutaba, con las montañas malva de Sant Pere de Roda en el horizonte, bordeando la llanura del Empordà, y, en primer plano, el colegio de las monjas dominicas francesas, con su característico campanario (lámina 7).

El terrado de Monturiol 24 es uno de los lugares clave de la infancia de Dalí evocados en *La vida secreta*. Allí había dos lavaderos abandonados, utilizados principalmente como trasteros, y el pintor nos asegura que se le permitió pronto usar uno de ellos como estudio. Se trataba de un espacio minúsculo, con lugar apenas para una pila. Pero era más que suficiente como primer taller de un artista en ciernes.[49]

Aparte de Anna Maria no había niños en el edificio, y al parecer no se le permitía el acceso al coto vedado de su hermano. Salvador disponía, pues, de todo el terrado para él. A esa edad, nos cuenta, le gustaba disfrazarse de rey-niño con el manto de armiño, corona y cetro regalados por uno de sus tíos. Así ataviado se pavoneaba por su dominio, dirigiendo vibrantes discursos improvisados a sus súbditos imaginarios. Una desmadrada afición a los disfraces sería una de las «pasiones más fuertes» de Salvador durante su infancia, y nunca le abandonaría después. Más tarde declararía que su imperiosa necesidad de escalar alturas —y de permanecer allí— provenía de los días de su infancia en que era el amo incontestado de un reino situado en lo más alto de uno de los mejores edificios modernos de Figueres.[50]

Una pertenencia importante instalada por Dalí en su primer estudio fue una colección completa de los libritos que Gowans and Gray, Ltd., de Londres y Glasgow, comenzó a publicar en 1905, en edición francesa e inglesa y formato de 15 × 10 cm. Cada volumen contenía sesenta ilustraciones en blanco y negro de uno de los grandes maestros de la pintura nacidos antes de 1800, y la serie no tardó en adquirir una merecida popularidad. Es probable que el padre de Salvador iniciara la adquisición de la colección tan pronto como empezó a salir a la venta, o muy poco después, e incluso que se suscribiera a ella. En cualquier caso, Salvador no pudo disponer de todos los volúmenes hasta 1913, año de publicación del último. La coincidencia de esta fecha

con la del cambio de casa significa que, a la edad de nueve
años, a lo mejor instaló toda la serie (3.120 reproducciones)
en su recién concedido estudio-lavadero del terrado.

En un escrito adolescente expresó su deuda para con
aquellos pequeños volúmenes:

> Hay algo que vincula la colección Gowans con mi infan-
> cia. Desde muy pequeño recuerdo haber visto esta colección
> en casa, y que yo solía mirar las reproducciones con verda-
> dero deleite. Me embelesaban los desnudos sensuales de
> Rubens y las escenas domésticas de los flamencos.
>
> Hoy a veces tengo que hacer un esfuerzo para separar
> un incidente real de una de aquellas reproducciones. Mu-
> chas veces las cosas vividas y los cuadros se funden en mi
> memoria. Cuando vuelvo a hojear esas páginas siento que
> realmente he visto todo eso, y que he conocido a esa gente
> desde hace mucho tiempo y muy íntimamente. Me parece
> que una vez merendé en ese rincón umbroso de Watteau o
> que, cuando era pequeño, mi aya fue esa muchacha risue-
> ña y regordeta de Teniers; que he caminado a la hora del
> crepúsculo por el fondo de un jardín de un edificio del Re-
> nacimiento, por alguno de esos paisajes colocados por Tizia-
> no como fondo para sus Venus de carne dorada tendidas
> sobre los pliegues de preciosos y caros paños.[51]

Albert Field, autoridad en Dalí y propietario del minúsculo óleo sobre cartón titulado *Paisaje*, insiste en que según el pintor éste fue su primer cuadro. Pero es muy difícil
que pudiera haberlo ejecutado en 1910, a los seis años, como
se ha venido diciendo: 1913 o 1914 parecen una apuesta
más segura.[52]

Otro cuadro de la misma serie, pintado a la aguada
sobre una postal, se titula *Vilabertran*.[53] Dicho pueblo, ubicado a dos kilómetros al noreste de Figueres, se apiña en
torno a una bella iglesia románica, Santa Maria de Vilabertran. Con un estanque rodeado de árboles eufemísticamen-
te llamado «el lago», el lugar era la meta de uno de los paseos favoritos de la familia Dalí. A mitad de camino, una
fuente, la Font del Soc, proporcionaba un agradable descan-
so a la sombra.

El 2 de junio de 1916, con sus doce años recién cumplidos, Salvador aprueba el examen de ingreso al Instituto de Figueres, pese a sufrir casi una crisis nerviosa en el proceso. Luego pasa el resto del mes con Pepito Pichot y su mujer en el Molí de la Torre, espléndida casa de campo ubicada en las afueras de Figueres a orillas del río Manol y parte de la cual pertenece a la hermana de Pepito, la cantante María.[54]

Dalí dedica numerosas páginas de *La vida secreta*, así como de escritos posteriores, a evocar aquellas semanas. Pero hay un anterior relato, de 1922, más fiable. Se titula *Les cançons dels dotze anys. Versus em prosa i em color* («Las canciones de los doce años. Versos con prosa y color»).[55]

Estas breves páginas presentan a un joven Dalí trastornado por la presencia de Julia ya mencionada, la hija adoptiva de los Pichot, que tiene unos dieciséis años, es decir, cuatro más que él. Una tarde, al despertarse Julia de una siesta en el jardín, un impulso le lleva a Salvador a tocarle los pechos. La muchacha se ríe. Otro día, él, Julia y una amiga de ésta van a coger flores de tilo, y a tal fin acercan una escalera a los árboles. La visión repentina de unas bragas blancas y muslos desnudos le excita. Una noche, acosada por Salvador para que le revele el nombre de su novio, Julia acaba por decírselo y el Dalí de doce años se pone «como la grana en la oscuridad». ¡Otra vez el rubor! El detalle tiende a confirmar que los numerosos accesos de vergüenza infantil recordados en *La vida secreta* no son una mera invención literaria.

Pero aún más que el tentador cuerpo de Julia, es la obra impresionista de Ramón Pichot lo que le produce un vértigo durante el mes que pasa en el Molí de la Torre. «A veces, en la luz difusa que penetra por las grietas del postigo —apunta en el mismo cuaderno— contemplo el gran cuadro *pointilliste* de Ramón Pichot y me maravillo de los colores del agua en el arroyo.»

Salvador ha llevado su caja de óleos al Molí, y bajo el impacto de las telas más recientes de Pichot se dedica con feroz energía a convertirse, él también, en pintor impresionista. Sus notas de 1922 indican que las puestas de sol se prestaban particularmente bien a sus nuevos experimentos:

> Esta mañana he pintado los gansos, bajo el cerezo, y he aprendido mucho sobre cómo hacer árboles, pero lo que más me gusta son las puestas de sol, es entonces cuando de verdad me gusta pintar y usar el cadmio directamente del tubo para el contorno de las nubes azules y malvas; así consigo una gruesa capa de pintura, necesaria porque es muy difícil evitar que una puesta de sol parezca un cromo.

Unas líneas más abajo su nueva seguridad en sí mismo se reafirma:

> Ahora sé lo que hay que hacer para ser impresionista. Hay que usar el cadmio para los lugares que toca el sol. Para la sombra, malva y azul, sin aguarrás y con una gruesa capa de pintura; las pinceladas deben ser hacia arriba y abajo, y hacia los lados para el cielo; también es importante pintar las manchas que hace el sol en la arena y, sobre todo, no usar negro, porque el negro no es un color.

«¿Por qué no utilizas aguarrás?», le pregunta Pepito Pichot, intrigado. «Porque soy impresionista», contesta Dalí.

El mes pasado en el Molí de la Torre, con su revelación de la pintura impresionista, marca profundamente al Dalí de doce años. En cuanto a la apetecible Julia —«Julieta» para la familia— reaparecerá en 1930, con el nombre apenas camuflado, de Dulita, en *Rêverie*, descarada fantasía masturbatoria daliniana considerada escandalosa por los puritanos del Partido Comunista francés al darse a conocer en *Le Surréalisme au Service de la Révolution,* la revista de André Breton.

El Instituto de Figueres tiene la suerte de contar con un excelente profesor de dibujo al carbón y al lápiz en Juan Núñez Fernández, natural de Estepona (Málaga). Núñez procede de la Escuela Especial de la Real Academia de Madrid, más conocida como Academia de San Fernando, donde se especializó en grabado y obtuvo dos premios. En 1889 marchó a Roma y en 1903 se instaló en París. Consiguió su plaza en Figueres en 1906. Alto y bien parecido, es un hombre algo introvertido con cierto aire marcial heredado de su padre, teniente coronel del ejército español (ilustración 11).[56]

Núñez simultanea su puesto en el instituto con el de director de la Escuela Municipal de Dibujo donde, en el otoño de 1916, el ambicioso Salvador Dalí Cusí también matricula a su hijo.

Núñez no tarda en darse cuenta de que Salvador es un alumno fuera de serie. Por su parte, éste parece haber captado con igual rapidez que Núñez es el profesor que necesita. Los dos congenian perfectamente, y son tan llamativos los progresos del discípulo que a finales de curso, coincidiendo con el buen término de su primer año de bachillerato y su decimotercer cumpleaños, recibe un diploma de honor por su rendimiento.[57]

Según Anna Maria, su padre estaba tan contento con Salvador que organizó en el piso familiar una exposición de los más recientes trabajos del premiado, agasajando a los invitados con una *garotada,* festín de erizos de mar.[58]

Los documentos oficiales de los estudios cursados por Dalí en el instituto demuestran que no le fue tan mal su carrera escolar, aunque le gustaría afirmar después que había sido mediocre. Aun admitiendo la posibilidad de que algunos de sus profesores fueran excesivamente indulgentes o actuaran presionados por su padre, es difícil que las notas, en su conjunto, fueran infladas. Tras aprobar el primer curso (1916-1917), sus calificaciones, que incluían catorce «sobresalientes» y cinco matrículas de honor, eran en realidad dignas de elogio.[59]

Los «aprobados» en aritmética, geometría, álgebra y trigonometría le habían costado un ingente esfuerzo, eso sí. Dalí estaba convencido de que tales asignaturas superaban su capacidad, y tenía terror a que le tomasen la lección en clase.[60] Jaume Miravitlles, uno de sus mejores amigos durante estos años, le daba, a instancias del notario, clases de aritmética, geometría, física y química, en todas las cuales *Met* destacaba. Pero resultó una tarea imposible. Miravitlles, quizá exagerando un poco, dijo más tarde que había logrado finalmente enseñarle a Salvador a sumar y a restar, pero que nunca a dividir o multiplicar.[61]

Anna Maria Dalí ha recordado que, en esta época, Salvador
y su padre pasaban las comidas discutiendo apasionada-
mente, mientras las mujeres de la casa escuchaban en res-
petuoso silencio, sin atreverse a intervenir. A veces la conversación se acaloraba tanto que Dalí Cusí se olvidaba de
ir a su club, El Sport, donde se reunía todas las tardes con
un grupo de amigos.[62] Dalí padre amaba los libros y tenía
una «voluminosa biblioteca» que dejó su impronta en Salvador desde una edad temprana, entre otras cosas porque
contenía los magníficos tomos encuadernados de una de las
mejores revistas de finales del siglo XIX, *La ilustración española y americana,* cuyas láminas fascinaban al niño.[63]
Más tarde Dalí devoraría —o al menos afirmaría haberlo
hecho— los tomos dedicados a la filosofía y la política. La
obra que más le influyó, nos cuenta en *La vida secreta,* fue
el *Diccionario filosófico* de Voltaire, por su feroz y claramente razonado anticlericalismo.[64] *Así habló Zaratustra* también impresionó a Salvador, estimulando su deseo de ser
superhombre del arte.[65] No hay duda de que padre e hijo
discutieron con vehemencia acerca de éstos y otros libros,
ni que la diaria exigencia de salir airoso de tales debates
fue agudizando la tendencia de Dalí a dogmatizar, rasgo
que más tarde se convertiría en destacado componente de
su personaje público.

   Con los años, y a medida que su despacho prosperaba,
Salvador Dalí Cusí, aun manteniendo su apoyo a la causa
federalista catalana, se iba volviendo menos virulento en
cuestiones de política, pasando a canalizar sus antiguas
veleidades casi anarquistas por la promoción de iniciativas
como la del esperanto. Pero ya para entonces, de todas
maneras, había conseguido transmitir su radicalismo a
Salvador.[66]

   Y su amor a la literatura. A principios de 1919 Dalí y
algunos compañeros del instituto, entre ellos Jaume Miravitlles, lanzan una pequeña revista, *Studium,* que expresa su pasión por el arte, el ansia desenfrenada por ser
algo en la vida, la llamada del deseo erótico, la admiración
por Rubén Darío y la voluntad de cambiar el mundo. Dalí

colabora con algunas ilustraciones y seis notas sobre artistas célebres (Goya, El Greco, Durero, Leonardo, Miguel Ángel y Velázquez), una breve prosa poética titulada «Capvespre» («Crepúsculo») y un poema de parecido tema, «Divagacións. Cuan els sorolls s'adormen» («Divagaciones. Cuando los ruidos se adormecen»). En «Capvespre», el «yo poético» del Dalí adolescente, al pasar delante de él dos enamorados envueltos por las sombras, siente su soledad y quisiera «sonreír como ellos». Los enamorados reaparecen en el poema:

> *Los reflejos de un lago...*
> *Un campanario románico...*
> *La quietud de la tarde*
> *que muere... El misterio*
> *de la noche cercana... todo*
> *se duerme y difumina... y*
> *entonces, bajo la pálida*
> *luz de una estrella,*
> *a la puerta de una casa*
> *antigua se oye hablar*
> *bajo y después los ruidos*
> *se duermen y la fresca*
> *brisa de la noche mece*
> *las acacias del jardín*
> *y hace caer sobre*
> *los enamorados una lluvia*
> *de flores blancas...*[67]

Hacia finales de 1919 Dalí empieza a llevar un diario en catalán titulado *Les meves impressions i records íntims* («Mis impresiones y recuerdos íntimos»). Los únicos volúmenes que se han encontrado hasta ahora son los números 2 (10-20 de noviembre de 1919), 3 (21 de noviembre a 6 de diciembre de 1919), 6 (7 de enero a 1 de febrero de 1920), 9 (11 de abril a 5 de junio de 1920), 10 (5 de junio a otoño de 1920) y 11 (10 de octubre a diciembre de 1920). Con excepción del volumen 6 (propiedad del Salvador Dalí Museum de Florida) estos diarios se conservan en la Fundación Gala-Salvador Dalí de Figueres, junto con otro cuaderno titulado «La meva vida en aquest mon» («Mi vida en este mundo»), resumen de lo acaecido a Dalí entre 1920 y 1921; un cuadernillo con diez páginas de impresiones apuntadas en octubre de 1921; y otro, fechado 1922 y ya citado, «Les cançons dels dotze anys. Versus em prosa i em color» («Las canciones de los doce años. Versos con prosa y color»), con recuerdos de los primeros años de su vida y de la escuela. A ellos puede añadirse un manuscrito inédito e incompleto de dieciséis páginas titulado «Ninots. Ensatjos sobre pintura. Catalec dels cuadrus em notes» («Garabatos. Ensayos sobre pintura. Catálogo de los cuadros con notas»), redactado en 1922, que contiene valiosos datos sobre la evolución artística de Dalí.[68]

A pesar de faltar cinco cuadernos de *Les meves impressions i records íntims*, los diarios proporcionan una información detallada sobre diversos aspectos de la vida de Dalí en Figueres entre los quince y los dieciocho años (aunque no de sus largas vacaciones en Cadaqués, donde cada verano, tras haberlo añorado todo el año, el escritor cede paso al pintor y se olvida de ellos).

Cuando no está en el pueblo siente habitualmente la acuciante nostalgia del mismo, y a veces se duerme soñando con su paraíso costero. Mientras lucha con sus asignaturas, en especial con el álgebra «odiosa y estúpida», sus pensamientos no dejan de volar al estudio que ha heredado de Ramón Pichot, al lado de las olas.[69]

El joven Dalí retratado en las páginas de estos diarios adolescentes escudriña cotidianamente dos periódicos (*La Publicitat* de Barcelona, editado en catalán, y *El Sol* de Madrid, el periódico liberal más leído de España), sin perder de vista los semanarios ilustrados madrileños como *Mundo Gráfico* y *Blanco y Negro*. Sigue de cerca los debates en el Congreso, los vaivenes de los disturbios laborales en Madrid, París y Barcelona y de un prolongado *lock-out* en esta última ciudad, la huelga de hambre del alcalde de Cork, en Irlanda, las señales de peligro que llegan desde una Alemania empeñada en el rearme y la venganza, la cuestión del reconocimiento de la Rusia de los soviets por los aliados y, sobre todo, el avance del Ejército Rojo. Dalí se considera comunista, se identifica plenamente con los trabajadores, odia el capitalismo y es enemigo acérrimo del *statu quo* español, con su censura de la prensa y sus militares capaces de sublevarse en cualquier momento. De Alfonso XIII comenta que lo único que le interesan son la caza y las regatas.[70]

Su amarga decepción con España, que a veces roza el desprecio, se acrecienta con la lectura de *Ansí es el mundo,* la conocida novela de Pío Baroja.[71] Para el Dalí de estos diarios sólo hay un remedio a los males del país: una revolución sangrienta. El 12 de noviembre de 1919 escribe que espera la revolución «con los brazos abiertos, bien abiertos, y al grito de ¡Viva la República de los Soviets! Y si para conseguir una auténtica democracia y una auténtica república social antes es necesaria una tiranía, ¡que viva la tiranía!».[72] Pocos días después, comentando un formidable jaleo que acaba de armarse en las Cortes, exclama: «¡Dan ganas de tirar una bomba en el Parlamento para acabar de una vez por todas con tanta farsa, tantas mentiras, tanta hipocresía!».[73] En la capital catalana, donde continúa el *lock-out,* se vive una escalada de violencia. El 24 de noviembre de 1919 Dalí exclama: «En Barcelona han tirado otra bomba. ¡Otra vez el terrorismo! ¡Mucho mejor!».[74] Está convencido de que su anhelada revolución española está a punto de estallar. ¿Acaso no ha dicho Trotski que España seguirá el ejemplo de Rusia?[75] Si hasta en Figueres la lucha de clases está adquiriendo tanta fuerza —apunta el 6 de diciembre— «¿cómo será en las grandes urbes, rebosantes de odio y egoísmo?».[76]

Dalí y sus compañeros gustan de aplicar la palabra *putrefactes* a las personas que consideran infectas artística, moral y políticamente. Un juez nombrado para investigar el comportamiento de uno de los profesores del instituto es inmediatamente calificado de *putrefacte*; y el grupo organiza sesiones de identificación y análisis de la especie en la Rambla, alternándolas con debates sobre el comunismo. El vocablo hace furor.[77]

En su pasión revolucionaria Dalí es secundado por su compañero del instituto y gran amigo *Met* Miravitlles, cuyo padre, Joan Miravitlles Sutrà, había participado en los disturbios anarquistas de Barcelona en los años noventa. El

7 de enero de 1920 Salvador conversa con él durante un funeral en Figueres: «Estuvo en Montjuïc. Se enfrentó dos veces con la policía a golpes de botella. Son cosas que, como es natural, honran a la persona que las ha vivido porque hoy en día nadie intelectualmente honrado va a la cárcel. Me han interesado sobremanera. También me he enterado del sindicalismo de entonces... Los ojos se le encendían de odio cuando me hablaba del despotismo de la burguesía».[78]

Junto con el profundo desdén que siente Dalí por los *putrefactes*, y su identificación con el proletariado, aparece en estos diarios un amor tan intenso por la naturaleza que casi roza el panteísmo. Las descripciones de la llanura del Empordà, bordeada por la bellísima bahía de Roses, en especial cuando se pone el sol, revelan una sensibilidad a flor de piel y una capacidad agudísima para la observación minuciosa. Y es precisamente esta empatía con la naturaleza lo que, según el propio Salvador de los diarios íntimos, intenta expresar en sus cuadros.

Hay un pasaje que en este sentido destaca sobre los demás. Después de haber aprobado, en mayo de 1920, los temibles exámenes de fin de curso, está a punto de poder volver a pintar, pues dentro de unos días acompañará a su familia a Cadaqués para la habitual estancia veraniega. Y escribe:

> En cuanto estuve listo abrí el armario de mi habitación y saqué con cuidado unas cajas. Las abrí. Eran los tubos de pintura. Aquellos tubos limpios y refulgentes eran para mí todo un mundo de esperanzas, y yo los miraba y los acariciaba con unas manos temblorosas de emoción, como deben de acariciarse los enamorados. Mis pensamientos volaban lejos. Detrás de esos colores entreveía todo un futuro lleno de esperanzas y de dicha. Me parecía estar pintando, y gozaba, gozaba pensando en el día feliz en que, después de un año de esfuerzo, de emociones y de mentiras, pudiera comenzar el trabajo consciente, el trabajo sagrado del que crea. Y veía mis tubos vertiendo sus colores purísimos sobre la paleta, y mi pincel que los recogía amorosamente. Veía avanzar mi obra. Sufrir creando. Extasiarme y perder-

me en el misterio de la luz, del color, de la vida. Fundir mi alma con la de la naturaleza... Buscar siempre más, siempre más allá... Más luz, más azul... más sol... abstraerme en la naturaleza, ser su sumiso discípulo... ¡Oh, me volvería loco! ¡Cuán dichoso seré el día que pueda exteriorizar todo lo que he imaginado, todo lo que he sentido y pensado en todo un año de pensar, de ver, de tener que guardar y reprimir mis ansias creadoras![79]

En estos momentos Dalí trabaja a ratos en una novela, *Tardes d'estiu* («Tardes de verano»), de la que sólo se conocen unas veinte páginas. Su protagonista es un joven pintor, Lluís, réplica exacta del Salvador adolescente fervoroso amante de la naturaleza:

Su temperamento apasionado le hacía pintar más con el corazón que con la inteligencia, y deslumbrado por la sublime naturaleza se pasaba horas y horas buscando la luz adecuada, buscando ora un color, ora otro. Lluís ponía todos sus sentimientos en ese empeño, toda su alma. Gozaba con el sufrimiento de la creación.

Disfrutaba con el sufrimiento de la creación. Se esforzaba por expresar los movimientos de su corazón, las cosas que la naturaleza le susurraba, lo que le decía el espléndido cerezo bañado por el sol. Incansablemente sediento de arte, ebrio de belleza, miraba con sus ojos claros la sonriente naturaleza, inundada de sol y de alegría, y caía en breves momentos de éxtasis.[80]

Si el diario de Dalí nos permite seguir paso a paso el desarrollo de sus afanes de pintor y de escritor, también demuestra que está lejos de ser indiferente a la música —el profesado desprecio vendría después— y que disfruta intensamente con los conciertos que suelen organizarse en Figueres. Mozart es uno de los compositores que más admira.[81] Es probable que por estas fechas, además, ve en Figueres sus primeras zarzuelas, representadas en el teatre Principal por las más famosas compañías del país.[82]

La vida secreta de Salvador Dalí contiene párrafos muy divertidos sobre «aquello», que le comenzó a preocupar no mucho después de su ingreso en el Instituto de Figueres en 1916. «Aquello» es la masturbación:

> Estaba absolutamente atrasado en la cuestión del «placer solitario», que mis amigos practicaban como hábito regular. Oía sus conversaciones salpicadas de alusiones, eufemismos y sobreentendidos; pero, a pesar de los esfuerzos de mi imaginación, era incapaz de comprender exactamente en qué consistía «aquello»; me habría muerto de vergüenza antes de preguntar cómo se hacía «aquello», o de referirme al asunto indirectamente, pues temía que descubriesen que no lo sabía todo y que no lo había hecho nunca. Un día llegué a la conclusión de que «aquello» podía hacerse estando solo y que también podían hacerlo dos, y aun varios a un tiempo, para ver quién lo hacía más aprisa.[83]

Dalí descubrió finalmente lo que era «aquello»... en los retretes del Instituto de Figueres. Y no tardó el hábito masturbatorio en arraigarse, acompañado de un profundo sentimiento de angustia mezclada con vergüenza. «Por la tarde me debatí entre los apetitos y la voluntad —leemos en su diario—. Ganaron los primeros, dejándome abatido y triste. He tomado una firme decisión.»[84] «Me sentía emocionalmente voluptuoso —apunta en otro momento—. Fui a los retretes. Sentí un enorme placer con el sensualismo. Al salir, me sentí abatido y asqueado de mí mismo. Como de costumbre he decidido no volver a hacerlo. Pero esta vez lo digo realmente en serio. Creo que con todo esto se pierde sangre *(Crec que amb tot això es perd sang)*. No es precisamente lo que me conviene.»[85]

Cabe preguntarse qué quería decir Dalí, o creía decir, al hablar de «perder sangre». Tal vez le habían enseñado, o había deducido por su cuenta, que la práctica reiterada de la masturbación, además de ser moralmente repugnante, acabaría debilitándole, o bien lo volvería impotente, homosexual, ciego e incluso loco. Ésa era la opinión de la medicina ortodoxa en el siglo XIX, y siguió siéndola, para vergüenza de la profesión, hasta entrado el XX y la llegada del psicoanálisis. Fueran los que fuesen los temores de Dalí al respecto, el hábito nunca le abandonaría. Según admisión propia, y el testimonio de varias personas que lo conocieron de cerca más tarde, la masturbación sería durante toda su vida casi el único medio de llegar al orgasmo.

En estos momentos Dalí consumía novelas extranjeras, recomendando a Jaume Miravitlles que leyera a Anatole France y a «los rusos», además de a Pío Baroja.[86] También saboreaba la literatura erótica francesa. En diciembre de 1919 apuntó en su diario que acababa de leer *Gamiani*, la novelita de Alfred de Musset, escrita anónimamente. «Esta obra sensual —comenta ambiguamente— me ha despertado más que nunca una gran aversión al sensualismo grosero y estúpido que el autor erótico francés pinta con tanta agudeza y naturalidad.»[87]

Años después, al recordar en *Confesiones inconfesables* sus tribulaciones sexuales adolescentes, diría que una de las obsesiones que entonces le paralizaba era el miedo a las enfermedades venéreas, inculcado por su padre. Y había otro miedo aún peor:

> Experimenté durante mucho tiempo la gran turbación de creerme impotente. Desnudo, y comparándome a mis camaradas, descubrí que mi sexo era pequeño, triste y blando. Recuerdo una novela pornográfica donde el don Juan de turno ametrallaba los vientres con una alegría feroz, diciendo que le gustaba oír a las mujeres crujir como una sandía. Yo estaba convencido de que jamás podría hacer crujir así a una mujer. Y esta debilidad me roía. Disimulaba esta anomalía, pero a menudo era presa de unas crisis de risa incontenibles, hasta la histeria, que eran como la prueba de las inquietudes que me agitaban profundamente.[88]

En otro sitio Dalí añade que el libro erótico que tanto le había impresionado se debía a la prolífica pluma de *El Caballero Audaz*, seudónimo de José María Carretero, conocido escritor de novelas galantes y semipornográficas.

¿Cómo consiguió el notario inculcar en Salvador tanto pánico a las enfermedades venéreas? El pintor explicó que un día su padre, considerando que ya era hora de que su hijo conociera las cosas de la vida, dejó sobre el piano un libro médico con ilustraciones de «las terribles consecuencias» de tales enfermedades, alegando que, como advertencia a los jóvenes, un volumen así debía estar expuesto en

todos los hogares decentes. Pero ¿es posible que recurriera
Dalí Cusí a tal método para mantener a Salvador en el
buen camino, sobre todo si tenemos en cuenta la presencia
en la casa de varias mujeres a quienes la exposición de las
láminas les habría sin duda horrorizado? ¿Se trata de un
«falso recuerdo» defensivo ideado por Dalí como explicación
racional de su miedo al coito o a la impotencia? ¿Incluso de
una mentira? A estas alturas es imposible saberlo. Sólo podemos decir que, si el notario actuó realmente así, ello en
absoluto habría ayudado a facilitar el desarrollo normal de
la sexualidad de su hijo, ya de por sí angustiosa.[89]

3. ESCENARIO PARA UN ENCUENTRO: LA RESIDENCIA DE ESTUDIANTES

La Residencia de Estudiantes, adonde llegó Federico García Lorca en la primavera de 1919, había nacido nueve años antes y era «hija» de la Institución Libre de Enseñanza, el colegio secundario fundado en Madrid en 1876 por Francisco Giner de los Ríos y otros profesores universitarios de significación progresista. «Libre» quería decir, en primer lugar, ajeno a las interferencias de una Iglesia que durante siglos había estrangulado la enseñanza española y que, con la reciente restauración de la monarquía borbónica, amenazaba con seguir haciéndolo. Y, en segundo lugar, «libre» de la injerencia del Estado. La Institución tuvo muchos enemigos desde el momento mismo de su fundación, pero, pese a todos los obstáculos, sobreviviría. Dedicada a la formación de individuos polifacéticos deseosos de contribuir a la construcción de una nueva España «europea», abierta al mundo y tolerante, su influencia sobre la vida intelectual, política y moral de la nación sería difícil de exagerar.[1]

Alberto Jiménez Fraud, el joven director de la Residencia, malagueño de nacimiento, había sido profesor de la Institución durante tres años. La obsesión de Giner de los Ríos por el progreso de España, su convicción de que sólo la consolidación de una minoría selecta de hombres y mujeres cultos podía cambiar su negra suerte, calaron hondo en la sensibilidad de Jiménez Fraud. También lo hicieron los meses pasados en Inglaterra en 1907 y 1909, cuando tuvo ocasión de conocer y admirar el sistema de enseñanza que imperaba en Oxford y Cambridge, fundamentado sobre el estrecho contacto de profesor y alumno (el tan famoso *tutorial system*).[2]

Hay que tener en cuenta que no había entonces en España nada que se pudiera comparar con las residencias universitarias británicas, y que los estudiantes que llegaban a Madrid —en aquellos años pequeña ciudad de poco más de medio millón de habitantes— no tenían por lo general otra opción que vivir en humildes y a menudo miserables pensiones. La Residencia de Estudiantes, ubicada al principio en un caserón de la calle Fortuny, pretendía paliar a escala muy modesta esta carencia, al ofrecer a un reducido número de jóvenes una combinación de alojamiento cómodo, tutoría extraoficial y ambiente interdisciplinario.

La iniciativa tuvo un éxito notable, y el alud de solicitudes de plazas obligó a Jiménez Fraud y a sus colaboradores a tomar la decisión de trasladarse cuanto antes a un local mucho más amplio. En 1915 se inició la construcción de un nuevo complejo de edificios sobre un grupo de altozanos, conocidos como Altos del Hipódromo, situados a la derecha de lo que entonces era el extremo norte del paseo de la Castellana (hoy plaza de San Juan de la Cruz). Allí, en medio de la ancha vía, se erguía una estatua ecuestre de Isabel la Católica, a la cual daba la vuelta el tranvía número 8 antes de iniciar el regreso al centro de la ciudad, trayecto de unos veinte minutos. En el lado este del paseo se hallaba la Escuela de Sordomudos (luego sede de la Escuela Técnica del Ejército) y, un poco más allá, donde bajo la República se levantarían los Nuevos Ministerios, se extendía el hipódromo. En la ladera de uno de los altozanos se había construido, en el siglo XIX, el hermoso palacio de la Industria y de las Bellas Artes, y detrás del bello edificio subía la colina conocida popularmente como Cerro del Viento. Era allí donde Jiménez Fraud y sus colegas decidieron levantar la nueva Residencia de Estudiantes.

Los pabellones, luminosos y aireados, eran de estilo neomudéjar, eminentemente funcionales y dotados de un generoso equipamiento de duchas y cuartos de baño. Los tres primeros edificios se construyeron muy deprisa, lo que permitió inaugurar el complejo aquel mismo 1915. El cuarto y el quinto, orientados como el tercero de norte a sur, se terminaron el año siguiente. El cuarto no tardó en ser bautizado con el nombre de «transatlántico», debido a la balaustrada de madera que recorría la fachada en toda su longitud a nivel del primer piso y que recordaba la barandilla de un navío. En el sótano y planta baja del mismo edificio se instalaron los laboratorios de la casa, que a lo largo de los años irían cobrando eficacia y prestigio gracias a la dirección de hombres como Juan Negrín, jefe del Laboratorio de Fisiología Natural, y el futuro premio Nobel de Medicina Severo Ochoa.[3]

El estilo neomudéjar de los pabellones hacía pensar más en Andalucía que en Castilla, así como la frondosidad del lugar. Juan Ramón Jiménez participó activamente en la planificación de los jardines y en la selección de árboles, arbustos y flores. Bajo las directrices del poeta onubense se plantaron numerosos chopos junto al canalillo, que pasaba delante de los edificios y, en el espacio que separaba los dos primeros pabellones, adelfas —tres rojas y una blanca—, cercadas por un seto de boj traído del jardín de Felipe II en El Escorial. El autor de *Platero y yo* quedó encantado con el resultado de sus desvelos e, imaginando cómo al cabo de unos años haría susurrar el viento las hojas de los árboles, rebautizó el lugar como «la Colina de los Chopos» (ilustración 12).[4]

Por dentro, la Residencia era austera, como convenía al espíritu algo espartano de la casa. Excepción hecha de algunas sillas de mimbre un poco incómodas, predominaban los muebles de pino, y los únicos toques de color los proporcionaban cuadros, azulejos vidriados y cerámica tradicional. Los dormitorios tenían un leve aire monacal. Y para favorecer la concentración mental de los estudiantes regía la tajante prohibición de hacer ruido a altas horas de la noche (hasta el punto de prohibir al jardinero tener perro por si acaso ladraba). En la casa no se toleraba la frivolidad, y la diversión tenía que ser «sana». En opinión del escritor inglés Victor Pritchett, que visitó la Residencia en 1924, Jiménez Fraud y sus colegas eran «puritanos alegres». Era verdad: se sentían misioneros laicos al servicio de una nueva España.[5]

En un país que padecía una triste escasez de bibliotecas modernas, la Residencia contaba con una magnífica y en constante expansión. Entre sus muchas ventajas, estaba suscrita a numerosas revistas extranjeras. Permanecía abierta hasta muy tarde, y los estudiantes podían llevar libros a sus habitaciones. No satisfecha con ello, la Residencia también fundó una editorial. De sus numerosas y muy cuidadas publicaciones —hoy piezas de coleccionista— habría que destacar la primera edición de las *Poesías completas* de Antonio Machado (1917) y siete volúmenes de ensayos de Miguel de Unamuno (1916-1918). Ambos escritores eran fieles amigos de la casa.

Como emblema, la Resi, como se llamaba familiarmente, diseñó un medallón inspirado en la cabeza de una escultura ateniense del siglo v a.C. conocida como *El atleta rubio*. Representa a un hermoso joven apolíneo de cabello rizado quien, para Jiménez Fraud, expresaba el ideal del «perfecto ciudadano» que se quería formar en la casa. Aunque no de modo explícito, se podría decir que el verdadero lema de la misma era *Mens sana in corpore sano*. Fútbol, tenis, carreras, baños de sol y hockey... la Residencia combinaba la seriedad intelectual con una devoción por el deporte en gran parte resultado de la experiencia inglesa de su director. Las ingentes cantidades de té que se consumían en las habitaciones eran otra clara muestra de influencia británica (el alcohol estaba prohibido, y, con el pretexto de evitar manchas en los manteles, ni siquiera se servía vino en las comidas).[6]

Lorca las celebró en un divertido dibujo titulado *La desesperación del té* (lámina 3).

John Brande Trend, que unos años más tarde sería titular de la cátedra de español en la Universidad de Cambridge, se quedó encantado con la Residencia, y en su libro *Un retrato de la España moderna (A Picture of Modern Spain)*, de 1921, subrayó la admiración de Alberto Jiménez Fraud y sus colegas por el sistema tutorial inglés. «Oxford y Cambridge en Madrid»: así le parecía al simpático y tartamudo Trend la Residencia. Se olvidó de mencionar que la casa no tenía capilla, ausencia que sus detractores encontraban ofensiva pero que simbolizaba la voluntad de evitar injerencias y presiones externas de cualquier índole. De hecho, las creencias religiosas de cada uno solían ser tópico tabú en la Residencia.[7]

Una vez terminados los cinco edificios, la casa tenía capacidad para alojar a ciento cincuenta residentes, cifra que se mantendría estable hasta 1936.[8]

Cuando Federico García Lorca llega a Madrid para entrevistarse con Alberto Jiménez Fraud, la visión de Juan Ramón Jiménez de unos años atrás ya se ha hecho realidad. Los chopos crecen con fuerza, los arbustos y las plantas se desarrollan con lozanía, y lo que previamente había sido una desnuda colina castellana en las afueras de Madrid se ha convertido en un oasis de paz, agua y exuberante vegetación. El joven Lorca queda maravillado. Años después Jiménez Fraud recordará la impresión muy positiva que le dejara, durante la entrevista, el andaluz vehemente de ojos oscuros, cabellos lacios e impecables traje y corbata. Era evidente que no se le podía negar una plaza en la Residencia para el siguiente curso. No quedaba ninguna, había lista de espera, pero Jiménez Fraud le garantiza allí mismo un cuarto a partir del 1 de octubre.[9]

Los «exiliados» granadinos que han estado aguardando con impaciencia la llegada de Lorca a Madrid —José Mora Guarnido, Melchor Fernández Almagro, Ramón Pérez Roda, Juan de Dios Egea (el hermano de la bella María Luisa) y José Fernández-Montesinos entre ellos, con quienes Federico frecuenta ahora el café Gijón—[10] quedan muy ufanos ante el arrollador éxito del poeta en la capital. Mora asiste a un recital dado por Lorca en la Residencia, y en una eufórica reseña periodística del acto deja constancia de la entusiasta reacción del público (no sabemos qué composiciones leyó). No alberga duda alguna acerca del innato don poético de Lorca, ni de su primacía entre los jóvenes del momento: «Se trata de una personalidad extraordinaria, de un poeta grande, definitivo, innovador de la poesía española, más rico, más brillante, más universal que cualquiera de los poetas españoles actuales.»[11] En cuanto a Melchor Fernández Almagro, escribe jubiloso a Antonio Gallego Burín en Granada:

> Empecemos por Federico: muy pronto lo tendrás ahí, y de sus propios labios podrás escuchar las impresiones suyas en este su viaje a la Corte. Yo, desde luego, te anticipo que cuantas personas han tenido ocasión de conocer sus versos los han celebrado con sincero y caluroso entusiasmo. La noche que leyó en la Residencia fuimos unos cuantos amigos, que entremezclados con la Comunidad constituimos un corro devotísimo. Los residentes se mostraron realmente en-

cantados, y muy a su gusto hubieran retenido al poeta por toda la noche para continuar embelesados y conmovidos. Pero ningún residente descompuso su actitud con desmesurado entusiasmo; ya sabes que el entusiasmo, como todas las emociones desmedidas, está prohibido en la Casa [...] Desde noviembre acá Federico ha progresado enormemente. Y eso que ya antes me parecía un poeta de asombroso temperamento; depurándose día a día, tengo la evidencia que llegará a representar en nuestra lírica contemporánea algo muy personal, encumbrado y decisivo.[12]

Es difícil imaginar que el poeta no aprovechara la oportunidad de poner a prueba el excelente piano de cola Pleyel que ocupaba un rincón de la sala de actos de la Residencia, con lo cual el impacto de su personalidad artística sobre los normalmente sobrios inquilinos se había hecho aún más fuerte. Sin duda, alguien muy especial iba a instalarse pronto en la casa.

Cumple con la obligación de tener bien informada a su familia acerca de cuanto le ocurre en la capital. En cuatro cartas con membrete del Ateneo de Madrid (cuya magnífica biblioteca le parece, con toda razón, «tentadora») expresa su regocijo al constatar que se le están abriendo de par en par las puertas del Madrid literario. Ha descubierto, no sin cierta sorpresa, que la capital «va muy bien» con su carácter. «Esta gran población me hace el efecto de una cosa muy absurda y muy alegre —escribe— sobre todo esta baraúnda le da a uno fuerza y valentía.» Llegar a Madrid «con una cosa bien hecha» ha resultado muy beneficioso: cabe suponer que Lorca ha llevado consigo desde Granada varios ejemplares de *Impresiones y paisajes*, además de una selección de sus poemas. Así, pues, «ese tópico de lo difícil del triunfo no será conmigo, estoy obteniendo verdaderos éxitos».[13]

Una de sus visitas ha sido al dramaturgo Eduardo Marquina —entonces en auge, si bien hoy prácticamente desconocido—, tal vez con una carta de presentación de Fernando de los Ríos. Marquina le acoge afablemente en su casa, le presenta a su familia y le lleva a todas partes, incluso, el 2 de mayo, al estreno de *La honra de los hombres*, de Jacinto Benavente, en el teatro Lara. Federico se siente profundamente agradecido a Marquina por estas atenciones. «Se portó conmigo como si me conociera de toda la vida», escribe a sus padres. Marquina, además, se compromete a presentar un recital de Lorca en el Ateneo, pero, debido a una indisposición suya se aplaza y no hay constancia de que se llevara a cabo.[14]

Marquina está casado con Mercedes Pichot, como hemos visto, y pasa todos sus veranos en Cadaqués. ¿Le cuenta a Federico durante estos días algo de sus vacaciones en el pueblo? ¿Que allí hay una familia llamada Dalí, cuyo hijo Salvador, está en vías de ser un magnífico pintor? De ello no sabemos nada, aunque es difícil que no surgiera el nombre de Cadaqués durante estas conversaciones.

Lorca conoce bien la poesía de Juan Ramón Jiménez, y se apresura a visitarle, llevando una carta de presentación de Fernando de los Ríos. Además de expresarle su admiración es vital conseguir su apoyo, pues en el mundillo literario de Madrid el peso del moguereño—que tiene ahora treinta y ocho años— es decisivo. El encuentro resulta un éxito. Juan Ramón le recibe en bata negra con cordones de plata, sentado en una butaca «estupenda» y, según Federico le cuenta a su familia al día siguiente, al onubense le gustan tanto los versos que le lee que le invita a recitar delante de su mujer, Zenobia Camprubí. Juan Ramón, que tiene lengua viperina, le dice pestes «de los poetillas jóvenes de Madrid» y arremete contra la dramaturgia de Eduardo Marquina sin saber cuánto ya le debe su interlocutor. Luego lleva a Lorca al teatro Eslava, en aquella época el más vanguardista de Madrid, donde le presenta a su director, Gregorio Martínez Sierra, y a la primera actriz de la empresa, Catalina Bárcena. El encuentro será fundamental para la carrera de Federico.[15]

Juan Ramón queda encantado con la personalidad y el talento del joven granadino. «*Su* poeta vino —le escribe unas semanas después a Fernando de los Ríos— y me hizo una escelentísima [sic] impresión. Me parece que tiene un gran temperamento y la virtud esencial, a mi juicio, en arte: entusiasmo. Me leyó varias composiciones muy bellas, un poco largas quizá, pero la concisión vendrá ella sola. Sería muy grato para mí no perderlo de vista.»[16]

José Mora Guarnido presenta a Federico a su círculo de amistades literarias, entre ellas los filólogos Ángel del Río y Amado Alonso y los poetas Guillermo de Torre, Gerardo Diego, Pedro Salinas y José de Ciria y Escalante. Para Lorca todos resultan altamente estimulantes, pero tal vez especialmente Guillermo de Torre quien, a sus diecinueve años —la misma edad que Federico—, se convertirá pronto en líder de un nuevo movimiento vanguardista, el ultraísmo, derivado de las innovaciones artísticas que en estos momentos se están desarrollando en Europa, sobre todo en París. Torre y sus compañeros tienen muy claro que el momento de Rubén Darío y del modernismo ha pasado. Los españoles que más admiran son el polígota y traductor sevillano Rafael Cansinos Assens —pariente, como luego se sabrá, de Rita Hayworth—, Ramón Gómez de la Serna, Pablo Picasso y Juan Gris. Y, entre los extranjeros, Apollinaire, Pierre Reverdy, Jean Cocteau, Serguéi Diáguilev (que ha visitado España en 1916 y 1917 con sus ballets rusos, y que luego volverá), Filippo Tommaso Marinetti (autor del *Manifiesto futurista*) y el poeta chileno Vicente Huidobro, que en 1918 ha pasado cinco meses en Madrid predicando, además de los méritos de su propia poesía, la buena nueva del dadaísmo y del cubismo. Los ultraístas, que en 1920 publicarán un manifiesto redactado por Torre, devoran las revistas literarias francesas actuales, desprecian todo sentimentalismo y creen que el arte contemporáneo tiene la obligación de expresar el espíritu de una época representada por la torre Eiffel, las máquinas, las pistas de patinaje, las dinamos, el ragtime y el foxtrot, los automóviles veloces, la radio, los aeroplanos, la telegrafía, los transatlánticos, el Kodak... y otras novedades por el estilo. Lorca no se comprometerá con el movimiento ultraísta pero es innegable que influye en su poesía, la cual, desde el mismo momento de su llegada a Madrid, empieza aceleradamente a desprenderse de sus excesivas exuberancia y subjetividad y sus ribetes modernistas.[17]

Parece probable que, durante sus primeras visitas a la Residencia en esta primavera de 1919 (Lorca no se hospeda en la casa sino en una pensión de la calle de San Marcos), el poeta inicia dos amistades que le resultarán cruciales: con los aragoneses José Bello y Luis Buñuel.

José *Pepín* Bello Lasierra, nacido en Huesca en 1904, hijo de un conocido y próspero ingeniero de caminos, era uno de los primeros estudiantes albergados en la Residencia, donde había ingresado en 1915, cuando preparaba su bachillerato (dispensación especial, se supone, por parte de Jiménez Fraud).[18] Los que tuvieron amistad con José Bello en la Residencia han hablado de su extraordinaria simpatía, don de gentes, ingenio y poderosa inventiva. «Buenazo, imprevisible, aragonés de Huesca, estudiante de medicina que nunca aprobó un examen —apunta Buñuel en sus memorias—, ni pintor, ni poeta, Pepín Bello no fue nada más que nuestro amigo inseparable.»[19] El comentario es un tanto injusto, ya que en realidad Bello, si no se tomó la molestia de conseguir el título de médico, tenía una indudable sensibilidad artística.

Buñuel, venido al mundo en el pueblo de Calanda en 1900, había llegado a la Residencia en 1917, dos años después de Bello, al terminar su bachillerato en Zaragoza. Su padre, Leonardo Buñuel, se había hecho rico en Cuba antes de volver a Calanda y casarse con la chica más guapa del lugar, María Portolés, veintiséis años más joven que él. Luis, el primero de cinco hermanos, sabía desde niño que podía contar con la incondicional indulgencia de su madre, que le veneraba y le permitía todos los antojos. Después de inspeccionar espantada las pensiones de Madrid, había sido para María Portolés un inmenso alivio dar con la Residencia dirigida al final de la Castellana por Alberto Jiménez Fraud. Allí, había decidido sin pensarlo dos veces, estaría a buen seguro su adorado Luis.[20]

Buñuel se amolda mejor que Bello a la idea que tienen los demás españoles de los aragoneses, siendo agresivamente testarudo e independiente. Inicia su accidentada carrera académica matriculándose en el Departamento de Ingeniería Agrónoma de la Universidad de Madrid. Luego cambia al de Ingeniería Industrial, que tampoco consigue despertar su entusiasmo. A continuación se inscribe en la Facultad de Ciencias Naturales, dedicando un año al estudio de la entomología (le fascinarán toda su vida los insectos). Finalmente se trasladará a Filosofía y Letras, licenciándose en historia.[21]

Buñuel es sin duda uno de los personajes más originales de la Residencia. Empedernido aficionado a los deportes, se le puede ver todas las mañanas, haga el tiempo que haga, con pantalón corto y a menudo con el pecho desnudo, corriendo, saltando, haciendo flexiones, machacando un *punch-ball* o lanzando una jabalina. En cierta memorable ocasión llega a escalar la fachada de uno de los pabellones. Le producen una inmensa satisfacción su torso, considerado perfecto en su género por el doctor Gregorio Marañón —otro amigo de la Resi—, la fuerza de sus brazos y los músculos de su vientre. Buñuel se las da de boxeador (de ahí el *punch-ball*), pero no es púgil de verdad, pese a la imagen combativa que tanto se empeña en proyectar como demostración de su virilidad. Más bien detesta la violencia.[22]

El aragonés admira a los ultraístas y venera a Ramón Gómez de la Serna, cuyas «greguerías» hacen furor en el Madrid de estos días y cuya tertulia, Pombo, que se reúne todos los sábados por la noche en una botillería cercana a la Puerta del Sol, es la más célebre y concurrida de la ciudad. Buñuel llegará a tener una excelente amistad con Ramón, y durante sus ocho años estudiantiles en Madrid asistirá asiduamente a la tertulia.[23]

Parece que fue durante esta visita inaugural a la Residencia cuando Lorca adquirió el sexto volumen de los *Ensayos* de Unamuno, editados, como hemos indicado, por la casa. El libro le entusiasmó y subrayó varios pasajes en los que el pensador vasco insiste sobre la necesidad de ser sinceros, pasajes que sintonizaban estrechamente con la manera de pensar del joven granadino reflejada en sus primeros escritos. Por ejemplo, uno del ensayo «Soledad», donde se trata de una «nueva edad» del espíritu imaginada por don Miguel:

> La gran institución de aquella edad será la de la confesión pública, y entonces no habrá secretos. Nadie estimará malo el abrigar tal o cual deseo impuro, o el sentir este o el otro afecto poco caritativo, o el guardar una u otra mala

intención, sino el callarlo. Y cuando eso llegue, y anden las almas desnudas, descubrirán los hombres que son mucho mejores de lo que se creían, y sentirán piedad los unos de los otros, y cada uno se perdonará a sí mismo y perdonará luego a todos los demás.[24]

Cabe pensar que la lectura de los ensayos de Unamuno abrieron en Lorca el apetito de volver a ver al filósofo, a quien visitara con Domínguez Berrueta en Salamanca unos años atrás y quien, según el poeta, había tenido la generosidad de reseñar *Impresiones y paisajes*.[25]

Madrid y la Residencia cautivan a Lorca, que a partir de ahora ve con mayor optimismo su futuro. Después de unas semanas en la capital tiene claro que Granada ya le queda pequeña. «El año que viene si no me vengo aquí me tiro por el cubo de la Alhambra», escribe a su familia, refiriéndose con ello al nuevo curso universitario que empezará aquel otoño de 1919 y al cuarto de la Residencia que ya le tienen reservado.[26]

El 16 de junio, de vuelta Lorca a Granada, el Centro Artístico ofrece una recepción en los jardines del Generalife a Fernando de los Ríos, su ex presidente, elegido recientemente diputado socialista a Cortes por la provincia. Gregorio Martínez Sierra y Catalina Bárcena, que acaban de conocer a Federico en Madrid, han llegado a la ciudad con su elenco para actuar en las fiestas del Corpus y están entre los invitados. El músico Ángel Barrios ameniza la amistosa reunión con su guitarra, y Lorca y otro poeta granadino, Alberto Álvarez de Cienfuegos —hoy casi olvidado— leen sus versos.[27]

Profundamente impresionados por el recital de Federico, el empresario teatral y la actriz le ruegan que les dedique una lectura privada. El poeta accede gustoso, y, acompañado de su amigo Miguel Cerón, les lleva a un mirador cercano donde les recita varias composiciones. Entre éstas hay una, hoy perdida, que relata, mezclando poesía narrativa y diálogo, la historia de una mariposa herida que cae en un prado. Allí la asisten una colonia de cucarachas, una de las cuales se enamora de la cautivadora criatura y muere de pena cuando ésta recupera el uso de las alas y se aleja.[28]

Cuando Lorca termina de recitar, si hemos de fiarnos de la memoria de Miguel Cerón (cuarenta y cinco años después del hecho), Catalina Bárcena está llorando y Martínez Sierra apenas puede contener su emoción. «¡Es puro teatro! —exclama—. ¡Magnífico!» Según Cerón, Martínez Sierra le dio su palabra a Lorca, allí mismo, de que, si lograba convertir el poema en obra dramática, se la estrenaría en el madrileño Eslava. Cerón decía recordar aquella escena con nitidez: las lágrimas de Catalina Bárcena, el entusiasmo de Martínez Sierra y la encantada aceptación por parte de Lorca.[29]

La metamorfosis del poema en obra de teatro no sería tarea fácil. Martínez Sierra no deja de estimular a Lorca durante el verano para que ponga manos a la obra. Cerón recibe del empresario varias misivas apremiantes en el mismo sentido. ¿Está Federico trabajando de veras en el proyecto? ¿La comedia estará lista para el otoño, como le ha prometido?[30]

«Tarde pero a tiempo» será siempre el lema de Federico García Lorca, y Martínez Sierra tiene que esperar unos meses más de lo convenido para que Federico le entregue la obra cuyo título definitivo, después de varios titubeos, será *El maleficio de la mariposa.*

A finales de noviembre de 1919 —y no en octubre como se había previsto— Lorca se establece en la Residencia de Estudiantes para pasar allí su primera temporada, y empieza a intimar con Luis Buñuel. En su no siempre muy fidedigna autobiografía *Mi último suspiro,* dictada en francés al guionista Jean-Claude Carrière y publicada hacia el final de su vida, el cineasta afirma que su amistad con el granadino fue inmediata y profunda, a pesar de —o tal vez a causa de— las diferencias de temperamento que había entre él («aragonés tosco») y el poeta («andaluz refinado»). Según Buñuel, debió su descubrimiento del «mundo nuevo» de la poesía a Lorca, que se lo fue «revelando» poco a poco, día tras día.[31] Las hazañas de Buñuel durante aquellos años madrileños ocupan numerosas páginas del libro: su afición a aporrear a conocidos homosexuales a la salida de los urinarios públicos (deporte que no tardará en abandonar), sus experimentos con el hipnotismo, sus bromas pesadas (entre ellas la de vaciar cubos de agua por debajo de las puertas de los dormitorios de la Resi), su pasión por el jazz, sus veladas con los ultraístas y sus visitas a los burdeles de Madrid («sin duda alguna los mejores del mundo»). Buñuel tiene dinero... y dispone de más al morir su padre en 1923: todo ello se nota en su comportamiento y en su machismo, que son los que corresponden a un señorito con posibles y que tiene la suerte, además, de ser fuerte y guapo.[32]

En cuanto a los burdeles, Pepín Bello ha recordado que, cuando él, Buñuel y otros amigos de la Residencia «iban de putas», tenían buen cuidado de no jactarse de ello delante de Lorca. El poeta, según Bello, era extremadamente pudoroso en cuanto a su intimidad y, aunque no aparentaba ser homosexual, nadie dudaba de que lo era.[33]

Parece que Buñuel, empero, tardó en darse cuenta de ello. En su libro alega recordar cómo uno de los «residentes», un vasco llamado Martín Domínguez, comenzó (en fecha no determinada) a comentar que Lorca era invertido, como entonces se decía. El futuro cineasta, desagradablemente sorprendido —ya que, según su propia admisión, detestaba profundamente a los «pederastas»—, abordó inmediatamente al poeta para pedirle, con su habitual brusquedad aragonesa, una aclaración: ¿era o no «maricón»? «Tú y yo hemos terminado», contestaría tajantemente Lorca, levantándose y marchándose. Buñuel comenta que el poeta se sintió «herido en lo más vivo». Pero es imposible saber hasta qué punto es veraz la anécdota.[34]

«No todos los estudiantes le querían —ha recordado al evocar al Lorca residente el escritor, pintor y poeta andaluz José Moreno Villa, brazo derecho de Alberto Jiménez Fraud en la casa—. Algunos olfateaban su defecto y se alejaban de él. No obstante, cuando abría el piano y se ponía a cantar, todos perdían su fortaleza.» Nótese la palabra «defecto». Que Moreno Villa no diera más detalles sobre el asunto es ya de por sí sintomático de una reserva que hasta muy recientemente dificultaba mucho investigar la vida del poeta.[35]

Si ni Buñuel ni Pepín Bello han dejado para la posteridad un relato contemporáneo de los primeros meses de su relación con Lorca, el diario del poeta Emilio Prados, a quien Federico había conocido durante el verano de 1912 en Málaga, nos proporciona cierta información acerca de la estancia inaugural del poeta en la Residencia.[36] Prados, tísico desde la infancia —había nacido en 1899, un año después que Lorca—, era extremadamente sensible, introvertido y angustiado. En las páginas de su *Diario íntimo*, escrito con intermitencias entre 1919 y 1921, da rienda suelta a su infelicidad, incidiendo una y otra vez sobre sus amores frustrados con Blanca, la musa de sus primeros poemas, y manifestando autodesprecio casi suicida. Prados creía durante un tiempo haber encontrado en Lorca al amigo perfecto. Apunta en su diario que ha confiado a éste sus inquietudes, que sabe comprender, y que han hablado largamente de sus mutuas e idénticas aspiraciones vitales (el empeño «por subir a la cumbre de la gloria», por ejemplo, y el deseo de contribuir a una mayor justicia social). «Sus ideales políticos, contrarios a su bienestar, son los mismos míos —apunta Prados—, y esto hacen que sea más querido por mí.»[37]

Otros pasajes del diario de Prados revelan que los dos amigos han esbozado, en sus largas discusiones, un programa para llevar a la práctica sus afanes sociales. En uno de ellos, durante una ausencia de Lorca, escribe el malagueño:

> Quisiera tenerlo estos días aquí para poderle contar todo lo que en estos días siento, y estoy seguro que sabría consolarme y alegrarme en mis tristezas. Tengo grandes ganas también de que esté aquí para organizar la propaganda de nuestros comunes ideales, que tantas ganas tengo de ver realizados. Mi sangre toda la daría por ver la humanidad unida con amor, y que la igualdad fuera completa para todos. Me da horror pensar cuánta hambre y cuántos sufrimientos hay que pueden cambiarse en alegrías. En fin, cuando venga Federico trabajaremos con ardor por esta causa.[38]

Durante sus primeros meses en la Residencia se afana Lorca por terminar la obra de teatro encargada por Martínez Sierra. En ella proyecta sus propios deseos eróticos, sus miedos y sus dudas metafísicas sobre Curianito el Nene, el desesperado ortóptero enamorado, cuyas quejas repiten, casi palabra por palabra, las que encontramos, en primera persona, en numerosas composiciones de la *juvenilia* lorquiana. *El maleficio de la mariposa*, de hecho, es una excusa apenas disfrazada para la expresión de la angustia erótica del propio poeta.

Melchor Fernández Almagro asiste a los ensayos. A su juicio, uno de los grandes atractivos de la obra es el uso que hace de elementos del ballet. ¿Y quién mejor que la espléndida bailarina Encarnación López Júlvez, *la Argentinita*, para dar vida a los vacilantes pasos de la mariposa herida, al compás de los acordes de Grieg? Melchor está convencido de que el baile de Encarnación López en los momentos culminantes de la obra bastará para garantizar el éxito de la obra.[39]

Pero no es así. Cuando, la noche del 22 de marzo de 1920, se levanta el telón sobre *El maleficio de la mariposa*, ni *la Argentinita*, ni Catalina Bárcena (en el papel de Curianito el Nene), ni la música de Grieg, ni el vistoso decorado de Fernando Mignoni, ni el vestuario de Rafael Pérez Barradas, ni la dirección de Martínez Sierra, ni el claque organizado por los amigos de Lorca, presentes en bloque, ni los varios méritos intrínsecos de la obrita consiguen vencer la hostilidad del público, parte del cual está decidida a reventarla desde el primer momento. Cuando cae el telón está claro que Madrid no está dispuesto todavía a aceptar una comedia en verso acerca de las desgracias amorosas de una cucaracha.[40]

Al día siguiente la prensa despacha con unas escuetas líneas el fracaso de *El maleficio de la mariposa*. Ninguno de los críticos tiene en cuenta los elementos irónicos o humorísticos de la obra, ni intenta analizar su temática, mientras varios niegan de plano que unos seres tan repugnantes como las cucarachas puedan decentemente ser personajes de una obra teatral (objeción que Lorca se había adelantado a rechazar en su prólogo). En resumen, tanto el público como los críticos se comportaron lamentablemente.[41]

Lorca había esperado ganar con su primer estreno «una cantidad respetable de pesetas» con la cual lograr persuadir a su padre de que se podía vivir de la literatura. Pero no ganó ni una. Ello le hizo perder cara, indudablemente, ante Federico García Rodríguez. Durante las siguientes semanas trató de convencer a sus padres de que trabajaba mucho, sin apenas salir de la Residencia, y de que tenía varios sólidos proyectos literarios en marcha. Pero García Rodríguez no estaba satisfecho y le escribió en abril una carta muy dura que parece no haberse conservado. La patética respuesta del poeta constituye un documento biográfico clave para entender su relación tanto con su padre como con la Residencia en estos momentos críticos de su carrera:

> Querido papá: Recibo una carta tuya en tono serio y discreto y en tono serio y discreto te contesto yo también. Mucha más gana de veros tengo que vosotros porque ahí estáis todos juntos y yo aquí solo. Pero cuando las circunstancias y la vocación lo imponen, no queda más remedio que resignarse. Yo no puedo resistir este «mete y saca» de «ya voy ya vengo» porque me perjudica extraordinariamente y yo tengo que adoptar una actitud fuerte de trabajo y *mano izquierda* en estos momentos de tantísimo interés para mí. Yo sé perfectamente lo que tú piensas (¡desgraciadamente!). Pero yo te digo y te prometo solemnemente, por lo muchísimo que te quiero, que cuando un hombre se coloca en su camino ni lobos ni perros deben hacer que vuelva atrás y yo, afortunadamente para mí, tengo una lanza como la de Don Quijote. En mi camino estoy, papá. ¡No me hagas volver la vista atrás! Yo sé que vosotros me queréis mucho, pero no hacéis más que pagarme en la misma moneda, porque yo os quiero a vosotros mucho más. Yo sé también que quisierais tenerme a vuestro lado, pero esto es cosa que imponen las circunstancias. ¿Qué hago yo ahora en Granada? Escuchar muchas tonterías, muchas discusiones, muchas envidias y muchas canalladas (esto naturalmente no les pasa más que a los hombres que tienen talento). Y no es que se me importa nada, porque gracias a Dios estoy muy por encima, pero es molestísimo, molestísimo. A

los tontos no se les discute y a mí me están discutiendo en Madrid gentes muy respetables, y eso que no he hecho más que salir, que ya será la gorda cuando estrene otras cosas y así hasta probablemente tener un gran nombre literario. Triunfar de pronto en toda la línea es perjudicial para el artista. Esto aparte, yo estoy preparando mis libros y voy muy despacio, porque me ando con pies de plomo para dar a luz un libro sensacional. Aquí escribo, trabajo, leo, estudio. Este ambiente es maravilloso. Casi no salgo. Las gentes (que son muchas) vienen a visitarme aquí. No salgo nada más que para ir a casa de Martínez Sierra y a la redacción de *España* con un grupo de intelectuales fuertes y jóvenes.* Pero lo más principal para no poder marcharme no son mis libros (que ya que [sic] tiene peso) sino que estoy en una casa de Estudiantes. *¡Que no es ninguna fonda!* Aquí cuesta entrar muchísimo trabajo y si yo por mis méritos y simpatías personales y por mis amistades pude entrar sin solicitud y sin engorro haciendo el director chanchullos y quitando a otros ¡10! que tenían hecha solicitud para ponerme a mí, que llegué con las manos lavadas, es una incorrección a esta casa, que tanto me ha de ayudar, y una grosería imperdonable decirles de pronto en medio del curso: «¡Ea, me voy! ¡Queden Vds. con Dios!» Y yo que antes iba a venir y no vine y (ya sabes todo)... dirán que soy una veleta y quedaré descalificado y ridículo. Yo por esto más que por otra cosa te suplico que me dejes aquí. Yo, queridísimo papá, ¡soy un hombre formal! ¿Te he dado nunca un disgusto? ¿No te he hecho caso siempre? Yo me porto aquí como uno debe portarse, mejor que en casa porque aquí tengo que adoptar una actitud seria. Tu carta diciéndome que me vaya porque, si no, tú vienes por mí, me ha producido un gran disgusto y una gran inquietud, porque esa actitud tuya revela el estado de un padre al que su hijo hace una travesura imperdonable y el padre lo recoge o para darle dos azotes o meterlo en santa Rita. Eso revela un estado tuyo que no quiero creer. Me dices: «Vente por dos meses y después veremos». ¿Cuándo, querido papá? ¿Cuándo? ¿En agosto? Ven, si quieres, que tengo mucha gana de verte como a toda la familia. Ven y si quieres que me vaya contigo porque te empeñes me iré, pero te aseguro que no tardarás en arrepentirte. Yo te obedezco porque

---

* *España* era una de las revistas más progresistas del momento. Allí publicará Lorca varios poemas.

ése es mi deber, o creo que es mi deber, pero me habrás dado un golpe de muerte, porque me llenaré de pesadumbre y de desanimación, y se me quitará el entusiasmo que tengo y me hace falta animar. Yo te suplico de todo corazón que me dejes aquí hasta fin de curso y entonces me marcharé con mis libros publicados y la conciencia tranquila de haber roto unas espadas luchando contra los filisteos para defender y amparar al Arte puro, al Arte Verdadero. A mí ya no me podéis cambiar. Yo he nacido poeta y artista como el que nace cojo, como el que nace ciego, como el que nace guapo. Dejarme las alas en su sitio, que os respondo que volaré bien. Así es, papá, que no insistas en que me vaya, porque semejante idea me llena de angustia. Yo he dado, creo, mis razones. ¿Son razones o no? Pero si es que os soy gravoso decídmelo... que yo sabré responder como un hombre. Cuesta muy poco ganar dinero teniendo buena cabeza. Afortunadamente pienso así y creo que tengo razón. La vida y el mundo hay que verla [sic] con ojos claros y llenos de optimismo y yo, papá, soy optimista y tengo mucha alegría. Contéstame como yo te he contestado y por último te suplico de todo corazón que leas bien la carta y recapacites. Piensa además que yo no soy un objeto que te pertenece y que amas mucho; piensa que tengo vida propia, resolución, y que este ir y venir me perjudica y no es formal. Hay que ser audaces y valientes. Lo mediocre y el término medio es fatal. No consultes estas cosas con amigos abogados, médicos, veterinarios, etc. —gentecilla mediocre y antipática—, sino con mamá y los niños. Creo que tengo razón. Sabes que te quiere de corazón tu hijo.[42]

Escribe al mismo tiempo a su madre, insistiendo sobre «la vida seria y buena y provechosa» que lleva en la Residencia e implorando su complicidad (y la de sus hermanos) para convencer al padre de la necesidad de dejarle terminar el curso en Madrid. Entre todos, afortunadamente, logran aplacar provisionalmente la ira del terrateniente y Federico puede seguir en la Resi hasta junio.[43]

Vuelve a la Residencia en noviembre de 1920 y, excepción hecha de las vacaciones navideñas, se queda allí hasta el verano de 1921, que ve la publicación en Madrid de su *Libro de poemas*, cuidadosa criba —hecha con la ayuda de su hermano Francisco— de los numerosísimos poemas de su primera etapa. En sus «Palabras de justificación» el poeta no deja lugar a dudas acerca del carácter netamente personal de su poemario:

> Ofrezco en este libro, todo ardor juvenil, y tortura, y ambición sin medida, la imagen exacta de mis días de adolescencia y juventud, esos días que enlazan el instante de hoy con mi misma infancia reciente.
>
> En estas páginas desordenadas va el reflejo fiel de mi corazón y de mi espíritu, teñido del matiz que le prestara, al poseerlo, la vida palpitante en torno recién nacida para mi mirada.
>
> Se hermana el nacimiento de cada una de estas poesías que tienes en tus manos, lector, al propio nacer de un brote nuevo del árbol músico de mi vida en flor. Ruindad fuera el menospreciar esta obra que tan enlazada está a mi propia vida.
>
> Sobre su incorrección, sobre su limitación segura, tendrá este libro la virtud, entre otras muchas que yo advierto, de recordarme en todo instante mi infancia apasionada correteando desnuda por las praderas de una vega sobre un fondo de serranía.[44]

No es el mejor momento del año para sacar el libro, pero sin embargo llama la atención de varios críticos, entre ellos, en primer lugar, el musicólogo Adolfo Salazar, que lo reseña elogiosamente en *El Sol*, uno de los diarios más importantes del país. Salazar subraya que se trata de una obra de transición, pero, haciendo caso omiso de las «Palabras de justificación», evita comentar la angustia erótica que impregna el poemario y constituye el tema principal del mismo.[45]

Editado *Libro de poemas*, viene una interrupción de año y medio durante el cual, entregado en Granada a llevar a buen puerto su morosa carrera de derecho (ya ha abandonado la de filosofía y letras), además de preparar al lado de Manuel de Falla el Concurso de Cante Jondo, celebrado en la Alhambra en junio de 1922, el poeta no pone los pies en Madrid, donde esperan impacientes su regreso los numerosos amigos que ha hecho en la Residencia de Estudiantes.

A mediados de abril de 1920, coincidiendo con la primera visita de Lorca a Madrid, el notario Dalí Cusí decide que, cuando Salvador termine dentro de un año o dos el bachillerato, ingresará en la Escuela Especial de Pintura, Escultura y Grabado de la Real Academia de Madrid —la Academia de San Fernando— con el propósito de conseguir el título de profesor de arte, la mejor garantía de poder sobrevivir económicamente. Para que el notario así lo ordene ha sido crucial, cabe deducirlo, la influencia de Juan Núñez Fernández, el maestro de Salvador, toda vez que éste procede de dicho establecimiento. Dalí apunta en su diario que se trata de la decisión más importante jamás tomada respecto de su futuro. En Madrid, se promete, trabajará «como un loco» durante tres años para ganar un premio que le permita estudiar en Roma otros cuatro, tras lo cual regresará triunfante a España, hecho «un genio, y todo el mundo me admirará. Tal vez sea menospreciado e incomprendido, pero seré un genio, un gran genio, estoy seguro».[46] Es impresionante constatar cómo, a los dieciséis años, ya ha elaborado, con tanta precisión, su programa para la próxima década, con la meta de ser genio incluida.

Otros pasajes del diario revelan que ya para 1920 calcula al milímetro cada movimiento y cada gesto para conseguir el máximo impacto sobre los demás. Ropa, cabello, manera de hablar... lo cuida todo esmeradamente. Dalí es ya un dandi... y lo seguirá siendo toda la vida. A imitación del autorretrato de su idolatrado Rafaello Sanzio, luce un pelo larguísimo, y unas patillas extravagantes. Usa sombrero negro, de ala ancha, lleva una chalina descomunal y un bastón elegante y tiene por costumbre echarse el abrigo sobre los hombros como si fuera una capa.[47] «Deseaba darme lo antes posible un "aspecto insólito" —recuerda en *La vida secreta*—; componer una obra maestra con mi cabeza.»[48]

El físico de Dalí era llamativo en sí, sin uniforme de bohemio. Su pelo negrísimo contrastaba con la tez olivácea de la cara, tenía ojos verdegrises y nariz correcta, y las pequeñas y salientes orejas eran el único rasgo irregular. Con un metro setenta de estatura, supera la estatura media de los españoles de entonces.[49] Muy delgado, de aspecto casi atlético, los diarios adolescentes demuestran que tanto él como las chicas consideran que es muy guapo. Ser consciente de su atractivo le ayuda sin duda a compensar, en cierta medida, su acuciante timidez habitual.[50]

Las chicas, en efecto, ya le interesan mucho. La primera que aparece en las páginas de su diario íntimo, en noviembre de 1919, es «la hermosa Estela», compañera suya en la Escuela Municipal de Dibujo. Hay *billets doux,* miradas y un convencional poema de amor por parte del pintor, breves encuentros en la Rambla bajo la mirada vigilante de la abuela de la joven... y celos cuando Dalí se entera de que a Estela la corteja un militar de Barcelona.[51]

Poco después la atención de Salvador recae en otra muchacha, Carme Roget Pumerola, hija del dueño de uno de los más populares cafés de la Rambla, el Emporium, y estudiante, como él, de la Escuela Municipal de Dibujo. Dos años mayor que Dalí, Carme es alta, guapa, rubia y progresista (ilustración 9). Tiene una amiga íntima, Maria Dolors *Lola* Carré, compañera de curso de Dalí en el instituto. Pronto Salvador y sus compañeros empiezan a salir con las dos muchachas. Hacen escapadas a lugares fuera de la ciudad, van al cine (doblemente apreciado por las oportunidades que la oscuridad ofrece a las «iniciaciones amorosas»),[52] y se pasan horas enteras charlando y bromeando. Intercambian mensajes y cartas, se inventan apodos aristocráticos —la Condesa, la Marquesa, el Barón—, se aprovisionan de las correspondientes tarjetas de visita, fingen ser ricos y un día anuncian en broma que van a viajar juntos a Italia.[53]

Dado que, según las estrictas convenciones de la época, Carme Roget no puede recibir cartas de un admirador en casa, ni siquiera tratándose del hijo del notario Dalí Cusí, Lola Carré actúa de intermediaria. Poco a poco la amistad se va haciendo más íntima, y para mayo de 1920 Carme está ya perdidamente enamorada de Salvador y orgullosa de su creciente celebridad. Dalí, por su parte, juega con ella, analizando fríamente cada gesto y cada estado de ánimo de la muchacha y apuntando en su diario los vaivenes de la relación. A mediados del mes, bajo el epígrafe «De cómo todo es mentira y engaño», comenta: «Después he pensado en todo eso, he visto lo cínico que soy. No estoy enamorado

Carme. No obstante, he fingido estarlo».[54] Cuando vuelve a
verla, finge otra vez «admirablemente.»[55]

Una de las respuestas de Carme a las cartas del pintor
ha sobrevivido, fechada 28 de diciembre de 1920. Demuestra, por su sensibilidad, que la chica merecía más consideración y menos «fingimiento» por parte del pintor (traducimos del catalán):

> Querido Salvador:
>
> Tu carta tan larga me ha hecho inmensamente feliz
> porque me has dicho la razón por la que me quieres, ade-
> más de otras cosas que necesitaba mucho escuchar. Qué
> feliz sería cerca de ti, muy cerca, sin nadie que nos escucha-
> ra, lejos de esta humanidad estúpida que nos rodea, que nos
> mira, que nos escucha... y que nos critica, nosotros que
> quisiéramos pasar inadvertidos, que no se preocupasen de
> nosotros.
>
> Quieres que te diga por qué te quiero, cuando ni lo sé
> yo misma, sólo sé que te quiero mucho, mucho, más que ser
> humano jamás haya podido querer, y que tú compartes mis
> ideales, tú piensas como yo y te gusta ser diferente a los
> demás, igual que a mí.
>
> No sé cómo explicarte que te quiero, tal vez algún día
> mi manera de pensar no sea tan tonta como ahora, cuando
> no sé cómo describir lo que mi corazón está sintiendo, mi
> pobre corazón encadenado por tu amor, y que late muy fuer-
> te cuando te veo, y cuando estoy a tu lado, cuando te miro.
>
> Qué feliz sería estando siempre a tu lado, que nuestro
> sueño pudiera hacerse realidad, allí, enfrente del mar, en
> una casa pequeña pero para nosotros muy hermosa, que
> fuera el nido de nuestros amores, cerca de las olas, tú pin-
> tando y yo sentada en el suelo a tu lado, mirando, con los
> ojos inmensamente abiertos, la obra maestra que te daría
> un nombre, un nombre que el mundo te daría y que tú guar-
> darías para mí, para tu Carme, que quiere que seas artis-
> ta pero no por el orgullo de ser la amada de un artista, no,
> sino porque tu voluntad se consiga, tu sueño de arte se rea-
> lice, porque, para mí, cuanto menos éxito tuvieras, más
> podría creer que serías mío, porque tengo miedo de que si
> eres un gran artista te olvides de la que siempre te querrá
> y que te quiere mucho, muchísimo.
>
> Yo sé que no es esto lo que quieres que te diga, pero no

te enfades conmigo, lo he dicho sin querer, o tal vez por algunos restos de dudas que aún tenía y que ahora he desechado para siempre.

Dime por qué me solicitas, si cuando sea mayor te querré tanto como ahora. Quieres que te repita que siempre te amaré, ¿verdad? Y si otros jóvenes buscan mi amor les diré que no creo en el amor y me reiré de ellos y adoraré el amor que para mí siempre serás tú. No estés celoso de ningún joven con quien me veas hablar porque, aunque yo le hable, mis pensamientos y mi corazón vuelan hacia ti, a quien amaba antes de que tú me amaras y yo siempre rezaba a la Virgen para que me quisieras y mis ruegos han sido escuchados.

Escríbeme una larga respuesta y cuando no estés a mi lado piensa mucho en mí, pinta con tesón y estudia mucho y de tanto en tanto deja descansar los pinceles o el libro para pensar en tu amada que siempre piensa en su Salvador y se duerme por las noches pensando en ti y se despierta con el mismo pensamiento, y acepta este beso que desde lejos te envía tu afectuosísima Carme.

Perdona la carta porque la he escrito muy deprisa y trata de poder venir a verme el sábado y el domingo porque te añoro mucho, y sin ti me siento morir de añoranza.[56]

El padre de Carme no apreciaba nada al pintor, y aún hoy hay en Figueres quien recuerda que una noche, en plena Rambla, le propinó una bofetada a su hija por frecuentar a un individuo de tan dudosa reputación. Carme llegaría a comprender que Salvador no era su compañero ideal, rompiendo la relación al trasladarse Dalí a Madrid.[57]

El 4 de diciembre de 1919 Dalí había consignado en su diario la muerte de Renoir, «sin duda de los mejores, o el mejor, de los impresionistas franceses», añadiendo: «Hoy debe ser un día de luto para todos los artistas, para todos los que aman el arte y se aman a sí mismos.»[58] Tanto el diario como los cuadros de la época demuestran que al menos hasta finales de 1920 conserva íntegra su lealtad al impresionismo, que, de hecho, se había fortalecido durante una visita a Barcelona en el verano de 1920, cuando, en el palacio de Bellas Artes, quedó tan deslumbrado ante los paisajes de

Joaquim Mir que al parecer no prestó atención a unas obras cubistas de André Lhote allí expuestas:

> Salas y más salas y por último una que es un refugio espiritual, un lugar para pasarse horas y horas. ¡Mir! ¡Mir!... Aguas estancadas de transparencias diabólicas, árboles dorados, cielos rutilantes de un color de ensueño... Pero, más que aguas estancadas, más que crepúsculos dorados y jardines umbrosos, ¡es color, color, color! [...] Mir es un genio del color y la luz, y puede equipararse a los grandes impresionistas franceses, de los que ha sido un devoto discípulo.[59]

El impresionismo daliniano tiene los días contados, empero. Probablemente es a principios de 1921 cuando Pepito Pichot le trae de París un regalo de su hermano Ramón: una publicación futurista profusamente ilustrada. Editada en Milán en 1914, incluye el *Manifiesto futurista,* otros exaltados textos del movimiento y una generosa antología de reproducciones de la obra de Boccioni, Carrà, Russolo, Balla, Severini y Soffici.[60] Dalí dirá después que el libro le provocó «el mayor fervor y el mayor entusiasmo», convenciéndole de que el futurismo —«el límite máximo en el campo de lo accidental y lo fugitivo»— era «la verdadera continuadora del impresionismo».[61] En otra ocasión recordará que durante cuatro meses había pintado bajo la influencia de Boccioni, «que para mí fue, no sólo el escultor, sino el pintor más importante del futurismo».[62]

En Barcelona, Dalí disfruta del incondicional apoyo de su tío Anselm Domènech, propietario de la famosa Llibreria Verdaguer (situada enfrente del Liceo), que le facilita libros y revistas nuevos, tanto españoles como extranjeros, estimula su afán de ser un gran artista y le mantiene bien informado con respecto a lo que se cuece en el mundillo artístico de la capital catalana.

El sanctasanctórum del arte moderno en la ciudad es la galería de un buen amigo de Domènech, Josep Dalmau. Durante la Primera Guerra Mundial éste había trabado amistad con varios artistas extranjeros refugiados en España, y propiciado exposiciones de su obra. En 1916 montó una de las primeras muestras de arte abstracto en el mundo, y, el mismo año, una exposición individual de Albert Gleizes. En 1917 patrocinó la publicación en Barcelona de *391*, revista de vanguardia editada por el pintor franco-cubano Francis Picabia. En 1918 organizó una exposición de Joan Miró y, en octubre y noviembre de 1920, una amplia muestra de arte francés de última hora. La contribución de Dalmau al conocimiento de la vanguardia europea era sencillamente extraordinaria; y, por lo que tocaba a Dalí, su apoyo iba a ser primordial.[63]

Una mañana de principios de febrero de 1921 Carme Roget se encuentra, camino de misa, con Salvador, Anna Maria y Catalina Domènech y se queda de piedra cuando le dicen que unas horas antes la madre del pintor ha sido trasladada a toda prisa a una clínica de Barcelona, donde debe someterse a una muy difícil y peligrosa intervención quirúrgica. No la salva. El 6 de febrero Felipa Domènech fallece de cáncer de útero.

Unos pocos meses después Dalí conoce el dolor de otra pérdida. Nada había indicado que Pepito Pichot no se encontrara bien, pero en julio de 1921 murió de improviso, a los cincuenta y dos años. El diario de Dalí para estas fechas se desconoce, pero podemos tener la seguridad de que la desaparición de su gran amigo y aliado le afectó profundamente.[64]

En *La vida secreta de Salvador Dalí* el pintor afirma que la muerte de su madre hizo que decidiera esforzarse aún más por conseguir la fama («Con los dientes apretados de tanto llorar, me juré que arrebataría a mi madre a la muerte con las espadas de luz que algún día brillarían brutalmente en torno a mi glorioso nombre»).[65] Su diario de diez páginas correspondiente a octubre de 1921 tiende a confirmarlo. A tal empresa contribuyó la lectura de *Sonata de verano*, la conocida novela de Valle-Inclán. El extravagante individualismo del protagonista no pudo sino fascinar a Dalí, tan empeñado en diferenciarse de todos los demás. «Por fin he conocido al marqués de Bradomín —apunta—. Me parece realmente atractivo.» En una sección del diario encabezada con el epígrafe «Pensamientos sobre mí

mismo», confiesa: «No hay duda de que soy un tipo totalmente histriónico que sólo vive para posar [...] Soy un *poseur* en mi manera de vestir, de hablar e incluso, en ciertos
casos, en mi manera de pintar». Hasta reconoce que tal vez
el mismo hecho de admitir que es un *poseur* sea de por sí
una pose. Su estudio está desordenado... pero sólo en apa-
riencia. Para que la gente se dé cuenta, por ejemplo, de que
está leyendo a Pío Baroja, deja las novelas del escritor bien
a la vista, junto al *Quijote* y a libros sobre futurismo y cubismo.

Además de *poseur*, Dalí se considera ahora un «refinado egoísta», aunque admite que esto puede no ser obvio ya
que «tanto como egoísta a veces soy ingenuo, y me imagi-
no que eso es lo que la gente advierte más». Una de sus
preocupaciones principales, «además de otras artísticas,
totalmente románticas y nobles», es que la gente lo encuentre interesante, fascinante: «Es por eso que me he dejado
crecer el pelo, y las patillas». Para demostrarse a sí mismo
y a los demás que es de veras original y único, se está afa-
nando por conseguir los favores de una muchacha gitana a
la que llama *la Reina*. «En poco tiempo he avanzado mucho
por el camino de la farsa y el engaño», escribe, añadiendo
que casi se está acostumbrando a ser «un gran actor en esta
comedia aún más grande de la vida, la absurda vida de
nuestra sociedad». Pero pese a estar continuamente actuando, incluso cuando está solo, su mayor ambición sigue siendo el arte, «y esto es más importante que cualquier otra
cosa». La última frase de esta autoevaluación consigna: «Estoy locamente enamorado de mí mismo.»[66]

Estas escasas pero valiosísimas páginas de octubre de
1921 demuestran que, desde la muerte de Felipa Domènech, Dalí no sólo trabaja con renovado fervor en la elaboración de su persona pública y la consecución de la fama
sino que ha crecido su rebeldía contra el *statu quo* político.
Se ha suscrito al diario *L'Humanité*, órgano del PC francés,
porque, explica, «ahora soy más comunista que nunca». En
1920 Dalí había escrito que España era un país en el que
todo se movía tan despacio que la gente no tenía prisa ni
siquiera por poner en marcha algo tan vital como la Revolución.[67] Ahora ha llegado a la conclusión de que «España

es una mierda, tanto el Gobierno como el pueblo». Éste porque sigue tolerando una de «las tiranías más vergonzosas de la humanidad». El gobierno en cuestión ha estado conduciendo las operaciones militares españolas en Marruecos con resultados desastrosos, para mayor placer de Dalí. Cuando el 10 de octubre de 1921 llega la noticia de que el ejército ha arrebatado a Abd el-Krim la colina del Gurugú, cerca de Melilla, apunta: «Nos han vuelto a ocupar el Gurugú, pero... ¡qué diferencia entre *nuestra* retirada y la de los españoles!». Y en una nota a pie de página aclara: «¡Ahora me considero totalmente moro!» (estaba convencido, y con razón, de que su extraordinariamente inusual apellido era de procedencia árabe[68]).

Durante el otoño de 1921, Dalí, Jaume Miravitlles y otros amigos crean en Figueres el que diez años después será recordado por *Met* como «primer Soviet de España», un minúsculo grupo llamado Renovació Social, con una efímera revista del mismo nombre.[69] Los artículos publicados en ella pregonan la lucha de clases y la dictadura del proletariado, y uno de ellos, firmado por *Jak*, tiene el inconfundible sello del Dalí amargo y batallador que conocemos por sus diarios. Con feroz ironía, el autor alega que los soviets son bárbaros, que los bolcheviques matan a las mujeres y a los ancianos y se comen crudos a los niños; que Lenin es un tirano y un sádico, y los escritores que apoyan al régimen (Wells, Anatole France, Gorki) unos degenerados morales. ¡Qué extraño, por todo ello, que los rusos, pese al caos revolucionario imperante, y a la escasez de comida, estén construyendo en Moscú un museo de pintura impresionista, con cuadros expropiados a sus ricos propietarios![70]

Dalí invierte en su carrera de pintor tanta energía como la que derrocha en actividades subversivas. En enero de 1922 su obra se ve por primera vez en Barcelona —ya se ha expuesto con éxito en Figueres— cuando envía ocho cuadros a un ambicioso certamen organizado en la galería Dalmau por la Asociación Catalana de Estudiantes. La prensa de la ciudad Condal se deshace en elogios al pintor, y un distinguido jurado le concede el Premio del Rector de la Universidad de Barcelona por un cuadro titulado *Mercat* (hoy sólo conocido por una fotografía en blanco y negro).

En Figueres los diarios dan orgulloso parte de la magnífica noticia, señalando que todas las obras expuestas por el
pintor se han vendido.[71]

El éxito de Salvador en Barcelona, y las repercusiones
en los periódicos, alegran sobremanera al notario Dalí Cusí,
cuyo regocijo se repite cuando, en julio, Salvador tiene una
destacada participación en la Exposición de Artistas Am-
purdaneses, celebrada en el Casino Menestral de Figueres.[72]

Tanto en Barcelona como en Figueres se da ahora por
seguro que Salvador posee extraordinarias dotes artísticas
y que está destinado a conseguir la fama.

En abril de 1920, como vimos, Dalí Cusí había decidido que, una vez terminado el bachillerato, Salvador estudia-
ría para profesor en la Escuela Especial de Pintura, Escultura y Grabado de la Real Academia de Bellas Artes de
Madrid. En junio de 1922 se aproximaban los últimos exámenes del bachillerato y, a la vista de su expediente escolar, no parecía haber razón alguna para que no los aproba-
ra. Por lo tanto, el camino a la capital de España estaba casi
allanado.

Eduardo Marquina, que apoyaba el traslado de Dalí a
Madrid, tenía amistad con Alberto Jiménez Fraud, director
de la Residencia de Estudiantes, y no dudaba que Salvador
estaría en su salsa en aquella casa. Los argumentos a favor de la capital parecían contundentes, y cuando, como era
de esperar, Salvador aprobó su último curso del bachillerato, se arregló para principios de septiembre una entrevista con la Residencia.

Dalí pasa el verano de 1922 como siempre con su familia en Cadaqués, apuntando que, pese a sus esfuerzos por
parecer desagradable a los ojos del otro sexo, gusta mucho
a las damas congregadas en el pueblo, quienes, conjetura,
han leído algo acerca de sus éxitos en los periódicos y quedado debidamente embobadas.[73] La celebridad que tanto
anhela le va llegando poco a poco. En cuanto a sus preferencias artísticas del momento, consigna que Picasso es ahora
uno de sus «preferidos».[74] Que así es lo demuestran las
obras cubistas, con ribetes futuristas, en las que ya está enfrascado, habiendo dejado definitivamente atrás su período impresionista.

Antes de abandonar Cadaqués, camino de Figueres y Madrid, Dalí redacta una altisonante y burlona despedida en la que alude a una muchacha del lugar, Andrea, que le ha cautivado:

> Adiós Cadaqués, adiós olivares y caminos llenos de quietud. Adiós marineros, maestros de la pereza y de la vida, me voy lejos, para ocuparme inútilmente de cosas que no me hacen falta, a estudiar, a ver el Museo del Prado.
>
> Y a ti, nena, que sabes mirar como una estatua gótica, a ti que eres joven y tienes dos pechos como dos frutas bajo tu vestido blanco, a ti que tal vez sabes que me gustas y que te amo, a ti también, ¡adiós![75]

Dalí quiere afectar, sin duda, una actitud de indiferencia ante el próximo traslado a Madrid, acorde con la imagen del pintor romántico y bohemio que no se interesa por los asuntos prácticos. Sin embargo, cabe pensar que durante el verano piensa constantemente en su próxima mudanza a la capital española. A fin de cuentas, se trata de un paso ineludible en el camino hacia su máximo objetivo: la fama nacional e internacional.

Dalí llega en septiembre de 1922 a la Residencia de Estudiantes, acompañado de su padre y su hermana, que ahora tiene catorce años. Anna Maria evoca aquellos días algo traumáticos en su libro *Salvador Dalí visto por su hermana*, recordando la reacción, entre atónita y burlona, que produjo en los madrileños el excéntrico aspecto de su hermano, con su melena negra cayéndole sobre los hombros, las estrafalarias patillas, la larga capa arrastrándose por el suelo, y el bastón dorado. Los tres debieron de formar un grupo llamativo, ciertamente, durante sus excursiones por la capital, el aspecto bohemio y extravagante de Salvador complementado por la lozanía de la adolescente Anna Maria y el ponderado andar del corpulento notario, con su imponente calva ribeteada de mechones blancos.[76]

La Real Academia de Bellas Artes de San Fernando, sin

duda visitada por los Dalí nada más llegar a la corte, fue fundada por Felipe V en 1742. El hermoso edificio se encontraba, y se encuentra aún, a dos pasos de la Puerta del Sol, al comienzo de la calle de Alcalá. No es de extrañar que Salvador Dalí Cusí hubiera optado por matricular a su hijo en San Fernando (como se solía llamar sencillamente), pues los diplomas de la Academia ofrecían —ya lo apuntamos— la más sólida garantía que había en la España de entonces de poder acceder a un puesto de trabajo como profesor de arte. Lo cual no quería decir que fuera especialmente buena. De hecho, según Eugenio d'Ors, la institución había llegado entonces a ser «una farsa desarticulada, blanducha y fofa».[77]

Es probable que el notario debió de considerar, al margen de la calidad de la enseñanza impartida en San Fernando, y de las excelencias de la Residencia de Estudiantes, que el cercano Museo del Prado sería la mejor universidad para su hijo. En ello tenía seguramente razón.

El 11 de septiembre de 1922 Dalí solicitó presentarse al examen de ingreso a la Escuela Especial de la Real Academia.[78] Según *La vida secreta de Salvador Dalí*, la prueba consistió en dibujar, a partir de un vaciado, el *Baco* de Iacopo el Sansovino. Los candidatos disponían de seis sesiones de dos horas —a razón de una sesión diaria— para llevar a cabo su trabajo, y el dibujo tenía que obedecer a unas medidas exactas. Salvador se demostró incapaz de ceñirse a tales requisitos, y después de tres días de trabajo el dibujo era demasiado pequeño. A pesar de mucho borrar y empezar otra vez, el producto final era aún más minúsculo. Pero ya no había remedio.[79]

A la espera de los resultados, escribe a su tío Anselm Domènech. Madrid le entusiasma, dice. Su experiencia más conmovedora hasta la fecha ha sido poder contemplar los Velázquez del Prado. Está seguro de que le admitirán en San Fernando y le pide dos cosas: que cambie su suscripción a *L'Humanité* para poder recibirlo en Madrid y le formalice otra a *L'Esprit Nouveau,* la revista parisiense portavoz del purismo de Amédée Ozenfant y Le Corbusier.[80]

Como de costumbre, Domènech cumple, y se encargará Salvador, fiel a su programa, de que por Madrid le vean con dichas publicaciones bajo el brazo, y también otra destacada revista vanguardista del momento, la italiana *Valori Plastici*. En 1928 Dalí afirmará que *L'Esprit Nouveau* le abrió los ojos a «la belleza sencilla y emotiva del milagroso mundo mecánico-industrial», con sus objetos estandarizados y libres de cualquier pretensión artística. Así sería.[81]

Dalí aprueba el examen de ingreso, como había previsto, y su padre y su hermana, tras varios días consumidos por la ansiedad, salen con alivio rumbo a Figueres.

Durante sus primeros meses en Madrid Salvador convive poco o nada con los otros estudiantes de la Residencia. Empujado por la intensa ambición reflejada en sus diarios adolescentes, y frenado como nunca por su timidez, se dedica a sus clases con voluntad de hierro, encerrándose en su habitación cuando vuelve por las tardes. No gasta un céntimo y destina al Prado la mañana de los domingos.[82]

Poco a poco empieza a salir de su cascarón, sin embargo, ayudado en ello por el simpático José Bello. Según *La vida secreta de Salvador Dalí*, fue éste quien hizo el gran descubrimiento de que la Residencia abrigaba ahora a nada menos que a un pintor cubista:

> Un día en que me hallaba fuera, la camarera había dejado mi puerta abierta, y Pepín Bello vio, al pasar, mis dos pinturas cubistas. No pudo esperar a divulgar tal descubrimiento a los miembros del grupo. Éstos me conocían de vista y me hacían blanco de su cáustico humor. Me llamaban «el músico», o «el artista», o «el polaco». Mi manera de vestir antieuropea les había hecho juzgarme desfavorablemente, como un residuo romántico más bien vulgar y más o menos velludo. Mi aspecto serio y estudioso, completamente desprovisto de humor, me hacía aparecer a sus sarcásticos ojos como un ser lamentable, estigmatizado por la deficiencia mental y, en el mejor de los casos, pintoresco. En efecto, nada podía formar un contraste más violento con sus ternos a la inglesa y sus chaquetas de golf que mis chaquetas de terciopelo y mis chalinas flotantes; nada podía ser más diametralmente opuesto que mis largas greñas, que bajaban hasta mis hombros, y sus cabellos elegantemente cortados en que trabajaban con regularidad los barberos del Ritz o del Palace. En la época en que conocí al grupo, espe-

cialmente, todos estaban poseídos de un complejo de dandismo combinado con cinismo, que manifestaban con consumada mundanidad. Esto me inspiró al principio tanto pavor, que cada vez que venían a buscarme a mi cuarto creía que me iba a desmayar.[83]

La evocación tiene visos de ser bastante verídica. Años más tarde José Bello insistiría en que, si bien fascinado y sorprendido por aquellos cuadros de factura cubista, lo que más le había llamado la atención del Dalí de los primeros momentos de su amistad era su extrema timidez. El catalán estaba «literalmente enfermo» de ella, la persona más inhibida que Bello había conocido jamás. Se ruborizaba a menudo, no decía apenas nada y mostraba un total desinterés por las mujeres.[84] Uno de los contemporáneos de Salvador en San Fernando, el escultor Cristino Mallo, estaba igualmente impresionado: «En esa época lo sorprendente de Dalí, que más tarde haría cosas tan escandalosas, era, sobre todo, que era sumamente vergonzoso».[85] «El Dalí de ese período se parecía a Buster Keaton —opinaba otro amigo, Rafael Sánchez Ventura—. Era de una timidez enfermiza, todo lo contrario de lo que sería después.»[86]

Dalí había llegado a Madrid pensando que, desde el punto de vista de la vanguardia artística, la capital iba a resultar un páramo en comparación con Barcelona. Advirtió enseguida, al entrar en contacto con los ultraístas, que estaba bastante equivocado. Ello se desprende de unas perspicaces «Impresiones del movimiento de vanguardia en Madrid» mandadas a un amigo en Figueres:

> En Madrid al revés de Barcelona la pintura moderna de vanguardia no sólo no ha repercutido sino que ni tan sólo es conocida (excepto por el grupo de poetas y literatos de quienes te hablaré). No obstante, en literatura, poesía sobre todo, hay una verdadera generación que de Rimbaud a Dadá ha seguido todas las etapas con sus alegrías e inquietudes.
>
> Se acentúa en el movimiento actual una tendencia muy marcada hacia la plástica, y la imagen domina en toda la poesía de casi todos los nuevos poetas, que la cultivan como elemento primordial de su poesía. Góngora...

San Juan de la Cruz, etc. son cada vez más estimados en esta nueva generación que yo creo es hoy mucho más sólida que la ya inservible pero de buena memoria, la generación del 98.

En Barcelona, prosigue Dalí, no hay «poetas jóvenes» debido al excesivo prestigio que se otorga allí a la lírica de Joan Maragall. Lo que ha ocurrido en Madrid, en cambio, es que los antecedentes poéticos eran tan francamente malos (se refiere a los últimos coletazos del modernismo) que fue inevitable, primero, la destrucción de lo anterior. Por ello, *Ultra* tiene todas sus simpatías.[87]

Es probable que, antes de regresar a Figueres aquella Navidad, Dalí hiciera algunas visitas con Buñuel a Pombo, la famosa tertulia de Ramón Gómez de la Serna.[88] Lo cierto, en todo caso, es que ya para entonces acompañaba al aragonés en sus incursiones por el Madrid nocturno. A falta de diarios y de correspondencia, tenemos una prueba de ello en *Sueños noctámbulos,* preciosa acuarela ejecutada por Dalí en estas fechas. Rafael Santos Torroella ha demostrado que la obra revela una clara influencia del pintor uruguayo Rafael Pérez Barradas, buen amigo de Buñuel, Pepín Bello y Lorca y colaborador habitual de *Ultra* y demás publicaciones vanguardistas del momento (lámina 1).[89]

Sueños noctámbulos está compuesta de una serie de viñetas que evocan un periplo por el Madrid viejo. Parece que el artista uruguayo es la figura con abrigo y sombrero que se encuentra, bajo el halo de luz de una farola, en la parte inferior derecha de la acuarela. Como Santos Torroella ha demostrado, el personaje de anchos hombros y aspecto de gángster de Chicago que flanquea al supuesto Barradas no es otro que Luis Buñuel. A la derecha de éste se aprecia al inconfundible y melenudo Dalí, y a una compañera suya de San Fernando, la pintora gallega Maruja Mallo.[90]

Sueños noctámbulos es la más lograda de una serie de magníficas acuarelas iniciada en Figueres poco antes de llegar a Madrid.[91] El conjunto testimonia su interés por la vida nocturna urbana, las tabernas, las prostitutas y los burdeles. Hay borrachos que avanzan haciendo eses bajo la luna, parejas que buscan con ahínco el camino a casa, hombres que suben sigilosos al lupanar por estrechas escaleras. En una de ellas un personaje gordo se está quitando la ropa frente a una prostituta que le espera desnuda en la cama. En otra, un hombre acaricia los pechos de una muchacha en un cabaret. Y, en la acuarela titulada *Los primeros días de primavera,* vemos al mismo Dalí espiando detrás de un árbol a una pareja de enamorados sentados en un banco figuerense. El amor y el sexo, está claro, le preocupan mucho en estos momentos al futuro Gran Exhibicionista Mundial.

Lorca sigue en Granada. Pero superado por fin, en enero de 1923, su último examen de derecho (gracias a la complicidad de algunos catedráticos comprensivos que saben que nunca ejercerá de abogado), prepara con ilusión sus maletas y, después de una larga ausencia de año y medio, vuelve a la Residencia en marzo.

Es inconcebible que, durante sus primeros meses en Madrid, Dalí no recibiera noticias del poeta, no sólo por Bello y Buñuel sino por otras muchas personas, entre ellas Eduardo Marquina, su «protector» en la capital que, en 1919, se había comportado muy generosamente con Lorca. Con su imperiosa necesidad de brillar, de ser el número uno, a Salvador quizá le preocupara la vuelta a Madrid del «residente» más carismático de todos.

Fuera así o no, el hecho es que la amistad de poeta y pintor nace enseguida. Tienen, de entrada, mucho en común: ambos han sido marcados por la poesía de Rubén Darío (Dalí dirá después que Lorca gustaba de recitar la famosa «Marcha triunfal» del nicaragüense ¡con los ojos cerrados!);[92] ambos han perdido a un hermano; admiran por igual a Francia y han sido germanófobos durante la guerra; ambos son de llanura —bellísima llanura— con vistas de montaña, y en su adolescencia han adorado a la naturaleza con fervor panteísta; los dos aman el mar; ambos han tenido una infancia en la que la música, y en especial la canción popular, han desempeñado un papel importante; ambos son rabiosamente anticlericales; les unen una preocupación apasionada por la injusticia social y una inmensa ambición artística; si el pintor tiene además talento literario, el poeta Lorca también dibuja; tienen ambos un buen sentido del humor, más sardónico en el caso de Dalí, más bullicioso en el de Lorca; ambos han conocido un temprano éxito local que actúa como estímulo para mayores triunfos; muy importante, ambos padecen una relación muy incómoda con su sexualidad; de niños, a los dos les ha gustado disfrazarse; y por un temprano poema sabemos que Lorca, como Dalí, apreciaba las imágenes que a veces se perciben en las manchas de humedad, en piedras o paredes:

> *Muchas veces sin querer*
> *Vemos figuras extrañas en las cosas.*
> *Vemos rostros en el techo de la alcoba*
> *Y animales terribles en las rocas.*[93]

La lista de coincidencias es, de verdad, llamativa.

A Lorca, mucho más convencional en el vestir que Dalí, le tiene que haber intrigado no sólo el bohemio atuendo del catalán —señal de su empeño de ser rigurosamente original, en no parecerse a nadie más, en ser único— sino su juventud (Dalí es seis años menor que él) y su físico. También le sorprendería el apellido del nuevo amigo. ¿Dalí? ¿Quién en España se llamaba Dalí? Nadie. Cabe pensar que Salvador le expresaría su convencimiento de que su apellido era de procedencia árabe. Para Lorca, tan identificado con la Granada de antes de la Toma de 1492, ello sería otro factor de fascinación.[94]

Hay entre poeta y pintor, sin embargo, una diferencia fundamental que Dalí subrayará cuatro o cinco años después en una importante carta al crítico de arte catalán Sebastià Gasch:

> Ante todo debo confesarte la ausencia más absoluta del fenómeno religioso ya desde mis primeros años. Desde entonces no recuerdo la más pequeña inquietud de orden metafísico; todo esto probablemente es de una anormalidad absoluta, pero al menos es indudable que esta anormalidad ha sido lo que más íntimamente ha estado ligado a mi

vida. La primera época de Madrid, cuando se inicia mi gran amistad con Lorca, se caracteriza ya por el violento antagonismo de su espíritu eminentemente religioso (erótico) y la anti-religiosidad mía (sensual). Recuerdo las inacabables discusiones que duraban hasta las 3 y las 5 de la mañana y que se han perpetuado cada vez más agudamente a lo largo de nuestra amistad; qué pagaría ahora mi curiosidad por poseer fielmente taquigrafiadas aquellas tremendas y apasionadas conversaciones mantenidas en nuestro cuarto de la Residencia de Estudiantes. Entonces, en la Residencia de Estudiantes, se devoraba a Dostoiewski, era el momento de los rusos, Proust era un terreno todavía inexplorado... Mi indiferencia ante estos escritores indignaba a Lorca; a mí todo lo que hacía referencia al mundo interior me dejaba absolutamente indiferente, mejor dicho, se me ofrecía como algo extraordinariamente desagradable. En aquel momento me apasionaba por la geometría, todo lo que fuera emoción humana era rechazado; sólo tenía cabida en mis preferencias la emoción puramente intelectual [...] Es sobre todo a este momento a lo que se refiere la *Oda a Salvador Dalí* de Lorca, en la que se exponen maravillosamente toda aquella serie de aspiraciones —intelectuales— y que no se acaba y publica hasta 1926 [...] Conozco a Lorca y empieza nuestra amistad basada en un total antagonismo.[95]

Es muy posible, en efecto, que tal antagonismo o, quizá mejor, complementariedad, contribuyera a que se cimentara su amistad. En todo caso, como reconoció el pintor veinte años después de su encuentro en *La vida secreta*, le afectó hondamente la repentina aparición en su vida del apasionado granadino:

Aunque advertí enseguida que mis nuevos amigos iban a tomarlo todo de mí sin poder darme nada a cambio —pues realmente no poseían nada de lo que yo no tuviera dos, tres, cien veces más que ellos—, por otra parte la personalidad de Federico García Lorca produjo en mí una tremenda impresión. El fenómeno poético en su totalidad y «en carne viva» surgió súbitamente ante mí hecho carne y hueso, confuso, inyectado de sangre, viscoso y sublime, vibrando con un millar de fuegos de artificio y de biología subterránea, como toda materia dotada de la originalidad de su propia forma.[96]

Más adelante en el mismo libro Dalí hace una confesión única hasta entonces, por su admisión de envidia, en los anales de la literatura autobiográfica española:

> Durante ese tiempo conocí a varias mujeres elegantes, en las que mi odioso cinismo buscó desesperadamente un pasto moral y erótico. Evitaba a Lorca y al grupo, que cada vez se convertía más en su grupo. Era éste el momento culminante de su irresistible influencia personal... y el único momento de mi vida en que creí atisbar la tortura que puede haber en los celos. A veces estábamos paseando, el grupo entero, por el paseo de la Castellana, en dirección al café donde celebrábamos nuestras habituales reuniones literarias y donde yo sabía que iba a brillar Lorca como un loco y fogoso diamante. De pronto, me escapaba corriendo, y en tres días no me veía nadie.[97]

Conociendo la dificultad de Dalí para convivir con sus sentimientos de vergüenza e inferioridad, no es sorprendente que el fabuloso éxito social del juglar andaluz le hiciera sufrir agudamente al compararlo con su propia torpeza social. A este respecto es ilustrativo un recuerdo de Pepín Bello. Una tarde, él, Lorca y Dalí estaban en un café donde había surgido una animada discusión sobre arte. Tanto Bello como Lorca se sumaron al debate con vehemencia, pero Dalí permaneció en silencio, cabizbajo. «Di algo, por amor de Dios —le susurró Bello— o creerán que eres estúpido.» Finalmente Dalí se puso de pie y farfulló «¡Yo también soy un buen pintor!», sentándose enseguida. Al contar la anécdota más de setenta años después, Bello estalló en carcajadas.[98]

Dalí presenció sin duda algunas, tal vez muchas, de las sesiones de música popular improvisadas por Lorca en la Residencia alrededor del Pleyel. A veces, como ha recordado Rafael Alberti, el poeta organizaba concursos:

> —¿De qué lugar es esto? A ver si alguien lo sabe —preguntaba Federico, cantándolo y acompañándose:

> *Los mozos de Monleón*
> *se fueron a arar temprano*

—¡ay, ay!—,
se fueron a arar temprano...

En aquellos primeros años de creciente investigación y renacido fervor por nuestras viejas canciones y romances, ya no era difícil conocer las procedencias.

—Eso se canta en la región de Salamanca —respondía, apenas iniciado el trágico romance de capea, cualquiera de los que escuchábamos.

—Sí señor, muy bien —asentía Federico, entre serio y burlesco, añadiendo al instante con un canturreo docente—: Y lo recogió en su cancionero el presbítero D. Dámaso Ledesma.[99]

El pintor no lo menciona en *La vida secreta*, pero con frecuencia él y Lorca visitaban juntos el Prado. Según Dalí, el cuadro que más le impresionaba a Federico de todo el museo era *El tránsito de la Virgen*, de Mantegna, que le parecía pintado «a la luz de un eclipse» (Lorca alude al cuadro al final de su conocida conferencia sobre Góngora, imaginándose que el alma del poeta muerto se escapa de su cuerpo «dibujada y bellísima como un arcángel de Mantegna, calzada con sandalias de oro, al aire su túnica amaranto y lapislázuli»).[100]

Una preferencia compartida por los dos era el asombroso *El jardín de las delicias*, para Dalí «el más grande y el más surrealista de todos los cuadros jamás pintado por Jerónimo Bosch».[101]

Lorca y Dalí también dedican tiempo y esfuerzos al divertido asunto de los «putrefactos». En Figueres, como vimos, Salvador y sus compañeros de instituto habían gustado de aplicar el término *putrefacte* a los filisteos locales. Casi seguramente por influencia del pintor la palabra se pone ahora de moda en la Residencia, especializándose Dalí, como recuerda Rafael Alberti en *La arboleda perdida*, en dibujar distintas modalidades de la especie:

> Dalí cazaba putrefactos al vuelo, dibujándolos de diferentes maneras. Los había con bufandas, llenos de toses, solitarios en los bancos de los paseos. Los había con bastón, elegantes, flor en el ojal, acompañados por la *bestie*.* Había

_____
* Así llamaba Dalí, en catalán, a los perros que muchas veces aparecían en sus dibujos de putrefactos.

el putrefacto académico y el que sin serlo lo era también. Los había de todos los géneros: masculinos, femeninos, neutros y epicenos. Y de todas las edades.[102]

En esta época, además de la identificación y clasificación de putrefactos, los juegos de factura «dadaísta» hacían furor en la Residencia, con Lorca, Bello y Buñuel a la cabeza. Hasta Dalí, por lo general reacio a las actividades de grupo, participaba a veces en las lúdicas reuniones que tenían lugar a diario en las habitaciones de la casa.

Y también en las sesiones literarias. En una de éstas, celebradas según Dalí «en el cuarto número 3» de la casa, tuvo lugar el siguiente diálogo:

> Buñuel: ¡Magnífica tarde! ¡Hacía tiempo que echaba de menos la lluvia y no podéis ni pensar qué alegría me causa, a pesar de la literatura!
>
> Lorca: Amigo mío, os compadezco con toda sinceridad, ayer [si no] os emocionasteis ante los lirios del canal, más tarde con el claro de luna, si no nos hubiéramos ido tan pronto, hubierais acabado diciendo tonterías si mal no recuerdo recitasteis, aunque en voz baja, aquellos versos de Verlaine que comienzan:

> *La lune blanche*
> *Luit dans les bois;*
> *De chaque branche*
> *Part une voix...*[103]

En este momento Guillermo de Torre, adalid del ultraísmo, había irrumpido en la habitación. Dalí apunta:

> «¡Odio universal a la luna!, dice Marinetti. ¿Qué es esto que acabo de oír? ¿Versos de Verlaine? ¡Indignos hijos del año 1923! ¿De qué os sirve haber nacido bajo las alas de los aviones? ¡Y todavía os atrevéis a llamaros gente de vanguardia y no sabéis que los motores de combustión suenan mejor que los endecasílabos! Me marcho inmediatamente porque tengo miedo de que mi contacto con vosotros me convierta repentinamente en un ser antediluviano, y sobre todo porque mi sensibilidad no me permite quedarme quieto, ne-

cesito el constante reflejo de los colores y de las imágenes
multiformes, vuestro ridículo sentimentalismo se comprende porque os pasáis días enteros hablando en este cuarto sin
moveros. Las tertulias de vanguardia deben tener una cua-
lidad dinámica, sólo tienen sentido si están unidas a la
velocidad; los mullidos sofás del café Platerías me están envejeciendo, esta misma noche voy a hacer averiguaciones
para adquirir un autobús para nuestras reuniones.»[104]

Torre hizo todo lo posible por hacer ingresar a Lorca y
a Dalí en las filas ultraístas, en las que militaba Buñuel.
Pero sin éxito, aunque influyó indudablemente en el granadino la insistencia del nuevo «ismo» sobre la primacía de la
imagen poética. En cuanto a Salvador, el mensaje iconoclas-
ta de Torre y sus amigos fue un estímulo más para su rebeldía, ya para entonces bien arraigada.

Dalí disfrutó enormemente, según todos los indicios, de su
primer curso en San Fernando, una vez mitigada la inicial
timidez que le produjo entrar en contacto con un mundo
mucho más sofisticado del que había conocido hasta entonces. Acompañado constantemente por Buñuel, Lorca y Pepín Bello, llega a sentir por Madrid un cariño que nunca le
abandonará. Muchas veces el grupo recala en el elegante
Rector's Club del hotel Palace, frente a las Cortes, local que
se ha puesto de moda con la llegada a Madrid de la orquesta de jazz The Jackson Brothers, que integran unos es-
tupendos músicos negros de Nueva York.[105] Fanáticos del
jazz, tanto Dalí como Buñuel gastan parte de la mensua-
lidad que les pasan sus padres en la adquisición de las últimas novedades discográficas. En *La vida secreta*, Dalí
recuerda las locas noches del Palace, con sus copiosas liba-
ciones, sus *dry martinis* y sus hermosas mujeres. La amistad del grupo con los miembros de la banda se vuelve tan
íntima que Dalí les diseña un telón que representa —así
se lo hace saber a su familia— «El paraíso de los negros»,
título que más tarde adaptará Lorca para el de uno de sus
poemas neoyorquinos.[106]
Si no el poeta, cuyos «torpes andares» le impiden bailar,

Dalí sucumbe a la fiebre del charlestón y llega a ejecutarlo bien tras tomar lecciones de unos vecinos en Cadaqués, los Salisachs. Tal es la pasión de los tres amigos por la música moderna y el jazz que Buñuel intenta convencer a Jiménez Fraud para que los Jackson den un concierto en la Residencia. Pero Jiménez se niega, alegando que sería incompatible con la seriedad de la casa.[107]

La versión madrileña de los vertiginosos años veinte era, sin duda, animadísima. Dalí, Bello, Lorca y Buñuel supieron vivirla a tope, y recibimos la impresión de que pasaron muy pocas noches estudiando. «Éramos realmente de una magnificencia y una generosidad sin límites con el dinero ganado por nuestros padres con su trabajo», recordaba Dalí.[108]

Aquel dinero se gastaba, además de en discos de jazz, en cafeterías (el establecimiento más frecuentado por el trío era, al parecer, el Oriente, situado cerca de la estación de Atocha). También en teatros, y tal vez sobre todo en zarzuelas. Entre éstas la que más les chiflaba era la desternillante y picante *La corte de Faraón* (prohibida después por el régimen de Franco), cuyo libreto sabían prácticamente de memoria.[109]

Pese a todas las juergas compartidas con sus compañeros de la Residencia, Dalí trabajó mucho durante su primer año en la Academia, tanto que ni siquiera se inventó una excusa para poder participar en las Fires i Festes de Figueres en mayo de 1923. Envió, en cambio, a *Empordà Federal* unos apuntes de tono lírico en los que evocaba las delicias de unas celebraciones que este año iba a perderse por vez primera. Las imágenes delataban la clara influencia de las greguerías de Ramón Gómez de la Serna:

A las dos de la madrugada toda la feria se queda como metida dentro de una funda.

O:

Las ilusiones de los días de fiesta son de todos los colores.

O:

> Es una cosa bastante difícil calcular el precio de la
> música; pero la música de feria, es indudable que vale 0'75.
> ¡Toda a 0'75![110]

Un mes más tarde Dalí aprobó sus exámenes de perspectiva, anatomía y dibujo de estatuas, sacó matrícula de
honor en historia del arte y sólo fue suspendido en enseñanza general del modelado. Considerando que a lo largo del
año había estado librando al mismo tiempo su batalla personal como artista creativo, se trataba de unos resultados
más que aceptables. Tanto en Madrid como en Figueres durante las vacaciones de Navidad y Semana Santa, había pintado tan asiduamente como siempre, evolucionando simultáneamente en dos direcciones diferentes. Por un lado había
continuado experimentando con el cubismo y sus derivados,
influido sobre todo por Juan Gris y los «metafísicos» italianos (a quienes conocía a través de la revista *Valori Plastici*);
por otro había producido cuadros y dibujos más «realistas»
inspirados sobre todo por su hermana Anna Maria.[111]

Entre los cuadros cubistas dalinianos de este período
hay uno titulado *Retrato* que, según el convincente análisis
de Rafael Santos Torroella, representa a un Federico García Lorca pulcramente vestido, como incumbía a un «residente», tocado de sombrero y llevando un papel en la mano
(lámina 2). Todo indica que estamos aquí ante una de aquellas famosas sesiones poéticas que el poeta gustaba de ofrecer en la casa regida por Alberto Jiménez Fraud, y que em-
belesaron enseguida a Dalí. Tal vez incluso se trata de un
recital íntimo, dado, más que en la gran sala de la Resi, en
una habitación estudiantil, la de Federico o del propio Dalí.
Jorge Guillén estaría presente un día, al lado de Salvador, cuando Lorca recitó para ellos el «Romance sonámbulo». «Concluía el romance —recuerda— y Salvador Dalí
no dejaba de comentar con su "voz aceitunada", por el 24 y
el 25 más aceitunada que nunca, al modo —casi— de un
castellano que imitase el acento catalán: "¡Parece que tiene argumento, pero no lo tiene!"».[112]

Santos Torroella interpreta el cuadro como homenaje no

sólo al Lorca poeta sino al crítico de arte: a quien ha sabido entender, mejor que ningún otro compañero, el esfuerzo que conlleva la aventura cubista de Salvador.[113]

Cuando, en el verano de 1923, Dalí se instala otra vez en su estudio de Cadaqués, debe de considerar que su primer año en Madrid ha transcurrido conforme a sus planes, y que su padre, ahora casado con Catalina Domènech, la tieta, puede sentirse satisfecho de él.

Lorca pasa las vacaciones de 1923, como suele hacerlo, entre Granada, Málaga y el pueblo de Asquerosa, en la Vega de Granada. No hay constancia de que poeta y pintor se escribiesen durante estos meses, aunque no sería sorprendente.

Acabadas las vacaciones, Dalí regresó a Madrid para repetir el examen de enseñanza general del modelado, y aprobó.[114] Luego, el 29 de septiembre se matriculó en las cuatro asignaturas que quería cursar durante su segundo año en San Fernando: estudios preparatorios de colorido, historia del arte en las edades moderna y contemporánea, dibujo del natural en reposo y grabado original.[115] Entonces pasó algo inesperado. El inicio del curso coincidió con los preparativos para la elección de un nuevo catedrático de pintura al aire libre que debía reemplazar al anterior titular de la asignatura, Joaquín Sorolla, fallecido en agosto. Los candidatos eran cuatro: tres artistas prácticamente desconocidos (Lloréns, Zaragoza y Labrada) y Daniel Vázquez Díaz, célebre tanto en España como en Europa. Las obras remitidas por los cuatro en apoyo de su candidatura llevaban ya varias semanas expuestas al público. La prensa se interesaba por el asunto, y ningún alumno de la casa dudaba de que Vázquez Díaz merecía con creces el puesto.

Cinco académicos de San Fernando componían el jurado: el historiador del arte Elías Tormo, los pintores Cecilio Pla y José Moreno Carbonero, Rafael Domènech Gallissà y Enrique Simonet Lombardo. La oposición tuvo lugar la tarde del 17 de octubre de 1923 en la sala de juntas de la Real Academia, abarrotada para tan notable ocasión.

Los periódicos informaron al día siguiente sobre el tumulto desencadenado en la sala cuando se anunciaron los resultados.[116] El informe más detallado de lo ocurrido, empero, es el de Dalí, testigo presencial de todo ello. En una larga carta remitida poco después a su compañero Josep Rigol, ausente de la capital, escribe el pintor (traducimos del catalán):

> Llegan los miembros del tribunal. Silencio, expectación. Comienza la votación nominal. Domènech: «Me abstengo». Murmullos de desaprobación. Cecilio Pla: «Señor Vázquez Díaz». Fuerte ovación. Elías Tormo, presidente del tribunal: «Señor Vázquez Díaz». Ovación formidable. Moreno Carbonero: «Me abstengo». Alboroto. Simonet: «Me abstengo». Otro alboroto. Y Tormo anuncia: «La cátedra queda vacante». Jaleo, bastones lanzados al aire, gritos, insultos al tribunal, «viva tal y cual», «abajo éste o el otro», alboroto, confusión (y todos los demás ingredientes necesarios).
>
> Tormo y Cecilio Pla recibieron las mayores ovaciones, mientras los otros se escabulleron en el aula de Naturaleza muerta y llamaron a la policía, que llegó en un instante. Yo no tomé parte en el follón, porque soy amigo de Vázquez Díaz y estuve con él todo el tiempo, hablando de la injusticia que le habían hecho. Si no hubiera sido por eso, sin duda habría estado entre los que más gritaban.

Según relata Dalí a continuación, una multitud de curiosos, atraídos por el tumulto, invadió ahora la sala desde la calle de Alcalá. La policía fue abucheada, y el gentío no se dispersó hasta que los agentes amenazaran con disparar. Tras el altercado, los estudiantes se dirigieron a las redacciones de distintos periódicos para dar su versión de los hechos y entregar una nota para ser publicada en la prensa de la mañana.[117]

En su carta a Rigol, afirma que los estudiantes manifestaron su protesta en bloque, espontáneamente, sin obedecer a ningún cabecilla ni plan de acción previo. Sin embargo, no opinaron lo mismo las autoridades de San Fernando, que al día siguiente convocaron a Dalí y a unos pocos más ante un consejo disciplinario sólo porque, dice Salvador a Rigol, «siempre habían conocido nuestras ideas».

Dalí fue interrogado por el director, Miguel Blay, que le comunicó que corrían rumores de que había sido uno de los principales participantes en la protesta. Negó la acusación, y se defendió diciendo que, si se demostraba lo contrario, estaba dispuesto a aceptar el fallo. Blay le pidió que diera los nombres de los instigadores del alboroto. Le respondió que no sabía quiénes eran y que tampoco, de saberlo, denunciaría a sus compañeros, pues él no era un vulgar delator. El comentario provocó «gran irritación» entre los miembros de la comisión. Por último, y siempre según Dalí, Blay le preguntó si tenía algún interés personal en el resultado de la oposición, a lo que el pintor contestaría: «Considero que nadie está facultado para injerirse en mis opiniones, pero en este caso he de admitir que sí, estaba a favor de Vázquez Díaz, lo cual me honra». Acto seguido le pidieron que se retirara.

Esa noche, continúa Dalí, se enteró de que él y otros cinco alumnos habían sido expulsados de la escuela por un año. Al día siguiente no recibieron el prometido apoyo del conjunto de los estudiantes, acobardados al amenazar Blay que tomaría represalias si no regresaban a las aulas. Fuera de la Academia, uno de los castigados, Calatayud Sanjuán, le dio un puñetazo a Rafael Domènech, que se había abstenido en la votación: «Era lo único que se podía hacer», escribe Dalí. Más tarde, él y sus compañeros expulsados presentaron una queja formal ante el Ministerio de Instrucción Pública.[118]

La suspensión de Dalí se confirmó en una comunicación oficial del 22 de octubre de 1923 que le enviaron las autoridades. No sólo se le prohibía asistir a clase por un año sino que se especificaba que no podría presentarse por libre, al fin del curso, a los exámenes de las asignaturas en las que se había matriculado en septiembre. Ello significaba que tendría que repetir el curso entero en 1924-1925 si quería seguir en San Fernando el año próximo. Fue una sentencia muy severa y, según la información de que disponemos, no del todo completa, casi seguramente inmerecida.[119]

El padre de Dalí, convencido de que su hijo era inocente de los cargos que se le imputaban, se trasladó a Madrid para realizar su propia investigación sobre lo ocurrido. Blay, el director, le dijo que Salvador era «un bolchevique del arte». El notario conversó con un grupo de estudiantes y con algunos profesores y hasta interrogó a los bedeles. Años después, Cristino Mallo recordaba muy bien la visita de Dalí Cusí que, fiel a su carácter irascible, habría cogido a uno de los profesores por las solapas con intención de pegarle.[120] Tras sus averiguaciones el notario llegó a la conclusión de que el principal culpable de lo ocurrido era Rafael Domènech, al que consideraba víctima de una manía persecutoria.[121]

Por la carta de Dalí a Rigol sabemos también que, tras confirmarse su expulsión, el pintor regresó a Figueres. Tenemos poquísimos datos sobre sus actividades allí durante el año, porque tanto *Alt Empordà* como *Empordà Federal,* nuestras principales fuentes para la vida política y cultural de Figueres en esta época, habían sido clausurados tras el golpe de Estado del general Primo de Rivera, ocurrido unas semanas antes, el 13 de septiembre de 1923. Por otra parte parece no haberse conservado un archivo completo del periódico figuerense de derechas *La Veu de l'Empordà,* que tal vez recogió alguna información sobre el asunto.

Se ha dicho que, en algún momento de este año de su expulsión, Salvador regresó a Madrid, matriculándose en una escuela de pintura privada, la «Academia Libre» dirigida por el artista catalán Julio Moisés Fernández. Pero, si fue así, no se ha encontrado documentación alguna sobre tal estancia ni cualquier referencia en la prensa madrileña a la presencia entonces en Madrid del castigado alumno de San Fernando.[122]

Salvador estaba decidido a vengarse en el momento oportuno de la Real Academia y de sus profesores, por quienes sentía ya un infinito desprecio. Se sabía apoyado en sus propósitos por muchos amigos y admiradores, entre ellos el influyente director de teatro y crítico Cipriano Rivas Cherif, amigo de Lorca, que en marzo de 1924 publicó un artículo titulado «El caso de Salvador Dalí» en la prestigiosa revista *España* (que Dalí venía leyendo por lo menos desde octubre de 1919).[123] Dalí, escribió Rivas Cherif, no había tomado parte alguna en la protesta de San Fernando, pero era un «*indeseable*» y, como tal, había provocado la ira de sus convencionales maestros. «Tal vez los señores profesores tengan razón —sentenció Rivas—. Quizá contribuyan con su rigor a probar la tenacidad de un artista en su vocación libre de trabas.» Con ello el crítico dio, efectivamente, en el blanco.[124]

Dalí, sí, es un indeseable. Dos meses después, el 15 de mayo de 1924, Alfonso XIII hace una visita oficial a Girona y decide de improviso inspeccionar la cercana guarnición del castillo de San Fernando en Figueres. El rey nunca ha sido popular en la ciudad, y lo es mucho menos ahora por su respaldo a la dictadura de Miguel Primo de Rivera. Las autoridades se quedan consternadas al enterarse de la inminente llegada del monarca, y, temiendo disturbios, no dudan un segundo en detener a potenciales alborotadores.

La redada sigue después de la visita real. Entre los arrestados están Dalí, a quien se confina en régimen de aislamiento en Figueres el 21 de mayo,[125] al lado de dos de sus amigos más íntimos, los militantes comunistas Martí Vilanova y Jaume Miravitlles.[126] El 30 de mayo Dalí es trasladado a la cárcel de Girona, donde permanece hasta su liberación sin cargos el 11 de junio.[127]

La documentación de la cárcel no especifica las razones del arresto.[128] Al parecer se trataba de una medida tomada fundamentalmente para intimidar a su padre, que en abril de 1923, pocos meses antes del golpe de Primo de Rivera, había iniciado procedimientos legales en relación con un fraude electoral perpetrado por las derechas en Figueres.[129] Según declararía después el notario, la Guardia Civil había registrado la habitación de Salvador en vísperas de su detención, sin encontrar nada incriminatorio. El historial marxista y antimonárquico del pintor era bien conocido de las autoridades locales, sin embargo, que tal vez recordaban incluso que, siendo alumno del instituto, se le había acusado de participar en la quema de una bandera española.[130]

Explotó al máximo, naturalmente, el haber sido prisionero de la dictadura de Primo de Rivera, notable por su hostilidad hacia Cataluña, y hasta el final de sus días disfrutaría recordando aquella breve temporada entre rejas.

Al regresar a la Residencia de Estudiantes en noviembre de 1923, Lorca se había encontrado con que su amigo, expulsado de San Fernando, ya no estaba en Madrid. El poeta recibió sin duda de Bello, Buñuel y demás compañía un pormenorizado relato de lo ocurrido, y tal vez, por carta, del mismo Salvador, aunque no se ha encontrado ninguna correspondencia cruzada entre ellos en estos momentos. Pintor y poeta no se volverían a ver hasta principios de 1925.

4. LAS HORAS OSCURAS Y DORADAS
(1924-1926)

La vuelta de Dalí a Madrid en septiembre de 1924 es triunfal, sobre todo por el hecho de su breve encarcelamiento por la dictadura primorriverista. Instalado otra vez en la Residencia, el doble víctima de la injusticia —ya poco menos que un héroe a ojos de sus compañeros— se matricula en San Fernando para las cuatro asignaturas que su expulsión le ha impedido cursar el año anterior.[1]

Va perdiendo algo de su timidez, o aprendiendo mejor a enmascararla. Lo suficiente, en todo caso, para participar en un arreglo hecho por Buñuel del *Don Juan Tenorio* de Zorrilla, titulado *La profanación de don Juan*, que se representa en la Resi el día de Todos los Santos. El aragonés interpreta, cómo no, al protagonista de la obra. Dalí a su rival, don Luis Mejía. Lorca, todavía en Granada, había desempeñado un papel en un montaje anterior de la obra.[2]

Ya por esta época Buñuel ha fundado su luego célebre «Orden de Toledo». Los requisitos de admisión a tan noble congregación son mínimos: amar incondicionalmente a Toledo y emborracharse allí durante por lo menos una noche entera. Entre los más cercanos colaboradores de Buñuel en esta aventura están Lorca, el hermano de éste, Francisco, y José Bello. Buñuel, como fundador, es Condestable de la Orden. Los demás componentes tienen categorías que van desde «caballeros» a «invitados de los invitados de los escuderos». Dalí es caballero; José Moreno Villa, «jefe de los invitados de los escuderos»; y Rafael Alberti «invitado de los invitados de los escuderos».[3]

A Buñuel, como a Lorca y a Dalí, le fascinan los disfraces. El entusiasmo del trío en este sentido es contagioso. Los compañeros de la Orden se pasean por Toledo con los más estrafalarios y, a veces, escandalosos atuendos. Buñuel da rienda suelta a menudo a su necesidad compulsiva de vestirse de cura.

Hay algunas divertidas fotografías de esas expediciones. En una de ellas, fechada 18 de enero de 1925 —pocos días antes de que Buñuel abandone definitivamente la

Residencia de Estudiantes para instalarse en París—, vemos a Dalí con su ya habitual pipa (que nunca enciende) y el corte de pelo «a la europea» con el que había reemplazado, no mucho después de su llegada a Madrid, las esperpénticas patillas y la larga melena bohemia de su etapa anterior. Junto a Buñuel y Dalí están José Bello, José Moreno Villa, el poeta malagueño José María Hinojosa, el zaragozano Juan Vicéns y la novia de éste, María Luisa González. Falta Lorca, que se pierde la despedida de Buñuel y sólo vuelve a Madrid unos días después (ilustración 13).[4]

En la primavera de 1922 la editorial Biblioteca Nueva había iniciado la publicación de las *Obras completas* de Sigmund Freud, traducidas por Luis López-Ballesteros y de Torres. Fue tal el impacto de los primeros volúmenes que la *Revista de Occidente* pudo referirse, en octubre de 1923, a la «avidez» con la cual se «devoraba» ya al vienés en España.[5]

Cuando Dalí se matriculó en San Fernando en septiembre de 1922, ya habían salido los dos primeros tomos: *Psicopatología de la vida cotidiana,* en mayo,[6] y poco después el volumen titulado *Una teoría sexual y otros ensayos,* integrado por *Tres ensayos sobre la sexualidad, Cinco conferencias sobre psicoanálisis, Introducción al estudio de los sueños* y *Más allá del principio de placer.*

Luis Buñuel era uno de los que «devoraban» entonces a Freud, y en sus memorias nos refiere la impresión que le provocara *Psicopatología de la vida cotidiana*, se supone que apenas editado.[7] En cuanto a Dalí, José Moreno Villa le recordaba, en 1944, «delgaducho, casi mudo, encerrado en sí, tímido (¿quién lo dijera?)» y siempre «enfrascado» en las lecturas de Freud.[8]

El segundo tomo de las obras de Freud provocó en la Residencia un impacto aún más fuerte que el primero, sobre todo *Tres ensayos sobre la sexualidad,* el texto que, en opinión de James Strachey, traductor británico de la Standard Edition de Freud, constituye, junto con *La interpretación de los sueños*, «la contribución más importante [del médico] al conocimiento humano».[9] A partir de su aparición en 1905, los *Tres ensayos sobre la sexualidad* habían ido imponiendo la evidencia, no sólo del hecho indudable de la sexualidad infantil —antes tan difícilmente asimilable para Occidente— sino de la persistencia de ésta en las llamadas perversiones sexuales. Y cada vez se constataba una mayor disponibilidad a aceptar la tesis de Freud según la cual la enfermedad mental suele tener raíces sexuales que remontan a la infancia. Por lo tanto, y dada la vitalidad intelectual del Madrid de entonces, no ha de extrañarnos que la publicación de dicho trabajo en España se percibiera como acontecimiento de trascendental importancia sociocultural. Así, sin duda, la entendieron Dalí, Lorca y Buñuel.

El ensayo *Introducción al estudio de los sueños,* asimismo incluido en el segundo tomo de dichas obras completas, puso en circulación en España una serie de conceptos que, si bien hoy archiconocidos (y combatidos), entonces eran sumamente novedosos: la distinción entre el contenido «latente» y «manifiesto» de los sueños; el papel de la «represión» *(Verdrängung)* en la transformación en símbolos del material onírico perturbador; los mecanismos de «desplazamiento» y «condensación» del sueño; y, sobre todo, la convicción, defendida por Freud con razones que parecían contundentes, de que los sueños, aunque pueda parecer lo contrario, son casi siempre expresión de nuestros deseos más hondos, en gran parte inconfesados.

La incorporación en dicho volumen de *Más allá del principio de placer,* publicado en alemán sólo dos años antes, brindó a los lectores españoles, además, la temprana oportunidad de evaluar los argumentos en los cuales Freud fundamentaba otra de sus convicciones, a saber, que la psique siempre lucha por afirmar el «principio de placer» frente al «principio de realidad».

En sus escritos autobiográficos Dalí da la impresión de que en la Residencia sólo leyó *La interpretación de los sueños,* que no se publicó en Madrid hasta 1924.[10] El libro, afirma en *La vida secreta,* «me pareció uno de los descubrimientos capitales de mi vida, y se apoderó de mí un verdadero vicio de autointerpretación, no sólo de los sueños, sino de todo lo que me sucedía, por casual que pareciese a primera vista».[11] Es probable, con todo, que ya por 1924 Dalí se habría familiarizado con los dos primeros volúmenes de la serie. Y tal vez había leído también, o al menos hojeado, los dos siguientes tomos, ambos de 1923: *El chiste y su relación con lo inconsciente* e *Introducción al psicoanálisis.*[12]

Durante la década de los años veinte Dalí leería y releería a Freud incesantemente, y en su ejemplar de *La interpretación de los sueños* hay muchos pasajes marcados. No cabe duda de que la obra de Freud revolucionó su manera de verse a sí mismo y al mundo.[13]

La edición española de *La interpretación de los sueños* apareció poco antes de editarse en París, aquel mismo 1924, el *Manifeste du surréalisme* de André Breton.[14] En diciembre el documento fue objeto de un inteligente análisis publicado en la *Revista de Occidente* por Fernando Vela, que puso de relieve la deuda del texto para con Freud.[15] Parece difícil que Dalí no leyera la crítica de Vela, abalanzándose enseguida sobre el propio manifiesto que, dado su conocimiento del francés, habría podido leer con relativa holgura, pese a su indudable complejidad lingüística. Para comienzos de 1925, de todas maneras, el pintor está ya entregado a una orgía de autoanálisis de orientación freudiana —con el afán de poder superar su timidez y sus problemas sexuales, se supone— y empieza a tomar conciencia del movimiento capitaneado por André Breton, tan en deuda con el fundador del psicoánalisis. Pasarán todavía dos años, sin embargo, antes de que el impacto de Freud y Breton empiece a hacerse patente en la obra daliniana.

El reencuentro de Lorca y Dalí en enero de 1925 es jubiloso. Durante el año y medio en que no se han visto, ambos han producido mucha obra. Lorca ha empezado a componer los poemas que le harán famoso cuando se publique el *Romancero gitano* en 1928. Ha terminado *Mariana Pineda,* y tiene en marcha otros proyectos, entre ellos *La zapatera prodigiosa.* En cuanto a Dalí, ha pintado incansablemente durante su ausencia de Madrid, alternando todavía su tendencia cubista con otra más realista y ejecutando numerosos retratos de su hermana Anna Maria.

Por estas fechas el Ateneo Barcelonés invita a Lorca a

dar un recital de poesía en sus locales. Está eufórico, sobre todo cuando Dalí le invita a pasar la Semana Santa con él y su familia en Figueres y Cadaqués. Federico les cuenta a sus padres que el Ateneo le paga viaje y gastos, y les asegura que en Cadaqués trabajará en una nueva obra de teatro ya empezada —se trata casi seguramente de *Amor de don Perlimplín con Belisa en su jardín*—, además de terminar la última escena de *La zapatera prodigiosa*. En su opinión, conocer al grupo intelectual de Barcelona, «uno de los mejores que hoy existen en Europa», le será de gran provecho. Sus padres, de quienes a los veintisiete años, Federico aún depende totalmente, para su subsistencia, dan su permiso.

> La lectura será en Pascua de Resurrección naturalmente, pero como Dalí, y esto ya os lo dije, me [ha] invitado a Cadaqués, pueblo de la costa de Gerona, me voy antes con objeto de en el silencio del pueblo trabajar en una nueva obra teatral que he comenzado [se trata casi seguramente de *Amor de don Perlimplín con Belisa en su jardín*] y hacer la última escena de la Zapatera. Dalí me invita espléndidamente. He recibido una carta de su padre, notario de Figueres, y de su hermana (una muchacha de esas que ya es volverse loco de guapas) invitándome también, porque a mí me daba vergüenza de presentarme de huésped en su casa.[16]

Quince días antes de iniciarse la gran aventura, Dalí recurre a Eduardo Marquina para que le preste cien pesetas. Con ellas, explica, él, Federico y otros amigos podrán costear su «última visita» de la temporada a las nieves del Guadarrama.[17]

Cumplido debidamente el rito, pintor y poeta suben al tren de Cataluña. Unas horas después Lorca observa con fascinación la «tierra seca y delirante de Aragón, roca viva y vieja angustia de España» (patria chica de Luis Buñuel y Pepín Bello). Luego gozará con el llamativo contraste de la dulce campiña catalana, con sus almendros floridos, vista ahora por vez primera.[18]

La Semana Santa empieza el 5 de abril. Hace un tiempo espléndido y, después de la hermosa llanura del Alt Em-

pordà, las empinadas laderas del Pení son una deslumbrante fiesta de hierbas aromáticas, garriga y flores silvestres.
El taxi que conduce a Salvador y Lorca desde Figueres llega
a Cadaqués a mediodía, y unos minutos bastan para que
Anna Maria se sienta intrigada por el vehemente poeta
andaluz de ojos oscuros. El almuerzo se sirve en la terraza,
sombreada por un frondoso eucalipto, a pocos metros del
mar. «A los postres éramos tan amigos como si desde siempre nos hubiésemos conocido», recordará Anna Maria medio siglo después.[19]

Lorca está encantado con Cadaqués: con la familia Dalí
en primer lugar, luego con las procesiones, los deliciosos
dulces de Semana Santa, la iglesia-fortaleza del pueblo
—Partenón de su infancia, la llamará después Salvador—,[20]
notable por su bello retablo barroco, los lugareños, el idioma —hasta aprende algunas palabras de catalán— y, tal
vez sobre todo, con la desquiciada Lídia Noguer, cuya madre tenía fama de bruja.[21]

Lídia es dueña de un rostro curtido por el sol y muy
expresivo, con ojos saltones que le dan, según Anna Maria,
aspecto de cangrejo. Condimenta su torrencial conversación, impregnada de geniales intuiciones, con declaraciones
oraculares y estrafalarias metáforas.[22] Como Don Quijote,
da normalmente una impresión de cordura, sólo desvarian-
do de repente si alguien roza una de sus tenaces obsesiones.
De edad indeterminada, pero probablemente de unos cincuenta años cuando la conoce Lorca, Lídia regía en su juventud la pensión en la que se alojaran Picasso y Fernande Olivier cuando visitaron a Ramón Pichot en 1910. Poco
antes se había hospedado allí el entonces adolescente Eugenio d'Ors, por quien Lídia concibió una pasión que no la
abandonaría hasta su muerte en 1946. Cuando se volvió
loca, su imaginación siempre original, libre ahora de cualquier imposición de la razón, había florecido de manera extravagante. Entre otras cosas se convenció de que ella era
Teresa, la majestuosa catalana protagonista de la novela
dorsiana *La bien plantada* (1911), y que el autor se comu-
nicaba con ella entre líneas desde su columna habitual de
un diario barcelonés, que ella leía con avidez y glosaba en
las cartas que habitualmente le dirigía.[23] Dalí llegaría a la

conclusión de que Cadaqués es el lugar más paranoico del Mediterráneo.[24] Ya para 1925 había descubierto, probablemente, que su abuelo paterno, el cadaquesenc Galo Dalí Viñas, se había suicidado a los treinta y ocho años acosado por alucinaciones persecutorias (acontecimiento silenciado en la familia). No por nada le fascinaba Sibila, quien por más señas sentía por él genuino afecto:

> Lídia poseía el cerebro paranoico más magnífico, fuera del mío, que haya conocido nunca. Era capaz de establecer relaciones completamente coherentes entre cualquier asunto y su obsesión del momento, con sublime negligencia de todo el resto, y con una elección del detalle y un juego de ingenio tan sutil y tan calculadoramente hábil, que a menudo era difícil no darle la razón en cuestiones que uno sabía completamente absurdas. Interpretaba los artículos de D'Ors, al pasar, con tan felices descubrimientos de coincidencias y juegos de palabras, que uno no podía dejar de maravillarse ante la desconcertante violencia imaginativa con que el espíritu paranoico puede proyectar la imagen de nuestro mundo interno en el mundo externo, no importa dónde ni en qué forma, ni con qué pretexto. Las más increíbles coincidencias ocurrían en el curso de esta amorosa correspondencia, que yo he utilizado varias veces como modelo de mis propios escritos.[25]

El famoso y nunca bien definido «método paranoico-crítico» de Dalí, desarrollado al alistarse el pintor, en 1929, en las filas del surrealismo, tendría una innegable deuda para con Lídia Noguer. La criatura se percataba de ello, además, y hay una fotografía suya en cuyo dorso escribió, crípticamente: «Esta mujer es la bruja responsable de todo el asunto de Dalí y muchas cosas más.»[26] Lorca, por su parte, quedó tan cautivado con el personaje que Dalí dedicó un texto suyo, «Pez perseguido por una uva», a «una conversación entre Federico y la Lídia».[27] En sus cartas a Anna Maria, el poeta siempre preguntaría por Lídia, mientras Salvador le mantendría al corriente de las últimas ocurrencias de aquella extraordinaria mujer.

Alentado por el pintor, Lorca lee *Mariana Pineda* ante la familia Dalí y un pequeño grupo de sus amigos. Cuando termina Anna Maria está llorando y el padre declara que Federico es el poeta más grande del siglo. En cuanto a Salvador, su expresión significa «¿no os lo había dicho?».[28]

Durante su breve estancia con los Dalí, el poeta, sin duda con el pensamiento puesto sobre todo en seducir a Salvador, despliega incansable la rica tapicería de sus múltiples dones. Improvisados recitales de poesía, anécdotas, mímica, música (cabe pensar que Lorca no dejaría de probar el piano de los Pichot en Es Sortell)... todo lo pone a disposición de sus anfitriones.[29]

«He pasado una magnífica Semana Santa con oficios en la catedral de Gerona y ruido de olas latinas», escribe Federico a Manuel de Falla.[30] Dalí también le acompaña a las famosas ruinas del puerto griego y romano de Empúries, del cual toma el Empordà su nombre. El lugar entusiasma al poeta, sobre todo el mosaico romano del sacrificio de Ifigenia, que, tal vez recordándole alguna lectura de Eurípides, le sugiere el tema de una obra.[31]

Hay también una excursión en barco con Salvador y Anna Maria al cabo de Creus, con un picnic en la fantasmagórica playa de Tudela. Al poeta le impresiona vivamente la jornada. Los dos pescadores que los llevan tienen nombres que le parecen sacados de *La Teogonía* de Hesíodo, uno de los textos clásicos que más ama: Filemón y Bancis se llaman, nada menos. Durante todo el trayecto ambos cuentan, con «una sencillez y una poesía verdaderamente intensas», historias de amor y de brujas.

A la vuelta, el mar, peligrosísimo en las cercanías de Creus cuando hay tramontana fuerte, empieza a moverse un poco, sólo un poco, y Lorca se inquieta. «He llegado a casa con una careta de sal marina», les cuenta a sus padres.[32] Unos meses después, recordando el episodio en una carta a Anna Maria Dalí, las tintas ya se van cargando: «¡Cuántas veces me he acordado de aquel verdadero conato de naufragio que tuvimos en Cap de Creus! ¡Y qué rico aquel conejillo que nos comimos con sal y *arena* al pie del águila naranja!».[33]

A Lorca le atenazaba tanto el temor a la muerte que se había inventado una manera muy original de conjurarlo: ni más ni menos que representar, de manera ritual, su propio fallecimiento, entierro y luego descomposición, ello, según Dalí, después de «prolongar indefinidamente», desde la cama, «las conversaciones poéticas más trascendentales que han tenido lugar en lo que va de siglo».[34]

La primera noticia que tenemos acerca del origen de la ceremonia data de 1918 cuando, en Granada, Lorca concibió la idea de rodar una «película» titulada *La historia del tesoro*, utilizando para ello una secuencia de fotografías. En ella, vestidos de moros alhambreños, Federico y algunos amigos representaron el asesinato del guardián de un alijo de oro, interpretado por el poeta.[35] Luis Domínguez Guilarte, hijo del catedrático Martín Domínguez Berrueta, fue testigo por las mismas fechas de una escena similar cuando, durante el carnaval de Granada, Lorca, disfrazado de torero gravemente corneado, convenció a unos cómplices para que le llevaran a hombros, chorreando «sangre», a casa. La escena fue tan realista que Domínguez Guilarte creyó que Federico se encontraba realmente malherido, y sintió un inmenso alivio cuando el poeta «resucitó» de repente, riéndose a carcajadas.[36]

Asesinado el poeta de verdad, Dalí disfrutaría evocando aquel extraño ritual que Lorca gustaba de imponer a sus amigos en la Residencia:

> Recuerdo su rostro fatal y terrible, cuando, tendido sobre su cama, parodiaba las etapas de su lenta descomposición. La putrefacción, en su juego, duraba cinco días. Después describía su ataúd, la colocación de su cadáver, la escena completa del acto de cerrarlo y la marcha del cortejo fúnebre a través de las calles llenas de baches de su Granada natal. Luego, cuando estaba seguro de la tensión de nuestra angustia, se levantaba de un salto y estallaba en una risa salvaje, que enseñaba sus blancos dientes; después nos empujaba hacia la puerta y se acostaba de nuevo para dormir tranquilo y liberado de su propia tensión.[37]

Se le ocurre a Dalí reflejar esta macabra representación lorquiana en un cuadro, y durante la Semana Santa hace unos cuantos esbozos preliminares mientras Anna Maria fotografía a Federico «muerto» en el suelo (ilustración 21).

El día anterior a su regreso a Figueres con la familia,

Lorca escribe a sus padres. Su estancia en Cadaqués será inolvidable; Anna Maria es la muchacha más guapa que ha visto jamás; le han invitado a leer *Mariana Pineda* en el Ateneo de Figueres; el jueves o el viernes dará su recital en Barcelona; los Dalí han confeccionado un pastel con su nombre y dos versos suyos... total, lo está pasando maravillosamente.[38]

La lectura de *Mariana Pineda* en Figueres se da, no en el Ateneo, como se había previsto, sino en el amplio salón de la notaría de Salvador Dalí Cusí. Después, en una comida ofrecida por el Ateneo, recita poemas. Como último detalle para con su invitado, Dalí Cusí organiza en la Rambla una audición de sardanas de Pep Ventura. Lorca no ha oído nunca tocar una cobla, y la velada le entusiasma.[39]

Terminada la Semana Santa, el poeta y Dalí toman el tren de Barcelona, donde pasan un par de días en casa del simpático Anselm Domènech, tío de Salvador y dueño de la famosa Llibreria Verdaguer.[40]

La Ciudad Condal, desde el primer momento, hechiza a Lorca. Más europea más abierta a las vanguardias y más libre sexualmente que Madrid, con un barrio medieval sin parangón en la capital española (sólo un pequeño pueblo, al fin y al cabo, en la Edad Media) y un Barrio Chino mundialmente conocido, Barcelona le parece algo así como un París más pequeño, con la ventaja de estar a orillas del mar y de ser uno de los puertos más importantes del Mediterráneo. Apenas se lo cree. En una postal a José Bello escrita conjuntamente con Dalí se respira su euforia. «Pepin —empieza Dalí en su castellano *sui géneris* y sin puntuación—: Gente de todos los paises —Jazzes formidables— Dancincs hasta las 8 i media de la mañana. En el puerto marineros borratchos cantan canciones de taberna. Federico muriendose de miedo en las grutas magicas del Paralelo y recordandote continuamente.» Lorca añade abajo: «Te advierto que las grutas mágicas son horror de cosas espeluznantes, muertos, manos matarifes». Rafael Santos Torroella ha puntualizado que era cuestión, en realidad, de «las populares y desaparecidas atracciones Apolo y sus toboganes a modo de montañas rusas interiores».[41]

Lorca no olvidará nunca sus primeras impresiones de Barcelona al lado de Dalí, escribiendo a principios del año siguiente a Melchor Fernández Almagro, cuya reacción adversa a Zaragoza comparte:

> En cambio Barcelona ya es otra cosa, ¿verdad? Allí está el Mediterráneo, el espíritu, la aventura, el alto sueño de amor perfecto. Hay palmeras, gentes de todos países, anuncios comerciales sorprendentes, torres góticas y un rico pleamar urbano hecho por las máquinas de escribir. ¡Qué a gusto me encuentro allí con aquel aire y *aquella pasión*! No me extraña el que se acuerden de mí, porque yo hice muy *buenas migas* con todos ellos y mi poesía fue acogida como realmente no merece.[42]

En el Ateneo Lorca da una lectura informal de *Mariana Pineda* y de algunos poemas todavía inéditos del *Romancero gitano*. Están presentes amigos de Salvador y alguna figura más del mundo literario y artístico barcelonés.[43] Después del recital el grupo cena en un célebre restaurante bohemio, El Canari de la Garriga, frente al hotel Ritz, que habían frecuentado a principios de siglo los escritores y artistas más notables de la época, entre ellos Picasso, y que sigue siendo refugio de la intelectualidad noctámbula. Los asistentes dejan constancia de su presencia en el libro de oro. Dalí estampa una divertida caricatura de Picasso, firmando «ex presidiario», alusión a la breve temporada pasada en 1924 en las cárceles de Figueres y Girona. Lorca, siguiendo su ejemplo, firma «presidiario en potencia» y añade *Visca Catalunya lliure!*[44] ¿Cataluña libre? Mucho menos en esos momentos en que está padeciendo los duros rigores de la política centralista del general Primo de Rivera. «España está muerta pero Cataluña está viva y como está viva hay vida literaria y política y social —escribe Lorca a sus padres—. Esto he tenido ocasión de observar en mi corta estancia.»[45] Unos meses después se declarará *catalanista furibundo* y expresará su simpatía por «aquella gente tan construida y tan harta de Castilla».[46]

La primera visita del poeta a Cataluña dejará huellas imperecederas. Cadaqués, sobre todo, se le quedará grabado en la memoria durante los dos años siguientes como imagen de la belleza clásica y perfecta, de la armonía, de la creatividad y de la felicidad. Poco tiempo después de volver a Madrid empezará a trabajar, bajo la impresión de su estancia a orillas del mar catalán, en su magna *Oda a Salvador Dalí.*

Los dos amigos se perdieron la conferencia sobre el surrealismo dictada por Louis Aragon en la Residencia de Estudiantes el 18 de abril de 1925. Debieron de recibir una información detallada al respecto, sin embargo, cuando regresaron a Madrid unos días después, y hasta es probable que la leyeran, pues era habitual que los invitados dejasen al director una copia de su ponencia. En todo caso podían conocer poco tiempo después, en el número de junio de 1925 de la revista *La Révolution Surréaliste,* extractos clave de la misma.

Aragon, empleando el «tono insolente» que, como explicó al público, gustaba de usar en ciertas ocasiones, había lanzado un feroz ataque contra la sociedad occidental contemporánea, contra «los grandes poderes intelectuales (universidades, religiones, gobiernos) que se reparten el mundo y separan al individuo de sí mismo en la infancia, según un siniestro plan preestablecido». Aseguró a sus oyentes que «la vieja era cristiana» había terminado, y que había llegado a Madrid con el propósito de predicar la epifanía «de un nuevo espíritu de rebelión, resuelto a atacarlo todo». Es decir, del surrealismo:

> Sembraremos por todas partes el germen de la confusión y del malestar. Somos los agitadores del espíritu. Todas las barricadas son válidas, todas las barreras contra vuestros execrables placeres. ¡Judíos, salid de vuestros guetos! ¡Dejad que la gente se muera de hambre, así conocerán al fin el gusto del pan del hambre! ¡Muévete, India de los mil brazos, grande y legendario Brahma! ¡Es tu hora, Egipto! Y que los traficantes de drogas se lancen sobre nuestros aterrorizados países. Que la lejana América se derrumbe bajo el peso de sus edificios en medio de sus absurdas prohibiciones. ¡Rebélate, mundo! ¡Mirad cuán seca está la tierra, cuán pronta para el fuego! Como la paja, podríamos decir.[47]

Al parecer ningún periódico de Madrid comentó o resumió la conferencia de Aragon (pronunciada en francés). Y ello que el surrealismo, en la persona de uno de sus más combativos defensores, había hecho ruidoso acto de presencia en la capital de España, con el conveniente y esperado grado de provocación (para colmo, nos cuenta Buñuel —que de alguien recibiría la confidencia—, el francés escandalizó a Jiménez Fraud al preguntarle si conocía algún urinario interesante en la ciudad).[48]

La visita de Aragon coincidió con la creación en Madrid de la Sociedad de Artistas Ibéricos, cuya finalidad principal era fomentar los contactos entre artistas catalanes y el resto de España. Tanto Dalí como Lorca se contaban entre los socios de la nueva asociación, cuya primera exposición se abrió el 27 de mayo de 1925 en el palacio de Velázquez, en pleno parque del Retiro. Antes de la inauguración, algunos de los «ibéricos» más iconoclastas distribuyeron panfletos en los que exponían sus objetivos.[49] Una de las hojas atacaba ferozmente la Academia de San Fernando y ha sido atribuida, casi seguramente con razón, a Dalí:

Los que firmamos estas líneas, expositores en el Salón de Artistas Ibéricos, nos interesa hacer constar:

1. Que la lucha nos estimula y la buena voluntad del público nos adormece.
2. Que detestamos la pintura oficial.
3. Y que la comprendemos perfectamente.
4. Que nos parece horrible la pintura valenciana.
5. Que respetamos y nos parece maravillosa la pintura de los grandes maestros antiguos: Rafael, Rembrandt, Ingres, etcétera.
6. Que los irreverentes por lo clásico, parece ser que son precisamente los de la gente de la Academia de San Fernando, puesto que ahora empiezan a maravillarse descubriendo los comienzos del impresionismo francés, falsificados a través de la incomprensión de los pintores valencianos, que, como Muñoz Degrain, son el asombro de la Academia, y que, según nosotros, después de Sorolla pocos pintores han hecho tanto daño a la juventud.
7. Que admiramos nuestra época y a los pintores de nuestra época, y queremos que nuestras obras expuestas

sean un homenaje cordial a: Derain, Picasso, Matisse,
Braque, Juan Gris, Severini, Picabia, Chirico, Soffici,
Lhote, Kisling, Gleizes, Léger, Ozenfant, Togores, Friesz,
etc.[50]

La muestra significó el lanzamiento triunfal de Dalí en
Madrid. El pintor expuso once cuadros, siete de ellos en su
línea cubistizante y cuatro —*Bañista* (1924), *Retrato de
Luis Buñuel* (1924), *Muchacha de espaldas* (1924) y *Desnudo femenino* (1925)— en la «realista».[51] De los primeros, uno
en particular, *Naturaleza muerta* (1924) —conocido también como *Sifón y botella de ron*—, llamó por igual la atención del público y de la crítica. La obra, que debía mucho a
los «metafísicos» italianos, en especial a Morandi, no agradó
a todo el mundo. «Representa una comida después de comida —observó la revista *Buen Humor*—. Las peras que quedan es que estaban verdes —véase el cuadro; y todo lo que
falta de esa media botella es que se lo han bebido.» Lorca
le envió el recorte a Dalí, que ya había regresado a Cataluña, con el comentario: «Eso me parece que lo ha escrito
Manuel Abril y no tiene gracia alguna.»[52] Unos meses después Dalí regaló la obra al poeta (además de *Desnudo femenino*), que lo colgó en su cuarto y se fotografió orgulloso
debajo de ella (ilustración 14).

Entre los otros cuadros cubistas de Dalí expuestos figuraba el que marcaba la primera aparición de Lorca en su
obra, *Retrato* (1923-1924), ya comentado. Verlo en el palacio de Velázquez le complacería enormemente, al poeta (lámina 2).

Los periódicos de Barcelona, Girona y Figueres dieron
debida cuenta de la magnífica acogida que las obras de Dalí
acababan de recibir en Madrid. No cabía ya duda: el hijo del
notario de Figueres era uno de los jóvenes pinceles más originales de España.[53]

Hemos visto que el capítulo dedicado por Rubén Darío en
Los raros a Isidore Ducasse, conde de Lautréamont, fue
aludido por Lorca en su primer libro, *Impresiones y paisajes*. Dos años después Ducasse fue rescatado del olvido gra-

cias a la reedición, en París, de *Los cantos de Maldoror*, con un prefacio de Rémy de Gourmont.

El redescubrimiento de Lautréamont en Francia no pasó inadvertido en Madrid, donde la Biblioteca Nueva, editora de Freud, dio otra muestra de inquietud intelectual al sacar, hacia 1922, una traducción de *Los cantos* debida a Julio Gómez de la Serna, con prólogo férvidamente entusiasta, además de bien documentado, de su hermano Ramón. Dicho prólogo revela el profundo respeto que sentía éste por Ducasse: por su valentía, su dignidad, su escepticismo radical, su rebelión contra el Dios del Antiguo Testamento y su horror ante la falta de humanidad del hombre para con sus semejantes; y también por su extraordinaria inventiva y su originalísimo estilo. Gómez de la Serna no deja de aludir al entusiasta elogio de Lautréamont debido a Rubén Darío. Treinta años antes de que los surrealistas descubrieran los originalísimos símiles de Ducasse, ya le había impresionado a Rubén la comparación de la belleza de un adolescente con la del «encuentro fortuito de una máquina de coser y un paraguas sobre una mesa de disección», y de la de un escarabajo «con el temblor de las manos de un alcohólico».

Es posible que Dalí, que tanto admiraba a Darío, hubiera topado con *Los raros* antes de su traslado a Madrid y conociera el capítulo sobre Lautréamont. Si no fue así, cabe pensar que Lorca le habló del libro cuando se conocieron en la Residencia.

Lo que parece seguro, de todas maneras, es que leyó en Madrid *Los cantos de Maldoror* y que pronto, en su mente, la figura de Lorca, «el tentador», llegó a ser inseparable de la del héroe epónimo y rebelde del texto de Ducasse. «La sombra de Maldoror se cernía sobre mi vida —escribe en *La vida secreta de Salvador Dalí*— y fue precisamente en ese período cuando, por la duración de un eclipse, la de Federico García Lorca vino a oscurecer la virginal originalidad de mi espíritu y de mi carne.» Alusión deliberadamente enigmática que sólo veinte años después empezaría a aclarar el pintor.[54]

Todo indica que Lorca-Maldoror vuelve de Cadaqués enamoradísimo de Dalí. Para éste la situación debió de resultar muy difícil, pues, si bien se siente muy halagado por las atenciones del poeta, se resiste tenazmente a admitir la posibilidad de ser homosexual él mismo, o de tener siquiera leves inclinaciones homosexuales, y quizá teme que, si la relación se hace más íntima, corre el peligro de sucumbir. Por el momento, sin embargo, no se trata en absoluto de cortar con el poeta. Y mucho menos al enterarse Dalí de que Lorca ha empezado a componer una oda en la cual se celebra su amistad.

Dalí ha superado los exámenes de fin de curso con diploma de honor en estudios preparatorios de colorido, matrícula de honor en historia del arte en las edades moderna y contemporánea, y sendos aprobados en dibujo del natural en reposo y grabado de reproducciones. Después del curso perdido, la carrera del pintor en San Fernando parece ir viento en popa, pese al desdén que le suscitan sus profesores.

Durante el verano en Granada, Lorca produce una serie de «diálogos» que considera, según le cuenta a Melchor Fernández Almagro, «profundísimos de puro superficiales» y más *universales* que el resto de su obra.[55] Entre ellos figura el *Diálogo de la bicicleta de Filadelfia*, luego definitivamente titulado *El paseo de Buster Keaton*.

Dalí y Lorca, como Rafael Alberti y otros amigos más o menos relacionados con la Residencia de Estudiantes, son férvidos cinéfilos y apasionados admiradores de Keaton. A finales de agosto o principios de septiembre el poeta recibe una breve carta de Salvador, pasada a máquina por Anna Maria, en la cual le cuenta que en Cadaqués recibe tarjetas desde París de Juan Vicéns, Moreno Villa y José María Hinojosa. «En vez de Miares [sic],* *Selecte American-Bar* — en el Mont-Parnas», comenta entusiasta. Luego: «Parece que Buster Kiton [sic] ha hecho una pelicula en el fon-

---

* Según nos aclara en amable carta José Bello (12-10-1998), el café Miyares [sic] —«café de cierto tono, pequeño y recogido»— se situaba en la calle de Alcalá entre las de Lagasca y Velázquez, frente al Retiro. Allí se reunían con frecuencia Bello, Buñuel, Lorca, Dalí, Vicéns y José María Hinojosa.

do del mar con su sombrerito de paja encima la escafandra de buzo.» Se trata de *El navegante*, rodada el año anterior.[56]

El paseo de Buster Keaton, pese a su extrema brevedad, constituye un importante hito en el desarrollo literario de Lorca, anticipando en varios aspectos *Poeta en Nueva York*, *El público* y *Así que pasen cinco años*. El escenario (alrededores de Filadelfia), el gallo de las Noticias Pathé, el negro que come su sombrero de paja «entre las viejas llantas de goma y bidones de gasolina», la Mujer Moderna agresivamente emancipada, la insensibilidad social de un país inmenso y materialista: todo ello anuncia la obra posterior.

El Buster Keaton lorquiano refleja indudablemente, además, la angustia sexual del escritor. Los melancólicos ojos del actor («infinitos y tristes como los de una bestia recién nacida»)[57] han llamado la atención del granadino, y nos recuerdan las muchas evocaciones de los del propio poeta por parte de amigos suyos. En el encuentro de Buster con la Muchacha Americana, Lorca subraya tanto la absoluta incapacidad de Keaton para reaccionar positivamente ante tan descarada arremetida sexual —se cae de su bicicleta— cuanto su hondo deseo de ser de otra manera:

> Quisiera ser un cisne. Pero no puedo aunque quisiera. Porque, ¿dónde dejaría mi sombrero? ¿Dónde mi cuello de pajarita y mi corbata de moaré? ¡Qué desgracia![58]

En realidad, este Buster Keaton, aunque sólo someramente esbozado, encaja dentro de la larga serie de personajes lorquianos que quieren ser y no pueden. Que buscan, como Soledad Montoya, su alegría y su persona, pero que no las terminan de encontrar.

Lorca pensó enseguida en enviar a Dalí *El paseo de Buster Keaton*, terminando cariñosamente uno de los manuscritos:

> Adiós Dalilaitita
> Daliminita
> Dalipiruta
> Dametira
> Demeter
> Dalí.

Este diálogo conseguido con tan pobres elementos me da una preciosa impresión de Buster Kiton. ¿Y a ti? Hijitito.

> Escríbeme enseguida
> Enseguida
> Enseguida
> Enseguidita.[59]

Si *El paseo de Buster Keaton* es un pequeño tributo al cine, con implícito contenido personal, otro «diálogo» de este verano, *La doncella, el marinero y el estudiante* evoca a Málaga (dos amigos de Lorca, los poetas Emilio Prados y Manuel Altolaguirre, malagueños ambos, aparecen inesperadamente al final) y, sobre todo, aunque menos obviamente, al maravilloso Cadaqués que Federico acaba de conocer al lado del pintor. El balcón donde tienen lugar los diálogos recuerda la ventana de la casa de los Dalí en Es Llané, así como un cuadro de Salvador de este año, *Venus y el marinero*; mientras la indicación «Una canoa automóvil llena de banderas cruza la bahía, dejando atrás su canto tartamudo»[60] no sólo hace pensar inmediatamente en dicho cuadro y muchos dibujos del Dalí de este período sino, de manera más concreta, en una carta de Lorca a Anna Maria (mayo de 1925) donde el poeta «imagina» la escena en Cadaqués: «Los peces de plata salen a tomar la luna y tú te mojarás las trenzas en el agua cuando va y viene el canto tartamudo de las canoas de gasolina.»[61]

Lorca está echando mucho de menos a Dalí. En una carta a Melchor Fernández Almagro habla de su urgente necesidad de abandonar España, de ir a Europa, a Italia, a donde sea. Una vez más está enfrentado con sus padres, que no le dejan salir de Granada, de una Granada que, después de Cadaqués, le parece una cárcel:

> Granada es horrible. Esto no es Andalucía. Andalucía es otra cosa... está en la gente... y aquí son gallegos. Yo, que soy andaluz y requeteandaluz, suspiro por Málaga, por Córdoba, por Sanlúcar la Mayor, por Algeciras, por Cádiz auténtico y entonado, por Alcalá de los Gazules, por lo que es *íntimamente* andaluz. La verdadera Granada es la

que se ha ido, la que ahora aparece muerta bajo las deliran-
tes y verdosas luces de gas. La otra Andalucía está viva;
ejemplo, Málaga...[62]

Escaparse de la España de Primo de Rivera, con su
asfixiante moral sexual, su censura, sus tabúes, su constante acoso a anticonformistas e intelectuales y su endurecida
legislación para reprimir la homosexualidad;[63] conseguir la
independencia económica, incluso, si hace falta, como «lector» en algún departamento de español extranjero: es la
meta fundamental de Lorca en estos momentos en que, a
los veintisiete años, sigue dependiendo económicamente de
sus padres y apenas ha ganado un céntimo con su trabajo.
El deseo de liberación exacerbado por la estancia de su
hermano en Francia, se acrecienta al mandarle Dalí una
nota en la que le dice estar recibiendo postales de varios
amigos que se encuentran en estos momentos en París,
entre ellos, además de Buñuel, Juan Vicéns, el poeta malagueño José María Hinojosa y José Moreno Villa.[64]

Lorca piensa sin parar en Salvador, carteándose con él
intensamente. «El asunto de Barcelona no lo olvido. Es la
única manera de que puedo saludar a nuestro amigo Dalí
este verano. Dime lo que pasa», escribe ansioso al pintor
manchego, también homosexual, Benjamín Palencia. No
sabemos de qué «asunto de Barcelona» se trata.[65] Unas
semanas después, Lorca confiesa a Palencia que está pasando un «verano melancólico y turbio» y atravesando «una
de las crisis más fuertes». Añade a continuación que espera ir pronto a su amada Málaga, donde Dionisio «te roza la
cabeza con sus cuernos sesgados y tu alma se pone color de
vino». Piensa que allí, junto a las olas, quizá conseguirá
recobrar su antigua creencia en el fatalismo, que había
perdido en Madrid, y volver a aceptar que «lo que tiene que
ser será. ¡Y nada más!». Luego, la obligada referencia a Dalí:
«Salvadorcito Dalí viene pronto a mi casa. No necesito decirte lo bien que lo vamos a pasar. Ya tengo organizada una
fiesta gitana en su honor.»[66]

El duro hecho, sin embargo, es que Dalí está preparando febrilmente su primera exposición individual para las
Galeries Dalmau y en absoluto tiene la intención de viajar

a Granada. «No puedo dejar unos cuadros empezados —le escribe— Ven tu. Dime cuando llegas. Publicaremos tus libros en Barcelona.» Siguen unos comentarios sobre los putrefactos (los dos amigos tienen pendiente un *Libro de los putrefactos*, con textos del poeta y dibujos del pintor), y luego una queja: «¡Cuando podre conocer *entera* tu Oda! ¡No hay derecho a darmela en cuenta gotas!»[67] Es una lástima que, dada la desaparición de casi toda la correspondencia de Lorca con Dalí, no podamos saber qué trazos de la oda del poeta le iba suministrando con tanta parsimonia durante los meses de su elaboración.

Ya lo sabemos, Dali está harto de los profesores de la Real Academia de San Fernando, a quienes considera, con alguna mínima excepción, unos redomados e irrecuperables putrefactos. Toda vez que ya habrá empezado el curso cuando se inaugure en noviembre su próxima exposición en Dalmau —lo cual complicará su asistencia a clase—, ¿por qué no pasar, pues, el año académico 1925-1926 como alumno libre, algo que permite el sistema? Su padre está de acuerdo e informa debidamente a las autoridades de San Fernando. Pero insiste en que, en contrapartida, Salvador utilice el respiro para quitarse de encima el entonces no muy exigente servicio militar (cosa que, sin embargo, no hará hasta 1927). Cabe deducir que, una vez tomada la decisión de no volver por el momento a San Fernando, Dalí informa de ello a Lorca.[68]

Una carta de unos meses después es muy expresiva del tono, entre cariñoso, guasón y lúdico, que suele adoptar Dalí ahora al dirigirse al ausente amigo. Federico le ha enviado unos versos de un nuevo y ambicioso poema, *La sirena y el carabinero,* y Dalí se ha quedado «muelto»* con el proyecto. Respetamos la caótica ortografía y puntuación de la carta (así como haremos siempre al citar la correspondencia daliniana):

Es una idea extraordinaria es lo que mas me gusta de todo lo que se a ocurrido a los señores de la tierra, esa

---

* A Lorca le gustaba jugar con la confusión fonética, muy granadina, de la «l» y la «r» (alte por arte, muelto por muerto, etc.).

monotonia que bien estaria, tienes que hacerlo si no quieres perder tu hijito para SIEMPRE (no lo creas). Ya hace tiempo que te rodea esa idea tan sutil i constructiva del LATAZO

LATAZO — LATAZO — LATAZO

L A T A Z O

uniforme i diverso

Síiiiiiiiiiiiiiiiiiiiiiiiii

Sí

Siguen unos comentarios sobre los versos de la *Oda a Salvador Dalí* que también le ha mandado Lorca, comentarios entreverados con alusiones a la Residencia y piropos:

Los versos de Cadaques.... Yo no se decirte las cosas que tu me dices de mis pinturas... pero ten la seguridad que te creo el unico genio actual —ya lo sabes— a pesar de lo Burro que soy en literatura lo poco que cojo de ti me deja muelto!

Ola!

ja ja ja   jajajajaJa!!
     ja   ja
ja!   YIYIYAÑYES!

Ñ A Ñ E S!

ja ja ja
Ja ja ja jajajajajaja!

¡ÑA!

Ola Pepin
sientate i tomar con nosotros el TE!*
¡ji ji!

* Se trata, claro está, de José *Pepín* Bello.

¡HAY MI HODA!

tan poco quieres hacerme lo de los PUTRE etc. etc.

Ñ A Ñ E S*

Hazme propaganda en Madrid!
Te dare D I N E R O!
pero no ahora
Sabes!

Ñ A Ñ E S

Ja Ji Ji.

HAY!

no entiendo NUNCA
el NUMERO DE TU DIRECCION
HOY lo sabre [?]

[entre las letras de ÑAÑES escritas en grandes
mayúsculas]

Dalí Salvador peintre d'un certain talent et
ami (intime) d'un gran POETE TRES JO-
LI**

escriveme mucho cada dia o cada 2 dias   ya vez yo casi
lo hago

Adios

o tu cara recien afeitada MOJADA! — Tu calzador tu MA-
LETA ¡ÑAÑES! tus calcetines (de Vicens el Santo) ÑAÑES
i Mister Karter que era FEO como un pecado MORTAL***

*   La exclamación «¡Ñañes!», creación daliniana, tenía sin duda algún sentido para el grupo de la Residencia, aunque hoy José Bello no recuerda cuál.
**   «Dalí Salvador pintor de cierto talento y amigo (íntimo) de un
gran POETA MUY GUAPO».
***   Alusión, creemos, al arqueólogo sir Howard Carter, descubridor
de la tumba de Tutankamón, que dictó una conferencia en la Residencia de
Estudiantes en noviembre de 1924.

Dalí incluye con la carta al «gran POETE TRES JOLI» un precioso *collage*, titulado *El casamiento de Buster Keaton*, compuesto de recortes de periódicos (con fotografías de Buster y noticias de su noviazgo con Natalia Talmadge), extractos de obras astrónomicas y varios añadidos propios, entre ellos la frase «Adios Federico escrive muy largo a tu Dalí Salvador». En otra hoja, bajo la invocación «Sainte Vierge Marie Rene [por Reine] du Ciel Priez pour nous!», Dalí ha pegado, entre varios recortes de mapa, dos que muestran Granada y la región de Cadaqués unidos por otro que reza «Mediterráneo»: trasparente alusión a la honda y, en el caso de Federico, apasionada amistad que une a pintor y poeta pese a su separación en el espacio.[69]

La exposición en Dalmau se inaugura el 14 de noviembre y sigue abierta hasta el 27. Integran la muestra veintidós obras (diecisiete cuadros y cinco dibujos): una de 1917, tres de 1924 y dieciocho de 1925. La presencia de Anna Maria, de quien hay ocho retratos, la domina, y un Dalí Cusí corpulento y contundente confronta al visitante desde uno de los lienzos más destacados. Pero también está Lorca, ya que el protagonista del gran cuadro *Pierrot tocando la guitarra* (1925) —posteriormente titulado *Gran arlequín y pequeña botella de ron*—, el de mayores dimensiones de la época cubista de Dalí, tiene todos los visos, según el análisis de Rafael Santos Torroella, de ser el poeta andaluz, captado durante su visita a Cadaqués (cuya bahía se vislumbra a través de la ventana) y tocado con el sombrero pluma que tanto le gustaba llevar por estas fechas (lámina 4).[70] En un divertido retrato a lápices de Dalí hecho por Lorca este año y regalado a Anna Maria, el artista, identificado como «Slavador Adil (Peintre)» —alusión a la Residencia de Estudiantes, donde al principio algunos creían que Dalí era un pintor polaco— trabaja precisamente en este cuadro, colocado sobre un caballete (lámina 5). A este conjunto de interferencias y alusiones se puede añadir la fotografía regalada por el pintor a Lorca, en la cual vemos a Dalí sentado delante del mismo cuadro, acompañado de su tío Anselm Domènech (ilustración 15).

«La exposicion ha sido un exito completo — tanto de critica como de *benta*», escribe Dalí a Lorca. El pintor in-

cluye sólo «la critica mas *severa*», con la observación «las
demas no tienen interes por lo muy incondicionalmente
entusiastas que son». «Que haces — trabajas? —sigue
Dalí—. No deges de escrivirme, tu, el unico hombre interesante que he conocido.» La carta va ilustrada con un gracioso dibujo de un picador. «Para Federico Garcia Lorca con
toda la ternura de su hijito Dalí», reza la dedicatoria. En
otras cartas Dalí se volverá a llamar, repetidamente, «hijo»
o «hijito» del poeta, subrayando con ello, además de su juventud, la estrecha relación que ya los vincula.[71]

Entre los cuadros más admirados de la exposición de
Dalmau están *Sifón y botella de ron* (expuesto por primera vez en la muestra de los «Ibéricos» en Madrid), el espléndido *Venus y un marinero (Homenaje a Salvat-Papasseit)* y
Muchacha en la ventana (hoy en el Reina Sofía, de Madrid),
donde una Anna Maria de redondas formas, vista de espaldas, contempla desde la ventana del comedor de la casa de
Es Llané las olas de la bahía de Cadaqués.[72]

En enero de 1926 se abre en el recién inaugurado Círculo
de Bellas Artes de Madrid una importante exposición de
arte catalán. Dalí envía dos cuadros que figuraban en su
muestra individual de Dalmau: *Muchacha en la ventana* y
Venus y un marinero. Éste suscita gran interés, es adquirido por el pintor Daniel Vázquez Díaz —responsable involuntario de la expulsión de Dalí en 1923— y provoca un
telegrama de felicitación de Lorca: «Un abrazo por tu cuadro de Venus. Saludos Federico.»[73]

Si Dalí no se traslada a Madrid para la exposición es
porque su pensamiento está puesto ahora en Barcelona y,
aún más, en París, desde donde Buñuel, que ya hace sus
pinitos en el mundo del cine, no deja de insistirle, así como
a Lorca, para que le visite.[74]

El 13 de febrero Lorca dicta en Granada su conferencia
«La imagen poética de don Luis de Góngora», fruto de tres
meses de trabajo y de una profunda meditación sobre la
estética del autor de las *Soledades*.[75] Estética que, en su
opinión, coincide tanto con las tendencias contemporáneas
que, por su objetividad y su culto a la imagen, el cordobés

puede ser considerado «padre de la lírica moderna»... y Stéphane Mallarmé su «mejor discípulo».

En Góngora, como se desprende de esta conferencia —que hoy se revela como uno de los documentos teóricos fundamentales de la llamada «Generación del 27»—, Lorca admira la búsqueda de «la belleza objetiva, la belleza pura e inútil», exenta de confesiones y de sentimentalismos personales; el estilo tan original («un nuevo modelo del idioma»); las *limitaciones* que se impone el poeta; y el empeño por domeñar y contener su exuberancia metafórica nativa. Góngora, explica, odia aquellas «fuerzas oscuras» de la mente que no se pueden controlar, y busca por encima de todo la claridad, la medida y el orden. Además, si las *Soledades* son difíciles, no es por un deliberado y perverso afán de oscuridad, sino por la imperiosa tarea que se ha impuesto el poeta de encontrar «nuevas perspectivas».

Mientras preparaba la conferencia, Lorca tenía muy presentes sus infinitas conversaciones con Dalí sobre la «objetividad» del arte moderno, en aquellos momentos reivindicada fanáticamente por el catalán, y, cabe pensarlo, sobre el muy debatido ensayo de Ortega y Gasset, *La deshumanización del arte*, publicado el año antes.

Parece probable que envió a Dalí una copia de su conferencia, expresión de ideas compartidas que iban encontrando su formulación poética en la *Oda a Salvador Dalí*. El pintor retuvo —como luego veremos— las siguientes aseveraciones de Lorca sobre el quehacer lírico:

> La grandeza de una poesía no depende de la magnitud del tema, ni de sus proporciones ni sentimientos. Se puede hacer un poema épico de la lucha que sostienen los leucocitos en el ramaje aprisionado de las venas, y se puede dar una inacabable impresión de infinito con la forma y olor de una rosa tan sólo.[76]

Durante febrero y marzo de 1926 Salvador espera impaciente la publicación de la *Oda a Salvador Dalí* y se queja de que Lorca no se lo anticipe entero («No hay derecho que este condenado a no conocer *mi* HODA!!! No soy tan burro —halgo comprendere»).[77]

El inicio de una de las cartas, el entusiasmo que le produce una estrofa que sí le envía el amigo, así como las misivas de Federico en general:

Je vous salue

He estado toda la tarde de domingo de hayer releyendo todas tus cartas. Fillet!* son algo extraordinario, en cada linia hay sugestiones para numerosos libros, obras teatrales, pinturas ect ect ect ect.
Que japonesito mas gordo eres coño!
Si algo he comprendido en poesia es precisamente esto

Una *dura* corona de blancos bergantines
ciñe frentes amargas y *cabellos de arena*
Las sirenas convencen pero no sugestionan
y salen si mostramos un vaso de agua dulce

eso ultimo es gordo** porque es casi

— A R I T M E T I C O —

Antes me encantavan cosas de contrastes poeticos, relaciones distantes, fuertemente realistas, como esto de Cocteau hablando de la vida en las tricheras

Car ici le silence est fait
avec tout: de la glaise, du plâtre,
du ciment, des branchages secs, de la tôle,
des planches, du sable, de l'osier,
du tabac, de l'ennui
des jeux de cartes.
Silence du stéréoscope,
*de musée Grevin,*** de boule*
en verre où il neige, de chloroforme,
d'aérostat.

Es estupendo verdad? pero eso tu lo empleas en la simple conversacion!

---

*   «Hijito» en catalán.
**   En vocabulario daliniano, «fabuloso».
*** El famoso museo de cera de París, que luego visitará Dalí.

... Noël me donne le vertige,
m'angoisse l'âme avec douceur,
comme descendre en ascenseur...*

No es todo eso al lado de lo tuyo puro impresionismo? En poesia me parece que nadie ha sabido salir ahun de la *sensacion*, lo mas que hacen es un poco de humorismo para no parecer tan *romanticos*. En canvio en estos versos tuyos solo guegan [por juegan] los conceptos —
Era sensacional aquello de...

Sabado, puerta de jardín... ect ect**
pero en una *dura* corona de bl ect. ya no hay sensacion de nada hay comprension —abstraccion —antiputrefaccion —
Voy comprendiendo *algo*?

Dalí insiste a continuación en que Lorca le envíe su prometida introducción para el *Libro de los putrefactos* y sugiere que, como reclamo, quizá sería una buena idea incluir en el mismo *El paseo de Buster Keaton*. Pero Federico hace oídos sordos: ha perdido interés en el proyecto, que nunca se realizará.[78]

Dalí ha conseguido, entretanto, el permiso paterno para hacer un breve viaje a su anhelado París. El 14 de marzo Josep Dalmau le entrega dos cartas de recomendación: una para Max Jacob y otra para André Breton, nada menos. Ello confirma la importancia del papel que desempeña el emprendedor galerista catalán como nexo entre la vanguardia parisiense y la de Barcelona.[79]

No podía esperarse, desde luego, que el notario permitiera que Salvador fuera a Francia solo: se perdería, extraviaría su dinero, sería atropellado por un coche al cruzar la calle... en fin, cualquier cosa podría ocurrirle, pues, como

---

*   Como ha señalado Santos Torroella (*SDFGL*, p. 124), todos estos versos de Cocteau proceden de «Tour du secteur calme», incluido en *Poésie* (1916-1923), París, Gallimard, 1925.

**   Primeros versos de «La canción del colegial», poema que se publicará en el libro de Lorca, *Canciones*, en 1927.

todos sabían, el pintor no tenía ni un ápice de sentido prác-
tico. No obstante, la idea de que su hijo conociera el Louvre
le parecía excelente a Dalí Cusí, que decretó, con su habitual capacidad de decisión, que durante las vacaciones de
Semana Santa su segunda esposa, Catalina Domènech, y
Anna Maria le acompañarían.

Poco antes de iniciarse el viaje Salvador escribe a su tío
Anselm Domènech, agradeciéndole el envío de un libro sobre
Vermeer —ahora uno de sus pintores favoritos— e informándole de que va a llevar a París un nuevo cuadro «diez veces
mejor que el de Venus», es decir que *Venus y Eros* (más tarde titulado *Venus y cupidillos*), sin duda una de sus obras
más bellas de esta época.[80] El recién terminado lienzo es
Muchacha de Figueras, que representa a una joven haciendo encaje de bolillos en la terraza de la casa familiar de la
calle de Monturiol, 24 (lámina 7).

Salvador, Anna Maria y «la tieta» suben emocionados al
tren el 11 de abril de 1926. Luis Buñuel les da la bienve-
nida en la estación de París y les presenta al pintor jiennen-
se Manuel Ángeles Ortiz, íntimo de Lorca, cofrada de la Orden de Toledo y residente en la capital francesa desde
1922.[81] Ortiz ya sabe por una carta de Lorca que Dalí se
desvive por conocer a Picasso, de quien es buen amigo, y
atendiendo a los deseos del poeta ha organizado una entrevista con el maestro.[82] Dalí relata brevemente la visita en
La vida secreta. Cuando llegó al taller del malagueño en la
rue de la Boëtie, nos cuenta, estaba tan afectado como si le
fuera a recibir el mismísimo Papa. «"He venido a verle
—le dije— antes de ir al Louvre." "Ha hecho usted muy
bien", contestó.»[83]

Dalí confirma en *La vida secreta* que llevó a Picasso su
recién terminado *Muchacha de Figueras*, que el pintor estu-
dió, sin hacer comentario alguno, durante quince minutos.[84]
Acabada su inspección, dedicó luego dos horas a sacar cuadros propios, tomándose «una molestia enorme».[85] Además
de *collages*, había entonces en el taller ejemplos de las dos
tendencias que iban a caracterizar su producción entre 1926
y 1933: obras de inspiración clásica, como *Las tres gracias*, y
una multitud de bodegones tardíos de su período cubista. Los
cuadros pintados por Dalí inmediatamente después del via-

je a París demuestran que éstos le llamaron mucho la atención, sobre todo *Estudio con cabeza de yeso*, de 1925 (ilustración 18).[86]

Si Picasso olvidaría pronto la visita del joven Dalí, para éste fue una experiencia de crucial y duradera importancia.[87] Conocía ya personalmente a uno de sus dos ídolos contemporáneos —Freud tendría que esperar— y a partir de este momento alardearía no sólo de haber entablado amistad con Picasso sino de que el gran artista apreciaba su obra. Marzo de 1926 constituye, pues, un hito de gran relevancia en la vida de Dalí.

Aprovechó su visita a París para entrar en contacto con la colonia de artistas españoles residentes en la ciudad. Se reunían sobre todo en los célebres cafés La Rotonde, Le Sélect y Le Dôme, entonces en su momento de máximo esplendor: eran los felices tiempos de Kiki de Montparnasse, de un París libre, picante y creativo como nunca. En La Rotonde Dalí conoce a Hernando Viñes, Apeles Fenosa, Francisco Bores, Joaquín Peinado y un granadino amigo de Lorca, Ismael González de la Serna, autor de la portada de *Impresiones y paisajes*. Todos trabajan bajo la influencia predominante del cubismo.[88]

Dalí no llega a conocer a Joan Miró durante su rápido paso por París, pero es probable que viera allí algunos de sus recientes cuadros. Muy poco después de su visita a París, de todas maneras, empezaría a notarse en la obra de Dalí la impronta del Miró surrealista. En cuanto a las tarjetas de presentación a Max Jacob y André Breton proporcionadas por Dalmau, no hay indicio de que tuviera la posibilidad de utilizarlas.

Tras cuatro o cinco días en París, Dalí, Anna Maria y Catalina Domènech se trasladan en tren a Bruselas, donde Salvador se dedica al estudio de los pintores flamencos cuyas reproducciones en los libritos de Gowans le habían fascinado años atrás. Es casi seguro que también hacen una visita relámpago a Brujas. El principal objetivo de la visita a Bélgica, según Anna Maria Dalí, es Vermeer, que en estos momentos apasiona a su hermano.[89]

Poco después regresa a Madrid, donde en junio tendrá que presentarse por libre a los exámenes de las cuatro asignaturas que, teóricamente, ha estado preparando por su cuenta durante el curso. En la capital coincide con Buñuel —en una de sus breves visitas desde París— y con Lorca, que ha vuelto a la Residencia de Estudiantes por vez primera desde el verano anterior. Los tres se fotografían juntos —será por última vez— en unos jardines cerca del Manzanares, acompañados de José Moreno Villa y de otro amigo de la Residencia, José Rubio Sacristán (ilustración 19).

Parece ser que fue durante esta visita de Buñuel que Lorca les leyó al aragonés y a Dalí, en el sótano del hotel Nacional en Atocha, unas páginas de *Amor de don Perlimplín con Belisa en su jardín*. «Basta, Federico, es una mierda», sentenciaría Buñuel después de oír unas páginas. Lorca «palidece, cierra el manuscrito y mira a Dalí. Éste, con su vozarrón, corrobora: "Buñuel tiene razón. Es una mierda"». La memoria de Buñuel es tan deficiente que no podemos saber si transcurrió realmente así el episodio narrado. De todas maneras, el comentario siguiente es revelador: «Tengo que confesar aquí que la admiración que me merece el teatro de Lorca es más bien escasa. Su vida y su personalidad superaban con mucho a su obra, que me parece a menudo retórica y amanerada». Así que la vida y la personalidad de Lorca eran superiores a su obra: la aseveración, esbozada unos cincuenta años después de la muerte del poeta, es digna del Buñuel más inconsecuente, y aún más, si cabe, en vista de su a todas luces escaso conocimiento de la obra del granadino.[90]

Entrevistado un poco más tarde por Max Aub, Buñuel añadió un post scríptum divertido y picante al relato de la malhadada lectura de *Don Perlimplín*. Después de la reacción adversa de sus dos amigos, Lorca se habría ido bruscamente:

Nosotros le seguimos, hablando en voz alta, para que se diera cuenta. Así llegó hasta una iglesia que había a la entrada de la Gran Vía. Entró y se hincó de rodillas con los brazos abiertos. El muy indio sabía muy bien que nosotros le estábamos viendo. Dalí y yo nos fuimos por ahí y seguimos bebiendo. Y, a la mañana siguiente, le pregunté a Salvador, que compartía la habitación con Federico: «¿Qué tal?» «Ya está todo arreglado. Intentó hacerme el amor, pero no pudo.»[91]

A Buñuel le gustaba insistir en que Lorca era un impotente, infravalorando y a veces hasta negando —por lo menos públicamente— la homosexualidad del granadino. En la misma entrevista evoca a un Lorca incapaz de afirmarse eróticamente: «No podía. Afeminamientos, cobardías, pequeñas ñoñeces, toqueteos...». Se aprecia en Buñuel una resistencia tan fuerte a hablar claramente de la sexualidad del poeta que es difícil no llegar a la conclusión que el cineasta tenía poca confianza en la suya propia.[92]

Coincidiendo con el reencuentro de los tres amigos, la *Oda a Salvador Dalí* se publica en la *Revista de Occidente* y se discute ampliamente en Madrid, reconociéndose enseguida su extraordinaria calidad. No cuesta trabajo imaginar la satisfacción tanto de Lorca como de Dalí durante estos días (de la reacción de Buñuel no hay constancia). En la ausencia de la inmensa mayoría de las cartas de Lorca a Dalí, la oda es el mejor testimonio que tenemos acerca de los sentimientos que el pintor y su obra inspiraban en el poeta en estos momentos. Y, como veremos más adelante, calaría hondamente en la sensibilidad del catalán, en su manera de verse a sí mismo:

ODA
A SALVADOR DALÍ

Una rosa en el alto jardín que tú deseas.
Una rueda en la pura sintaxis del acero.
Desnuda la montaña de niebla impresionista.
Los grises oteando sus balaustradas últimas.

Los pintores modernos en sus blancos estudios
cortan la flor aséptica de la raíz cuadrada.
En las aguas del Sena un ice-berg de mármol
enfría las ventanas y disipa las yedras.

El hombre pisa fuerte las calles enlosadas.
Los cristales esquivan la magia del reflejo.

El Gobierno ha cerrado las tiendas de perfume.
La máquina eterniza sus compases binarios.

Una ausencia de bosques, biombos y entrecejos
yerra por los tejados de las casas antiguas.
El aire pulimenta su prisma sobre el mar
y el horizonte sube como un gran acueducto.

Marineros que ignoran el vino y la penumbra,
decapitan sirenas en los mares de plomo.
La Noche, negra estatua de la prudencia, tiene
el espejo redondo de la luna en su mano.

Un deseo de formas y límites nos gana.
Viene el hombre que mira con el metro amarillo.
Venus es una blanca naturaleza muerta
y los coleccionistas de mariposas huyen.

*   *   *

Cadaqués, en el fiel del agua y la colina,
eleva escalinatas y oculta caracolas.
Las flautas de madera pacifican el aire.
Un viejo dios silvestre da frutos a los niños.

Sus pescadores duermen, sin ensueño, en la arena.
En alta mar les sirve de brújula una rosa.
El horizonte virgen de pañuelos heridos,
junta los grandes vidrios del pez y de la luna.

Una dura corona de blancos bergantines
ciñe frentes amargas y cabellos de arena.
Las sirenas convencen, pero no sugestionan,
y salen si mostramos un vaso de agua dulce.

*   *   *

¡Oh Salvador Dalí, de voz aceitunada!
No elogio tu imperfecto pincel adolescente
ni tu color que ronda la color de tu tiempo,
pero alabo tus ansias de eterno limitado.

Alma higiénica, vives sobre mármoles nuevos.
Huyes la oscura selva de formas increíbles.
Tu fantasía llega donde llegan tus manos,
y gozas el soneto del mar en tu ventana.

El mundo tiene sordas penumbras y desorden,
en los primeros términos que el humano frecuenta.
Pero ya las estrellas ocultando paisajes
señalan el esquema perfecto de sus órbitas.

La corriente del tiempo se remansa y ordena
en las formas numéricas de un siglo y otro siglo.
Y la Muerte vencida se refugia temblando
en el círculo estrecho del minuto presente.

Al coger tu paleta, con un tiro en un ala,
pides la luz que anima la copa del olivo.
Ancha luz de Minerva, constructora de andamios,
donde no cabe el sueño ni su flora inexacta.

Pides la luz antigua que se queda en la frente,
sin bajar a la boca ni al corazón del hombre.
Luz que temen las vides entrañables de Baco
y la fuerza sin orden que lleva el agua curva.

Haces bien en poner banderines de aviso,
en el límite oscuro que relumbra de noche.
Como pintor no quieres que te ablande la forma
el algodón cambiante de una nube imprevista.

El pez en la pecera y el pájaro en la jaula.
No quieres inventarlos en el mar o en el viento.
Estilizas o copias después de haber mirado
con honestas pupilas sus cuerpecillos ágiles.

Amas una materia definida y exacta
donde el hongo no pueda poner su campamento.
Amas la arquitectura que construye en lo ausente
y admites la bandera como una simple broma.

Dice el compás de acero su corto verso elástico.
Desconocidas islas desmiente ya la esfera.
Dice la línea recta su vertical esfuerzo
y los sabios cristales cantan sus geometrías.

* * *

Pero también la rosa del jardín donde vives.
¡Siempre la rosa, siempre, norte y sur de nosotros!
Tranquila y concentrada como una estatua ciega,
ignorante de esfuerzos soterrados que causa.

Rosa pura que limpia de artificios y croquis
y nos abre las alas tenues de la sonrisa.
(Mariposa clavada que medita su vuelo.)
Rosa del equilibrio sin dolores buscados.
¡Siempre la rosa!

* * *

¡Oh Salvador Dalí de voz aceitunada!
Digo lo que me dicen tu persona y tus cuadros.
No alabo tu imperfecto pincel adolescente,
pero canto la firme dirección de tus flechas.

Canto tu bello esfuerzo de luces catalanas,
tu amor a lo que tiene explicación posible.
Canto tu corazón astronómico y tierno,
de baraja francesa y sin ninguna herida.

Canto el ansia de estatua que persigues sin tregua,
el miedo a la emoción que te espera en la calle.
Canto la sirenita de la mar que te canta
montada en bicicleta de corales y conchas.

Pero ante todo canto un común pensamiento
que nos une en las horas oscuras y doradas.
No es el Arte la luz que nos ciega los ojos.
Es primero el amor, la amistad o la esgrima.

Es primero que el cuadro que paciente dibujas
el seno* de Teresa, la de cutis insomne,
el apretado bucle de Matilde la ingrata,
nuestra amistad pintada como un juego de oca.**

Huellas dactilográficas de sangre sobre el oro,
rayen el corazón de Cataluña eterna.
Estrellas como puños sin halcón te relumbren,
mientras que tu pintura y tu vida florecen.

Ni mires la clepsidra con alas membranosas,
ni la dura guadaña de las alegorías.
Viste y desnuda siempre tu pincel en el aire
frente a la mar poblada con barcos y marinos.[93]

La *Oda a Salvador Dalí* no es sólo una ferviente afirmación de la amistad que une a Lorca y Dalí, amistad no
exenta de rivalidad («esgrima»), ni un panegírico a la sinceridad con la que el pintor se empeña en crear una obra
en la cual priman la simetría, la objetividad y la ausencia
de sentimentalismo, simbolizadas por la clásica serenidad
y armonía de Cadaqués (y de la rosa, «tranquila y concentrada como una estatua antigua»). Es también, aunque
sotto voce, la constancia de que entre ambos hay una radical diferencia. Pues, por mucho que Lorca admire la
estética de la «Santa Objetividad», y hasta cierto punto
comparta sus consecuencias formales, su personalidad
—dionisíaca y apasionada donde la de Dalí tiende a lo
apolíneo—, él no es de los que rehúyen las emociones que
esperan en la calle. Es como si, entre líneas, el poeta estuviera sugiriendo al Dalí de «alma higiénica» que no
tema tanto perder el control, que se atreva a aventurar-
se por territorios tal vez peligrosos pero creativos (campa-
mentos de hongos, selvas oscuras de increíbles formas). O

---

*   El manuscrito de la oda conservado en FFGL, fechado 1926, revela que el poeta escribió primero «culo de Teresa». Ya se había percatado
de que, por lo que tocaba al cuerpo femenino, las preferencias de Dalí se
inclinaban más por los glúteos que por los pechos.
**   Lorca escribió primero «Nuestra amistad radiante de corazón y
risas».

sea, que esté más abierto a la experiencia, incluida la del arrebato amoroso. En este sentido el poema puede quizá leerse como una ligera reprimenda amistosa, expresada, desde luego, con la debida ironía.

El poema no sólo llamó la atención de los críticos españoles sino la del conocido hispanista francés Jean Cassou, que la alabó el 1 de julio de 1926 en el *Mercure de France,* considerándola «la manifestación más deslumbrante de un estado de ánimo completamente nuevo en España». Cassou se atrevió a esbozar una predicción: «Este gusto de la construcción y de la nitidez que, además, se aprecia en varios jóvenes escritores de la *Revista de Occidente* se va a extender a la poesía, y podemos considerar como un manifiesto, al mismo tiempo que como una demostración y como un ejemplo, el bellísimo y muy importante poema de García Lorca». A continuación, y después de citar una estrofa del mismo, Cassou observa que las imágenes de la oda, «sencillas y claras, bien dibujadas», están sostenidas «por el fervor que inspira el descubrimiento de un mundo puro y nuevo». Considera que, alguna revista francesa debería publicar una traducción completa de la composición.[94]

A Lorca, naturalmente, le complació extraordinariamente el comentario de Cassou y se apresuró a preguntarle a Jorge Guillén si lo había visto.[95]

Parece ser que en mayo de 1926 hubo por parte de un Lorca desesperado un intento de poseer físicamente a Dalí, tal vez un poco más complaciente ahora que «su» oda había visto por fin la luz, y por más señas en una revista de tanto renombre. En 1955 Dalí le contó a Alain Bosquet que el poeta había tratado en dos ocasiones de sodomizarle, pero que no había ocurrido nada porque él, Dalí, no era «pederasta» y, encima, le «dolía»:

> Pero yo me sentí muy halagado desde el punto de vista del prestigio. En el fondo yo me decía que era un maravilloso poeta y que le debía un poco del ojo del c... del Divino Dalí. Al final tuvo que echar mano de una muchacha, y fue ella la que me reemplazó en el sacrificio. No habien-

do conseguido que yo pusiera el ojo de mi c... a su disposición, me juró que el sacrificio de la muchacha estaba com-
pensado por el suyo propio: era la primera vez que hacía el
amor con una mujer.[96]

En una entrevista concedida en 1986 a quien esto escribe, declaró —con su amigo Antoni Pitxot como testigo— que
la muchacha en cuestión era alumna de San Fernando y se
llamaba Margarita Manso. Era sexualmente muy liberada,
explicó, muy delgada y con un cuerpo casi de chico («no
tenía pechos»). Según Dalí, Margarita estaba fascinada
tanto con él como con Lorca, quería estar siempre con ellos
y aceptó sumisa que el poeta le traspasara, allí mismo delante de Salvador, su frustrada «pasión». Consumado el
acto, Federico, en vez de tratar a la muchacha con desprecio —reacción que esperaba Dalí— se había comportado
según éste con exquisito tacto, meciendo a Margarita en sus
brazos y susurrándole al oído los versos de su romance
«Thamar y Amnón» en que éste, a punto de violar a su hermana, exclama:

> *Thamar, en tus pechos altos*
> *hay dos peces que me llaman,*
> *y en la yema de tus dedos*
> *rumor de rosa encerrada.*[97]

El atractivo y la despreocupación sexual de Margarita
Manso cautivaron a otros jóvenes, entre ellos al pintor y
escenógrafo Santiago Ontañón, que recordaba en 1987:
«Era muy bonita y muy moderna, y en aquellos tiempos eso
la hacía doblemente interesante».[98] En 1992 la evocó de forma más llamativa el escritor José María Alfaro: «Era encan-
tadora, era adorable, era, mira, la veías y daba a uno unas
ganas de violarla, cuando éramos jóvenes [...] tenía una
boca grande, muy espectacular, y con esa cosa del artista,
que sabía vestirse de manera más original y descarada.
Todos nosotros teníamos nuestros sueños eróticos con
ella».[99]

El expediente de Margarita Manso en la Academia de
San Fernando consigna que nació en Valladolid el 24 de no-

viembre de 1908 y que vivía ahora con sus padres en Madrid, donde su madre trabajaba como modista. Ingresó en San Fernando en el otoño de 1925, justo antes de cumplir los diecisiete años, y permaneció allí hasta finales del curso siguiente, aprobando todas sus asignaturas sin ninguna mención especial. Luego abandonó la Escuela.[100]

Margarita había conocido a Lorca al poco tiempo de entrar en San Fernando, quizá por intermedio de un exótico amigo del poeta, el escultor Emilio Aladrén, también alumno de la Escuela Especial. Con Lorca y Maruja Mallo, otra estudiante de San Fernando y luego pintora muy conocida, Manso participó en el lanzamiento de una nueva moda que muy pronto arraigó en Madrid, el «sinsombrerismo», que consistía, simplemente, en no llevar sombrero (en una época en que todo el mundo lo hacía, escrupulosamente). «La gente pensaba que éramos totalmente inmorales, como si no lleváramos ropa, y poco faltó para que nos atacaran en la calle», recordaba Maruja Mallo en 1979, añadiendo que ella, Lorca y Margarita iban siempre juntos aquellos días.[101]

Cuando Dalí regresó a Madrid en la primavera de 1926 se sumó sin perder un segundo al grupo sinsombrerista. Un día decidieron visitar el monasterio benedictino de Santo Domingo de Silos, evocado ocho años atrás por Lorca en *Impresiones y paisajes*. Cuando las muchachas intentaron entrar en la iglesia, los monjes se opusieron rotundamente. Maruja Mallo y Margarita Manso solucionaron el problema convirtiendo las chaquetas de Lorca y Dalí en improvisados pantalones (es difícil imaginar la hazaña) y ocultando su pelo debajo de gorras. Así ataviadas se las arreglaron para entrar a hurtadillas en el sagrado recinto. «Debió ser la primera vez que unos travestidos al revés entraron en Santo Domingo de Silos», recordaría Maruja Mallo años después.[102]

La escena ocurrida entre él, Lorca y Margarita marcó profundamente a Dalí, que al parecer meditaba sobre ella cuando, en una carta al poeta del verano de 1926, escribió: «Tampoco he comprendido nada nada nada a Margarita. ¿Era tonta? ¿Loca?»[103] El comentario parece indicar que en su última carta Lorca le había manifestado su propio desconcierto al respecto.

En mayo de 1927, escribiendo al poeta, Dalí volvería a aludir a Margarita Manso: «Recuerdos a la Margarita, debe ser casi una chica grande y todo».[104] Y un año más tarde, al editar Lorca el *Romancero gitano*, Dalí le diría que, en su opinión, el poema «Thamar y Amnón», con sus «pedazos de incesto» y el verso «rumor de rosa encerrada», era uno de los mejores del libro.[105] Dalí debió de tomar nota, además, de que el romance «Muerto de amor» estaba dedicado a Margarita.

Margarita Manso se casó con el pintor Alfonso Ponce de León, compañero suyo de San Fernando y luego uno de los escenógrafos de La Barraca, el teatro universitario dirigido por Lorca durante los años de la República. Se afilió a Falange Española y fue asesinado en Madrid al principio de la guerra.

En junio de 1926 Dalí empezó sus exámenes de fin de curso en San Fernando. Su hoja de estudios consigna que fue suspendido en colorido y composición, dibujo del natural en movimiento y grabado calcográfico (que figura sin explicación como asignatura repetida), y que no se presentó a teoría de las bellas artes, estudio de las formas arquitectónicas o dibujo científico.[106] ¿Dalí suspendido en tales tres asignaturas? Parece imposible. Pero detrás de los resultados estampados fríamente en el expediente había un acontecimiento que el pintor se encargaría luego de ir convirtiendo en mítico.

Dalí había sido convocado ante el tribunal examinador el 11 de junio a fin de demostrar sus conocimientos en teoría de las bellas artes. Según las autoridades de San Fernando, no se presentó, pidiendo por teléfono permiso para ser examinado en una segunda sesión. Aceptada la solicitud, la nueva prueba se había fijado para la mañana del 14 de junio.[107] (Salvador Dalí Cusí no aceptaría esta versión oficial de los hechos, llegando a la conclusión de que su hijo se había presentado debidamente el 11 de junio, pero no así el tribunal.)[108]

San Fernando tenía un sistema de exámenes orales que se celebraban a puertas abiertas. El alumno sacaba de un pequeño bombo una o más bolas numeradas, cada una de las cuales designaba un tema relacionado con las asignaturas cursadas durante el año. Dalí se negó a hacerlo. Según consta en el acta, levantada inmediatamente después de la sesión, dijo: «No. Puesto que todos los profesores de San Fernando son incompetentes para juzgarme, me retiro». Los miembros del tribunal, como es comprensible, encontraron intolerable la ofensa.[109]

El gesto de Dalí parece haber sido totalmente premeditado, pese a lo que más tarde querría hacer creer en *La vida secreta* y otros escritos.[110] Su amigo Josep Rigol recordaba que para llevar a cabo dignamente el desafío, Dalí se puso una chaqueta chillona con una gardenia en el ojal, y que antes de entrar en la sala se tragó una copa de ajenjo. Para inspirarse, dijo, aunque es más probable que la necesitara para darse los necesarios ánimos.[111]

El 23 de junio se celebró una reunión extraordinaria de los profesores de San Fernando, con el objetivo de pronunciarse sobre el comportamiento de Dalí. Miguel Blay, el director, pasó revista a su expediente desde que ingresara en la Escuela, recordando su expulsión en 1923 y aludiendo a algunos rumores que supuestamente había hecho correr Dalí en Barcelona, y según los cuales le había estado hostigando uno de sus profesores, Rafael Domènech. Muy poco tiempo tardó el cuerpo docente de San Fernando en decidir, por unanimidad, echar definitivamente al molesto catalán. Éste o, en su defecto, su padre, debían ser informados de ello inmediatamente, exhibiéndose la orden de expulsión en un lugar destacado del tablón de anuncios de la Escuela.[112]

En una carta a casa escrita poco después de haber insultado a sus examinadores, pero por lo visto no enviada (se encuentra en el archivo de Lorca, con lo cual es de suponer que se la regalaría), declaró que fue su rabia por haber sido suspendido en otras dos asignaturas lo que le llevó a comportarse como lo hizo: «Fue la única manera de reaccionar con dignidad ante ese trato, cualquier otra cosa hubiera significado aceptar una injusticia, y es absolutamente injusto que personas totalmente ignorantes se atrevan a examinarme». Según Dalí, el pintor canario Néstor Fernández de la Torre, amigo suyo y de Federico, que acababa de topar casualmente en el tranvía con el Rafael Domènech de marras, le había preguntado por la razón de la suspensión de Dalí. *«No sabía nada absolutamente*, tengo recibidos, tanto del hijo como del padre, un sin fin *de groserías i faltas de educación* tales que he jurado no intervenir nunca mas en nada referente a ese pintorzuelo»*, sería la contestación.

A la tarde del día siguiente, seguía Dalí, viajaría a Barcelona. Para suavizar el panorama, añadía una buena noticia: el conde Edgar Neville le había encargado un retrato de la Virgen, y le había dicho que él mismo fijara el precio. «Asi que soy rico! —terminaba Salvador—. En cuanto llegue a Cadaqués comenzaré a pintar!».[113]

Durante el verano Salvador logra convencer a su padre de que, una vez más, las autoridades de San Fernando han cometido con él una magna injusticia. Y el 12 de noviembre de 1926, cuando la expulsión se confirma oficialmente en el *Boletín del Ministerio de Instrucción Pública y Bellas Artes*, el notario pega una copia del decreto en su álbum, explayándose en siete rabiosas páginas sobre «la detestable Escuela Especial de Pintura, Escultura y Grabado, de la que muy bien podría decirse que es una representante adecuada de nuestra desgraciada España». El desconocimiento de sus propias reglas; un alto índice de absentismo entre el profesorado; suspensos y aprobados arbitrarios; la historia del arte enseñada por ese Rafael Domènech, «uno de los pedagogos más ineptos de toda España...». En cuanto a grabado, era una suerte que su hijo lo hubiera estudiado con el excelente Juan Núñez, del Instituto de Figueres, pues si no... En suma, un desastre. No era de extrañar que Salvador hubiera tenido problemas en tan corrupta y nefanda institución.[114]

Dieciséis años después Dalí explicaría con más sinceridad su expulsión, al admitir tácitamente que había mentido a su padre en aras de poder proseguir sin más rémoras su carrera de pintor creativo:

> Cualquier tribunal de profesores, en cualquier país del mundo, habría hecho lo mismo al sentirse insultado. Los motivos de mi acción eran simples: quería terminar con la Escuela de Bellas Artes y la vida de juerga de Madrid de

una vez por todas; quería verme forzado a huir de todo eso
y regresar a Figueres a trabajar durante un año, después
de lo cual intentaría convencer a mi padre de que mis
estudios debían continuarse en París. ¡Una vez allí, con
la obra que llevaría conmigo, tomaría definitivamente el
poder![115]

Cabe preguntarse si, al escribir estas líneas, recordaba
lo que había apuntado en su diario íntimo en abril de 1920,
el día que su padre le anunciara que al terminar el bachillerato ingresaría en la Escuela de la Real Academia de
Madrid. Ilusionado entonces con tal perspectiva, había previsto que, tras trabajar «como un loco» durante tres años en
San Fernando, seguiría estudiando en Roma cuatro más,
para regresar a España convertido en genio.[116] Las cosas no
habían salido del todo según lo previsto, pero tampoco tan
mal. Con su reciente experiencia en París actuando como
un poderoso acicate con San Fernando ya relegado para
siempre al pasado y con unas excelentes exposiciones en su
haber, se puso ahora a trabajar en las obras que creía le
permitirían hacer su escapada definitiva a la capital francesa. Tenía la visión, el talento y la energía para ello. Pero
iba a necesitar tres años de duros esfuerzos para convertir
en realidad aquel sueño.

En cuanto a Madrid, diría décadas después que era la
ciudad de Europa que más significaba para él: «Los lugares
que pintó Velázquez y los recuerdos más importantes de mi
vida... tres años con Lorca, Buñuel, los ultraístas. Para mí
eso es Madrid»

Se trataba, quizá, de una de las declaraciones más sinceras de su vida.[117]

5. EL AMOR QUE NO PUEDE SER
(1926-1927)

Unas semanas después de su expulsión definitiva de la Real Academia de San Fernando, Dalí recibe en Cadaqués la visita del crítico teatral Melchor Fernández Almagro, el gran amigo de Lorca. A Fernández Almagro le cautiva el hermoso pueblo, cuyo aislamiento e impresionantes alrededores le sorprenden. Muerto Ramón Pichot, Dalí es ahora el pintor «oficial» de la localidad, y Melchor toma nota de que la modelo de *Muchacha en la ventana,* tela admirada por el público madrileño unos meses antes, es la hermana del pintor, «bellísima en su morenez de incipiente Venus ampurdanesa».[1]

Lo que Fernández Almagro no puede saber es que Anna Maria, de quien Dalí ha pintado por lo menos doce retratos desde 1923, está siendo suplantada en estos momentos, en su obra, por la obsesiva presencia del granadino. Se trata del inicio de la que Rafael Santos Torroella ha llamado, con acierto, «época lorquiana» de Dalí.[2]

Durante la visita de Lorca a Cadaqués en la primavera de 1925, Salvador había hecho unos dibujos para un retrato del poeta en el acto de representar su propia muerte, entierro y putrefacción, macabra ceremonia que solía desarrollar en su dormitorio de la Residencia de Estudiantes. Ahora acaba el cuadro, que se titula *Naturaleza muerta (Invitación al sueño).* En este lienzo de vivos colores (lámina 8) son inconfundibles la testa del poeta, retratada en forma de cabeza heroica procedente del Picasso, y la mesa redonda de la terraza de Es Llané. Junto al granadino Dalí ha colocado uno de los aparatos triangulares que no tardarán en proliferar en su obra. Con su orificio central y sus largas y zanquivanas piernas, que dan la impresión de poderse tambalear en cualquier momento, quizá simbolizan la sexualidad femenina tan temida por ambos amigos. Al fondo, detrás de la cabeza de Lorca y entre dos verjas paralelas que acaban en una vista sobre el mar, hay un gracioso avión, alusión a la precisión y asepsia, y también al sentido lúdico, de la nueva era maquinística tan cara a Dalí.

En la nutrida serie de cuadros y dibujos de la «época lorquiana», la cabeza del pintor se acompaña habitualmente de la *sombra*, silueta o superposición de la del poeta, contrastando el rostro ovalado de Dalí, con sus orejas pequeñas pero prominentes, con el más macizo de Lorca, de mandíbula inconfundible.[3]

El cuadro más destacado de la serie es *Academia neocubista*, luego titulado *Composición con tres figuras (Academia neocubista)*, obra muy claramente en deuda con *Estudio con cabeza de yeso*, de Picasso, que Dalí había visto en el estudio del maestro unos meses antes (ilustración 18). Santos Torroella ha demostrado que la figura central de la composición (lámina 10), vista desde una ventana de la casa de los Dalí en Es Llané, es una versión en clave marinera de san Sebastián, patrón de Cadaqués. De ello da fe la rama que descansa sobre el mar al lado del costado izquierdo del santo, símbolo del árbol al que, en algunas imágenes, los verdugos le amarraron; el hecho de que el brazo derecho del santo está por lo visto atado detrás de la espalda; y la vena abierta en la muñeca izquierda del mismo, que se repite en varios dibujos de Sebastián realizados por Dalí en esta época.[4]

Lorca y Dalí habían empezado meses atrás a compartir una fascinación por el santo. Durante este verano de 1926, mientras Salvador lucha a brazo partido con *Academia neocubista*, el poeta trabaja en una serie de tres conferencias sobre el mártir, y reúne reproducciones de cuadros y esculturas del mismo.[5] No cabe duda de que están al tanto de la larga tradición artística que, desde el Renacimiento hasta nuestros días, ha elevado a san Sebastián a la categoría de protector oficioso de homosexuales (y de sadomasoquistas).[6] ¿Por qué tal tradición? De acuerdo con Alberto Savinio, hermano de Giorgio de Chirico y ensayista admirado por Dalí, existe para los homosexuales, además de la juventud del santo y su «cuerpo de efebo», un atractivo adicional. «La razón por la cual los invertidos sienten tal atracción por san Sebastián —escribe— puede hallarse en la analogía entre ciertos detalles sexuales y las flechas que laceran el cuerpo desnudo del joven pariente de Diocleciano.» Las flechas, es decir, son símbolos fálicos.[7]

Dalí habría estado de acuerdo, y también, como probablemente sabía, su admirado Freud.[8] En una de sus cartas de esta época, el pintor le recuerda a Lorca que Sebastián es el patrón de Cadaqués, le dice que la Lídia le ha contado una historia del santo «que prueva lo atado que esta a la columna i la seguridad de lo intacto de su espalda» y le pregunta: «No habias pensado en lo *sin herir* del culo de San Sebastian?». Alusión guasona, cabe pensarlo, a los frustrados intentos del poeta, al todavía «sin herir» del culo del pintor. Una carta dirigida a Buñuel por las mismas fechas insiste en términos parecidos sobre el detalle fisiológico: «San Sebastian tiene las piernas de gimnasta y el culo intacto».[9]

Otra misiva a Lorca de estos meses demuestra que Dalí ahora ve a san Sebastián sobre todo como encarnación de la objetividad a la que, según él, debe aspirar el arte contemporáneo. La impasividad, la serenidad y la indiferencia del santo, cuando le penetran las flechas, son las cualidades que el pintor se desvive por expresar en su vida y en su obra:

> Otra vez te hablare de Santa Objetividad, que ahora se llama con el nombre de San Sebastian.
>
> Cadaques es un «hecho suficiente», superacion es ya un exceso, un pecado benial; tambien la profundidad excesiva podria ser peor, podria ser extasis — A mi no me gusta que nada me guste extraordinariamente, huyo de las cosas que me podrian extasiar, como de los autos, el extasis es un peligro para la inteligencia.
>
> A las siete cuando termino de pintar es cuando el cielo hace sus cosas extraordinarias y peligrosas, es cuando en vez de contemplar el espectaculo casi siempre insoportable de la naturaleza tengo mi leccion de «charleston», en casa Salisachs,* esa danza es convenientisima, ya que empobrece perfectamente el espiritu.
>
> Que bien me siento, estoy en plena pascua de resurreccion! Eso de no sentir la angustia de querer entregarse a todo, esa pesadilla de estar sumergido en la *naturaleza* o sea en el misterio en lo confuso en lo inaprensible, estar sentado por fin, limitado a unas pocas verdades, preferen-

---

* La casa de los Salisachs estaba a dos pasos de la de los Dalí, en el extremo opuesto de la playa de Es Llané.

cias, claras, ordenadas — suficientes para mi sensualidad
espiritual.

El señor catedratico me dice: pero la naturaleza tiene
tambien su orden sus leyes sus medidas *superiores*.

«*Superiores*», peligrosa palabra, quiere decir, superior
a nosotros, orden incomprensivo para nosotros, leyes y medidas misteriosas, y ya estamos en la religion y entramos en
los principios de la fe y el ocultismo y Papini ayunando y
queriendo escribir una enciclopedia.*

Pero gracias a dios esta oy claro donde empiezan el arte
y donde el naturismo.

Gethe [por Goethe] que pensava tan bien ya decia que
naturaleza i arte son 2 cosas distintas. El Corbussier sabe
de eso y tambien del amor.[10]

Lorca no necesitaba que nadie le recordara el terror que
el pintor sentía ante la perspectiva de perder el control: lo
conocía sobradamente, como ya había demostrado en su
Oda a Salvador Dalí.

Volviendo a la *Composición con tres figuras (Academia
neocubista),* y a la influencia sobre la misma de *Estudio con
cabeza de yeso* de Picasso, constatamos que la rama coloca-
da al lado del muslo izquierdo del santo es casi idéntica a
la del pintor malagueño; que Dalí toma prestada la cabeza
de yeso (la sombra que proyecta es tan parecida a la de Picasso que casi podría sustituirse por ésta); que el marco de
la ventana recuerda claramente el del maestro; que en ambas obras hay nubes alargadas y un libro abierto; y que el
objeto que la mano del brazo cercenado sujeta con fuerza en
el cuadro de Picasso reaparece en la mano izquierda del san
Sebastián de Dalí.

Pero ¿qué es el tal objeto? Para Santos Torroella se trata de «un fragmento de lanza [...] a la manera del *Dorífo-
ro* de Policleto»,[11] pero ello no explica el agujero elíptico del
mismo (ausente en el cuadro de Picasso), que nos recuerda
enseguida los de la rústica flauta de *Pierrot tocando la
guitarra,* ejecutado por Dalí el año antes y que el mismo

---

* Suponemos que Dalí se refiere aquí al prolífico escritor italiano
Giovanni Papini (1881-1956), notable por sus rápidos cambios de posición
ideológica.

crítico, como vimos, interpreta como retrato de Lorca. ¿Acaso sea, pues, una flauta —emblema de la música— lo que blande ahora san Sebastián en su mano libre? Apoya esta posibilidad el hecho de que a la derecha de la cabeza del santo (mirando el cuadro de frente), Dalí ha introducido la clavija de una guitarra. Puede tratarse de otra alusión a Lorca, que en *Pierrot tocando la guitarra* está manejado un instrumento con dos clavijas casi idénticas (lámina 4).

San Sebastián, visto así, parece ser, en parte al menos, una encarnación del poeta, hipótesis reforzada por la presencia de la vena abierta en la muñeca izquierda del personaje, motivo recurrente en las representaciones dalinianas del santo y repetido en dos dibujos de Lorca hechos en estas fechas y situándole en parecido marco de playa ampurdanesa (véanse pp. 168 y 169).

La presencia de Lorca en el cuadro se hace explícita, además, en la cabeza de yeso apropiada de Picasso, que Santos Torroella ha demostrado ser otra representación de la cara del poeta fundida con la de Salvador.[12]

No se conoce ningún análisis hecho por Dalí de sus intenciones al pintar este magno cuadro. Lo único que sabemos es que estaba eufórico con lo conseguido, enviando a Lorca una fotografía del cuadro con el comentario: «Academia neo-cubista (¡si la vieras!: mide dos metros por dos)».[13]

Por estos días Lorca le cuenta a Dalí que está teniendo otra vez problemas con su padre. Salvador se indigna al enterarse de que ha decidido ser profesor de literatura para complacer a su familia. Federico, ¿profesor de literatura? ¡Ni hablar!:

Voy a contestarte tu carta de situaciones, como *viejos!* amigos que somos.

Tu no haras oposiciones a *nada*, convence a tu padre que te deje vivir tranquilamente sin esas *preocupaciones de aseguramientos de porvenir, travajo, esfuerzo personal* y demas cosas... publica tus libros, eso te puede *dar fama...* America ect con un *nombre real* y no *legendario como ahora* todo Dios *te estrenara* lo que hagas ect ect.

Lorca ha vuelto a insistir en que Dalí le visite. Pero una
vez más la negativa es rotunda:

> Venir a Granada? No te quiero engañar, no puedo, por
> Navidad pienso hacer mi exposicion en Barcelona que sera
> algo gordo hijo, tengo que trabajar esos meses como ahora,
> todo el santo dia sin pensar en Nada Mas — Tu no puedes
> darte cuenta de como me he entregado a mis cuadros, con
> que cariño pinto mis ventanas abiertas al mar con rocas,
> *mis cestas de pan, mis niñas cosiendo, mis peces, mis cielos
> como esculturas!*
> Adios te quiero mucho, algun dia volveremos a vernos,
> *que vien lo pasaremos!*
> Escrive
>   adios adios
>   Me voy a mis cuadros de mi corazon.[14]

No sabemos qué le contestó Lorca, pero la indignación
del pintor contribuyó, con toda seguridad, a confirmarle en
lo que ya reconocía en su fuero interno: que su vocación no
tenía nada que ver con ficheros y apuntes bibliográficos.

En octubre Dalí expuso dos cuadros en el Salón de Otoño
de Barcelona: *Noia cosint* («Muchacha cosiendo») y *Natura
morta* («Bodegón»). La reacción de los críticos fue, otra vez,
muy positiva y, en opinión de uno de ellos, Sebastià Gasch,
las obras del figuerense eran indudablemente las mejores
de la muestra.[15]

Natura morta, llamado más adelante *Peix i balcó* («Pez
y balcón») y, en español, *Naturaleza muerta al claro de luna,*
está íntimamente relacionado con *Naturaleza muerta (Invitación al sueño).* Las cabezas cortadas y fundidas de Salvador y Lorca descansan sobre una mesa de la sala de estar en
Cadaqués, iluminada por la luna (Dalí sabe, claro está, que
Lorca es poeta más lunar que solar). A su lado hay una
guitarra —otra alusión al estro musical del poeta—, unos
peces y una red (lámina 9).[16] Otro cuadro de este período,
Naturaleza muerta al claro de luna malva, repite los mismos motivos con mayor complejidad. No es probable que
Lorca se diera cuenta de hasta qué punto ocupaba ahora los

pensamientos de su amigo, o aparecía en su obra, pues en sus cartas Salvador raras veces se permitía expresar abiertamente la ternura que le inspiraba.[17]

El 17 de octubre Lorca pronuncia una conferencia sobre el poeta barroco granadino Pedro Soto de Rojas, autor de la larga obra alegórica *Paraíso cerrado para muchos, jardines abiertos para pocos*. Explica que la estética auténtica de la ciudad es el amor a lo pequeño, a lo delicado, a lo íntimo. La admiración que siente por Soto de Rojas en esta época es inseparable de su fervor por Góngora, maestro de éste. La sombra de Dalí planea sobre la conferencia aunque no menciona al pintor.[18]

Emilio Prados pasaba entonces unos días en Granada, siendo la razón principal de su visita conseguir que Lorca le dejara, para publicarlos en Málaga, los tres libros de los cuales venía hablando insistentemente desde principios de año: *Poema del cante jondo, Suites y Canciones*. Prados se salió con la suya y se fue no sólo con los manuscritos de las tres colecciones bajo el brazo sino con el del *Romancero gitano*. También le había autorizado Lorca para sacar una edición de lujo de la *Oda a Salvador Dalí* (proyecto que se quedó en agua de borrajas).[19]

Si, a finales de 1926, Lorca todavía no estaba absolutamente convencido de que llegaría pronto a levantarse el telón sobre *Mariana Pineda*, como le había prometido la actriz Margarita Xirgu, por lo menos tenía otros proyectos concretos en marcha. Además del compromiso adquirido por Prados de publicar *Poema del cante jondo, Suites y Canciones*, el *Romancero gitano* se encontraba prácticamente terminado y las carpetas del poeta contenían borradores de *La zapatera prodigiosa, Amor de don Perlimplín con Belisa en su jardín* y *Tragicomedia de don Cristóbal y la señá Rosita*. No había, pues, motivos de desaliento. Incluso es muy posible que, aquel diciembre, intuía que 1927 iba a ser el año de su salida a flote. En ello no se equivocaría.

Entre el 31 de diciembre de 1926 y el 14 de enero de 1927 Dalí celebra su segunda individual en las Galeries Dalmau de Barcelona. De los veintitrés cuadros expuestos, cuatro,

por lo menos, tratan el tema obsesivo del poeta: *Composi-*
ción con tres figures (Academia neocubista); *Naturaleza*
muerta (Invitación al sueño); *Mesa delante del mar* (llamado más tarde *Homenaje a Erik Satie*), donde la sombra azul
proyectada por la cabeza heroica representa sin duda alguna a Lorca;[20] y *Arlequín* (rebautizado más tarde *Cabeza*
amiba).[21] Es posible, además, que uno de los tres cuadros
expuestos con el título *Naturaleza muerta* fuera la obra del
mismo nombre que se acababa de colgar en el Salón de Otoño, y que más tarde se llamaría *Naturaleza muerta al claro*
de luna, en cuyo caso se trataba de una quinta obra de tema
lorquiano.[22] Los lienzos —y hay otros numerosos cuadros y
dibujos de parecido tema en esta época— demuestran que,
si el poeta estaba entonces obsesionado con Salvador, éste en
absoluto se sentía indiferente ante la presencia en su vida
del granadino.

Dalí estaba eufórico con el éxito de la muestra. «He
pasado casi un mes en Barcelona con motivo de mi exposicion —le escribe a Lorca—, ahora vuelvo a estar en Figueras maravillosamente con un nuevo stock de discos para el
fonógrafo e infinitas cosas antiguas y de hoy para leer. Y
con muchos cuadros en la *punta* de los *dedos*, no en la cabeza.» Desde hacía tiempo el pintor no tenía noticias de
Federico... pero acababa de ver un retrato suyo:

> Haber si se algo de ti, por que me escrives tan poco? La
> otra tarde en Hospitalet, Barradas me enseño un retrato
> «clownista» de ti y Maroto, pues casi me puse a llorar. Que
> japonesito chocolate Sutchar [*sic*] mas estupendo eres!

Nombrar a Gabriel García Maroto (editor, en 1921, del
Libro de poemas lorquiano) y a Barradas —autor del vestuario, seis años atrás, de *El maleficio de la mariposa*— es
evocar los felices tiempos de la Residencia antes de que el
pintor uruguayo y Dalí volviesen a Cataluña. La alusión debió provocar nostalgia en Federico.[23]

En uno de los recortes que Dalí le envía orgullosamente
se le describe como «una de las personalidades más formidables de la moderna pintura catalana». Ello no dejaría de
complacer al poeta.[24]

Lorca y su grupo de Granada se ocupan afanosamente en estos momentos con la preparación de una revista. Durante meses Federico ha estado acosando a sus amigos para que envíen colaboraciones. Ahora, por fin, sus esfuerzos parecen estar a punto de dar fruto. La revista va a ser suplemento literario del diario más progresista de la ciudad, *El Defensor de Granada*, y piensan llamarla *El gallo del Defensor*. El título no gusta a Dalí y, después de pasar por *Gallo Sultán*, se quedará, sencillamente, en *gallo* (sin mayúscula).[25]

En febrero Dalí proporciona un precioso gallo para la portada de la revista, informando a Lorca al mismo tiempo de que acaba de empezar por fin su postergado servicio militar (nunca hecho por el poeta, debido a lesiones reales o alegadas). ¡Dalí como soldado de cuota! «Nada de viajar por ahora! —exclama— pero ese verano 3 meses, tenemos que pasarlos juntos en Cadaques esto es fatal, no, fatal no, pero seguro.» Con su carta Dalí adjunta una extravagante tarjeta, comprada en alguna papelería de Figueres, en la que una sirena alada, con la parte superior del cuerpo discretamente cubierta, ofrece, con gesto amoroso, un gran cuenco de frutas. Debajo del dibujo hay unos ripios:

A mi Prenda Adorada

Si una muestra no te diera
de mi amor y simpatía,
en verdad amada mía
poco atento pareciera;
dígnate pues placentera
aceptar lo que te ofrezca,
alma, vida y corazón.
Con un cariño igual
un amor extenso y sin fin
y sólo me siento feliz
cuando a tu lado puedo estar.

Dalí ha modificado el sentido del verso «un amor extenso y sin fin», subrayando «extenso» y «sin» y añadiendo a la última preposición un asterisco que remite a una nota manuscrita que reza: «En vez de sin lease con, nota de San

Sebastian». ¿Qué significa el mensaje? ¿La repulsa por parte de Dalí del concepto romántico del amor más allá de la muerte mientras, por otro lado, afirma su cariño, aquí y ahora, por Lorca? ¿Insinuar de que, tarde o temprano —quizá temprano—, lo que hay entre ellos tendrá que acabar? Imposible saberlo a ciencia cierta.

La carta termina con una alusión al texto, inspirado por el tema de san Sebastián, en el que Dalí está ahora trabajando tenazmente. No falta un piropo guasón:

> Deseo, mon cher! una muy larga carta tuya... En mi San Sevastian te recuerdo mucho y a veces me parece que eres tu... A ver si resultara que San Sevastian eres tu!... pero por ahora dejame que use su nombre para firmar
> Un gran abrazo
> de
> tu San Sevastian[26]

Si Lorca había hecho sufrir al pintor al sólo mandarle «con cuentagotas» trozos de la *Oda a Salvador Dalí* mientras se elaboraba el poema, Salvador se iba a mostrar ahora igualmente reacio a que su amigo viera antes de tiempo su texto sobre el santo.

A finales de enero de 1927 Lorca está todavía sin las noticias de Margarita Xirgu que espera diariamente, y ya empieza a creer otra vez que la gran actriz no llegará nunca a estrenar *Mariana Pineda*.[27] Pero Melchor Fernández Almagro, a quien confía sus temores al respecto, no tarda en tranquilizarle. Es seguro que Margarita representará la obra, le comunica el 2 de febrero.[28] El 13 del mismo mes Cipriano Rivas Cherif confirma que la Xirgu se ha comprometido efectivamente a montar *Mariana Pineda* aquel verano en Barcelona, y que piensa inaugurar la siguiente temporada de invierno en Madrid con ella. La noticia no puede ser mejor.[29]

La familia Dalí, recordando las lecturas que en 1925 había dado el poeta de *Mariana Pineda* durante su estancia con ellos, se emociona al enterarse de que la obra se va a estrenar por fin. ¡Y en Barcelona! Salvador había dicho siempre que se encargaría de los decorados, y le envía ahora a Lorca unas «*Indicaciones generales para la realizacion plastica de Mariana Pineda*», manifestándole su esperanza de que el servicio militar le deje tiempo suficiente para diseñar unos decorados dignos. Parece seguro, además, que Margarita Xirgu ya ha aprobado la colaboración del pintor, que espera con impaciencia el regreso de Federico a Cataluña. En unas «indicaciones» posteriores acerca del «ritmo del II acto» de la obra, que ilustra un bonito dibujo, Dalí anuncia: «Estoy pintando el 1º telon que sera el mejor.» Está tomando el estreno de *Mariana Pineda* tan en serio como el propio poeta.[30]

El 12 de febrero, un día antes de recibir la animadora carta de Cipriano Rivas Cherif, Lorca había tenido otra agradable sorpresa: la llegada desde Málaga de la primera tanda de galeradas de su segundo libro de poemas, *Canciones*. Parecía que, por fin, el viento empezaba a soplar a su favor.[31]

En cuanto al *Romancero*, estaba ya molesto con el «mito de gitanería» que se iba formando en torno a su nombre, observando que había una creciente tendencia entre los no entendidos a atribuirle sangre caló. «Confunden mi vida y mi carácter —había escrito a Guillén a principios de enero—. No quiero de ninguna manera. Los gitanos son un tema. Y nada más. Yo podía ser lo mismo poeta de agujas de coser o de paisajes hidráulicos. Además el gitanismo me da un tono de incultura, de falta de educación y de poeta salvaje que tú sabes bien no soy.»[32] José Bergamín, que por lo visto alentaba la leyenda, recibe un rapapolvo por las mismas fechas: «A ver si este año nos reunimos y dejas de considerarme como un gitano, mito que no sabes lo mucho que me perjudica».[33]

La gracia de *Canciones* estriba precisamente, para Lorca, en que no es *gitano* o *gitanístico*.[34] De hecho nada más lejos del tono épico y fondo telúrico de los romances que el libro de inminente aparición, con su temple «sereno, agudo»,[35] su aire moderno y aparentemente infantil. A este respecto, en la carta a Guillén que acabamos de citar, Lorca alude entre líneas a Dalí: «He suprimido algunas canciones rítmicas a pesar de su éxito porque así lo quería la Claridad».[36] En estos momentos Dalí gusta de pregonar a cada oportunidad «la claridad», jalonando sus cartas a Lorca con la frase «Hay claridad» (o «No hay claridad»), procedente de la Lídia de Cadaqués.[37]

A finales de marzo de 1927 Lorca regresa a Madrid para leer *Mariana Pineda* a Margarita Xirgu y su compañía y finalizar algunos detalles del estreno en Barcelona.[38] Como siempre, seguir dependiendo económicamente de su padre le deprime. En una larga carta a casa, en la cual les pone al tanto de la marcha de sus asuntos, expresa una vez más su desaliento. No tiene un duro, ha utilizado en cosas absolutamente necesarias las quinientas pesetas que le han dado (pormenoriza los gastos)... y está que no puede más:

> Yo estoy entristecido *debiendo estar alegre* por esto. No quiero gastaros dinero y desde luego sabéis que no soy gastoso y jamás os di grandes sablazos. Ahora estoy en camino de ganarlo y no puedo *meterme en casa* por no gastar. Esto es imposible. Así es. Contestarme.
>
> ¿Queréis que marche la Semana Santa a Granada y luego me marche a Barcelona?
>
> ¿Queréis que de aquí me marche a Barcelona? Yo en Barcelona haré vida económica. Viviré en el hotel Meublé y comeré en restaurant. Además, pasaré doce días en la casa de Dalí de Figueras invitado y por tanto sin costarme un céntimo mientras éste hace las decoraciones.

Todos sus gastos han sido legítimos, cada céntimo. ¿Qué hacer, pues?

> Si no me giráis yo tendré que pedir prestado a cuenta de devolverlo cuando estrene, y es casi seguro que tendré para devolverlo y con mucho. Me cuesta trabajo deciros esto pero es necesario. No es *calaverada* sino *necesidad*. Así es que girarme si queréis al hotel Málaga y decirme si queréis que pase ahí la Semana Santa o me voy a Barcelona *que es menos gasto*. No tardéis. El dinero se va como agua. Yo no soy gastoso. Vosotros tenéis la palabra. Si me voy como si no me voy mandadme el dinero para pagar la cuenta y para el viaje. Es dinero que *os devolveré* cuando *cobre*.

En una comunicación reciente sus padres se han quejado de lo que les sigue costando. El poeta está mortificado:

Me duele mucho la carta que me habéis escrito diciendo que vosotros no tenéis capital para este desembolso cuando me he pasado en Granada diez meses con tres pesetas y media (valga la metáfora). Yo tengo que hacer ahora *por necesidad* estas cosas. Antes cuando estaba de estudiante en la Residencia no gastaba nada y os enterabais menos, pero la cuenta del hotel me ha cogido de sorpresa y he visto lo caro que es todo aunque sea modesto. Esto me da esperanza y ganas de ganar el dinero suficiente.

Si va a Barcelona hará falta llevar algo. Otra vez, pues, de rodillas:

Contestadme a vuelta de correo al hotel Málaga donde estoy y giradme el dinero cuya cantidad *no fijo* pues no sé lo que cuesta el viaje a Barcelona, y si voy allí tendré que llevar una pequeña cantidad de reserva. Si esto no os parece bien yo estoy dispuesto a marchar a Granada y dejar que la Xirgu haga la obra a su gusto como quiera ella y con las decoraciones y *manera de recitar* que se le antoje.

Todo antes que disgustaros. No creo que merezca la pena la vida con disgustos y vosotros no os merecéis por vuestra bondad y por el cariño tan grande que me tenéis más que mi obediencia absoluta y mi supeditación a vuestra voluntad como padres. Nunca hice locuras. Os he dicho el empleo de las quinientas pesetas tal y como realmente ha sucedido. Para un joven como yo debía haber habido algún margen de *juerga*, no os asustéis ¡*de juerga!* porque es lo *humano* a mi edad pero ya veis que sigo tan *bueno* como siempre.[39]

García Rodríguez, ante tales argumentos, cedió una vez más y el hijo díscolo pudo coger el tren de Barcelona, pero sólo a finales de abril o principios de mayo después de pasar la Semana Santa con la familia en Granada.[40] Poco antes de emprender el viaje escribe a Pepín Bello: «Empieza una nueva época para mí. Me despido de Segovia y Toledo. Así tiene que ser. Sueño en París y otra vida más divertida». Se comprende su euforia.[41]

Apenas llegado a Barcelona, Lorca sube a Figueres para pasar unos días con Dalí. Es la primera vez que se ven

desde la expulsión del pintor de San Fernando casi un año
antes, y podemos imaginar las explosivas energías libera-
das por el reencuentro. Obsesionado como está con la Nueva Objetividad, Salvador parece haberle herido un poco con
algunos comentarios acerca de *Canciones,* de tan reciente
publicación. Cuando Lorca regresa a Barcelona para ocu-
parse de la puesta en escena de *Mariana Pineda,* Dalí trata de explicarse en una carta:

> Querido Federico: Dentro unos 4 dias tendre permiso
> de 3 meses, por lo tanto pronto estaremos juntos y sin tasa
> de tiempo.
> *Tontisimo* hijito, por que tendria que ser yo tan estupi-
> do en engañarte respecto a mi *verdadero **entusiasmo*** por
> tus canciones deliciosas; lo que pasa es que se me ocurrie-
> ron una serie de cosas seguramente, como tu dices, inade-
> cuadas y vistas a traves de una exterior pero pura moder-
> nidad; (plastica nada mas).
> Una cancion tuya (todo eso es mera impresion mia) me
> gusta quiza *mas* que el verso mas puro de las *Mil y una
> noches* o de una cancion popular, pero me gusta de la mis-
> ma *classe* de manera.
> Yo pienso eso, ninguna epoca havia conocido la perfecion
> como la nuestra, hasta el invento de las Maquinas no havia
> habido cosas perfectas, y el hombre no havia visto nunca nada
> tan *vello* ni *poetico* como un motor *niquelado* — La Maquina
> ha canviado *todo*, la epoca actual respecto a las otras es **MAS**
> distinta que la grecia del Partenon lo gotico. No hay mas que
> pensar en los obgetos mal hechos y *feisimos* anteriores a la
> mecanica, estamos pues rodeados de una velleza perfecta
> inedita, motivadora de estados nuevos de poesia —
> Lehemos el Petrarca, y lo vemos consecuencia de su
> epoca, de mandolina arbol lleno de pajaros y cortina anti-
> gua. Se sirve de materiales de su epoca. Leo «naranja y li-
> mon»* i no adivino las bocas pintadas de las maniquis
> —Leo Petrarca y sí adivino los grandes senos florecidos de
> encaje —
> [Tachado: Leo los versos de las mil y una noches y sí
> veo los culos]
> Miro Fernan Leger, Picaso Miró ect. y se que existen
> maquinas y nuevos descubrimientos de Historia natural —

---

*   Se trata del poema [«Naranja y limón»], *OC,* I, p. 383.

Tus canciones son Granada sin tranvias sin habiones ahun, son una Granada antigua con elementos naturales, lejos de hoy, puramente populares y *constantes*, constantes, eso me diras, pero eso constante, eterno que decis vosotros toma cada epoca un sabor es el savor que preferimos los que vivimos en nuevas maneras de los mismos constantes— Todo eso es mi gusto (pero tu harras *lo que querras* eso ya lo sabemos), no lo perfecto probablemente, soy superficial y lo externo me encanta, por que lo externo al fin y al cabo es lo obgetivo oy lo obgetivo poeticamente es para mi lo que me gusta mas y solo en lo obgetivo veo el estremecimiento de lo Ethereo.

Para asegurarse de que Lorca capte bien lo que le quiere decir, Dalí añade un post scríptum ingenioso:

Otra aclaracion — La epoca de los trovadores, era la cancion para cantar con mandolina — Hoy tiene que ser la cancion para cantar con jazz y para ser ohida con el *mejor* de los instrumentos — «El Fonografo».

Existe una cancion de nuestro tiempo, esa es la unica posible en nuestro tiempo, se puede acer una cancion titulada «cancion popular» con toda la ironia que nos ha dado nuestra epoca, pero puramente como dato de suma comprension de lo popular-[42]

Desconocemos la reacción de Lorca ante tanta insistencia por parte de Dalí, pero sería difícil que no le impresionara la perspicacia del pintor. Además, si esto era la opinión de Dalí sobre *Canciones*, ¿cómo no iba a reaccionar ante la publicación del *Romancero gitano*? Tal vez Lorca estaba ya temblando. Por otro lado la carta viene a confirmar la gran importancia que tiene Salvador para el poeta en estos momentos, no sólo como persona amada sino como agudo teórico del arte y, por más señas, crítico literario.

Poco después, Dalí, que ya goza del anunciado permiso de tres meses, se junta con el poeta en Barcelona, donde Margarita Xirgu ultima los preparativos del estreno de *Mariana Pineda* en el teatro Goya. Cuando no se dedican a supervisar los decorados, o no asisten a los ensayos, frecuentan los animados cafés de la ciudad en compañía de otros jóvenes artistas y escritores.

Lorca estaba encantado con los diseños de Dalí para *Mariana Pineda* (ilustraciones 30 y 31) y admiraba, como le contó a Falla, la intuición con la cual lograba captar, a través de fotografías y de «horas y horas» de animada conversación, una Andalucía que no conocía, ajena a su experiencia personal.[43] El periodista Rafael Moragas asiste al ensayo general y, muy entusiasmado con los diseños de Dalí, augura que causarán sensación.[44] Sin embargo, la escenografía y los trajes provocan poco más que unas tibias muestras de admiración la noche del estreno (24 de junio), y la reflexión, por parte de al menos un crítico, de que su sobria modernidad desentona en cierto modo con el aura deliberadamente romántica de la pieza.[45]

La razonablemente buena acogida de *Mariana Pineda* bastó, de todas maneras, para dar un fuerte empujón a la carrera dramática de Lorca, comprometiéndose Margarita Xirgu a representar la obra en provincias durante su gira de verano antes de cumplir con su palabra y abrir con ella la temporada siguiente en Madrid. La euforia del poeta era comprensible, y también la de Dalí, que no cabía en sí de entusiasmo: *Mariana Pineda* significa para él, claro, buena publicidad.[46]

El júbilo de Lorca aumentó al darse cuenta de que el crítico Sebastià Gasch le tomaba en serio como dibujante. Como todos los que conocían por vez primera al granadino, Gasch se había quedado atónito ante sus múltiples dones. Poeta, dramaturgo, narrador, pianista, actor... parecía imposible. Pero cuando Lorca le puso delante una carpeta de sus dibujos, ya no podía dar crédito a sus ojos.[47] Descubrió luego que Federico tenía ganas de exponer una selección en Barcelona. Dada la amistad que tenían el crítico y Dalí con Josep Dalmau, Lorca les propuso que tanteasen el terreno en su nombre. Dalmau examinó el contenido de la carpeta y dio el visto bueno.

La exposición se componía de veinticuatro dibujos coloreados, los más recientes de los cuales evidenciaban la transición hacia una manera más geométrica, más escueta, menos figurativa. En ellos el poeta combina por vez primera los lápices de color con la plumilla a tinta china, destacándose la soltura con la cual maneja esta última técnica.

La muestra apenas dio que hablar en el mundillo artístico barcelonés, pero Lorca estaba satisfecho, entre otras razones porque sirvió como una demostración de su estrecha relación con Dalí. En uno de los dibujos expuestos, *El beso*, se superpone a un autorretrato burlesco el perfil de Salvador, juntándose los labios de ambos personajes en el ósculo del título. Detrás, la sombra de la cabeza de Lorca, en rojo, es una cita directa de dos cuadros de Dalí, *Naturaleza muerta al claro de luna* (1926-1927) (lámina 9) y *Maniquí barcelonesa* (1926-1927),[48] en ambos de los cuales se funden las cabezas de poeta y pintor. A Lorca le haría gracia, probablemente, que la significación del dibujo pasara forsozamente inadvertida para todos menos para él y Dalí (lámina 11).[49]

La exposición incluía también un retrato de Dalí ejecutado por el poeta casi seguramente este mismo verano (lámina 13). Enfundado en una bata blanca, y con un gorro blanco en forma de huevo sobre la cabeza, está sentado al pie de una alta torre bajo una luna menguante amarilla. Lleva su paleta en la mano derecha (con un descarado dedo fálico asomándose por el agujero de la misma). Se adhieren sendos pequeños peces rojos a la punta de cada dedo de la otra mano, y le ha colocado, en medio del pecho, un gran pez rojo en posición vertical. «Lorca me vio como la encarnación de la vida, tocado como uno de los dioscuros —dirá Dalí más tarde—. Cada dedo de mi mano derecha había sido convertido en un pez-cromosoma.» Parece evidente que se les había ocurrido que, como Cástor y Pólux, eran almas gemelas. Terminada la muestra, el poeta regaló el dibujo a Salvador.[50]

Entre abril y junio se publicaron dos dibujos de Dalí que aludían a su estrecha relación con Lorca. El primero, *La playa,* acompañó una selección de poemas del granadino dada a conocer en *Verso y Prosa,* la revista murciana dirigida por Juan Guerrero Ruiz.[51] Se trataba de una bella variación sobre el motivo de las cabezas fundidas de pintor y poeta.

El segundo dibujo, *El poeta en la platja d'Empúries*, se publicó en *L'amic de les arts*, de Sitges, al lado del romance «Reyerta de gitanos».

BOLETIN DE LA JOVEN LITERATURA

MURCIA - 1927 - ABRIL

SALVADOR DALÍ: La playa

Como se aprecia enseguida, los dibujos están temáticamente vinculados: en ambos aparecen cabezas cortadas, siendo inconfundibles, en *La playa,* la de Lorca, que proyecta la sombra de la de Dalí; el brazo amputado del segundo es idéntico a los que aparecen en el primero; en ambos encontramos los «aparatos» triangulares tan frecuentes en la obra de Dalí de esta época y que, como ya se ha sugerido, quizá aludan a la sexualidad femenina que tanto pavor inspiraba en los dos amigos. En el dorso de la mano derecha de Lorca, en el segundo dibujo, así como en el reverso de las muñecas de las manos cortadas que yacen sobre la playa en ambos, Dalí ha dibujado el motivo de la vena que se repite en otras obras de esta época.

**EL POETA EN LA PLATJA D'EMPÚRIES
VIST PER SALVADOR DALÍ**

Los dos dibujos, publicados ambos como complemento de poemas de Lorca (circunstancia que obedecía, presuntamente, a un acuerdo previo), encerraban alusiones personales cuyo pleno significado sólo era conocido de ellos. Lo confirma una fotografía que se hizo sacar el poeta en la plaza de Urquinaona, en Barcelona. En ella adopta la misma postura que tiene en el segundo de los dibujos dalinianos que acabamos de reproducir, dibujo que seguramente conocía antes de su publicación en *L'amic de les arts*. Lorca añadió a la fotografía, con tinta, varios detalles alusivos al mismo y al tema de san Sebastián, y luego se la mandó a Dalí a Fi-

gueres (ilustración 22). «¡Hola hijo! ¡Aquí estoy!», anuncia el
retratado, cuya cabeza está coronada por un halo parecido
al que rodea la de san Sebastián en un dibujo suyo del mártir (ilustración 23). En el dorso de su mano izquierda ha
imitado el motivo de la vena expuesta que aparece en ambos dibujos de Dalí. A la derecha de la fotografía, junto al
capitel, ha colocado una cabeza cortada, mientras, a la izquierda, encontramos un «aparato» inspirado por Dalí pero
muy de Federico. La vinculación de la fotografía retocada
con los dibujos dalinianos es evidente. Se trata de un mensaje cuyas connotaciones amorosas no podía desconocer el
pintor. De un código secreto indescifrable para los demás.

Salvador estaba orgulloso del impacto que la personalidad
y los múltiples talentos de su amigo producían sobre todas las
personas a quienes iba conociendo en Cataluña. Tal vez en
primer lugar sobre Sebastià Gasch. El crítico se percató pronto
del abismo que separaba a Lorca y Dalí en cuestiones de religión («Eres un espiritu religioso i estraño —Dalí le había
escrito al poeta en el verano de 1926—. Eres estraño tu. No
te puedo relacionar con nada de dimensiones conocidas»):[52]

> Una noche, después de cenar, Dalí, Federico y el que
> esto escribe entramos en un cabaret de la plaza del Teatro
> que, si mal no recuerdo, se llamaba *Mónaco*. Después de
> una animada conversación, en el curso de la cual Dalí diser-
> tó sobre la necesidad de adaptar la música clásica al jazz,
> Lorca se levantó de su silla y se despidió de nosotros con
> estas palabras: «Me voy. Quiero acostarme pronto. Maña-
> na quiero ir al oficio solemne de la Catedral. ¡Qué aroma de
> pompa antigua!», agregó, poniendo los ojos en blanco y con
> una suave sonrisa vagando por sus labios finos.
> «Me interesa más esta aceituna», cortó, raudo, Dalí,
> señalando una sobre la mesa con el dedo índice.
> La obsesión que en aquel entonces tenía Dalí por lo «mi-
> crográficamente pequeño» y su anticatolicismo profundo se
> ponían de manifiesto en cuantas ocasiones se le ofrecían.[53]

Lorca sabía que *Mariana Pineda* tendría pocas representaciones en Barcelona, dado el hecho de que la temporada de
Margarita Xirgu terminaba forzosamente el 3 de julio. Unos

días después los amigos del poeta en Barcelona le organizaron un multitudinario banquete para celebrar el éxito de *Mariana Pineda* y el debut público del dibujante. Luego Dalí y Lorca volvieron a Cadaqués para pasar el resto de julio a orillas del mar.[54]

Allí hubo excursiones, como en 1925; música, poesía y discos de jazz en la terraza frente al mar; payasadas en la playa; y también, por lo menos en lo que atañía a Dalí, trabajo. Trabajo que significaba, en primer lugar, dar el último repaso a «San Sebastián», de la que le había hablado a Lorca allá por marzo, diciéndole, medio en broma, que se preguntaba si el poeta y Sebastián no eran el mismo personaje.

«San Sebastián» es una imaginativa exposición de la estética daliniana de la asepsia y de la «Santa Objetividad», de la huida sistemática y rigurosa del sentimentalismo y de la «putrefacción». No ha de extrañarnos que, cuando se publicó en el número de julio de *L'amic de les arts,* iba dedicado a Lorca, pues el poeta, de acuerdo con lo que Salvador le había dado a entender, aparece oblicuamente en el texto como el «alguien muy conocido» cuya cabeza recuerda a parte de la del santo. Otra alusión a Lorca, igualmente recóndita, se encuentra en la ilustración con la cual Dalí acompañó su texto en *L'Amic.* Era reciente, y mostraba la cabeza del santo en forma de pez aplanado (ilustración 24). Puesto que en una carta a Lorca de principios de septiembre de 1928 Dalí le llamará «Lenguado», la alusión al poeta resulta bastante obvia.[55]

San Sebastián constituye un hito tan importante en la carrera de Dalí, así como un componente tan clave en la relación de pintor y poeta, que no dudamos en reproducirlo aquí íntegro:

SAN SEBASTIÁN

A F. García Lorca

Ironía

Heráclito, en un fragmento recogido por Temistio, nos dice que a la naturaleza le gusta esconderse. Alberto Savinio* cree que este esconderse ella misma es un fenómeno de autopudor. Se trata —nos cuenta— de una razón ética, ya que este pudor nace de la relación de la naturaleza con el hombre. Y descubre en eso la razón primera que engendra la ironía.

* * *

Enriquet, pescador de Cadaqués, me decía en su lenguaje esas mismas cosas aquel día que, al mirar un cuadro mío que representaba el mar, observó: es igual. Pero mejor en el cuadro, porque en él las olas se pueden contar.**

También en esa preferencia podría empezar la ironía, si Enriquet fuera capaz de pasar de la física a la metafísica.

Ironía —lo hemos dicho— es desnudez; es el gimnasta que se esconde tras el dolor de San Sebastián. Y es también este dolor, porque se puede contar.

Paciencia

Hay una paciencia en el remar de Enriquet que es una sabia manera de inacción; pero existe también la paciencia que es una manera de pasión, la paciencia humilde en el madurar los cuadros de Vermeer de Delft, que es la misma paciencia que la del madurar los árboles frutales.

Hay otra manera aún: una manera entre la inacción y la pasión; entre el remar de Enriquet y el pintar de Van der Meer, que es una manera de elegancia. Me refiero a la paciencia en el exquisito agonizar de San Sebastián.

Descripción de la figura de San Sebastián

Me di cuenta de que estaba en Italia por el enlosado de mármol blanco y negro de la escalinata. La subí. Al final de ella estaba San Sebastián atado a un viejo tronco de cerezo. Sus pies reposaban sobre un capitel roto. Cuanto más observaba su figura, más curiosa me parecía. No obstante,

---

*   Alberto Savinio, «Anadiomenon. Principi di valutazione dell'Arte contemporanea», *Valori Plastici*, Roma, I, núm. 4-5, 1919.

**   Es casi seguro que Dalí alude aquí a *Muchacha en la ventana* (1925), hoy en el Museo Nacional Centro de Arte Reina Sofía de Madrid (MNCARS).

tenía idea de conocerla toda mi vida y la aséptica luz de la mañana me revelaba sus más pequeños detalles con tal claridad y pureza, que no era posible mi turbación.

La cabeza del Santo estaba dividida en dos partes: una, formada por una materia parecida a la de las medusas y sostenida por un círculo finísimo de níquel; la otra la ocupaba un medio rostro que me recordaba a alguien muy conocido; de este círculo partía un soporte de escayola blanquísima que era como la columna dorsal de la figura. Las flechas llevaban todas anotadas su temperatura y una pequeña inscripción grabada en el acero que decía: *Invitación al coágulo de sangre.* En ciertas regiones del cuerpo, las venas aparecían en la superficie con su azul intenso de tormenta del Patinir, y describían curvas de una dolorosa voluptuosidad sobre el rosa coral de la piel.

Al llegar a los hombros del Santo, quedaban impresionadas, como en una lámina sensible, las direcciones de la brisa.

Vientos alisios y contra-alisios

Al tocar sus rodillas, el aire escaso se paraba. La aureola del mártir era como de cristal de roca, y en su *whisky* endurecido, florecía una áspera y sangrienta estrella de mar.

Sobre la arena cubierta de conchas y mica, instrumentos exactos de una física desconocida proyectaban sus sombras explicativas, y ofrecían sus cristales y aluminios a la luz desinfectada. Unas letras dibujadas por Giorgio Morandi indicaban *Aparatos destilados.*

La brisa del mar

Cada medio minuto llegaba el olor del mar, construido y anatómico como las piezas de un cangrejo.

Respiré. Nada era aún misterioso. El olor de San Sebastián era un puro pretexto para una estética de la objetividad. Volví a respirar, y esta vez cerré los ojos, no por misticismo, no para ver mejor mi yo interno —como podríamos decir platónicamente—, sino para la sola sensualidad de la fisiología de mis párpados.

Después fui leyendo despacio los nombres e indicaciones escuetas de los aparatos; cada anotación era un punto de partida para toda una serie de delectaciones intelectuales, y una nueva escala de precisiones para inéditas normalidades.

Sin previas explicaciones intuía el uso de cada uno de ellos y la alegría de cada una de sus exactitudes suficientes.

Heliómetro para sordomudos

Uno de los aparatos llevaba este título: *Heliómetro para sordomudos*. Ya el nombre me indicaba su relación con la astronomía, pero sobre todo, lo evidenciaba su constitución. Era un instrumento de alta poesía física formado por distancias, y por las relaciones de estas distancias; estas relaciones estaban expresadas geométricamente en algunos sectores, y aritméticamente en otros; en el centro, un sencillo mecanismo indicador servía para medir la agonía del Santo. Este mecanismo estaba constituido por un pequeño cuadrante de yeso graduado, en medio del cual un coágulo rojo, preso entre dos cristales, hacía de sensible barómetro a cada nueva herida.

En la parte superior del heliómetro estaba el vidrio multiplicador de San Sebastián. Este vidrio era cóncavo, convexo y plano a la vez. Grabadas en la montura de platino de sus limpios y exactos cristales, se podía leer *Invitaciones a la astronomía*; y debajo, con letras que imitaban el relieve: *Santa objetividad*. En una varilla de cristal numerada, podía leerse aún: *Medida de las distancias aparentes entre valores estéticos puros*; y al lado, en una probeta finísima, este anuncio sutil: *Distancias aparentes y medidas aritméticas entre valores sensuales puros*. Esta probeta estaba llena, hasta la mitad, de agua marina.

En el heliómetro de San Sebastián no había música, ni voz, y era, en ciertos fragmentos, ciego. Estos puntos ciegos del aparato eran los que correspondían a su álgebra sensible y los destinados a concretar lo más insustancial y milagroso.

Invitaciones a la astronomía

Acerqué el ojo a la lente, producto de una lenta destilación numérica e intuitiva al mismo tiempo.

Cada gota de agua, un número. Cada gota de sangre, una geometría.

Me puse a mirar. En primer lugar, la caricia de mis párpados en la sabia superficie. Después, vi una sucesión de claros espectáculos, percibidos con una ordenación tan necesaria de medidas y proporciones que cada detalle se me ofrecía como un sencillo y eurítmico organismo arquitectónico.

Sobre la cubierta de un blanco paquebote, una muchacha sin senos enseñaba a bailar el *black-bottom* a los marineros empapados de viento sur. En otros trasatlánticos, los bailadores de *charleston* y *blues* veían a Venus cada mañana en el fondo de sus *gin cocktails*, a la hora de su preaperitivo.

Todo esto estaba apartado de la vaguedad, todo se veía limpiamente, con claridad de vidrio de multiplicar. Cuando posaba mis ojos sobre cualquier detalle, este detalle se agrandaba como en un *gros plan* cinematográfico, y alcanzaba su más aguda categoría plástica.

Veo a la jugadora de *polo* en el faro niquelado del *Isotta Fraschini*. No hago más que detener mi curiosidad en su ojo, y éste ocupa el máximo campo visual. Este solo ojo, súbitamente agrandado y como único espectáculo, es todo un fondo y toda una superficie de océano, en el que navegan todas las sugestiones poéticas y se estabilizan todas las posibilidades plásticas. Cada pestaña es una nueva dirección y una nueva quietud; el *rimmel* untuoso y dulce forma, en su aumento microscópico, precisas esferas a través de las cuales puede verse la Virgen de Lourdes o la pintura (1926) de Giorgio de Chirico: *Naturaleza muerta evangélica.**

Al leer las tiernas letras de la galleta

Superior
Petit Beurre
Biscuit

los ojos se me llenaban de lágrimas.

Una flecha indicadora y debajo: *Dirección Chirico; hacia los límites de una metafísica.*

La línea finísima de sangre es un mudo y ancho plano del metropolitano. No quiero proseguir hasta la vida del radiante *leucocito*, y las ramificaciones rojas se convierten en pequeña mancha, pasando velozmente por todas las fases de su decrecimiento.** Se ve otra vez el ojo en su dimen-

* El cuadro se pintó en 1918, no 1926.

** Frase inspirada en parte, parece innegable, por una frase de la conferencia de Lorca sobre Góngora citada antes: «Se puede hacer un poema épico de la lucha que sostienen los leucocitos en el ramaje aprisionado de las venas, y se puede dar una inacabable impresión de infinito con la forma y olor de una rosa tan sólo.»

sión primitiva al fondo del espejo cóncavo del faro, como insólito organismo en el que ya nadan los peces precisos de los reflejos en su acuoso medio lagrimal.

Antes de proseguir mirando, me detuve otra vez en los pormenores del Santo. San Sebastián, limpio de simbolismos, era un hecho en su única y sencilla presencia. Sólo con tanta objetividad es posible seguir con calma un sistema estelar. Reanudé mi visión heliométrica. Me daba perfectamente cuenta de que me encontraba dentro de la órbita anti-artística y astronómica del *Noticiario Fox*.

Siguen los espectáculos, simples hechos motivadores de nuevos estados líricos.

La chica del bar toca *Dinah* en su pequeño fonógrafo, mientras prepara ginebra compuesta para los automovilistas, inventores de las sutiles mezclas de juegos de azar y superstición negra con las matemáticas de sus motores.

En el autódromo de Portland, la carrera de Bugattis azules, vista desde el avión, adquiere un ensoñado movimiento de hidroideos que se sumergen en espiral en el fondo del acuárium, con los paracaídas desplegados.

El ritmo de la Joséphine Baker al *ralenti* coincide con el más puro y lento crecimiento de una flor en el acelerador cinematográfico.

Brisa de cine otra vez. Guantes blancos a teclas negras de *Tom Mix*,* puros como los últimos entrecruzamientos amorosos de los peces, cristales y astros de *Marcoussis*.**

Adolphe Menjou, en un ambiente anti-trascendental, nos da una nueva dimensión del *smoking* y de la ingenuidad (ya sólo delectable dentro del cinismo).***

Buster Keaton —¡he aquí la Poesía Pura, Paul Valéry!—. Avenidas post-maquinísticas, Florida, Corbusier, Los Ángeles, Pulcritud y euritmia del útil estandarizado, espectáculos asépticos, antiartísticos, claridades concretas, humildes, vivas, alegres, reconfortantes, para oponer al arte sublime, delicuescente, amargo, putrefacto...

Laboratorio, clínica.

La clínica blanca se remansa en torno de la pura cromolitografía de un pulmón.

---

*   Actor y director norteamericano (1880-1940).
**   El pintor cubista polaco Louis Marcoussis (1878-1941), que vivió en París.
***   Actor norteamericano (1890-1936) admirado por Dalí, entre otras razones por su bigote.

Dentro de los cristales de la vitrina, el bisturí cloroformizado duerme tendido como una Bella Durmiente en el bosque imposible de entrelazamiento de los níqueles y del *ripolín*.

Las revistas americanas nos ofrecen *Girls, Girls, Girls* para los ojos, y, bajo el sol de Antibes, *Man Ray* obtiene el claro *retrato* de una magnolia, más eficaz para nuestra carne que las creaciones táctiles de los futuristas.*

Vitrina de zapatos en el Gran Hotel.

Maniquíes. Maniquíes quietas en la fastuosidad eléctrica de los escaparates, con sus neutras sensualidades mecánicas y articulaciones turbadoras. Maniquíes vivas, dulcemente tontas, que andan con el ritmo alternativo y contra sentido de cadera-hombros, y aprietan en sus arterias las nuevas fisiologías reinventadas de los trajes.

Bocas de las maniquíes. Heridas de San Sebastián.

Putrefacción

El lado contrario del vidrio de multiplicar de San Sebastián correspondía a la putrefacción. Todo, a través de él, era angustia, oscuridad y ternura aún; ternura, aún, por la exquisita ausencia de espíritu y naturalidad.

Precedido por no sé qué versos del Dante, fui viendo todo el mundo de los putrefactos: los artistas trascendentales y llorosos, lejos de toda claridad, cultivadores de todos los gérmenes, ignorantes de la exactitud del doble decímetro graduado; las familias que compran objetos artísticos para poner sobre el piano; el empleado de obras públicas; el vocal asociado; el catedrático de psicología... No quise seguir. El delicado bigote de un oficinista de taquilla me enterneció. Sentía en el corazón toda la poesía suya exquisita y franciscana y delicadísima. Mis labios sonreían a pesar de tener ganas de llorar. Me tendí en la arena. Las olas llegaban a la playa con rumores quietos de *Bohémienne endormie*, de Henri Rousseau.[56]

«San Sebastián» tuvo la fuerza de una revelación para los que, a diferencia de Lorca y de Sebastià Gasch, ignoraban tanto el apego fanático de Dalí al culto de la Santa

---

* Referencia, parece ser, a *Il tattilismo* («El tactilismo») de Marinetti, editado en 1921.

Objetividad como su talento literario. Pero sólo el granadino estaba en condiciones de interpretar, con pleno conocimiento de causa, el mensaje oculto del texto, que debió de parecerle algo así como una contestación a la *Oda a Salvador Dalí*, donde se ponía en tela de juicio, veladamente, la insistencia del pintor en esquivar las emociones que le esperaban en la calle. «San Sebastián», en resumen, probablemente le pareció a Lorca una confirmación del empeño de Dalí, siempre angustiado ante la posibilidad de tener tendencias homosexuales, en no ceder ante la insistencia del poeta.

Dos extraordinarios cuadros empezados por Dalí este verano durante la estancia del poeta, y muy apreciados de éste, tienen notables connotaciones lorquianas: *La miel es más dulce que la sangre* —en el cual la crítica ha encontrado la «preponderante» influencia de Yves Tanguy, recibida a través de reproducciones publicadas en *La Révolution Surréaliste*—[57] y *Cenicitas*. El título original del primer lienzo, *El bosc d'aparatus* o *El bosc d'aparells (El bosque de aparatos)*, se debía, según Dalí, a una sugerencia de Lorca (y su título definitivo a la imaginación desbordante de la paranoica Lídia Noguer).[58] En cuanto a *Cenicitas*, su primer título era *El naixement de Venus (El nacimiento de Venus)*, seguido de *Els esforços estèrils (Los esfuerzos estériles)*.[59]

La miel es más dulce que la sangre se expuso en el Salón de Otoño de Barcelona de 1927 y luego desapareció de la vista. Hoy su paradero se ignora y sólo se conoce por una fotografía en blanco y negro (ilustración 25). Dalí dijo en 1950 que lo consideraba uno de sus cuadros más importantes y que contenía «todas las obsesiones de mi entrada en el surrealismo».[60]

A Lorca le fascinó la playa espectral de *La miel es más dulce que la sangre*, con sus hileras de aparatos, cuerpos mutilados y demás objetos, todos pintados con una precisión de pesadilla. En su estudio para la obra, probablemente realizada hacia finales de 1926, Dalí había incluido una versión estilizada de la cabeza de Lorca entre los desechos de la playa.[61] Ahora la hace más realista, como la que aparece en el dibujo *La playa* (véase página 182). La cabeza proyecta la sombra de la de Dalí, y yace semienterrada en la arena entre una maniquí decapitada recostada junto a un charco de su propia sangre y un burro podrido infestado de moscas (los burros podridos son ya una obsesión de Dalí). Cerca hay otra cabeza cortada, casi seguramente la de Salvador, separada de la del poeta por un brazo cercenado. Tanto de la boca de ésa como de la de Lorca mana un fino chorro de sangre. A los pies de la maniquí hay un cadáver ennegrecido, tan cubierto de moscas como el burro. Se ha aventurado que representa a Luis Buñuel, con quien Dalí se escribe ahora con frecuencia y que está tratando por todos los medios de separarle de Lorca.[62]

Las cartas enviadas durante estos meses por Buñuel a José Bello demuestran, de hecho, que el cineasta en ciernes está ya muy celoso de la intensa relación que existe entre Lorca y Dalí. Por estas fechas éstos le envían una carta conjunta desde Cadaqués. «Pepín —reacciona Buñuel el 28 del mismo mes—: Recibí una carta asquerosa de Federico y su acólito Dalí. Lo tiene esclavizado.»[63] Buñuel sabe, cómo no, que la familia del poeta posee una casa en el pueblo granadino de Asquerosa. El 5 de agosto escribe otra vez a Bello. El tono jocoso de la carta no consigue disimular su malevolencia:

> Dalí me escribe cartas asquerosas.
> Es un asqueroso.
> Y Federico dos asquerosos.
> Uno por ser de Asquerosa y otro porque es un asqueroso.[64]

Poco a poco la presión ejercida por Buñuel desde París sobre Dalí irá surtiendo efecto.

En cuanto a *Cenicitas* (lámina 14), el tema, indicado claramente por el segundo título del cuadro, *Los esfuerzos estériles*, gira en torno a la impotencia sexual. Es casi seguro que la cabeza que yace en la línea de playa y mar (lámina 15) representa la de Lorca —no de manera realista, desde luego—, mientras la otra, que con ojos saltones contempla el cuerpo desnudo de una mujer decapitada, visto desde atrás, es a todas luces la de Dalí (lámina 16). El artista, culómano declarado, insistirá siempre en su aversión por los pechos y genitales femeninos, su repugnancia por el coito «normal» y su preferencia, entre los orificios del cuerpo humano, por el ano.[65]

Para Lorca será inolvidable el verano de 1927. No sólo ha estado constantemente con Dalí durante dos meses y medio sino que ha hecho muchas amistades nuevas y ha ahondado en otras anteriores. Será inolvidable también para Anna Maria Dalí, que recordará con nostalgia los improvisados conciertos de guitarra ofrecidos en la terraza por su común amigo Regino Sainz de la Maza, la insistencia de Federico en que leyese las *Metamorfosis* de Ovidio («¡Allí está todo!») y lo bien que se llevaba el poeta con los niños del lugar, inventando para ellos maravillosos juegos.[66]

Las muchas fotografías que sacó Anna Maria este mes, la mayoría en la terraza de Es Llané, nos muestran a un Lorca radiante de felicidad: comunicándose por transmisión mental con Dalí (su cabeza unida a la del pintor por el cinturón del albornoz) mientras los dos trabajan en un «manifiesto antiartístico»; posando en actitud de moro pensativo en la costa africana; sumergiéndose con denuedo en el mar ¡a un metro de la orilla!; luciendo la camisa de pescador que Anna Maria ha confeccionado especialmente para él; o sentado con la mano posada en la rodilla del pintor... Federico alegre, en fin, como nunca se le ha visto (portada e ilustraciones 27, 29).

Entretanto los padres del poeta se impacientan. Lleva casi tres meses fuera de casa y ahora quieren que vuelva a Granada. Poco antes de que lo haga aparece en *El Sol*, de Madrid, una reseña de *Canciones* que sin duda complace sobremanera a Federico García Rodríguez y Vicenta Lorca. El crítico, Esteban Salazar Chapela, está al tanto del triple éxito que Lorca acaba de cosechar en Barcelona —como poeta, dramaturgo y artista— y elogia calurosamente el libro, haciendo hincapié en su elegancia y su contención, en su equilibrio entre lo moderno y lo tradicional. El crítico no duda que Lorca es el mejor poeta andaluz vivo y que su influencia es ya «revolucionaria».[67]

A finales de julio se despide con emoción de Cadaqués. El 31, desde Barcelona, antes de coger el tren de Madrid, escribe a Dalí —sobre papel del Café de la Rambla— una enjundiosa carta que demuestra hasta qué punto le han conmovido *La miel es más dulce que la sangre* y *Cenicitas*, además de los actuales textos literarios del amigo: «San Sebastián», evidentemente, pero también «La meva amiga i la platja» y «Nadal a Brussel·les (conte antic)», que pronto se publicarán en *L'amic de les arts*.[68] No cabe duda que le ha costado mucho separarse de Dalí. Tampoco de que algo muy perturbador ha ocurrido entre ellos. En vista de la desaparición de casi todas sus cartas a Dalí, este documento es de inestimable valor biográfico. Demuestra que, cuando Lorca le escribía a Salvador ponía, además de una honda emoción, su mejor ingenio. Se puede añadir que el pintor lo conservaba en Port Lligat en 1961 y lo mostró orgulloso a un periodista catalán, a quien le permitió copiar unas frases:[69]

Mi querido Salvador: Cuando arrancó el automóvil, la oca empezó a graznar y decirme cosas del Duomo de Milán.* Yo estuve a punto de tirarme del coche para quedar contigo (contiguito) en Cadaqués, pero me detenía el expresivo reloj pulsera de *Pepe* y la nariz de *Pepe* que echaba en la mañana al baño maría de París un coralito de sangre duro duro en su cara lastimosa.** Al despedirme de los Qucurucuchs [*sic*]*** en el recodo de la carretera, te he visto pequeño comiéndote una manecita roja con aceite y utilizando un pequeño tenedor de yeso que te sacabas de los ojos. Todo con una ternura de pollo recién salido del cascarón**** y tiu tiu y de [¿pirulí?] mano. ¡Ay!*****

* Anna Maria Dalí tenía ocas en un jardín detrás de la casa familiar de Es Llané. «¡Échale[s] maíz a las Ocas!», le dirá Lorca en una carta (*EC*, p. 507). La significación de la referencia al Duomo se nos escapa.

** Se trata de un tío de Rosa Maria Salleras, vecina de los Dalí en Es Llané.

*** Los Cucurucucs son dos islotes situados a cada lado de la bahía de Cadaqués.

**** Alusión, tal vez, al gracioso pollo de *Cenicitas* (lámina 14).

***** Lorca se refiere a la última vista de Cadaqués desde la curva de la carretera en el lugar llamado Perefita, en la falda del Pení, que proporciona un panorama espléndido de Cadaqués y su bahía. Desde allí, naturalmente, en absoluto se habría podido ver a Dalí.

Ahora sudo y [¿hace?] un calor insoportable. Cadaqués tiene la alegría y la permanencia de bellezas neutra[s] [de]l sitio donde ha nacido Venus, *pero que ya no se recuerda*.

Va hacia la belleza pura. Desaparecieron las viñas y se exaltan día por día las aristas que son como las olas y las olas (onadas) que son como las aristas. Un día la luna [¿se?] mojará con elasticidad de pez mojado, y la torre de la iglesia oscilará de goma blanda sobre las casas, duras o *lastimosas*,* de cal, o de pan mascado. Yo me entusiasmo pensando en los descubrimientos que vas a hacer de Cadaqués y recuerdo al Salvador Dalí neófito lamiendo la cáscara del crepúsculo sin entrar dentro todavía, la cáscara rosa palidísima de cangrejo puesto boca arriba. Hoy ya estás dentro. Desde aquí siento (¡ay, hijo mío, qué pena!) el chorrito suave de la bella sangrante del bosque de aparatos y oigo crepitar dos bestiecitas como el sonido de los cacahuetes cuando se parten con los dedos.** La mujer seccionada es el poema más bello que se puede hacer de la sangre y tiene más sangre que toda la que se derramó en la Guerra Europea, que era sangre *caliente* y no tenía otro fin que el de *regar* la tierra y aplacar una sed simbólica de erotismo y fe. Tu sangre pictórica y en general toda la concepción plástica de tu estética fisiológica tiene un aire concreto y tan proporcionado, tan lógico y tan verdadero de pura poesía que adquiere la categoría *de lo que nos es necesario* para vivir.***

Se puede decir «iba cansado y me senté a la sombra y frescura de *aquella sangre*», o decir «bajé el monte y corrí toda la playa hasta encontrar la cabeza melancólica donde se agrupaban los deliciosos bestecitos [*sic*] crepitantes tan útiles para la buena digestión».

Ahora sé lo que pierdo separándome de ti. La impresión que me da Barcelona es la impresión de que todo el mundo juega y suda con una preocupación de *olvido*. Todo es confuso y embistiente como la estética de la llama, todo indeciso y despistado. Allí en Cadaqués la gente se siente

---

*   El subrayado indica que Lorca está utilizando una palabra cara a Dalí. En «La meva amiga i la platja», por ejemplo, encontramos unas «bèsties abatudas y llastimoses».

**   Se trata de *La miel es más dulce que la sangre*.

***   En la fotografía en blanco y negro de *La miel es más dulce que la sangre* (ilustración 25) no se aprecia, claro está, la calidad de la sangre que evoca Lorca. El estudio para el cuadro, que probablemente conocía también el poeta, sí permite apreciarla. Se reproduce en *DOH*, p. 76.

sobre el suelo todas las sinuosidades y poros de las plantas de los pies. Ahora veo cómo en Cadaqués me sentía los hombros. Es una delicia para mí recordar las curvas resbaladizas de mis hombros donde por primera vez he sentido en ellos la circulación de la sangre en cuatro tubitos esponjosos que temblaban con movimientos de nadador herido.

Quisiera llorar pero con el llanto sin conciencia de Lluís Salleras* y con el canto estupendo de cuando tu padre tararea la sardana «Una llàgrima».**

Me he portado como un burro indecente contigo que eres lo mejor que hay para mí. A medida que pasan los minutos lo veo claro y tengo verdadero sentimiento. Pero esto sólo aumenta mi cariño por ti y mi adhesión por tu pensamiento y calidad humana.

Esta noche como con todos los amigos de Barcelona y brindaré por ti y por mi estancia en Cadaqués, pues las plazas del exprés estaban tomadas.

Saluda a tu padre, a tu hermana Ana María a quien tanto quiero, y a Raimunda.***

Acuérdate de mí cuando estés en la playa y sobre todo cuando pintes las crepitantes y [¿únicas?] cenicitas, ¡ay mis cenicitas! Pon mi nombre en el cuadro para que mi nombre sirva para algo en el mundo**** y dame un abrazo que bien lo necesita tu

FEDERICO

¡Hace un calor espantoso!
¡Pobrecito!
Que hagas el artículo de mi exposición y que me escribas, hijito.[70]

Unos días después —acaso desde Madrid— Lorca escribe otra vez a Dalí, incluyendo dibujos suyos, y vuelve sobre

---

*   Vecino de los Dalí en Es Llané, hermano de Rosa Maria Salleras.
**   Se trata, tal vez, de la famosa sardana *Per tu ploro*.
***   Lorca se refiere, quizá, a Ramoneta Montsalvatge, joven y guapa amiga de Dalí, modelo, según Descharnes (*Dalí*, p. 60), del cuadro *Maniquí barcelonesa* (1927), con sus connotaciones lorquianas.
****   Como sabemos, Dalí puso el «nombre» de Lorca en el cuadro al colocar la que parece ser su cabeza seccionada en la línea que separa mar y playa (lámina 15).

el asunto de su comportamiento de «burro indecente». De esta misiva sólo poseemos un fragmento:

> Yo pienso en ti y en tu casita. Y nunca pensé más intensamente que ahora. Es ya el colmo. Yo espero que tú me escribirás. Y me contarás muchas cosas del bosque* y de todo. Y me dirás si me guardas resquemor o si me has borrado de tus amistades.[71]

¿A qué incidente se refería en estas dos cartas? En opinión de Rafael Santos Torroella, se trataba tal vez de un segundo intento por parte del poeta de poseer físicamente al pintor. Pero se trata sólo de una hipótesis, y de momento no contamos con ninguna información adicional acerca del comportamiento «de burro indecente» que obligó al poeta, temeroso de perder a Dalí, a disculparse.[72] Lo que sí podemos afirmar, a la luz de ambas cartas, es la influencia que está ya ejerciendo sobre Lorca no sólo la pintura daliniana sino su estilo literario. Ello se verá pronto en los «poemas en prosa» del granadino. Tan fuerte es dicha influencia, de hecho, que con razón se ha propuesto, como fenómeno paralelo a la «época Lorca» de Dalí, una «época Dalí» de Lorca.[73]

Durante el verano *Canciones* sigue suscitando el entusiasmo de los críticos, y cabe suponer que Lorca, ya entre los suyos en Granada, se siente especialmente halagado por una reseña aparecida el 31 de julio en la primera página de *El Sol* bajo un título llamativo: «De una generación y su poeta». Ante la evidencia de los versos de *Canciones*, el autor de la misma, Ricardo Baeza —prestigioso crítico, novelista y traductor de, entre otros, Oscar Wilde— dice tener la plena seguridad de que, al haberse sumido en el silencio Antonio Machado y Juan Ramón Jiménez, García Lorca va camino de ser el poeta contemporáneo más destacado de España. En su opinión, el granadino, por su aparente re-

---

* Es decir, del cuadro *La miel es más dulce que la sangre*, cuyo primer título, sugerido por Lorca, era *El bosque de los aparatos*.

nuencia a publicar sus libros, sobre todo el *Romancero gitano*, se está haciendo un flaco servicio. Y termina:

> Obraría cuerdamente el señor García Lorca no difirien-
> do demasiado la publicación de esa su obra inédita, tan
> copiosa como admirable. Por haber demorado en demasía la
> de este libro de *Canciones*, que hoy ya no supone sino una
> faceta pasada e inicial de su personalidad poética, los que
> no se hallan al corriente del caso podrán quizá discernir en
> él la influencia de otros poetas de su generación, que en
> realidad provienen en gran parte de su obra, generosa e in-
> cautamente comunicada en privado, pero que tuvieron la
> destreza de apresurarse a editar [...] De la voluntad del Sr.
> García Lorca depende ya la entronización. Publique los
> *Romances gitanos* y ella tendrá lugar automáticamente.

Lorca piensa constantemente en Salvador. «Difícilmente encontrará Dalí una persona que sienta su arte maravilloso como yo», confía, nostálgico, a Gasch.[74] Cuando recibe
L'amic de les arts y lee en letra de molde «San Sebastián»,
apenas cabe en sí, escribiendo a Anna Maria que el «prodi-
gioso poema» de su hermano está causando una extraordinaria impresión en Granada: «Se trata sencillamente de
una prosa nueva llena de relaciones insospechables y suti-
lísimos *puntos de vista* [...] Ahora desde aquí adquiere para
mí un encanto y una luz inteligentísima que hace redoblar
mi admiración».[75] «Es uno de los más intensos poemas que
pueden leerse —escribe Lorca a Gasch—. En este muchacho está, a mi juicio, la mayor gloria de la *Cataluña eterna*.
Yo estoy preparando un estudio sobre él, que usted tradu-
cirá al catalán, si quiere, y lo publicaré antes en ese idioma.»[76]

¿Estaba realmente preparando Federico un estudio sobre Dalí? ¿O anunciaba como hecho —cosa habitual en él—
algo que sólo tenía en la cabeza? No se conoce ningún esbozo de tal ensayo, pero el propósito de redactarlo era una
demostración más de hasta qué punto Dalí obsesionaba a
Lorca.

A mediados de agosto la familia del poeta se traslada a
Lanjarón, portal de las Alpujarras, para que la madre pueda tomar la famosa agua medicinal del manantial de la

Capuchina. Desde allí Lorca le sigue escribiendo a Dalí, aunque por desgracia sólo se conoce un fragmento de una de las cartas. Se trata, otra vez, de san Sebastián (patrón, por más señas, de Lanjarón):

Nunca había pensado que San Sebastián tuviera las plumas de colores. Las flechas de San Sebastián son de acero, pero la diferencia que yo tengo contigo es que tú las ves clavadas, fijas y robustas, flechas cortas que no descompongan, y yo las veo largas... en el momento de la herida. Tu San Sebastián de mármol se opone al mío de carne que muere en todos los momentos, y así tiene que ser. Si mi San Sebastián fuera demasiado plástico yo no sería un poeta lírico, sino un escultor (no pintor). Creo que no tengo que explicarte por qué no sería pintor. La distinción es sutil. Pero lo que a mí me conmueve de San Sebastián es su serenidad en medio de su desgracia, y hay que hacer constar que la desgracia es siempre barroca; me conmueve su gracia en medio de la tortura, y esa carencia absoluta de resignación que ostenta en su rostro helénico, porque no es un resignado sino un triunfador, un triunfador lleno de elegancia y de tonos grises como un romero constante que desconociese los paseos de la ciudad. Por eso San Sebastián es la figura más bella, si no de todo el arte, del arte que se ve con los ojos.

¿No es verdad que San Sebastián está lejos del mar? ¿Verdad que [ni] las olas, ni las montañas lo entienden? San Sebastián es un mito de agua dulce en vaso de cristal puro. Fue martirizado dentro de una habitación y no amarrado a un árbol rugoso como lo representaron los románticos del Renacimiento, sino amarrado a una columna de jaspe, amarillo y traslúcido como su carne. El árbol lo había inventado la Edad Media.

* * *

Todos tenemos una capacidad de San Sebastián bajo la murmuración y la crítica. A San Sebastián le dieron martirio con toda razón y estuvo dentro del orden y la ley de su momento. Pecaba contra su época... ¡pero no lo sabía! (Estética de la balanza.) Ningún mártir lo supo. Y todos lo fueron por razón de Estado. No los mataron por adorar a su Dios, sino por no respetar el Dios de los demás. Todos estaban fuera de la ley. Y no tenían razón. Sócrates puesto en este aprieto quizá habría optado por respetar las leyes de la República. ¡Dramático conflicto! San Sebastián se salva por su belleza y los demás se salvan por el amor. Todos construyen una oración en su martirio y San Sebastián se diferencia de todos, posa y construye su cuerpo dando eternidad a lo fugitivo y logrando hacer visible una abstracta idea estética, como da una rueda la idea completísima del movimiento perpetuo. Por eso yo lo amo.

Después de tan sutilmente razonada abogacía a favor de un san Sebastián más tierno y menos marmóreo, viene la confesión de la soledad que está padeciendo después de los gloriosos meses catalanes pasados al lado de su «hijito». Se agudiza el ingenio de la expresión, de la imagen. Aflora la alusión al amor que no se atreve a decir su nombre. Y el piropo:

> El aire que viene del mar es delicado. Los pájaros pueden volar sin llevar *alas de repuesto* como llevan en los Pirineos y montes del Cáucaso. Entre las gentes del hotel no hay siquiera una pantorrilla bien hecha. Las niñas que suben de las olas *miran* y las que bajan de la montaña *desean*. Estoy bastante aislado y no me gusta hablar con nadie como no sea con los camareros que son guapos y sé lo que van a decirme. Yo te recuerdo siempre. Te recuerdo demasiado. Me parece que tengo una cálida moneda de oro en la mano y no la puedo soltar. Pero tampoco quiero soltarla, hijito. Tengo que pensar que eres feísimo para quererte más.[77]

Pese a que Lorca le haya escrito ya tres cartas desde que salió de Cataluña, el pintor no le contesta. ¿Qué pasa? Inquieto, se entrega sobre todo a dibujar. Los resultados son sorprendentes, como explica a Gasch:

> Desde luego me encuentro en estos momentos con una sensibilidad ya casi física que me lleva a planos donde es difícil tenerse en pie y donde casi se vuela sobre el abismo. Me cuesta un trabajo ímprobo sostener una conversación normal con estas gentes del balneario, porque mis ojos y mis palabras están en otro sitio. Están en la inmensa biblioteca que no ha leído nadie, en un aire fresquísimo, país donde las cosas bailan con un solo pie.[78]

Está, sin duda, en un estado de hipersensibilidad. Gasch, preocupado, vuelve a escribirle poco tiempo después. No se conoce la carta, pero por la larga y densa respuesta de Lorca (2 de septiembre), escrita desde la Huerta de San Vicente, en Granada, podemos hacernos una idea de los recelos que le ha expresado el catalán:

> Efectivamente, tienes razón en todo lo que me dices. Pero mi estado no es de *perpetuo sueño*. Me he expresado mal. *He cercado* algunos días al sueño, pero sin caer del todo en él y teniendo desde luego un atadero de risa y un seguro andamio de madera. Yo nunca me aventuro en terrenos que no son del hombre, porque vuelvo tierras atrás en seguida y *rompo* casi siempre el producto de mi viaje. Cuando hago una cosa de pura abstracción, siempre tiene (creo yo) como un salvoconducto de sonrisas y un equilibrio bastante humano.[79]

Lorca reflexiona luego sobre sus últimos dibujos, algunos de los cuales ha mandado a Gasch:

> Abandonaba la mano a la tierra virgen y la mano junto con mi corazón me traía[n] los elementos milagrosos. Yo los descubría y los anotaba. Volvía a lanzar mi mano, y así, con muchos elementos, escogía las características del asunto o los más bellos e inexplicables, y componía mi dibujo [...] Hay milagros puros como «Cleopatra», que tuve verdadero escalofrío cuando salió esa armonía de líneas que no había *pensado,* ni *soñado,* ni *querido, ni estaba inspirado,* y yo dije «¡Cleopatra!» al verlo, ¡y es verdad! Luego me lo corroboró mi hermano. Aquellas líneas eran el *retrato exacto, la emoción pura* de la reina de Egipto.[80]

Sebastià Gasch no es partidario del surrealismo, algo que Lorca sin duda sabe. En esta carta, aunque no lo dice abiertamente, e incluso utiliza la palabra «super-realidad», hay como un intento de negar cualquier tentación de entregarse al automatismo o a las fuerzas del inconsciente:

> Mi estado es siempre alegre, y este *soñar* mío no tiene peligro en mí, que llevo *defensas*; es peligroso para el que se deja fascinar por los grandes espejos obscuros que la poesía

y la locura ponen en el fondo de sus barrancos. Yo estoy y me siento con pies de plomo en arte. El abismo y el sueño los *temo* en la realidad de mi vida, en el amor, en el encuentro cotidiano con los demás. Eso sí que es terrible y *fantástico*.[81]

Finalmente, después de tanta espera, llega una postal del predilecto. Pero sólo una postal. Y Lorca le comenta a Gasch: «Me parece que debe estar muy fastidiado pensando en el servicio militar. Dice que le cuesta un gran trabajo escribir. Desde luego tiene algo». La postal de Dalí se desconoce, de modo que es imposible saber si en ella el pintor aludió a las «disculpas» ofrecidas por el poeta en sus cartas.[82]

Unas semanas después aparece en *La Nova Revista*, de Barcelona, la reseña que Dalí ha escrito de la exposición de Lorca celebrada en Dalmau. Empezando con una complicada disquisición sobre la evolución de la pintura contemporánea, Dalí pasa a elogiar a los pintores cubistas, que, ávidos solamente «de las inmediatas posibilidades tangibles de sus manos», han llegado a «una nueva manera de espiritualidad». Luego intenta definir el arte de Lorca, que a su juicio debe mucho a la «nueva manera» cubista, que le ayuda —es lo que parece sugerir Dalí— a controlar su tendencia a la emotividad. Dalí sospecha en el «netamente andaluz» Lorca, por otro lado, una fuerte influencia oriental:

> En los mejores dibujos del poeta se infiltran los más finos y exquisitos venenos orientales, los venenos sutiles pero mortales, que en los momentos de más peligrosa anemia de la plástica occidental se han convertido a menudo en elixir de larga vida y rejuvenecimiento.
>
> La plástica de Lorca participa a veces, en sus mejores momentos, de la vida gráfica de líneas dictadas por los surrealistas y del decorativismo tonto e irisado de los interiores coloreados y en espiral de las bolas de vidrio.
>
> Toda esta plástica afrodisíaca y poética de los dibujos de Lorca recientemente expuestos tiene para nosotros un solo defecto, un defecto en el cual es poco probable que caigan nunca los ampurdaneses: el defecto cada día más irresistible de la extrema exquisitez.[83]

La reseña tiene algo de mensaje privado a Lorca, y llama la atención la referencia al surrealismo. Dalí estaba en lo cierto al identificar, en algunos de los mejores dibujos recientes del amigo, la influencia del movimiento dirigido por Breton. Lo que no dice es que tal influencia le ha llegado gracias, en primer lugar, a él.

Dalí no está metido en ningún «lío» en estos momentos, como quiere creer el poeta, sino que, sencillamente, vive entregado en cuerpo y alma a su pintura, con los ojos puestos como siempre en la conquista de la fama. De hecho, su carrera ya despega espectacularmente. Hacia finales de agosto le escribe Joan Miró —a quien todavía no conoce personalmente— para proponerle una visita suya a Figueres, acompañado de un amigo (que resulta ser su marchante parisiense, Pierre Loeb).[84] Dalí le contesta el 1 de septiembre. Dice que le encantaría verle a él y a su amigo, y explica que acaba de terminar dos lienzos que en su opinión inauguran una nueva etapa «mucho más representativa de mi manera de ser que cualquier otra cosa que haya producido hasta ahora». Se trata de *La miel es más dulce que la sangre* y *Aparato y mano*.[85] La breve visita es un éxito, y Miró y Loeb coinciden, según le cuenta Dalí a Sebastià Gasch, en que ciertos trozos de los dos cuadros recuerdan a Yves Tanguy, «pero con una técnica muy superior, con mucha más *naturalidad* y una plasticidad infinitamente mayor».[86]

Si Dalí creía que Loeb iba a ofrecerle inmediatamente un contrato estaba equivocado. Pero no cabía duda del interés del marchante por su obra. Salvador escribe eufórico a Lorca para ponerle al tanto de la visita, y la carta indica que ambos han hablado de Miró durante el verano:

> Contentisimo de que te impresione Miró. Miró a dicho cosas nuevas despues de Picasso,[87] no se si te dige que estoy en contacto con Miró y que este vino a Figueras i ahora volvera a Cadaques a ver mis ultimas cosas; es una cosa de una *Pureza* (1) enorme, i de una gran *alma* — El cree que yo soy mucho mejor que todos los jovenes que ay en

Paris, i me escrive diciendo que lo tengo maravillosamente preparado, para tener exito *grande* alli. Sabras que *el* a tenido un exito de venta enorme. Tu no digas nada pero yo creo estar haciendo cosas gordas. Pinto con una furia tremenda travajo como una vestia bruta una *linea* o un punto, lo borro i lo reago mil veces. Evasion — de lo acostumbrado, de la realidad anti-real i convencional a que nos a acostumbrado el arte puerco — odio casi todo lo de los museos — Tengo una rabia gorda contra todo lo que he pintado asta ayer.

Tengo la *intuicion* de que llegare a decir cosas ineditas — feas? bonitas? ja ja ja ji ti ti hito con un peli ti to mi mi Mi mi mmmmmi mi.

Bueno te quiero, i estoy fino.

No crees tu que los unicos poetas, los unicos que realmente realizamos poesia *nueva* somos los pintores? S————í!

En uno de los márgenes de la carta Dalí añade: «Tú tienes que ser el primer poeta nuevo; yo creo que no hay; Brenton es *muy* inteligente, cada dia mas quizas, pero no sirve para la poesia».

El «(1)» de la carta remitía a una nota a pie de página en que Dalí comentaba la expresión «Pureza»: «Todo lo contrario de lo que esa palabra significa para Juan Ramon, Benjamin Palencia y otros grandes PUERCOS. Miró pinta pollitos con *pelos* y sexos, etc».[88] La presencia de elementos explícitamente sexuales en la obra de Miró produce en Dalí el efecto de una liberación, y en este sentido muchos de sus cuadros y dibujos de 1927 y 1928 tienen una deuda innegable con el pintor de Montroig.

Poco después de la visita de Miró, Salvador le envía fotografías de sus obras, informándole de que también ha remitido una selección a Pierre Loeb. Miró le contesta afectuosamente el 31 de octubre, prometiendo notificarle con tiempo la fecha de su regreso a París a fin de que pueda enviarle más material para enseñarlo allí.[89]

Desde el momento en que Miró le brinda su apoyo, Dalí no desaprovecha ninguna ocasión para elogiarle en los artículos de crítica artística que ahora comienza a enviar con regularidad a *L'amic de les arts*. Es evidente que se ha dado cuenta de la enorme importancia que tiene para él el pin-

tor catalán residente en la capital francesa y amigo personal de André Breton.

En estos momentos Lorca trabaja en un «poema en prosa»,
«Santa Lucía y San Lázaro», consecuencia directa de la
profunda conmoción que le ha provocado la sensibilidad de
Dalí reflejada no sólo en «San Sebastián» sino en otras prosas que el pintor le envía por estas fechas. «No hay duda
que es un temperamento literario de primer orden —escribe Lorca a Gasch—. Y creo que hará cosas extraordinarias.»[90]

En «Santa Lucía y San Lázaro», la creación de un escenario netamente onírico, el uso de párrafos y frases cortos,
sin verbo, y la voz del narrador recuerdan enseguida «San
Sebastián», pero los símiles de Lorca alcanzan un nivel
imaginativo superior a los de su amigo:

> El día de primavera era como una mano desmayada
> sobre un cojín.

O:

> Sus voces oscuras, como dos topos huidos, tropezaban
> con las paredes, sin encontrar la cuadrada salida del cielo.

O:

> La alegría de la ciudad se acababa de ir, y era como el
> niño recién suspendido en los exámenes.

O:

> El ruido del tren se acercaba confuso como una paliza.[91]

Lorca evoca la solemne novena a los ojos de santa Lucía en términos que hacen pensar inmediatamente en la
estética de la Santa Objetividad de Dalí:

> Se glorificaba el exterior de las cosas, la belleza limpia
> y oreada de la piel, el encanto de las superficies delgadas,

y se pedía auxilio contra las oscuras fisiologías del cuerpo, contra el fuego central y los embudos de la noche, levantando, bajo la cúpula sin pepitas, una lámina de cristal purísimo acribillada, en todas direcciones, por finos reflectores de oro. El mundo de la hierba se oponía al mundo del mineral. La uña, contra el corazón. Dios de contorno, transparencia y superficie. Con el miedo al latido, y el horror al chorro de sangre, se pedía la tranquilidad de las ágatas y la desnudez sin sombra de la medusa.[92]

No hay duda de que el granadino está creando aquí bajo el embrujo de Dalí; ni de que, pese a tanta «Nueva Objetividad», han hablado largo y tendido, en Cadaqués, del surrealismo.

Con la llegada del otoño Federico vuelve a Madrid, donde Margarita Xirgu, fiel a su palabra, inaugura su temporada en el teatro Fontalba con *Mariana Pineda* que, después de sus primeras representaciones en Barcelona, ha sido favorablemente acogida en San Sebastián.[93] La mañana del estreno madrileño, 12 de octubre, publica en *ABC* una nota en la que da cuenta de sus intenciones en la obra, subrayando su empeño en crear un ambiente, reminiscente de las estampas del siglo XIX, que le permitiera recurrir a ciertos «tópicos» románticos pero, al mismo tiempo, obviar cualquier intento de pastiche. La declaración resulta eficaz, y las reseñas publicadas al día siguiente demuestran que los críticos la han tenido en cuenta.[94]

El estreno resulta casi triunfal, interrumpiéndose la representacion con estruendosas ovaciones y reclamándose la presencia del autor en el escenario al final de cada acto. Hasta los escasos críticos hostiles no tienen más remedio que dar fe del extraordinario entusiasmo del público. Entre los muchos amigos de Lorca presentes está Rafael Alberti, quien recuerda en *La arboleda perdida* la intensa animación que se apoderó aquella noche del Fontalba y que tenía mucho que ver con el temor de que la obra pudiera ser prohibida en el último momento, o incluso durante la representación, por las autoridades de Primo de Rivera. Pero la velada transcurrió sin tropiezos.[95]

Lorca está más que satisfecho con la reacción de público y críticos. Ha entrado en el teatro por la puerta grande bajo el ala protectora de Margarita Xirgu, y si *Mariana Pineda,* pese a sus evidentes fallos, ha reportado un éxito razonable —se queda diez días en cartel—, ¿qué triunfos no podrá cosechar con su producción nueva? Por estos días el *Heraldo de Madrid* anuncia que el autor tiene listas, como mínimo, otras tres obras de teatro: *La zapatera prodigiosa, El amor de don Perlimplín con Belisa en su jardín* y una pieza para guiñol *(Tragicomedia de don Cristóbal y la señá Rosita).* Es evidente que, si Lorca es ya aclamado por Ricardo Baeza y otros como el mejor poeta de su generación, también va camino de ser un reconocido autor dramático.[96]

El 22 de octubre de 1927 *La Gaceta Literaria* festeja con un banquete el éxito de *Mariana Pineda.* Hay más de sesenta comensales, entre ellos Ramón Gómez de la Serna, el propio Ernesto Giménez Caballero, Melchor Fernández Almagro, el historiador Américo Castro y Dámaso Alonso. Se improvisan ingeniosos discursos, destácandose el de Ramón, y en medio del entusiasmo general Lorca recita tres de sus romances gitanos, entre ellos uno de los más reciente: «Martirio de Santa Olalla». Los telegramas incluyen uno de Dalí, cuyo texto se desconoce: respuesta, cabe suponerlo, al que le ha mandado Lorca y del cual tenemos noticias gracias a una carta de Dalí a Gasch:

> *Mariana Pineda* (según un telegrama de Lorca) se ha estrenado en Madrid con un formidable éxito; los decorados fueron ovacionados. Si Lorca gana dinero es segura la aparición de la Revista ANTIARTÍSTICA.[97]

Desde que Lorca y Dalí se separaron, el pintor, aún no terminado el servicio militar, ha seguido trabajando en *La miel es más dulce que la sangre* y *Cenicitas.* Ahora, coincidiendo con el estreno de *Mariana Pineda* en Madrid, expone ambos cuadros en el Salón de Otoño barcelonés y comprueba, con disgusto, que los críticos, a diferencia del público, parecen incapaces de apreciarlos. Al comentar tal falta de sensibilidad en *L'amic de les arts,* Dalí se pregunta por qué, allí donde los profesionales se demuestran en ex-

tremo obtusos, la gente corriente y moliente ha respondido
con entusiasmo. Conclusión: «Porque la retenía lo poético,
que la emocionaba subconscientemente, a pesar de las enér-
gicas protestas de su cultura y de su inteligencia». En el
mismo artículo Dalí alega que su preocupación por «la máxima objetividad artística» distancia su obra del surrealismo.
Pero se trata más de una jactancia que de una descripción
de su práctica actual, cada vez más en deuda con el movimiento liderado por André Breton. Después, en una carta a
Gasch, Dalí indicará que *La miel es más dulce que la san-*
gre representa un «momento de transición al surrealismo».[98]

Por estas mismas fechas Dalí compone versos utilizando el método de libre asociación preconizada por los surrealistas en su primera etapa. «¿No crees tu —escribe a
Lorca— que los unicos poetas, los unicos que realmente
realizamos poesía *nueva* somos los pintores? ¡Sí!» Para de-
mostrarlo incluye la versión en castellano de una composición que acaba de redactar a vuelapluma en catalán:

POEMA DE LAS COSITAS

Ay una pequeña cosita mona, que nos mira sonrriendo.
Estoy contento, estoy contento, estoy contento, estoy contento.
Las agujas de coser se clavan con dulzura en los niquelitos
[pequeños y tiernos.
Mi amiga tiene la mano de corcho y llena de puntas de
*[Paris.**
Mi amiga tiene las rodillas de humo.
El azucar se disuelve en el agua, se tiñe con la sangre y salta
[como una pulga.
Mi amiga tiene un reloj pulsera de masilla.
Los dos pechos de mi amiga; el uno es un movedisimo avis-
[pero y el otro una calma garota.
Los pequeños erizos, los pequeños erizos, los pequeños erizos,
los pequeños erizos, los pequeños erizos; pinchan.

---

  * Dalí añade entre paréntesis «tachuelas negras» y, en nota al pie,
refiriéndose a «puntas de Paris», el comentario «no se si se dice asi en castellano».

El ojo de la perdiz es encarnado.
Cositas, cositas, cositas, cositas, cositas, cositas,
cositas, cositas, cositas, cositas, cositas
Hay cositas quietas, como un pan.

Dalí le pregunta a Lorca a continuación si le gusta la composición, esperando, obviamente, que le diga que sí. «¿Qué te pasa?», añade, y, en el margen de arriba, más información sobre sus afanes poéticos actuales: «Pronto te mandare unos versos, para ser cantados como charleston con acompañamiento de banjo y cornetin, titulado "El dulce cogotito de mi amiga, *es* recien salido de la barberia"».

Desconocemos la respuesta del poeta, pero es de suponer que «Poema de las cositas» no debió de parecerle precisamente una obra maestra de la lírica contemporánea, aunque contemporánea sin duda lo era, y divertida (y notable también por contener elementos que más tarde incorporará Dalí a su pintura, como ese reloj pulsera de masilla, antecedente de los famosos relojes blandos de los años treinta).[99]

Poco después del estreno de *Mariana Pineda* en Madrid, Lorca recibe una carta de Dalí en la cual se aprecia claramente la creciente influencia que ya está ejerciendo sobre él el surrealismo, pese a sus manifestaciones públicas en sentido ambiguo o contrario. Después de describir con entusiasmo sus cuadros actuales, se expresa íntimamente satisfecho con la invención de ciertos «pechos extraviados» que ya han aparecido en su obra (en *Cenicitas*, por ejemplo). Luego adopta luego un tono más íntimo y hasta libidinoso, pensando en el dinero que se imagina está ganando para Lorca *Mariana Pineda*:

> Ola señor; debes ser rico, si estuviera contigo haria de putito para conmoverte y robarte billetitos que iria a mojar (esta vez, en el agua de los burros).* Hestoy tentado de mandarte un retazo de mi pijama color l'angosta, mejor dicho color «sueño de langosta», para ver si te enterneces desde tu opulencia y me mandas dinerito.

* Es decir, no como antes en vasos de whisky.

A renglón seguido destila veneno contra Margarita Xirgu, que hasta el momento no le ha pagado nada por los decorados y le indica (más o menos como ya ha hecho con Gasch) que con quinientas pesetas habría lo suficiente para publicar el primer número de la proyectada *Revista Artística*, en el que podrán desatar sus iras sobre los valores «putrefactos» que detestan, representados sobre todo por Juan Ramón Jiménez, el sentimentalismo de cuyo Platero y yo desprecia sobremanera (los burros perdidos de sus propios cuadros, está claro, son los únicos burros *realistas*). «Adios, señor, se despide de ti vesandote en la palmera tu *Burro podrido*», termina la carta.[100]

Cabe suponer que el tono de esta comunicación, tan confidencial, tan desenfadado y tan guasón, serviría para aumentar la infelicidad en estos momentos del poeta, muy falto de la presencia y del buen humor de Dalí. El pintor está ahora más obsesionado que nunca con escapar a París, y Lorca intuye, seguramente, que no tardará mucho en salirse con la suya y reunirse allí con Buñuel.

A finales de mayo, mientras Federico y Dalí se encontraban en Figueres y Barcelona preparando *Mariana Pineda*, Buñuel había regresado a Madrid para dictar una conferencia sobre cine de vanguardia en la Residencia de Estudiantes, amenizando su charla con la proyección de secuencias representativas de cintas de Lucien Brull, Jean Renoir y Alberto Cavalcanti, y exhibiendo completa *Entreacto*, la extraordinaria película de René Clair, que deja patitiesos a la concurrencia.

Años más tarde le gustaría recordar cómo, después de la sesión, José Ortega y Gasset le había confesado con entusiasmo que, de ser más joven, se dedicaría al cine a partir de aquel mismo momento. Cabe pensar que Lorca y Dalí vieron la reseña de la conferencia de Buñuel aparecida en *La Gaceta Literaria* el 1 de junio. El aragonés ya estaba empezando a verse como uno de los principales representantes españoles de la vanguardia parisina.[101]

El 5 de septiembre Buñuel le escribe a Pepín Bello, y, después de algunos comentarios picantes e informaciones de última hora acerca de sus actividades cinematográficas en París, lanza su más feroz ataque hasta la fecha contra Lorca y Dalí, demostrando con ello la ansiedad que, sin reconocerlo, le produce el hecho homosexual:

> Federico me revienta de un modo increíble. Yo creía que el novio [Dalí] es un putrefacto pero veo que lo más contrario [*sic*] es aún más. Es su terrible estetismo el que lo ha apartado de nosotros. Ya sólo con su narcisismo extremado era bastante para alejarlo de la pura amistad. Allá él. Lo malo es que hasta su obra podría resentirse.
>
> Dalí influenciadísimo. Se cree un genio, imbuido por el amor que le profesa Federico. Me escribe diciendo: «Federico está mejor que nunca. Es el gran hombre. Sus dibujos son geniales. Yo hago cosas extraordinarias, etc. etc». Y es el triunfo fácil de Barcelona. Qué desengaños terribles se iba a llevar en París. Con qué gusto le vería llegar aquí y rehacerse lejos de la nefasta influencia del García. Porque Dalí, eso sí, es un hombre y tiene mucho talento.[102]

De modo que, para el Buñuel de estos momentos, Dalí es un hombre, y Lorca, por homosexual, no. Lo que no sabemos es cómo reaccionaba Pepín Bello —amigo de los tres— al leer tales comentarios, ya que sus cartas no obran en el archivo del cineasta. Pero podemos imaginar que con su diplomacia habitual.

Cuando Buñuel lee, en *La Gaceta Literaria*, la divertida descripción del banquete ofrecido a Lorca con motivo de *Mariana Pineda*, está contentísimo, juzgando erróneamente que tanto el estreno como el homenaje han fracasado de modo estrepitoso. El 8 de noviembre de 1927 le escribe, rencoroso, a Bello:

> El pobre Federico ha debido llorar. Las adhesiones al banquete, repugnantes, como Margarita Xirgu, Natalio Rivas,* Benavente, ministro del Paraguay, Dalí, etc.

---

* Natalio Rivas, conocido político conservador y cacique granadino que había patrocinado en cierto modo, cuando era ministro, los viajes de estudio organizados por Martín Domínguez Berrueta, aunque esto no lo sabía seguramente Luis Buñuel.

> Le está bien y yo me alegro infinito. La obra ha sido un fracaso. Fernández Ardavín* y Villaespesa** son los únicos que pueden envidiarle. Pero le ha dado 12.000 pesetas.[103]

No sabemos de dónde sacaría Buñuel esta última «noticia». Noticia inexacta, además: según el documento correspondiente de la Sociedad de Autores Españoles, las veinte representaciones de *Mariana Pineda* en Madrid reportaron a Lorca exactamente 2.804,15 pesetas.[104]

En la misma carta Buñuel comenta que, debido a la influencia de Lorca sobre Dalí, éste «se queda rezagado» en comparación con lo que está ocurriendo en París, pese a que «en España todos dicen que ¡genial! ¡modernísimo!». Dalí en absoluto se está quedando rezagado, sin embargo, y mucho menos por influencia de Lorca. Pero a Buñuel no le importa la verdad del caso.

De todos modos, con una vocación frustrada tanto literaria como musical, Buñuel tiene sus razones para envidiar a Lorca en estos momentos en que *Canciones* sigue recibiendo excelentes reseñas en la prensa, y la carrera teatral del granadino empieza a despegar con fuerza. La íntima amistad de Lorca con Dalí es una espina más, y a partir de este momento Buñuel hará cuanto esté en su mano para apartar a Dalí de «la nefasta influencia del García» y animarle a que se traslade a París. Se trata de una auténtica labor de zapa.

El 9 de noviembre Dalí manda a Lorca una postal (con una fotografía del actor House Peters) en la cual insiste una vez más sobre su apego a la superficie de las cosas:

> a
> Señor   o   l***
> Consome.. entremeses...

---

*   Luis Fernández Ardavín, autor, entre otras obras de éxito pero hoy olvidadas, de *La cantaora del puerto*, que se había estrenado en el Fontalba poco antes que *Mariana Pineda*.

**   El poeta y dramaturgo Francisco Villaespesa (1877-1936), autor de *El alcázar de las perlas*, famosísimo en su día y luego universalmente despreciado por la generación de Lorca.

***   Variante sobre el «Ola Señor» de otras comunicaciones de Dalí a Lorca.

Una botella de diamante!
Evocación? fuera!
fotografia antiartistica
de House-Peters, mueran los conflictos interiores! las
complicaciones morales, lo mas interior y profundo es sim-
pre una epidermis ahun! Las cosas no significan nada fuera de su estricta obgetividad. James Youse [por Joyce],
Ulises, Rusos, bsicologia — casos laberinticos, alma, complejos, Freud — todo eso a la mierda — cabeza de pescado
mediodia de Cadaques burro freneticamente podrido !ale-
gria! Dalí[105]

El mensaje tal vez dé a entender que Dalí ha recibido
una carta del poeta en la cual éste ha incidido sobre, precisamente, sus «conflictos interiores» y «complicaciones
morales». Si fue así, poco consuelo le ofrece Dalí. Porque si
hay una persona que no cree sólo en superficies, pese a
haber adoptado en parte la estética de la Santa Objetividad, se llama Federico García Lorca.

Durante las navidades de 1927, después de participar en el
homenaje a Góngora celebrado en Sevilla, Lorca recibe
noticias de Sebastià Gasch. El crítico le informa que Dalí le
ha escrito, «entusiasmado», con unas consideraciones sobre
«Santa Lucía y San Lázaro», que se acaba de publicar, dedicada a Gasch, en la *Revista de Occidente*.[106] Dicha carta
(que traducimos del catalán) demuestra, en efecto, que el
pintor ha captado enseguida la importancia del texto lorquiano; y también que ha escrito a Federico al respecto, en
carta hoy desconocida:*

     *   El catalán original de la carta reza:
     Amic Gasch suposu auras llegit el maravillos escrit d'en Lorca que et
dedica. Abiu acabu de ferli una llarguissima carta parlanli de Santa Llusia - Santa Llusia es Santa Presentacio es la maxima corporeitat es ofrir
la major superficie al exterior
     La poesia de San Sebastia consisteix en la seva pasivitat, en la seva
paciencia, que es una manera d'elegancia; Santa Llusia *presenta* l'obgectivitat ostensiblement. San Sevastia es mes estetic, Santa Llusia mes *realista*
     San Llatse es encara la quinta esencia de la putrefaccio
     En Lorca sembla anar coincidin o paradoxa! em mols puns em mi,

Amigo Gasch: Supongo que has leído el maravilloso escrito de Lorca que te dedica. Hoy acabo de escribirle una larguísima carta hablando de Santa Lucía — Santa Lucía es Santa Presentación, es la máxima corporeidad, es ofrecer la mayor superficie al exterior.

La poesía de San Sebastián consiste en su pasividad, en su paciencia, que es una manera de elegancia;* Santa Lucía *presenta* la objetividad de manera ostensible. San Sebastián es más estético, Santa Lucía más *realista*.

En cuanto a San Lázaro, es la quintaesencia de la putrefacción.

Parece ser que Lorca va coincidiendo, ¡oh paradoja!, en muchos puntos conmigo, este escrito es elocuentísimo — ¿recuerdas lo que te decía hace poco tiempo de la superficie de las cosas?

Lorca pasa sin embargo por un momento intelectual, que creo durará poco (aunque por su aspecto los señores putrefactos creerán que se trata de un escrito surrealista).

Hace falta huir de las palabras «mendiantes»,** romper los límites que nuestra cultura nos impone, para presentar puros *hechos* poéticos en toda su objetividad — Todo consiste en ponernos en situación de poder tocar lo vivo de las cosas; de aquí en adelante, sólo *presentando* lo que hemos visto será suficiente.[107]

---

aquest escrit es elocuentisim - recordes lo que et deya fa poc de la superficie de les cosas?

Lorca pero pasa per un moment intelectual, que crec durara poc (encara que per l'especta els senyors putrefactes creuran que es tracta d'un escrit surrealista)

Cal fugir de las paraules «*mendiantes*», trencar els limits que la nostra cultura ens posa, per presentar purs *fets* poetics, en tota la seva obgectivitat - El tot es posarse en condicions per tocar lo viu de les coses; llavors, numes *presentan* lo que haguem vist hi aura prou...

* Alusión a «*Paciencia*», la segunda sección de «San Sebastián».

** Referencia a un breve texto de André Breton editado como prólogo al catálogo de la exposición de Hans Arp inaugurada en París el 21 de noviembre de 1927. Dalí recibió un ejemplar del catálogo y se lo mandó con unos comentarios a Sebastià Gasch (AG). Véase también *VDSD*, p. 242. Unas semanas antes Dalí ha recibido un ejemplar de la invitación a la reapertura de la Galerie Surréaliste en París el 10 de octubre de 1927. También se la manda a Gasch, con el comentario: «sumamente interesante; hay que advertir en el surrealismo un cierto afán de solidificación muy diferente de la absoluta delicuescencia primitiva» (AG).

Lorca, en su respuesta a la carta de Gasch, apenas se esfuerza por disimular la emoción que le inspira Dalí:

> Dalí el maravilloso sobre toda ponderación, me ha mandado unos ensayos poéticos que son un encanto.* Yo siento cada día más el talento de Dalí. Me parece único y posee una serenidad y una *claridad* de juicio para lo que piensa que es verdaderamente emocionante. Se equivoca y no importa. *Está vivo.* Su inteligencia agudísima se une a su infantilidad desconcertante, en una mezcla tan insólita que es absolutamente original y cautivadora. Lo que más me conmueve en él ahora es su *delirio* de construcción (es decir, de creación), en donde pretende crear de la *nada* y hace unos esfuerzos y se lanza a unas ráfagas con tanta fe y tanta intensidad que parece increíble. Nada más dramático que esta objetividad y esta busca de la alegría por la alegría misma. Recuerda que éste ha sido siempre el canon mediterráneo. «Creo en la resurrección de la carne», dice Roma. Dalí es el hombre que lucha con hacha de oro contra los fantasmas. «No me hable usted de cosas sobrenaturales. ¡Qué antipática es Santa Catalina!», dice Falla.

> *¡Oh línea recta!*
> *¡Pura lanza sin caballero!*
> *¡Cómo sueña tu luz*
> *mi senda salomónica!*

> Digo yo. Pero Dalí no quiere dejarse llevar. Necesita llevar el volante y además la fe en la geometría astral.
> Me conmueve; me produce Dalí la misma emoción pura (y que Dios nuestro Señor me perdone) que me produce el niño Jesús abandonado en el Pórtico de Belén, con todo el germen de la crucifixión ya latente bajo las pajas de la cuna.[108]

Los crípticos versos citados, cuyo alcance difícilmente debió de captar Gasch, proceden del poemilla «Espiral», compuesto por Lorca en noviembre de 1922 y perteneciente a una *suite*:

---

*   Sin identificar.

Láminas

1. Dalí, *Sueños noctámbulos,* 1922. Dalí, Buñuel y Maruja Mallo se pasean por el Madrid Viejo.

2. Dalí, *Retrato* [Federico García Lorca], ca. 1923-1924. Un recital del poeta en la Residencia de Estudiantes.

3. Lorca, *La desesperación del té,* ca. 1924. En la «Resi» se consumían cantidades descomunales de la infusión.

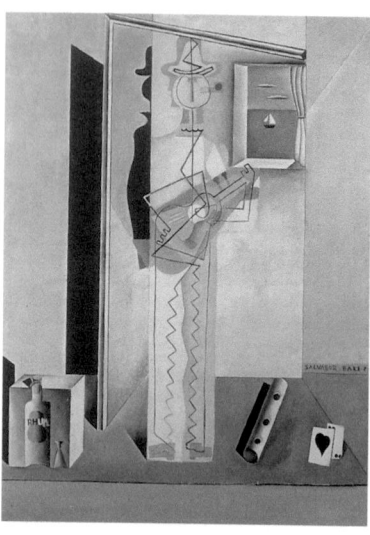

4. Dalí, *Pierrot tocando la guitarra (Gran arlequín y pequeña botella de ron)*, 1925. Pierrot lleva el sombrero pluma tan caro al poeta.

5. Lorca, *«Slavdor Adil (Peintre)»*, 1925. *Dalí con Pierrot tocando la guitarra.* Al principio los «residentes» creían que Dalí era un «pintor polaco».

6. Lorca, *Retrato de Dalí, ca.* 1925. El pintor con la pipa que nunca fumaba.

7. Dalí, *Muchacha de Figueras,* 1926. El cuadro que mostró Dalí a Picasso en 1926.

8. Dalí, *Naturaleza muerta (Invitación al sueño),* 1926. Dalí recrea la representación que solía hacer Lorca de su propia muerte.

9. Dalí, *Naturaleza muerta al claro de luna,* 1926-1927. Las cabezas fundidas de pintor y poeta sobre una mesa de la casa de los Dalí en Cadaqués.

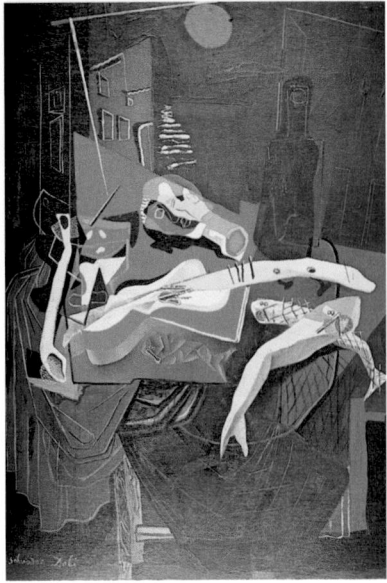

4

10. Dalí, *Composición con tres figuras (Academia neocubista)*, 1926. Otra vez las cabezas fundidas de Lorca y Dalí, ahora en presencia de san Sebastián, patrón de Cadaqués, representado en clavemarinera.

11. Lorca, *El beso*, 1927. Versión lorquiana de las cabezas fundidas dalinianas.

12. Lorca, *El viento este*, 1927. El abanico del payaso ostenta un minúsculo retrato de Dalí.

13. Lorca, retrato de Dalí como dioscuro, 1927.

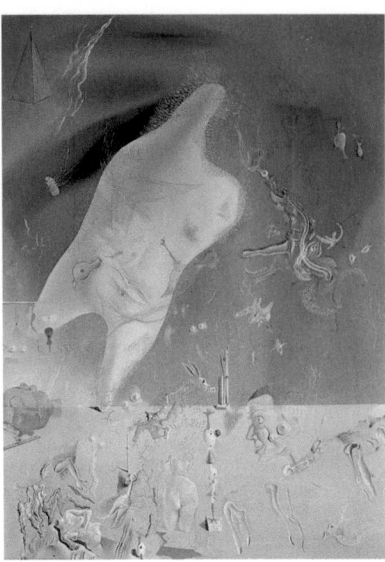

14. Dalí, *Cenicitas,* 1927-1928. Antología de las obsesiones dalinianas del momento, Lorca incluido.

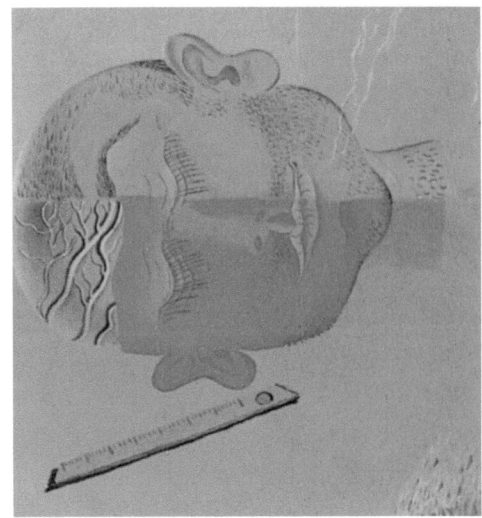

15. Dalí, *Cenicitas,* la cabeza de Lorca en la línea de playa y mar.

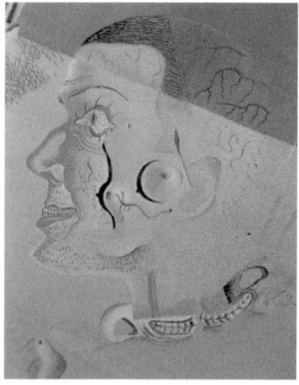

16. Dalí, *Cenicitas,* la cabeza de Dalí (con pechos incorporados).

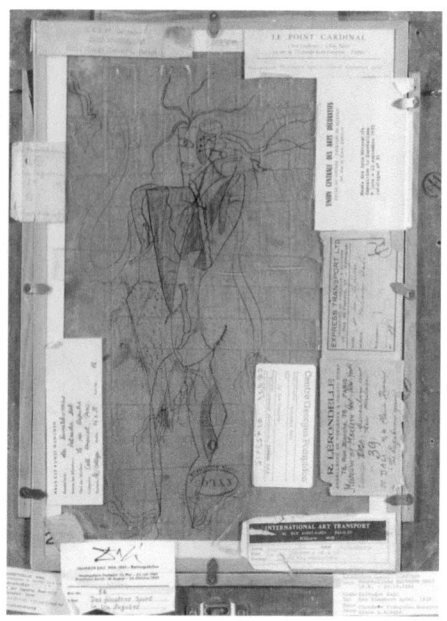

17. Lorca, dibujo (ca. 1927) regalado a Dalí. En su dorso el pintor ejecutó posteriormente *El juego lúgubre.*

18. Dalí, *Los primeros días de la primavera,* 1929. Pintado justo antes de que Dalí se trasladara a París aquel abril para el rodaje de *Un Chien andalou,* el cuadro sorprendió a los surrealistas.

19. Dalí, *El juego lúgubre,* 1929. La familia del pintor se quedó consternada ante el contenido escatológico de este cuadro.

20. Dalí, *Calavera atmosférica sodomizando un piano de cola,* 1934. ¿Alusión a los intentos del poeta?

21. Dalí, *Metamorfosis de Narciso*, 1936-1937. El poema del mismo título, compuesto simultáneamente, contiene llamativas alusiones a Lorca.

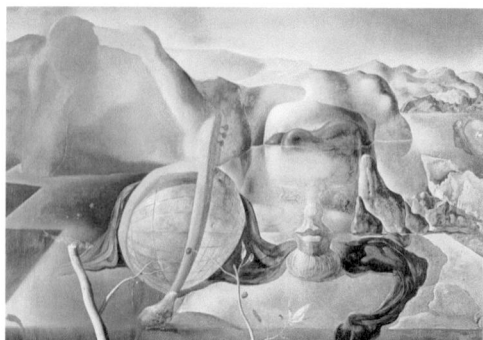

22. Dalí, *El enigma sin fin*, 1938. Aparición espectral de la cabeza de Lorca en la playa.

23. Dalí, *Aparición de un rostro y un frutero en una playa*, 1938. La cabeza de Lorca otra vez.

24. Dalí, *Torero alucinógeno*, 1969-1970. La presencia del poeta muerto impregna el cuadro.

1. Lorca adolescente.

2. Lorca (primera fila) y sus compañeros universitarios con los catedráticos Martín Domínguez Berrueta y José Surroca.

3. Salvador Dalí Cusí, padre del pintor.

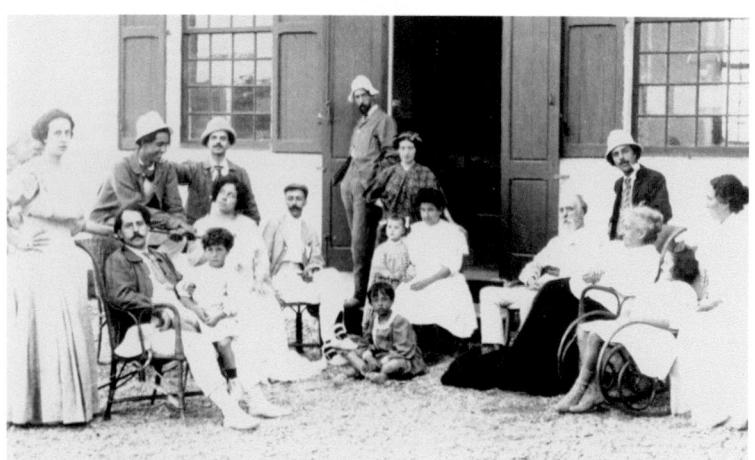

4. La familia Pichot en Cadaqués.

5. Rocas del cabo de Creus.

6. Dalí en el Instituto de Figueres, 1916. (Segunda fila, quinto desde la izquierda.)

7. Dalí en una excursión del Instituto de Figueres. (Primera fila, tercero desde la izquierda.)

8. Felipa Domènech, la madre de Salvador Dalí (a la izquierda), con su hermana Catalina, «la tieta».

9. Carme Roget, la novia del Dalí adolescente.

13

10. Antonio Segura Mesa, profesor de piano de Lorca.

11. Juan Núñez Fernández, profesor de arte de Dalí.

12. La Residencia de Estudiantes en una postal de la época.

14

13. Una excursión de la Orden de Toledo, 1925. De izquierda a derecha: José María Hinojosa, Dalí, Buñuel, María Luisa González, José Moreno Villa y José Bello.

14. Lorca con *Sifón y botella de ron*, 1925, que le regaló Dalí.

15. Dalí con *Pierrot tocando la guitarra (Gran arlequín y pequeña botella de ron)*, 1925, acompañado de su tío Anselm Domènech. Fotografía dedicada por Dalí a Lorca.

16. Lorca y Dalí en Barcelona, 1925.

17. Dalí, Lorca y José Bello cogidos de la mano en la Residencia de Estudiantes, 1926.

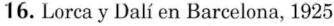

18. Picasso, *Estudio con cabeza de yeso* (1925). Dalí admiró este cuadro cuando visitó a Picasso en 1926.

19. Dalí, José Moreno Villa, Buñuel, Lorca y José Rubio Sacristán a orillas del Manzanares, 1926.

**SALVADOR DALÍ
AUTORRETRAT**

20. Dalí, *Autorretrat*, 1926. Otra vez las cabezas fundidas de pintor y poeta.

21. Lorca «haciendo el muerto» en Cadaqués, fotografiado por Anna Maria Dalí.

22. «¡Hola hijo! Aquí estoy.» Lorca adopta, ante un fotógrafo barcelonés (1927), la postura que le ha conferido Dalí en *El poeta en la platja d'Empúries* (véase p. 169), y añade a mano varios motivos relacionados con san Sebastián y con el pintor. Luego mandó la foto retocada a éste.

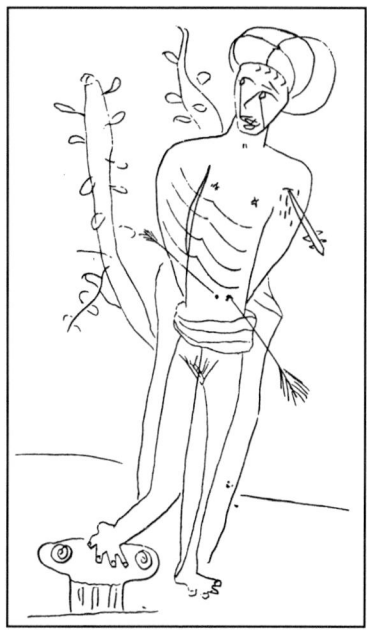

23. Lorca, dibujo (ca. 1927) de san Sebastián con una aureola parecida a la que añadió a su propia cabeza en la ilustración anterior.

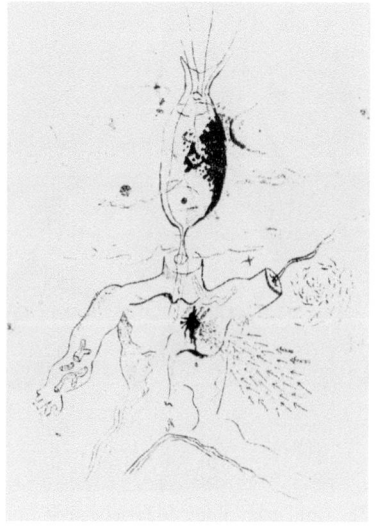

24. Dalí, ilustración del santo que acompañó su prosa *Sant Sebastià*, al publicarse ésta en 1927.

18

25. Dalí, *La miel es más dulce que la sangre*, 1927. Hoy en paradero desconocido, Dalí lo consideraba uno de sus cuadros más importantes.

26. Dalí, gran plano de la cabeza de Lorca en *La miel es más dulce que la sangre*.

27. Lorca y Dalí en Cadaqués, 1927.

Comedias y comediantes

TEATRO GOYA

Se estrenó, con éxito, «Mariana Pineda», romance en tres estampas, de Federico García Lorca, por la compañía de Margarita Xirgu

García Lorca y Dalí

28. Lorca y Dalí en el estreno de *Mariana Pineda*. Caricatura de Fresno.

29. Lorca y Dalí en Cadaqués, 1927, «trabajando en un manifiesto».

30. Decorado de Dalí para *Mariana Pineda*.

31. Otro decorado de Dalí para *Mariana Pineda*.

32. Dalí y Buñuel en el cabo de Creus, 1929.

33. Un Lorca deprimido en Estados Unidos, 1929.

34. Gala luce sus encantos en Port Lligat, ca. 1930.

35. Lorca con su madre en la Huerta de San Vicente, Granada, 1935.

36. Banquete ofrecido el 9 de febrero de 1936 a Rafael Alberti y María Teresa León (de pie). En el curso del mismo Lorca (sentado a la derecha de la escritora) lee un manifiesto de apoyo al Frente Popular firmado por más de cien intelectuales.

37. Dalí, *Afgano invisible con la aparición en la playa del rostro de García Lorca en forma de frutero con tres higos*, 1938.

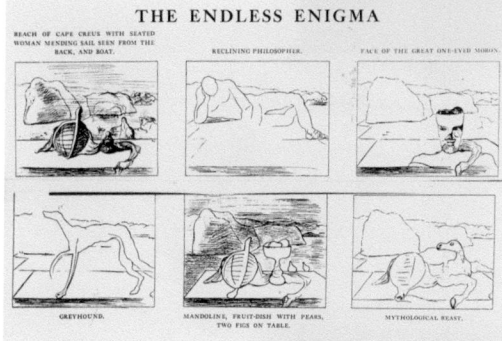

38. Dalí, esquema de *El enigma sin fin*, 1938 (véase lámina 22).

39. Dalí, *Las tres edades (La vejez, la adolescencia, la infancia)*, 1940. Lorca representa la adolescencia: recuerdo de los días heroicos de la Residencia de Estudiantes.

24

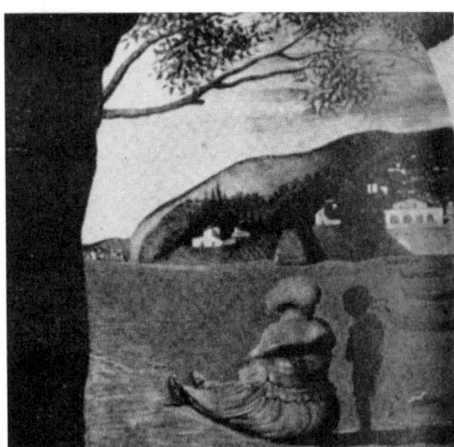

40. Dalí, *Boca misteriosa que aparece en la espalda de mi niñera*, 1941. Las facciones del poeta recordadas desde Nueva York.

41. La caja de lápices que inspiró *El torero alucinógeno*.

ESPIRAL

Mi tiempo
avanza en espiral.

La espiral
limita mi paisaje,
deja en tinieblas lo pasado
y me hace caminar
lleno de incertidumbre.

¡Oh línea recta! Pura
lanza sin caballero,
¡cómo sueña tu luz
mi senda salomónica![109]

Desde sus más tempranos escritos hasta los últimos, en efecto, Lorca dejará fe de la naturaleza tortuosa de su camino por la vida. Como ha escrito Eutimio Martín, en un agudo comentario a este poema:

> Es el suyo un caminar en espiral, de derecha a izquierda y de izquierda a derecha desde un polo místico al otro erótico, desgarrado por una irresistible llamada de la más diáfana espiritualidad y de apetitos carnales tan irreprimibles como heterodoxos. Con este dolor «salomónico» a cuestas, entra en el año 1928.[110]

Lorca no llegará nunca a resolver plenamente el conflicto entre lo «espiritual» y lo carnal que le sacude, y en ciertos momentos de los pocos años que le quedan ni su arte, ni sus inmensos dones, ni su carisma personal bastarán para salvaguardarle de depresiones profundas y casi suicidas. Al acabarse 1927 Lorca cree que pronto estará otra vez con Dalí, y ello estimula su optimismo. Lo que no puede saber es que pasarán siete años antes de que se vuelvan a encontrar.

6. 1928-1929: EL DISTANCIAMIENTO (CON BUÑUEL AL FONDO)

Hacia mediados de enero de 1928 Lorca recibe de Dalí una carta entre informativa, seria y jocosa, como suelen ser las suyas. En febrero el pintor acabará el servicio militar. Se le bullen en la cabeza numerosos proyectos.

Federico: te escrivo desde la cama donde estoy convaleciente de dos dias de fiebre, estoy muy peludo, y terriblemente mono. Cuando me lebante me preocupare de lo que me pides.

Pronto termino de ser soldado y empezare a pintar para exponer en Paris, estoy ya dentro de una *tecnica* considerable que me permite hallar *cosas* indudablemente alegres y poeticas —

Hace unos dias fui a Cadaques a comer una gran cabeza de pez con el piebrecito, y aceite, Cadaques era mas *mineral* que siempre — los olivos nacian directamente de la lisa pizarra como los aparatos,* la obgetividad cerrava los dientes con fuerza, encima de la mesa, *un* humo estaba derecho y quieto como un tapon — La cabeza del pez tenia toda la anatomia y paciencia del Mantegna con todo el aceitito mas dorado del mejor Tintoretto, con el sol del invierno las miguitas de pan tanbien estaban quietos y algunas llevavan una pequeña minutera; las toallas (manteles) se veian aumentadas sus tegidos por el vidrio de multiplicar del aire de invierno de Cadaques; Enrriquet cuando ablava era para decir sentencias *definitivas*, y el dedo gordo de su pie era frio como un vaso de agua.** [*Las ramas de el eucaliptus*] Un pelo fino de una pestaña es muy bonito; tanbien estaba muy contento de que hubieran cosas arrugadisimas y pequeñas. [*Todas*] Las mugeres que bajaban de coger ramas (leña) llevaban todas su nariz, aquella *silueta* me acia un poco de sombra en una mano, en mi yersei abia un pequeño boton que se aguanta [*como con*] por un *ilo*.

* * *

* Es decir, como los «aparatos» (*aparells* en catalán) que aparecen en *La miel es más dulce que la sangre* y otras obras de la misma serie.
** Enrriquet, el pescador que aparece al principio de «San Sebastián».

Bamos enseguida, mi padre a hacer todas aquellas reformas en la casita, y quedara mucho mas logica y alegre, sin el corredor oscuro y con bentanas muy grandes, irme a vivir alli, ya sabes que es lo que mas me gusta del mundo.

FOTOGRAFIA

Yo digo a los poetas: Amo a los ramos de flores, porque nada se parece tanto a los burros podridos — Los ramos de flores que pintan *los acuarelistas*, no se parecen a los ramos de flores, porque no se parecen en nada a los Burros podridos —

Ningun animal mas capacitado para la *crueldad* y antipatia que la palomita

Ningun animal en canvio mas capacitado para la ternura que el *ipopotomito*.

*   *   *

Acabo de leer poesias (?)* de Pol Valeri i el libro sobre este puerco que a hecho Paul Suday.** Paul Valeri presenta todos los signos de la peor clase de putrefaccion — su intelectualismo es de lo mas aburrido que cabe — tenemos que prescindir en absoluto de *esa gentuza* — un Gide sobre todo *Si le grain moeur* [sic],*** puede tener la intensidad de una cosa *personal* absurda, biografismo nada mas, incapaz pero ni tan solo de interesarnos, Gide es otro latazo; su vida no nos importa una mierda y en el fondo es la misma que la de *una cupletista* y en canvio no nos da nada capaz de emocionarnos *sanamente* — en fin Merde!

Te saluda con un gran cariño tu Dalí.

La carta lleva unos dibujos —uno de ellos de una «mano (?)**** boladora» de evidente simbolismo fálico— y varias observaciones marginales, entre ellas una recomendación poética al amigo:

---

    *   La interrogación es de Dalí.
    **   Según aclara Santos Torroella, *SDFGL*, p. 143, nota 6, se trata de Paul Souday, *Paul Valéry*, París, Simon Kra, 1927.
    ***   Es decir, de Gide, *Si le grain ne meurt*.
    **** La interrogación es de Dalí.

Gomez de la Serna, queda lo que tiene que ser el *lenguage* vulgar de dentro poco — es *ingenioso* — *divertido*

Es *tan* milagroso que una aceituna este *quieta* como que *salte*.

Acto de *FE*; Lorca, 1er. *futuro* poeta de verdad cuando se purifique completamente y quede como un *aceite* sentado y monisimo.

Cocteau — irresistible, solo hace bonito

Radiguet *mejor* que Proust pero inservible

PICASSO Fotografia CINE = Nacimiento de la poesia — *tornillito* —

Primer **poeta** de todos PICASSO No hay poetas que *escrivan*. Los mejores pintan o hacen cine — BUSTER ARRI LAGDON [sic][1]

Cabe pensar que la carta, llena a rebosar de sugerencias y guiños, no deja de acrecentar la impaciencia que siente Lorca en estos momentos por escaparse de una Granada agobiante donde le retienen sobre todo las preparaciones para el lanzamiento de la revista *gallo*.

Durante los primeros meses de 1928 termina *La zapatera prodigiosa*, que le ha ocupado esporádicamente durante años, y trabaja en la ambiciosa *Oda al Santísimo Sacramento*, en cuyas estrofas se trasluce otra vez la angustia erótica y metafísica que con tanta persistencia le atenaza. Parece corresponder a estos momentos un pequeño comentario de Dalí, incluido en una carta a Gasch. El crítico catalán se ha preocupado al no tener noticias de Federico. Le contesta Salvador: «De Lorca no sé nada desde hace al menos mes y medio, no te preocupes —atraviesa una crisis en él muy frecuente, que para nosotros es de difícil explicación— cuando menos nos lo esperamos, seguiremos recibiendo carta de él cada día!».[2] Dalí conoce a su hombre. Unos meses después informa a Gasch: «He recibido una salutación telegráfica de Lorca desde Madrid después de un larguísimo silencio».[3]

El poeta no ha abandonado el proyecto de editar un libro de dibujos. Habla ahora de la colaboración de Dalí además de la de Sebastià Gasch, y anuncia que será editado por *gallo*. Pero nunca verá la luz. El primer número de *gallo* sale por fin en marzo e incluye una traducción del «San Sebastián» de Dalí (que dice que no le gusta la revista). El segundo y último número se edita dos meses después. Esta vez la *pièce de résistance* es el *Manifiesto artístico* de Dalí, Gasch y Montanyà, dado a conocer en marzo y en cuyos tempranos borradores había colaborado Lorca (el poeta suprime su propio nombre entre la lista de artistas admirados por Dalí y sus colaboradores).

A finales de julio de 1928 Lorca publica el *Romancero gitano* en una primorosa edición de la *Revista de Occidente*. El éxito del libro es inmediato y arrollador, y Ricardo Baeza, que el año antes había elogiado *Canciones* en la primera plana de *El Sol*, afirma ahora en el mismo sitio que Lorca ha logrado forjar con su nuevo libro «el más personal y singular instrumento de expresión poética en español desde las grandes innovaciones de Rubén Darío».[4] La alabanza no puede ser mayor. Otras reseñas son igualmente favorables. Los romances, con su originalísma combinación de elementos tradicionales y modernos, gustan no sólo a los críticos sino al público en general. A los treinta años, y casi de la noche a la mañana, el granadino se convierte en el poeta joven más famoso y admirado de España. Y ello en momentos en que está pasando por una aguda crisis personal.

Dalí conoce la intensa relación que existe entre Federico y el escultor Emilio Aladrén, compañero de Salvador unos años antes en San Fernando. Relación que se encuentra ahora amenazada por la llegada de una inglesa, Eleanor Dove. Dalí está al tanto. Contestando una infeliz comunicación del poeta le envía una de sus cartas más tiernas, a juzgar por el único trozo conocido, que Lorca incluye orgullosamente en otra a Jorge Zalamea, un joven amigo colombiano. Dalí le ha dicho:

> Tú eres una borrasca cristiana y necesitas de mi paganismo. La última temporada en Madrid te entregaste a lo que no te debiste entregar nunca. Yo iré a buscarte para

hacerte una cura de mar. Será invierno y encenderemos
lumbre. Las pobres bestias estarán ateridas. Tú te acorda-
rás que eres inventor de cosas maravillosas y viviremos
juntos con una máquina de retratar.

«Es así este maravilloso amigo mío», resume el poeta,
añadiendo que Dalí le va a visitar en Granada aquel septiembre.[5] De hecho, Lorca lleva tiempo reanudando sus
esfuerzos para que el pintor vaya a verle. «Queremos hacer
un número dedicado todo [a] Dalí —escribe a Gasch—. Éste
va a venir a Granada y le debemos este homenaje. Aconsé-
jale tú en tus cartas que venga. Dile que le hace falta, como
es verdad, una visita a este importante Sur.» Pero una vez
más Dalí se negará a abandonar su estudio.[6]

En otra carta a Zalamea escrita poco después, Lorca
vuelve a incidir sobre su infelicidad, sus «conflictos de sentimientos muy graves» y su empeño en seguir, sin embargo, su «norma de alegría a toda costa». Zalamea también
está pasando por una crisis. El poeta le trata de consolar,
dejando traslucir el sentimiento, en momentos en que crece su fama a paso de gigante, de haberlo perdido todo. Es,
otra vez, el Lorca de los primeros escritos que presiente que
nunca más conocerá el amor:

> Estás en una triste edad de duda y llevas un problema
> artístico a cuestas, que no sabes cómo resolver. No te apu-
> res. Ese problema se soluciona solo. Una mañana empeza-
> rás a ver claro. Lo sé. Me apena que te pasen cosas malas.
> Pero debes aprender a vencerlas, sea como sea. Todo es
> preferible a verse comido, roto, machacado por ellas. Yo he
> *resuelto* estos días con voluntad uno de los estados más
> dolorosos que he tenido en mi vida. Tú no puedes imaginar
> lo que es pasarse noches enteras en el balcón viendo una
> Granada nocturna, *vacía* para mí y sin tener el menor con-
> suelo de nada.[7]

Conociendo la opinión de Dalí sobre *Canciones*, Federico
no puede esperar que su reacción ante el *Romancero gitano* sea positiva. Y así es. Durante agosto el pintor —que
conoce de memoria, desde los días de la Residencia, varios
de los romances lorquianos más antiguos, si no los más

recientes— somete el libro a un despiadado análisis. Y a
principios de septiembre el granadino recibe una larga y
enjundiosa carta al respecto que por su extraordinaria agudeza, así como impacto sobre el poeta, merece ser reproducida íntegra:

> Querido Federico: He leido con calma tu libro del que
> no puedo estarme de comentar algunas cosas. Natural-
> mente me es imposible coincidir en nada a la opinión de
> los grandes puercos putrefactos que lo han comentado. An-
> drenio,* ect ect pero creo que mis opiniones que cada dia
> *van concretandose* en torno de la poesia pueden interesarte
> algo.
>
> I   Me parece lo mejor del libro *lo ultimo*, martirio de
> Santa Olalla, pedazos de incesto — *Rumor de rosa encerra-*
> *da* — estas cosas pierden ya buena parte de costumbrismo,
> son mucho menos anecdotico que los demas ect.** *Lo peor*
> me parece lo de aquel senyor *que se la llevo al río.**** La*
> *gracia* producto de un estado de espiritu vasado en la apre-
> ciacion deformada sentimentalmente por el *anacronismo*.
> Lo de las enaguas del santito en su alcoba (San Gabriel)****
> me es hoy en que en toda produccion solo admito la *rabia*
> en el crearla, una especie de inmoralidad — eso es lo que a
> sido empleado por los Franceses por el — esprit — Frances,
> asqueroso i inatmisible — Cocteau — ect i del que todos he-
> mos estado contagiados.
>
> II   Tu poesia actual cae de lleno dentro *de lo tradicio-*
> *nal*, en ella atvierto la substancia *poetica mas gorda que ha*
> *existido*: pero! ligada en absoluto a las normas de la poesia
> antigua, incapaz de emocionarnos ya ni de satisfacer nues-
> tros deseos actuales — Tu poesia esta ligada de piez i bra-
> zos [al arte] a la poesia vieja — Tu quizas creeras atrevidas
> ciertas imagenes, pero yo puedo decirte que tu poesia se

---

*   Andrenio [Eduardo Gómez de Baquero], «*Romancero gitano*»,
La Vanguardia, Barcelona, 12-VIII-1928.
**   «Martirio de Santa Olalla» y «Thamar y Amnón» figuran, efectivamente, al final del libro, en este orden (con «Burla de don Pedro a caballo» entre ellos). Al citar el verso «rumor de rosa encerrada», de «Thamar
y Amnón», Dalí está aludiendo a la erótica escena con Margarita Manso vi-
vida por él y Lorca unos años antes.
***   «La casada infiel.»
****   Dalí se equivoca. Se trata de «San Miguel», romance inspirado
por la imagen del arcángel en la iglesia de San Miguel el Alto, Granada.

mueve dentro de la *ilustracion* de los lugares comunes mas
estereotipados i mas conformistas — [o gran Federico Tu]
— Precisamente estoy convencido que el esfuerzo oy en
poesia solo tiene sentido con la evasion de las ideas que
nuestra inteligencia a ido forjando artificialmente, asta
dotar a *estas* de su exacto sentido real.

En Realidad, no hay ninguna relacion entre dos dan-
zantes i un panal de abejas, a menos que sea la relacion que
hay entre Saturno i la pequena cuca que duerme en la cri-
salida o a menos de que en realidad no exista *ninguna diferencia* entre la pareja que danza i un panal de abejas.

Los minuteros de un reloj (no te figes en mis egemplos
que no los busco, precisamente, poeticos) empiezan a tener
un valor real en el momento en que dejan de senalar las
oras del reloj i perdiendo su ritmo *circular* i su mision arbitraria a que nuestra inteligencia los a sometido (senalar
las horas), se *evaden* del tal reloj para articularse al sitio
que corresponderia el sexo de las miguitas del pan.

Tu te mueves dentro de las nociones aceptadas i anti-
poeticas — hablas de un ginete i este supones que va arriva de un caballo i que el caballo galopa, *esto es mucho decir*, porque en *realidad* seria *conveniente averiguar* si
realmente es el ginete el que va arriva si las riendas no son
una continuacion organica de las *mismisimas* manos, si en
realidad mas veloz que el caballo resultan que son los pelitos de los cojones del ginete i que si el caballo precisamente es algo inmobil aderido al terreno por raizes vigorosas...
ect ect. Figurate pues lo que es llegar como *tu* haces al concepto de un Gardiacivil — Poeticamente, un guardiacivil en
realidad no existe — a menos que sea una alegre i mona
silueta viva i reluciente precisamente por sus calidades i
sus piquitos que le salen por todos lados i sus pequenas co-
rreas que son parte viceral de la misma vestiecita ect ect

Pero tu,... putrefactamente — el guardia civil — que
hace? tal tal — tal. tal. irrealidad irrealidad.

— Anti poesia-

formacion de nociones arbitrarias de las co-
sas: Hay que dejar las cositas *libres* de las ideas convencionales a que la inteligencia las a querido someter — Entonces estas cositas monas ellas solas obran de acuerdo con su
real i *consubstancial* manera de ser — Que ellas mismas
decidan la dirección del curso de la proyección de sus sombras! i a lo mejor lo que creiamos que haria una sombra mas
espesa no hace sombra — ect ect — Feo. bonito? palabras

que an dejado de tener todo sentido — Horror, eso es otra cosa, eso [es] lo que nos proporciona lejos de toda *estetica** el conocimiento poetico de la realidad, ya que el lirismo solo es posible dentro de las nociones mas o menos aproximativas que nuestra inteligencia puede percivir de la realidad.

[Y una rosa es una vestia ect ect] *saldra* un *articulo* dedicado a ti en la Gaceta** en que hablo de estas cosas, i ademas de la importancia del dato estrictamente obgetivo obtenido anti-artisticamente por un rigoroso metodo analitico.

pero dejemos, yo cada dia puedo escrivir menos asi en cartas, en canvio hago largos i substanciosos articulos llenos de ideas

Federiquito, en el libro tuyo que me lo he llevado por esos sitios minerales de por aqui a leer, te he visto a ti, la vestiecita que tu eres, vestiecita erotica con tu sexo i *tus pequeños ojos de tu cuerpo*, i tus pelos i tu miedo de la muerte i tus ganas de que si te mueres se *enteren los señores*,*** tu misterioso espiritu echo de pequenos *enigmas* tontos de una estrecha correspondencia horóscopa i tu dedo gordo en estrecha correspondencia con tu polla i con las humedeces de los lagos de baba de ciertas especies de *planetas peludos* que hay — Te quiero por lo que tu libro revela que eres, que es todo el rebes de la realidad que los putrefactos an forjado de ti, un gitano moreno de cabello negro corazon infantil ect ect todo ese Lorca *Nestoriano***** decorativo anti-real, inexistente, solo posible de haber sido creado por los cerdos artistas lejos de los pelitos i de los ositos i siluetas blondas, duras i liquidas que nos rodean ect ect.

ti vestia con tus pequeñas huñas — ti que abeces la muerte te coge la mitad el cuerpo, o que te suve por [el brazo asta] las uñitas asta el ombro en esfuerzo esterilisimo! yo he vevido la muerte en tu espalda en aquellos momentos en que te ausentabas de tus grandes brazos que no eran otra cosa que dos fundas crispadas del plegamiento inconciente e inutil del planchado de las tapices de la residencia — ...

---

    *   Dalí escribe «toda *estica*». Rafael Santos Torroella considera que la lectura correcta es «*estetica*», habiendo dejado caer Dalí la sílaba «te». Tal vez cabe la posibilidad de la lectura «etica».

    **   Es decir, *La Gaceta Literaria*, de Madrid.

    ***   Versos, respectivamente, de los romances «Muerto de amor» y «El emplazado».

    ****   Alusión al pintor canario Néstor Martín Fernández de la Torre, amigo del poeta, conocido entre otras cosas por sus retratos de bellos efebos.

a ti, al Lenguado que se ve en tu libro quiero i admiro, a ese lenguado gordo que el dia que pierdas el miedo te cagues con los Salinas, abandones la Rima, en fin el arte tal como se entiende entre los puercos — aras cosas divertidas, orripilantes, crispadas, poeticas como ningun poeta a realizado.

adios *creo* en tu inspiracion, en tu *sudor*, en tu fatalidad astronomica.

Este invierto [*sic*] te invito a l'anzarnos en el *vacio*. Yo ya estoy en el desde hace dias, nunca abia tenido tanta seguridad

aora se algo de *Estatuaria* y de claridad **real** ahora lejos de toda Estetica

Abrazos Dali

El surrealismo es *uno* de los medios de Evasion
Es *esa* Evasion lo importante
Yo voy teniendo mis maneras al margen del surrealismo, pero esto es algo vivo — Ya ves que no hablo de el como antes, tengo la alegria de pensar muy distintamente de el verano pasado, que fino he?[8]

No conocemos la contestación de Lorca a esta fabulosa carta, pero podemos tener la seguridad de que estaba mayormente de acuerdo con el criterio del pintor sobre sus romances, ya que él mismo estaba cansado de ellos y del tema «gitano». Leyó la carta, «sonriendo», a algunos amigos de Madrid, entre ellos Rafael Martínez Nadal, y elogió «la inteligencia, la gracia y la agudeza de su amigo».[9] «Carta aguda y arbitraria que plantea un pleito poético interesante —comentó, lacónico, en una nota a Gasch—. Claro que mi libro no lo han entendido los putrefactos, aunque ellos digan que sí. A pesar de todo, a mí ya no me interesa nada o casi nada. Se me ha muerto en las manos de la manera más tierna. Mi poesía tiende ahora otro vuelo más agudo todavía. Me parece que un vuelo personal.» Y luego: «No te olvides de recomendar a Dalí que venga por Granada. Es preciso que nos veamos para muchas cosas».[10]

Una semana después Lorca vuelve a la carga en otra carta a Gasch: «Insiste con Dalí que venga a Granada.» Pero no hay nada que hacer: el pintor sigue con el empeño de no abandonar un segundo su trabajo.[11]

La carta de Dalí sobre el *Romancero gitano* coincide con, y en parte inspira, la composición por Lorca de un vanguardista poema en prosa fechado 4 de septiembre de 1928. Lo llamó primero «Técnica del abrazo (Poema aclaratorio de varias actitudes)», luego, tachando este título, «Últimos abrazos (Pequeño homenaje a un cronista de salones)». Tampoco lo satisfizo, y al publicarse el texto unas semanas después en *L'amic de les arts,* al lado de «Suicidio en Alejandría», se titulaba «Nadadora sumergida (Pequeño homenaje a un cronista de salones)».[12]

A mediados de septiembre el poeta explica a Gasch que los dos textos corresponden a la que llama su «nueva manera espiritualista, emoción pura descarnada, desligada del control lógico, pero, ¡ojo! ¡ojo!, con una tremenda lógica poética». Y añade el comentario, para que las cosas queden en su sitio:

> No es surrealismo, ¡ojo!, la conciencia más clara los ilumina. Son los primeros que he hecho. Naturalmente, están en prosa porque el verso es una ligadura que no resisten. Pero en ellos sí notarás, desde luego, la ternura de mi actual corazón.[13]

El hecho de que las dos prosas se publican al lado de una de Dalí, «Pez perseguido por un racimo de uvas», no puede ser fortuito, máxime en vista de que el pintor es redactor fijo de *L'amic de les arts* y puede influir en su contenido. Además Lorca ya conoce el texto de Dalí, que éste le ha mandado traducido al español con la indicación: «Dedicado a una conversación de Federico García Lorca con la Lydia».[14] Entre «Pez perseguido por un racimo de uvas» y las dos prosas lorquianas existen notables coincidencias que denotan la procedencia daliniana: escenarios de playa, nombres de personajes (la baronesa X de Dalí y la condesa X de «Nadadora sumergida»), tono irónico, alusiones al whisky y a los automóviles, la tendencia o el deseo de los objetos a metamorfosearse.

Parece cierto, por otro lado, que en «Nadadora sumergida» Lorca tiene muy presente su relación con Dalí. En la primera parte del texto el narrador, que declara que aho-

ra ya sabe lo que significa «despedirse para siempre», se
dirige a la condesa X y le narra el «último abrazo» con su
gran amor, abrazo «tan perfecto que la gente cerró los bal-
cones con sigilo»:

> Condesa: aquel último abrazo tuvo tres tiempos y se
> desarrolló de manera admirable.
> Desde entonces dejé la literatura vieja que yo había
> cultivado con gran éxito.
> Es preciso romperlo todo para que los dogmas se puri-
> fiquen y las normas tengan nuevo temblor.*
> Es preciso que el elefante tenga ojos de perdiz y la per-
> diz pezuñas de unicornio.
> Por un abrazo sé yo todas estas cosas y también por
> este gran amor que me desgarra el chaleco de seda.[15]

¿Cómo no relacionar «la literatura vieja», cultivada
hasta entonces tan exitosamente por el narrador, con el
Romancero gitano, que Dalí acaba de criticar por moverse
dentro de «las normas de la poesía antigua», y que al propio poeta ya no le interesa «nada o casi nada»? ¿Cómo no
ver en el afán renovador del «yo» de «Nadadora sumergida»
un reflejo de las preocupaciones estéticas de Lorca en estos
momentos? De los dos dibujos en tinta china enviados a
Gasch con «Nadadora sumergida» y «Suicidio en Alejandría», y publicados uno encima de otro en medio de la plana de *L'amic de les arts* donde se dan a conocer los textos
de Dalí y Lorca, el que más llama la atención es el inferior.

Teniendo en cuenta la serie daliniana en la que se funden la cabeza del pintor y la de Lorca, y el dibujo lorquiano *El beso*, ya comentado, en que se recoge el mismo motivo (lámina 11), ¿no cabe la posibilidad de que los dos
amantes que aquí se abrazan al lado de las olas represen-
tan a los dos amigos? La cabeza de la figura izquierda, más
ancha que la otra, tiene una cierta similitud con los auto-

---

* Parece que hay aquí, con la presencia del verbo «purificar», un
eco de la carta de Dalí citada anteriormente, donde en una nota margi-
nal el pintor apunta: «Acto de *FE*; Lorca, 1er. *futuro* poeta de verdad
cuando se purifique completamente y quede como un *aceite* sentado y
monísimo».

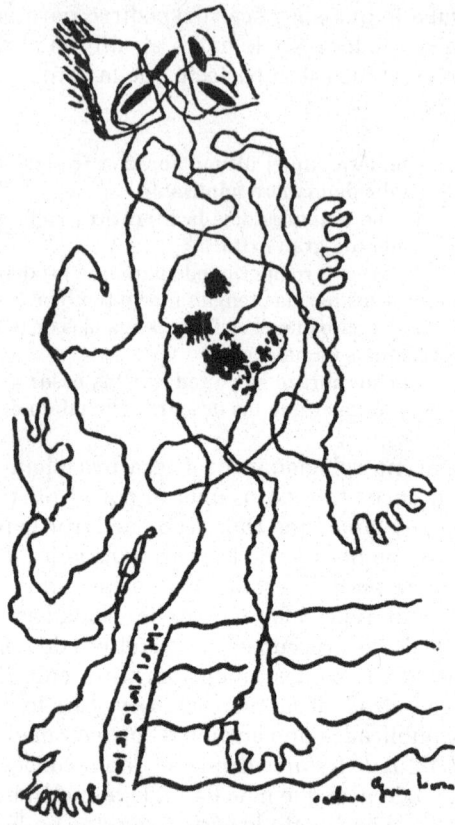

rretratos del poeta que conocemos. La otra es ovalada, más parecida a la de Dalí, y parece casi desprovista de pelo, lo cual podría ser una alusión al servicio militar del pintor, durante el cual se vio obligado a llevarlo muy corto. Además, como ha señalado Mario Hernández, la numeración de las olas es una clara alusión a uno de los primeros renglones del «San Sebastián» de Dalí:[16]

Enriquet, pescador de Cadaqués, me decía en su lenguaje esas mismas cosas aquel día que, al mirar un cuadro mío que representaba el mar, observó: es igual. Pero mejor en el cuadro, porque en él las olas se pueden contar.

También alude a la observación de Enriquet —como ha indicado Agustín Sánchez Vidal— el inútil esfuerzo de Margarita Gross y la «españolísima» Lola Cabeza de Vaca, en «Nadadora sumergida», que «llevaban contadas más de mil olas sin ningún resultado».[17]

Parece evidente, en resumen, que en «Nadadora sumergida» Lorca está indicando al pintor su decisión de abandonar ya, definitivamente, la «literatura vieja» —las «normas de la poesia antigua», como las había llamado Dalí en su carta sobre el *Romancero gitano*— y de amoldarse a las pautas del arte actual, es decir, del surrealismo, que ahora atrae tan poderosamente al pintor. Toda vez que sabemos que la primera versión de «Nadadora sumergida» se compuso el 4 de septiembre de 1928, y que Lorca recibió la carta de Dalí antes del día ocho del mismo mes, es posible que la comunicación del pintor fuera incluso el detonante de la prosa lorquiana. Tanto «Nadadora sumergida», pues, con su «último abrazo», como el dibujo acompañante, podrían significar el definitivo empeño por parte de Lorca en dejar atrás el mundo andaluz del *Romancero gitano*. Y también, cabe sospecharlo, la conciencia de estar en peligro de perder a Dalí, a quien, una vez más, e igualmente sin éxito, trata de atraer a Granada.

En estos momentos —y el poeta probablemente no lo sabe— acaba de llegar a Cadaqués Luis Buñuel. Al aragonés no le gusta nada el *Romancero gitano*, o por lo menos así lo dice. El 14 de septiembre de 1928, en una carta a José Bello, explica que en una reciente estancia en Madrid (tal vez a principios de agosto) ha visto a Federico, «volviendo a quedar íntimos» (lo cual presupone un distanciamiento anterior). Pero a continuación ataca los romances lorquianos en términos tan parecidos a los utilizados por Dalí en su carta al poeta de hacía quince días que es imposible no deducir que él y Salvador han comentado juntos el libro en Cadaqués. Lo más notable, con todo, es la rabia homófoba que destila la misiva:

Es una poesía que participa de lo fino y aproximada-
mente moderno que debe tener cualquier poesía de hoy para
que guste a los Andrenios, a los Baezas y a los poetas maricones y cernudos de Sevilla.* Pero de ahí a tener que ver
con los verdaderos, exquisitos y grandes poetas de hoy existe un abismo. Abro el libro al azar:

> San Miguel lleno de encajes
> En la alcoba de su torre
> Enseña sus bellos muslos
> Ceñido por los faroles.

(Bueno y qué!)**

Después de otras tres citas «al azar» (dos de «Preciosa
y el aire» y una del «Romance de la Guardia Civil española»), Buñuel sigue despotricando:

Hay dramatismo para los que gustan de esa clase de
dramatismo flamenco; hay alma de romance clásico para los
que gustan de continuar por los siglos de los siglos los romances clásicos; incluso hay imágenes magníficas y novísi-
mas, pero muy raras y mezcladas con un argumento que a
mí se me hace insoportable y que es lo que tiene llenas de
menstruaciones las camas españolas. Desde luego lo prefie-
ro a Alberti, que está tocando los límites de lo absurdo lírico. Nuestros poetas exquisitos, de élite antipopulachera,
son: Larrea, el primero; Garfias (lástima de su limitación y
escasez de imaginación, sus funciones serían divinas si sólo
tuviera la mitad de fantasía de Federico); Huidobro; a veces el histrión de Gerardo Diego; y la verdad, los demás a
mí no me *excitan* como al grupo de Mediodía.[18]

Es decir, no puede venir nada bueno, poéticamente
hablando, de Andalucía (parece que Buñuel alude, con la
palabra Mediodía, no sólo al Sur sino a la revista sevilla-
na del mismo nombre). Queda claro que el antiandalucis-
mo de Buñuel corría parejo con el de Dalí, esbozado un año

---

*   Alusión, claro está, al sevillano Luis Cernuda.
** Los «bellos muslos» de san Miguel tampoco le habían hecho mu-
cha gracia a Jorge Guillén, que en un momento dado considera este romance «imposible» (véase *EC*, p. 371, n. 1083).

antes en sus reservas acerca de *Canciones* y ahora contundente con respecto al *Romancero gitano*.

Dos conferencias dictadas por Lorca ante el Ateneo de Granada este otoño confirman de manera rotunda la influencia que ejerce Dalí sobre el poeta ahora que quiere dejar definitivamente detrás su «gitanismo»: «Imaginación, inspiración y evasión en la poesía» (11 de octubre) y «Sketch de la pintura nueva» (26 de octubre).

El manuscrito de la primera conferencia no se conoce, sólo el resumen publicado al día siguiente, con amplias citas, en *El Defensor de Granada*. Demuestra que para Lorca, en estos momentos, la imaginación poética —imaginación, según él, siempre condicionada por la realidad circundante— ya le queda pequeña. Le atrae otra «lógica poética», la de la inspiración, donde «ya no hay términos ni límites, admirable libertad». Adiós, pues, a la asepsia, cantada en la *Oda a Salvador Dalí* («Un deseo de formas y límites nos gana»). Lo que prima ahora es el «hecho poético» que, descubierto por la *inspiración*, no la imaginación, tiene según Lorca sus propias leyes, aun cuando discurra libre de todo «control lógico». *El Defensor de Granada* sintetiza así el siguiente pasaje, clave, de la conferencia, con su insistencia, otra vez, sobre nuevas «normas»:

> Poesía en sí misma llena de un orden y una armonía exclusivamente poéticos. Las últimas generaciones de poetas se preocupan de reducir la poesía a la creación del hecho poético y seguir las normas que este mismo impone, sin escuchar la voz del razonamiento lógico ni el equilibrio de la imaginación. Pretenden libertar la poesía no sólo de la anécdota, sino del acertijo de la imagen y de los planos de la realidad, lo que equivale a llevar la poesía a un último plano de pureza y sencillez. Se trata de una realidad distinta, dar un salto a mundos de emociones vírgenes, teñir los poemas de un sentimiento planetario. «Evasión» de la realidad por el camino del sueño, por el camino del subconsciente, por el camino que dicte un hecho insólito que regale la inspiración.
>
> El poema evadido de la realidad imaginativa se sustrae a los dictados de lo feo y bello como se entiende ahora y entra en una asombrosa realidad poética, a veces llena de ternura y a veces de la crueldad más penetrante.[19]

Aquí la influencia de Dalí es inequívoca, arrolladora.
Cuando Lorca afirma que los poetas nuevos «pretenden li-
bertar la poesía no sólo de la anécdota, sino del acertijo de
la imagen y de los planos de la realidad», tiene presente
una carta en la cual le ha dicho el pintor: «La metafora i la
imagen han sido hasta oy anecdoticas, tanto es asi que
hasta los mas puros e incontrolables pueden ser explicados
como un acertijo».[20] Mientras que, al referirse a la sustrac-
ción «a los dictados de feo y bello» conseguido por el poema
«evadido de la realidad imaginativa», ¿cómo no reconocer el
eco de la densa carta de Dalí sobre el *Romancero gitano*?:
«Feo bonito? palabras que an dejado de tener todo sentido —
Horror, eso es otra cosa, eso [es] lo que nos proporciona lejos
de toda *estetica* el conocimiento poetico de la realidad». Lorca no lo reconoce ante su público granadino, pero está repitiendo casi palabra por palabra conceptos dalinianos que
ahora asume como propios.

La segunda conferencia analiza la pintura contemporánea a la luz de estas premisas y califica al cubismo y al
surrealismo como las grandes fuerzas liberadoras contemporáneas del siglo, teniendo el movimiento dirigido por André Breton, según Lorca, el gran mérito de brindar al arte
la posibilidad de «expresar lo inexpresable».

Se anima la charla con diapositivas, y Lorca proyecta
por lo menos un Dalí, «levemente influenciado por Chirico»
(no identificado), y dos Miró. Aunque acepta la primacía de
Picasso como el máximo innovador contemporáneo, y expresa su profunda admiración por el madrileño Juan Gris, de
hecho es Miró quien mayores elogios le merece en esta ocasión, en parte, sin duda, debido al contagioso entusiasmo de
Dalí, férvido admirador del fascinante *Diálogo con insectos*
(1925), proyectado por el poeta. «Este paisaje nocturno donde hablan los insectos unos con otros —afirma el poeta—,
y ese otro panorama, o lo que sea, que no me importa saberlo ni lo necesito, están a punto de no haber existido. Vienen
del sueño, del centro del alma, allí donde el amor está en
carne viva y corren brisas increíbles de sonidos lejanos. Yo
experimento ante esos cuadros de Miró la misma emoción
misteriosa y terrible en que clavan la puntilla sobre la testa
del hermoso animal.»[21]

En diciembre, otra vez en Madrid, vuelve a la Residencia de Estudiantes para dictar una conferencia sobre las nanas infantiles. En su intento de explicar la melancolía tan profunda de estas canciones, recurre a su infancia en la Vega de Granada y ensalza a las campesinas que, desde hace siglos, llevan realizando la admirable labor de transmitir a los niños ricos, que de otro modo no podrían acceder a ellos, poemas y romances populares. No pierde la ocasión de aludir a Dalí. Comentando la presencia del «coco» en las nanas, evoca un episodio ocurrido, dice, durante una visita suya a «una de las últimas exposiciones cubistas» del pintor. En dicha ocasión, declara, una niña catalana se emocionó tanto ante algunos de los cuadros de Dalí (que para ella representaban «papos» y «cocos») que les costó mucho trabajo sacarla de la sala. Pero, ¿a qué muestra «cubista» se refería el poeta? La última individual de Dalí que podía considerarse en cierto modo cubista era la barcelonesa, de 1927, y sabemos que Lorca no la vio. Tampoco la de 1925, celebrada asimismo en Dalmau. Parece ser, por consiguiente, que la anécdota de la niña era o bien puro invento o algo que le había contado el propio Salvador. Sea como fuera, servía para que el poeta pudiera volver a subrayar, en la misma Residencia, la importancia que para él tenía su amistad con el pintor.[22]

En estos momentos, de hecho, Lorca habla de Salvador en todas partes y bajo cualquier pretexto. Dos días después de la conferencia de la Residencia, Ernesto Giménez Caballero publica en *La Gaceta Literaria* el resumen de una conversación telefónica que acaba de mantener con el poeta, en el curso de la cual le ha preguntado quiénes son sus «camaradas habituales» de Madrid. «Dalí, Buñuel, Sánchez Ventura, Vicéns, Pepín Bello, Prados y tantos otros», contestaría Lorca.[23] Respuesta altamente reveladora porque, en esta época, ninguno de estos amigos está ya en Madrid: Dalí se encuentra en Figueres o Cadaqués; Buñuel, Rafael Sánchez Ventura y Juan Vicéns han fijado su residencia en París; Pepín Bello está en Sevilla; y Emilio Prados en su Málaga natal. Hace ya tres años que han terminado los «días heroicos» en la Resi de aquel grupo, hecho que el poeta se resiste por lo visto a aceptar.

Giménez Caballero jalea a Lorca para que cuente la
anécdota más divertida de aquellos tiempos, y una vez más
sale a relucir el nombre del pintor. Se trata de «La cabaña
en el desierto»:

> Un día nos quedamos sin dinero Dalí y yo. Un día como
> tantos otros. Hicimos en nuestro cuarto de la Residencia un
> desierto. Con una cabaña y un ángel maravilloso (trípode
> fotográfico, cabeza angélica y alas de cuellos almidonados).
> Abrimos la ventana y pedimos socorro a las gentes, perdi-
> dos como estábamos en el desierto. Dos días sin afeitarnos,
> sin salir de la habitación. Medio Madrid desfiló por nuestra
> cabaña.[24]

Parece fuera de duda que Lorca y Dalí sólo habían compartido habitación muy pocas veces durante los meses pasados juntos en la Residencia, con lo cual, al poner en circulación anécdotas como ésta y hablar de «nuestro cuarto»
como si de algo fijo se hubiera tratado, Lorca tenía la evidente intención de recalcar la intensidad de su relación con
el pintor. En cuanto a Dalí, se acordaría muchos años después del mismo incidente recogido por Lorca, contándolo a
su manera.[25]

Giménez Caballero le pide al poeta que defina su «posición teórica actual». Lorca insiste en que, por lo que a él
le toca, el período de «asepsia» poética ha terminado para
siempre. «Vuelta a la inspiración —remacha—. Inspiración,
puro instinto, razón única del poeta. La poesía lógica me es
insoportable. Ya está bien la lección de Góngora. Apasionado instintivista, por ahora.» Es una ratificación de lo que
había declarado en sus dos conferencias granadinas de
unas semanas antes.[26]

Otros poetas de la generación de Lorca, y de manera
especial Alberti y Aleixandre, sienten también el tirón de lo
irracional a medida que 1928 toca a su fin. Liberados de su
obsesion con la perfección formal, van a producir ahora
—o lo están ya haciendo— algunas de sus obras de mayor
trascendencia.

El 15 de enero de 1929, Lorca, Dalí y Buñuel aparecen juntos en *La Gaceta Literaria*, que publica en primera plana el texto «La degollación de los inocentes» del granadino, ilustrada con un escalofriante dibujo de Dalí (que desde 1926, como mínimo, comparte con el poeta un interés compulsivo por las cabezas seccionadas y los miembros cortados) y, en su segunda página, un poema y texto en prosa de Buñuel, ambos de inspiración surrealista. Buñuel, aunque no pertenece todavía al grupo de André Breton, pontifica sobre el movimiento en sus cartas a José Bello e inicia a su paisano aragonés en los misterios y técnicas de la escritura automática.[27]

Con su vehemencia característica, Buñuel está dispuesto en estos momentos a arremeter —por lo menos, verbalmente— contra todo el que se atreva a oponerse a su estética actual. En cuanto a los textos recientes de Lorca, los juzga detestables y patéticos, producto más de la inteligencia que del instinto. ¿«La degollación de los inocentes»? Le parece tan falsamente «artística» como la «Oda al Santísimo Sacramento», un extracto de la cual se ha publicado en la *Revista de Occidente*. «Oda fétida —asegura a Bello— que pondrá erecto el débil miembro de Falla y de tantos otros artistas.» Buñuel admite, con todo, que Lorca es el que más vale «dentro de lo tradicional».[28]

Unos meses antes el aragonés había empezado a preparar un proyecto cinematográfico basado en una serie de cuentos breves de su admirado Ramón Gómez de la Serna sobre la vida de una gran ciudad. «Para enlazarlos —recuerda en sus memorias— se me ocurrió presentar en forma de documental las distintas etapas de formación de un periódico. Un hombre compra un periódico en la calle y se sienta en un banco a leerlo. Entonces aparecerían uno a uno los cuentos de Gómez de la Serna en las distintas secciones del periódico: un suceso, un acontecimiento político, una noticia deportiva, etc. Creo que al final el hombre se levantaba, arrugaba el periódico y lo tiraba.»[29]

Buñuel convence a su madre para que le financie la cinta, que va a llamarse *Caprichos,* pero Gómez de la Serna no termina el guión prometido.[30] Entonces el cineasta en ciernes comunica el esquema a Dalí, que, al encontrarlo «sumamente mediocre», le dice que acaba de escribir el esbozo de un breve guión «genial» y que es «todo lo contrario del cine corriente».[31] No se ha encontrado por desgracia el guión original de Dalí, escrito por lo visto sobre una caja de zapatos, aunque no cabe duda de que existió, pues Buñuel, en una carta a Dalí, reconoce el «primer papel» del pintor «en *la concepción* de la película».[32]

El aragonés se junta con Dalí en Figueres a mediados de enero de 1929 para redactar su guión conjunto, y después de una semana está listo. Según le cuenta Buñuel a un periodista local, Puig Pujades, él y Dalí han trabajado en perfecta armonía. «Nunca se podrá dar una colaboración más íntima y convergente —afirma—; al corregirnos recíprocamente, o al sugerirnos uno a otro ideas y conceptos, era talmente como si nos hiciéramos una autocrítica.»[33] «Se trata de un intento inédito en la historia del film —prosigue—. Nos proponemos la visualización de ciertos resultados subconscientes que creemos no pueden ser expresados más que por el cine.» ¿Y el título de la cinta? La primera idea había sido *La marista de la ballesta*,[34] explica Buñuel, pero ahora se decantan por *Dangereux de se pencher en dedans* (variante jocosa de la conocida advertencia que se leía en las ventanillas de los trenes franceses). La película tendrá algo de sonido, añade, y es el resultado de «un cierto número de violentas coincidencias» que a él y a Dalí ya les han venido preocupando desde hace tiempo. Se estrenará en el Studio des Ursulines en París, antes de pasar al Cineclub de Madrid y a otras «salas especializadas» de Berlín, Ginebra, Praga, Londres y Nueva York.

Cincuenta años después Buñuel será más explícito a la hora de evocar el método de trabajo utilizado:

> Estábamos tan identificados que no había discusión. Trabajamos acogiendo las primeras imágenes que nos venían al pensamiento y en cambio rechazando sistemáticamente todo lo que viniera de la cultura o de la educación. Tenían que ser imágenes que nos sorprendieran, que aceptáramos los dos sin discutir. Por ejemplo: la mujer agarra una raqueta para defenderse del hombre que quiere atacarla. Entonces éste mira alrededor buscando algo y (ahora estoy hablando con Dalí): «¿Qué ve?» «Un sapo que vuela.»

«¡Malo!» «Una botella de coñac.» «¡Malo!» «Pues veo dos cuerdas.» «Bien, pero ¿qué viene detrás de las cuerdas?» «El tipo tira de ellas y cae, porque arrastra algo muy pesado.» «Ah, está bien que se caiga.» «En las cuerdas vienen dos grandes calabazas secas.» «¿Qué más?» «Dos hermanos maristas.» «¿Y después?» «Un cañón.» «Malo; que venga un sillón de lujo.» «No, un piano de cola.» «Muy bueno, y encima del piano un burro... no, dos burros podridos.» «¡Magnífico!» O sea, que hacíamos surgir imágenes irracionales, sin ninguna explicación.[35]

El método, tal como lo evoca el cineasta, se parecía mucho a la práctica de la escritura automática surrealista, desarrollada por Breton y Soupault en *Los campos magnéticos*. No es de extrañar, por tanto, que cuando a finales de 1929 publique el guión en *La Révolution Surréaliste*, se sentirá en condiciones de declarar: «*Un Chien andalou* no existiría si no existiera el surrealismo.»[36]

¿Qué imágenes de la versión final del guión se debían a Dalí, cuáles a Buñuel? Resulta muy difícil dilucidarlo. El 10 de febrero de 1929, poco después de su estancia en Figueres, el aragonés le cuenta a José Bello que se han incorporado a la película «todas nuestras cosas» de la Residencia de Estudiantes.[37]

Buñuel no exageraba: él, Dalí, Bello, Lorca y otros amigos de la Resi compartían un acervo común de imágenes asimiladas y elaboradas durante los años pasados juntos en Madrid, y por lo general es imposible identificar las fuentes últimas de este material. El asunto de la autoría se complica aún más por la ausencia de borradores y de información sobre el proceso de montaje de la película (lo único que se conserva es la última versión del guión francés, publicada por Buñuel en 1929), y por las conflictivas afirmaciones posteriores tanto de Dalí como del cineasta.

Como ejemplo, consideremos la secuencia inicial del ojo cortado por una navaja barbera. En 1929, poco después del rodaje, Buñuel le dijo a Georges Bataille que fue ocurrencia de Dalí, que había visto una nube larga y estrecha atravesar la luna y cortarla en dos, lo cual le había producido una profunda angustia.[38] En el retrato de Buñuel pintado por Dalí en 1924, con la Residencia de Estudiantes como

marco, una nube de parecidas características se aproxima
al ojo derecho suyo; y una prosa de Dalí redactada en 1926
menciona el ojo de una muchacha amenazado por una navaja, el instrumento empleado en el filme.[39] Parece probable, por ello, que lo que Buñuel le había dicho a Bataille era
cierto, y que Dalí era la fuente de la imagen. En los años
sesenta, sin embargo, reivindicaría la secuencia como fruto de inspiración propia.[40]

La cuestión se complica aún más por el hecho de que
José Moreno Villa, amigo de ambos en la Residencia, parece
haber contado una mañana, durante el desayuno, que acababa de tener un sueño en el que se había cortado el ojo con
una navaja mientras se afeitaba.[41] Si a todo eso le añadi-
mos que la nube que secciona el ojo recuerda las de Mantegna en el cuadro tan admirado por Buñuel, Lorca y Dalí
en el Prado —*El tránsito de la Virgen*—, veremos que aquí,
en el mismo umbral de la película, tenemos ya una «cosa»
de la Residencia. Y hay muchas más.[42]

Dalí apenas puede contener su entusiasmo por este
compartido proyecto cinematográfico, y es muy consciente
de la posibilidad de que, además de otras ventajas, le trai-
ga notoriedad allí donde más desea tenerla: en París. En las
semanas siguientes, mientras Buñuel prepara el rodaje,
hay que suponer que estuvieron en contacto permanente
con él.

Tanto Buñuel como Dalí quieren la máxima publicidad
para su proyecto común. No contentos con la reproducción,
en un periódico de Barcelona, de la entrevista con Puig
Pujades, el periodista de Figueres,[43] deciden propagar la
noticia desde la más influyente revista cultural española
del momento, la madrileña *La Gaceta Literaria*, en la que
ambos, y Lorca, colaboran. El 1 de febrero Ernesto Giménez Caballero, su director, como sabemos, y él mismo cineasta *amateur*, reproduce en la revista lo esencial de lo
que le ha dicho Buñuel a Puig Pujades, con el resultado de
que la intelectualidad española está pronto al tanto de la
iniciativa de los dos amigos. Cabe pensar, por otro lado, que
Dalí le informa personalmente a Lorca del fascinante proyecto.[44]

Desde París Buñuel le escribe a José Bello el 10 de febrero de 1929 para ponerle al corriente de que él y Dalí están «más unidos que nunca», y han preparado el guión en «íntima colaboración». Además, añade, tiene listo para la imprenta un libro de poemas, *El perro andaluz*. Cuando él y Dalí encontraron el título les había hecho «mear de risa». «He de advertirte —añade Buñuel— que no sale un perro en todo el libro.»[45]

Buñuel no publicó su libro de poemas ni entonces ni nunca. Poco después decidió apropiar el título de la proyectada colección para su película, cambiando al mismo tiempo el artículo determinado en indeterminado: se trata ya de *Un perro andaluz*. Al enterarse Lorca de cómo se llamaba la cinta, quizá sospechó enseguida que contenía una alusión a su persona, ya que en la Residencia de Estudiantes a veces se llamaba «perros andaluces» a los inquilinos sureños de la casa, de los cuales él era sin lugar a dudas el más destacado, sobre todo después de la publicación y extraordinario éxito del *Romancero gitano*.[46] Como veremos, tal sospecha se convertiría en certeza unos meses después.

Hay que suponer que la corazonada del título de la película recibió el beneplácito de Dalí. Tal vez provocó incluso otra sesión de carcajadas, esta vez a costa de Lorca.

El poeta está desesperado en estos momentos y sólo quiere escaparse de España, respirar aire nuevo. En enero ha vuelto a Madrid, donde hay una magnífica noticia: le invitan a dar una serie de conferencias en Cuba y «las universidades norteamericanas». Ilusionado con el proyecto, Lorca trata de convencer a sus padres de que la *tournée* le podrá proporcionar «muchísimo dinero», además de cultura.[47]

Cipriano Rivas Cherif, tal vez el director español mejor informado acerca de las tendencias del teatro europeo, empieza a preparar por estas fechas una «versión de cámara» de *Amor de don Perlimplín con Belisa en su jardín*, cuyo estreno se prevé para el 5 de febrero. Margarita Xirgu, por su parte, acaricia el proyecto de montar próximamente *La zapatera prodigiosa*. Parece que las cosas no van mal, pero Lorca tiene que informar luego a sus padres de que la actriz catalana se ha puesto enferma. *La zapatera* debe esperar.[48]

Quizá por razones técnicas, el estreno de *Don Perlimplín* se atrasa un día; y, cuando la mañana del 6 de febrero fallece la madre de Alfonso XIII, María Cristina, los teatros se ven obligados por decreto gubernamental a cerrar sus puertas. Caracol, sin embargo, sigue ensayando. Algún alma caritativa avisa a la policía, y las autoridades se personan en el teatro, donde informan a Rivas Cherif de que, en vista que no se ha respetado el luto debido a la Reina Madre, se prohíbe la obra. La verdadera razón de la medida, sin embargo, es casi seguramente el contenido de la misma, de manera especial, la escena en la que aparece Perlimplín en la cama con unos extravagantes cuernos en la cabeza. Fuesen las que fuesen las razones de la prohibición, se trata de un serio contratiempo para Lorca.[49]

Está pasando, sin duda, por momentos sumamente críticos. Cabe pensar que la ausencia de Dalí contribuye a su desánimo. En marzo tiene un motivo especial para acordarse de él porque, en una exposición, celebrada en Madrid, de cuadros y esculturas de artistas españoles residentes en París, figuran dos extraordinarias obras de Dalí con asociaciones lorquianas: *Cenicitas* y *La miel es más dulce que la sangre*. Es imposible creer que el poeta no visitara la muestra, en la que estaban representados, además, dos amigos suyos que, a diferencia de Dalí, sí residían en París: Manuel Ángeles Ortiz e Ismael González de la Serna. Al contemplar los cuadros de Dalí y ver su propia cabeza entre los extraños objetos desparramados por sus fantasmagóricas playas, Lorca recordaría sin duda, y con punzante nostalgia, sus estancias en Cadaqués y la felicidad que había conocido allí junto al pintor, sobre todo en julio de 1927.[50]

El solo hecho, además, de que el catalán estuviera representado en la exposición tiene que haber acrecentado su congoja. Era como si la presencia de sus cuadros en la muestra anticipara su salida inmediata para la capital francesa.

Este mismo marzo, mientras Buñuel prepara frenéticamente el rodaje de *Un Chien andalou* a principios de abril, Dalí, secundado por Gasch y Lluís Montanyà, saca el último y «surrealista» número de *L'amic de les arts*, que lleva meses ocupándole. Según *La Gaceta Literaria*, este «violento número» de la revista de Sitges iba a tener el propósito de atacar el arte en general (Chaplin, la pintura, la música, la arquitectura, la imaginación...), defender las actividades antiartísticas (objetos surrealistas, la ingeniería, las películas idiotas, los textos surrealistas, la fotografía, el gramófono) e incluir colaboraciones de Pepín Bello, Gasch, Buñuel, J. V. Foix y Dalí. Ilustrada con fotografías y reproducciones de obras recientes de Picasso, Miró y Dalí, incluiría también un fragmento de una carta de Lorca.[51]

«L'Orca promete muchas cosas pero no envía nada», le dice Dalí a Gasch. Sí lo hace Bello, según el pintor «el único surrealista de Madrid totalmente inédito». Se trata de una divertida *calligramme*, «El ateneísta».[52]

El último número de *L'Amic* aparece a mediados de marzo y Dalí le manda inmediatamente un ejemplar a Buñuel, que lo considera «fantástico».[53] El noventa por ciento del número es obra de Salvador, cuya alineación con los postulados del surrealismo se hace explícita en cada página. Varias referencias elogiosas a Breton confirman un comentario hecho por Jaume Miravitlles en París en noviembre de 1928, en el sentido de que Breton es el único autor que entonces le interesa a Dalí.[54]

El pintor no sólo sigue de cerca la obra de Breton en *La Révolution Surréaliste,* sino que consigue también sus libros. Miravitlles exageraba, sin embargo, al afirmar que era el único autor francés que le interesaba en estos momentos, porque también leía, y con gran entusiasmo, a Benjamin Péret, a quien considera «el poeta francés más auténtico de nuestro tiempo» y cuyo *Le Grand Jeu* recomienda a sus lectores.

El número surrealista de *L'amic de les arts* elogia el jazz, el fox-trot y la música moderna en general, y, en lo que atañe al cine, la atención de Dalí recae en las posibilidades del documental, con su capacidad de representar objetivamente la realidad. El pintor imagina un filme que narre «la larga vida de los pelos de una oreja» o que sea «un relato en cámara lenta de la vida de una corriente de aire», y declara que entre este tipo de películas y el surrealismo no hay ningún conflicto esencial, sino todo lo contrario: se complementan mutuamente.

Dalí considera que *La Révolution Surréaliste* es «la revista más escandalosa del mundo», «el documento más auténtico de nuestra época (como valor espiritual)».[55] Ha escudriñado de cabo a rabo el último número de la misma (número 11, marzo de 1928), que recomienda ahora a los lectores de *L'amic de les arts,* especialmente el informe «Investigaciones sobre el sexo», resultado de dos veladas de intenso diálogo entre los miembros del grupo. Las conversaciones se habían caracterizado por una extraordinaria franqueza, yendo desde consideraciones sobre la felación, la postura «69» y la conveniencia o no del orgasmo simultáneo, hasta la penetración anal, tanto homosexual como heterosexual, la masturbación mutua, las fantasías durante el coito, las primeras experiencias sexuales y la prostitución. En sus memorias Buñuel recuerda cuánto le había fascinado este documento (pese a llevar ya tres años en París, donde no había tardado en descubrir que, en cuestiones de sexo, los franceses veían las cosas de otra manera y eran sumamente desinhibidos en lo tocante a manifestaciones públicas del sentimiento amoroso).[56]

La publicación de un parecido informe habría sido impensable en la España de entonces, todavía bajo el yugo de Primo de Rivera (aunque no por mucho tiempo), y no es difícil imaginar el entusiasmo que despertaba también en Dalí.

El «meollo» del último y «violento» número de *L'amic de les arts* era que sólo el surrealismo se demostraba capaz de expresar plenamente la sensibilidad de una época que había descubierto el inconsciente. Con su publicación Dalí proclamaba que él, por lo menos, se alineaba ahora con el revolucionario movimiento enemigo de Familia, Religión y Patria. No podía llevar a París mejores credenciales que el que iba a ser el poster número de *L'Amic*. Por ello, como dan fe sus cartas de estas semanas a Gasch, se empeña en que se termine su impresión antes de que salga para la capital francesa.[57]

Parece ser, además, que en estos momentos Dalí y Buñuel albergan el ambicioso proyecto de publicar su propia revista surrealista en la capital francesa. Coincidiendo con el viaje de Salvador, *La Gaceta Literaria* anuncia:

> Se habla insistentemente de la próxima aparición de una revista de alta tensión espiritual. Se publicará en París. Y la dirigirán Salvador Dalí y Luis Buñuel. Esta revista será el órgano de un grupo, muy restringido, más o menos afín con el superrealismo. Pero con un sentido de claridad, de precisión y de exactitud absolutas. Con la máxima salud. Sin el menor contacto con lo patológico. Y con un espíritu netamente antifrancés. Al «charme» de la Isla de Francia, esa revista opondrá la intensidad racial de Cadaqués, de Montroig, de Aragón... Por su vigor, su vitalidad y su esterilización, esta revista se hallará situada en los Antípodas de la delicadeza, del perfume, del encanto de un Paul Éluard, por ejemplo.[58]

La revista nunca se haría realidad, sin embargo, y su proyectado «espíritu netamente antifrancés» encontraría una válvula de escape alternativa en *Un Chien andalou*.

La angustia de Lorca llega a tal extremo en estos momentos que hasta participa, vestido de penitente y dentro del más estricto anonimato, en la procesión de Santa María de la Alhambra, que se celebra a finales de marzo.[59]

Unos días después, otra vez en Madrid, actúa en una sesión del Cine Club dedicada a «Oriente y Occidente». En el intervalo se levanta para recitar la *Oda a Salvador Dalí* (Occidente) y el romance «Thamar y Amnón» (Oriente). Su actuación gusta enormemente al público. La lectura tiene sin duda la ventaja de permitirle, una vez más, expresar públicamente el fervor que le inspira el pintor.[60]

Como si no fuera suficiente, sigue teniendo el problema sempiterno del dinero. Una carta a sus padres de este abril da a entender que le han vuelto a increpar por no estar ganando todavía... ¡y ello en momentos en que se está preparando la segunda edición del *Romancero gitano*![61] «Yo no quiero de ninguna manera que estéis indignados conmigo —les contesta, herido—. Esto me apena. Yo no tengo culpa de muchas cosas mías. La culpa es de la vida y de las luchas, crisis y conflictos de orden moral que yo tengo.»[62]

Nunca ha aludido tan claramente, en las cartas a casa que conocemos, a su vida íntima y a sus apremiantes problemas personales. Tiene que estar muy dolido para hacerlo ahora.

Entretanto la *tournée* del poeta por el Nuevo Mundo se va concretando. Un día Federico García Rodríguez visita en Madrid a Rafael Martínez Nadal, buen amigo de Lorca desde 1924, para preguntarle qué le pasa a su hijo y si, en su opinión, le sentaría bien un cambio de aires. Martínez Nadal contesta que, a juicio suyo, un viaje al extranjero le podría ir estupendamente. Poco después Lorca empieza a decir que no tardará en viajar a Estados Unidos con su viejo aliado Fernando de los Ríos, que en junio va a salir rumbo a Nueva York para dar una conferencia en la Universidad de Columbia.[63]

Martínez Nadal oculta a García Rodríguez, que ahora tiene casi setenta años, que la depresión del poeta no es ajena al convencimiento de estar perdiendo a Emilio Aladrén.[64]

A principios de abril Dalí se junta en París con Buñuel para participar en el rodaje de *Un Chien andalou*.[65] Hay un testimonio estrictamente contemporáneo de los dos meses que pasa el pintor en la capital francesa: la serie de seis artículos que manda al diario *La Publicidad*, de Barcelona, bajo la rúbrica de «Documental - París - 1929».[66]

Convencido como está de la verdad del dogma freudiano según el cual los detalles de nuestra vida que normalmente pasan por insignificantes son, en realidad, los auténticamente importantes, Dalí se ocupa en su «documental» de menudencias tales como los bigotes y esmóquines de moda en la capital francesa, o de sucesos escogidos supuestamente al azar en los periódicos (el tiempo que está haciendo, por ejemplo); apunta lo que ve sobre las mesas de los cafés La Coupole, el Perroquet o el Sélect Américain; y toma nota, entre otras nimiedades, de las recetas de los cócteles entonces más populares. Por lo que respecta a las artes, proclama al poeta Benjamin Péret héroe literario del momento e informa de que René Magritte acaba de pintar un cuadro de una pipa con el título *Esto no es una pipa*. Toma un café en el Dôme con el cineasta Eugène Deslaw. Hay una referencia indirecta a Juan Vicéns, amigo de los días de la Residencia de Estudiantes, que con su esposa María Luisa González regenta ahora la Librairie Espagnole, en la calle Gay-Lussac. ¿Se interesa Vicéns por el surrealismo? Sí, «en la medida en que es el único movimiento vital del espíritu». Dalí va a ver boxear a Joan Miró, visita clubes de jazz, y en casa del poeta Robert Desnos escucha discos de tangos y rumbas que el poeta acaba de traer de Cuba. En el dormitorio, junto a un objeto surrealista de De Chirico, una estrella de mar flota en alcohol, recuerdo de que la película homónima de Man Ray está basada en un poema de Desnos. Dalí ha visto *White Shadows of the South Seas,* la primera película sonora exhibida en Europa: se oye el mar rompiendo sobre un arrecife de coral, y el susurro de las palmeras mecidas por la brisa, y él y sus amigos consideran que el sonido tiene grandes posibilidades cinematográficas, especialmente para los documentales. En resumen, cualesquiera que sean sus pretensiones de objetividad, de no hablar de sí mismo, el entusiasmo de Dalí por París, el fabuloso París de finales de los años veinte, empapa estas crónicas.

Trece años después, en *La vida secreta de Salvador Dalí*, el pintor evocará la vergüenza y la alienación experimentadas durante estas semanas en presencia de tanta sofisticación francesa, y cómo lloraba espiando a los enamorados en el Jardín de Luxemburgo antes de masturbarse con violencia en la habitación de su sórdido hotelucho. Era tan desmesurado el exhibicionismo narcisista de Dalí que parece ser que a veces ni siquiera podía hacerse una paja sin contemplarse en el espejo:

> La mortificación de no haber podido alcanzar a los seres inaccesibles que rozara con mi mirada henchía mi imaginación. Con mi mano, ante el espejo de mi armario, cumplía el rítmico y solitario sacrificio en el cual iba a prolongar lo más posible el incipiente placer acariciado y contenido en

todas las formas femeninas que había mirado con anhelo aquella tarde, cuyas imágenes, evocadas por la magia de mi gesto, reaparecían una tras otra, por turno, viniendo a la fuerza a mostrarme por sí mismas lo que yo deseaba en cada una. Al cabo de un largo, agotador y mortal cuarto de hora, habiendo alcanzado el límite de mis fuerzas, arrebataba el placer final con toda la fuerza animal de mi crispada mano, placer mezclado como siempre a la amarga y quemante suelta de mis lágrimas —esto en el corazón de París, donde sentía, a todo mi rededor, la reluciente espuma de los muslos de lechos femeninos.[67]

Dalí había llevado consigo a Francia un estupendo cuadro reciente, *Los primeros días de la primavera*, que a Robert Desnos le pareció «diferente a todo lo que se hacía en París».[68] El lienzo inauguraba una serie de obras en las que, resuelto ahora a ser más surrealista que los mismos surrealistas, Dalí iría elaborando un lenguaje simbólico para delinear, con precisión microscópica, sus obsesiones y fantasías eróticas. Se merece, por consiguiente, un examen atento (lámina 18).

Una de las claves principales del cuadro se encuentra a la derecha del mismo, donde un anciano sobriamente vestido rechaza la oferta, por parte de una niña vestida de delantal, de lo que parece ser un monedero. La crítica parece estar de acuerdo en que el personaje es Freud, nada menos, y que su presencia en la obra justifica una interpretación psicoanalítica del mismo.[69] Otra indicación de que ésta es la intención de Dalí nos lo da el *collage* de la fotografía del pintor cuando niño, pegado estratégicamente en los escalones que ocupan el centro del cuadro. Éstos, las escaleras y las escaleras de mano, como Dalí seguramente sabía, están considerados por el médico vienés como símbolos del coito. La mirada del niño es intensa, alerta y debidamente perpleja... probable razón por la que Dalí eligió esta instantánea en vez de otra.[70]

A la derecha de la fotografía se aprecia la primera aparición de un icono que pronto va a proliferar en la obra de Dalí: una cabeza de cera con los ojos cerrados, largas pestañas, nariz prominente y una langosta gigante pegada en el lugar que debería ocupar la boca. Como el mismo Dalí aclarará, se trata de un autorretrato en el cual se representa como onanista obsesivo.[71] El icono no tardará en protagonizar *El gran masturbador,* empezado unas semanas después en Cadaqués. Por lo que respecta a la langosta, Dalí les tiene una fobia atroz, como saben todos sus amigos, entre ellos, sin duda, Lorca. Los ojos cerrados de la cabeza indican que el masturbador, olvidado de la realidad circundante, sólo se ocupa de las fantasías eróticas que se están desarrollando en el teatro de su mente.

La naturaleza infantil de dichas fantasías se indica en las imágenes contenidas dentro de una especie de globo que sale de la cabeza del masturbador. El ciervo, por ejemplo, remite a las calcomanías que tanto habían gustado a Dalí de pequeño.[72] Tal vez también el motivo del pájaro que se repite debajo. El lápiz, ¿pudiera referirse al *flashback* del aula escolar en *Un Chien andalou*, donde figura uno muy parecido? Quizá. ¿Y el hombre elegante que arroja una sombra tan descarnada? ¿Estamos ante el Macho, seguro de sí mismo, en que el tímido masturbador sueña con convertirse? Posiblemente.

A la derecha del onanista, mordiéndole la piel del cuello, tenemos la primera aparición de otra imagen que pronto se multiplicará en la obra daliniana: la cabeza del pintor en forma de jarra, símbolo freudiano, por su carácter de continente, de la sexualidad femenina.[73] Su presencia en los cuadros de Dalí de esta época tal vez indique el perenne temor del artista a ser homosexual, grandemente acrecentado por su amistad con Lorca. El motivo de la jarra se repite de modo menos explícito en el centro y a la derecha del cuadro, unido a la cabeza roja de pez que ha aparecido en cuadros anteriores y probablemente simboliza para Dalí los tremebundos genitales femeninos.[74]

La imagen más abiertamente erótica del cuadro, con todo, aparece en primer plano, a la izquierda, donde, contra el fondo de una escena en *collage* de elegantes turistas divirtiéndose en la cubierta de un crucero, Dalí ha colocado a una pareja de verdad grotesca. Salen moscas de un vórtice de clara significación genital ubicado en el centro de la roja cara de la mujer. El individuo que se apoya en su hombro está amordazado y, al parecer, acaba de eyacular en un cubo del que asoma un dedo fálico. Éste (por si no cayéramos en la cuenta) se encuentra encima de un agujero y de un par de pelotas y está a punto de penetrar en una vagina modelada entre las manos del hombre, y que repite el motivo del órgano sexual pintado en la corbata que lleva la mujer.

Dos hombres con un aparato semejante a un trineo se encuentran junto a los escalones, uno de ellos casi a horcajadas sobre la espalda del otro. La sugerencia de homosexualidad parece innegable. Acercándose a ellos desde la distancia vemos a un padre con un niño —motivo que pronto será obsesivo en la obra de Dalí—, mientras al otro lado de los escalones una figura sentada contempla de espaldas el horizonte, como excluido del bullicio primaveral. Es la única figura del cuadro que no proyecta una sombra. ¿Se trata de un fantasma? ¿De la muerte?

No es sorprendente que Robert Desnos se entusiasmara ante esta inquietante variación del *topos* de la primavera como afrodisíaco. Dalí tiene ahora muy claro que una combinación de símbolos freudianos y personales le proporciona una fórmula original —subjetiva y objetiva a la vez— para expresar sus más profundos deseos y ansiedades, y este descubrimiento le conducirá seguidamente a uno de los períodos más productivos de toda su carrera.

Juan Miró se demuestra buen amigo y cicerone de Dalí durante su estancia parisiense, y a veces le lleva a cenar a los lujosos apartamentos de nobles damas españolas allí residentes.[75] Un favor aún más grande es presentarle al marchante belga Camille Goemans, que vive en París desde 1927. Goemans es íntimo amigo y marchante de Magritte, también en la capital francesa en estos momentos. A Goemans le entusiasman las obras que Dalí ha traído consigo, y decide ficharle. El contrato se firma el 15 de mayo. Consigna que el marchante tendrá el derecho de comercializar toda la producción del catalán hasta el 15 de noviembre de 1929. A cambio Dalí recibirá mil francos mensuales, comprométiendose Goemans también a organizarle una exposición durante la temporada 1929-1930.[76]

Para Dalí se trata de un acontecimiento fabuloso. ¡El inicio de su conquista de París! ¡Y todavía no se ha estrenado *Un Chien andalou*! Informa enseguida a su padre, probablemente por telegrama, y dos días después de la firma el notario le escribe a Miró pidiéndole su sincera opinión sobre las posibilidades profesionales de su hijo. Miró le contesta con su habitual cautela: personalmente está haciendo cuanto puede por promocionar la carrera pictórica de Salvador, y, si bien ésta no será fácil, confía en que las cosas se solucionarán ahora que ha firmado con Goemans. El 22 de mayo la prensa catalana recoge la noticia del acuerdo alcanzado por Dalí con el marchante belga.[77]

En casa de Goemans Dalí conoce a René Magritte, cuya obra reciente ha comentado con entusiamo en sus artículos para *La Publicitat*. Parece ser que los dos se llevan bien, y que los cuadros de Dalí gustan al belga. ¿Cómo explicar, si no, la decisión suya de visitar a Salvador en Cadaqués durante el verano, junto con Goemans, Buñuel y Paul Éluard?

Según nos cuenta Dalí en *La vida secreta*, Goemans le había presentado a Éluard en el Bal Tabarin. Como de costumbre, el poeta —ocho años mayor que Dalí— iba acompañado de una despampanante señora. «Ése es Paul Éluard, el poeta surrealista —le susurraría Goemans al ver entrar a la vistosa pareja—. Es muy importante y, lo que es más, compra cuadros. Su esposa está ahora en Suiza.» Gala Éluard, efectivamente, estaba fuera en esos momentos.[78]

«Éluard me hizo la impresión de un ser legendario —recuerda Dalí—. Bebía con calma y parecía completamente absorto en la contemplación de las mujeres hermosas. Antes de despedirme prometió ir a verme el próximo verano a Cadaqués.»[79]

Cuesta creer que Éluard le hiciera tal promesa apenas conocerle, y lo más probable es que se viesen otras veces durante la estancia del catalán en París. ¿Le mostró Éluard entonces fotografías de Gala desnuda, como gustaba de hacerlo a sus amigos? No sería sorprendente. Parece seguro, de todas maneras, que Dalí recibió noticias de la fabulosa rusa de otras personas, y cabe pensar que, al volver a casa a principios de junio, aquejado de fiebre y unos días antes del estreno de *Un Chien andalou*, ya ardía en ganas de conocerla.

El 6 de junio de 1929 tiene lugar el estreno privado de *Un
Chien andalou* en el Studio des Ursulines, tras aceptar
Buñuel una invitación de Man Ray para compartir cartel
con su cinta *Les Mystères du Château du Dé,* que se exhi-
bió primero.[80]

Según Buñuel, el estreno reunió a «la flor y nata» de la
sociedad parisiense, «algunos aristócratas, escritores y pintores célebres (Picasso, Le Corbusier, Cocteau, Christian
Bérard, el músico Georges Auric) y, por supuesto, el grupo
surrealista al completo».[81] El aragonés había llenado sus
bolsillos de piedras, por si la reacción del público fuera
hostil, pero no tuvo que hacer uso de ellas. A los invitados
no les gustó *Les Mystères du Château du Dé:* su vanguardismo les parecía convencional. Pero el *tour de force* de diecisiete minutos de los dos españoles les electrificó en sus
butacas, y más de uno resultó violentamente afectado por
la escena del ojo cortado.[82]

La película intrigó a casi todos los críticos presentes.
Uno de ellos, André Delons, escribió unas semanas después
en la revista belga *Variétés* que era «la primera vez, y su-
brayo, la primera vez, que unas imágenes, atravesadas por
nuestros terribles gestos humanos, llevan sus deseos hasta el mismo límite, se abren camino hacia su objetivo último a través de los obstáculos que le están predestinados
[...] Se tiene la impresión de presenciar un genuino retor-
no de la verdad, de la verdad desollada viva [...] Cualquiera
que tenga ojos para mirar reconocerá sin duda que, después
de esto, un *divertissement* como *Entr'acte,* por ejemplo, ya
no es válido».[83] Para J. Bernard Brunius, de *Cahiers d'Art,*
Buñuel había destruido de un navajazo las pretensiones de
aquellos para quienes el arte era meramente una cuestión
de sensaciones agradables; había captado como nadie antes
«la absurda pero implacable lógica de los sueños». Español
de pies a cabeza, había filmado movido por «esa fuerza viviente que arrastra a los auténticos hombres hacia los problemas más angustiantes».[84]

La reseña más memorable es la de Eugenio Montes,
que viaja a París específicamente para el estreno en calidad
de corresponsal especial de *La Gaceta Literaria.* Tras la
proyección, Montes oye a Fernand Léger, Tristan Tzara y E.

Tériade, entre otros, coincidir en que la película marca un hito en la historia del cine.

Montes señala la esencia española del filme, aludiendo oblicuamente (para los iniciados, e invirtiendo los términos) al cuadro de Dalí *La miel es más dulce que la sangre,* y burlándose irónicamente de los franceses:

> La belleza bárbara, elemental —luna y tierra— del desierto, en donde «la sangre es más dulce que la miel», reaparece ante el mundo. No. No busquéis rosas de Francia. España es planeta. Las rosas del desierto son los burros podridos. Nada, pues, de *sprit* [sic]. Nada de decorativismos. Lo español es lo esencial. No lo refinado. España no refina. No falsifica. España no puede pintar tortugas ni disfrazar burros con cristal en vez de piel. Los Cristos en España sangran. Cuando salen a la calle van entre parejas de la guardia civil.[85]

A Dalí le complace tanto la reseña de Montes, publicada en la primera plana de *La Gaceta,* que reproducirá parte de ella después en *La vida secreta.* Y le quedará clavada la frase «Las rosas del desierto son los burros podridos».[86]

En suma, la posterior afirmación de Dalí en el sentido de que *Un Chien andalou* «destruyó en una sola tarde diez años de seudointelectual vanguardismo de posguerra» no estaba sin justificación.[87]

El 6 de junio, el mismo día del estreno de *Un Chien andalou,* Lorca escribe desde Granada a su amigo Carlos Morla Lynch, diplomático chileno en Madrid. Está «muerto de risa», dice, por la decisión de salir de España, pero también sorprendido. De todas maneras, le conviene. El proyecto es estar seis o siete meses en Nueva York y luego el resto del año en París (aquí Lorca fantasea, olvidándose de Cuba). «New York me parece horrible —añade—, pero por eso mismo me voy allí. Creo que lo pasaré muy bien.» Además la cuestión económica está resuelta: «Mi papá me da todo el dinero que necesito y está contento de esta decisión mía.»

El 9 de junio Lorca llega a Madrid y la mañana del 12 sale en tren rumbo a París con Fernando de los Ríos y una nieta de éste, Rita María Troyano de los Ríos, que va a pasar una estancia en Inglaterra.[88] En la capital francesa sólo están día y medio. La hispanista francesa Mathilde Pomès, que ha conocido a Lorca en Madrid, le encuentra ahora silencioso, en absoluto la persona carismática que recordaba. Por un momento Federico recupera su «aplomo risueño de niño consentido», pero luego se mete otra vez dentro de sí mismo. «Me pareció que iba de viaje con menos entusiasmo de lo que quería aparentar», consigna la hispanista.[89]

Es difícil que Lorca no se enterara a su paso por París, tal vez por la misma Mathilde Pomès, del estreno de *Un Chien andalou*. La hispanista estaba en estrecho contacto con la comunidad española de París y sabía sin duda que Buñuel y Dalí eran íntimos del poeta. Y aun sin saberlo parece impensable que no comentara el estreno de la sensacional cinta. Hay que subrayar, por otro lado, que no existe la menor posibilidad de que Lorca viera la película durante su brevísima estancia en la ciudad (donde no se exhibiría públicamente hasta octubre). Lo que sí podemos afirmar sin temor a equivocarnos es que, a partir de este momento, el poeta tiene un vivísimo interés por conocer *Un Chien andalou*, y, en su falta, el guión.[90]

El 19 de junio, después de visitar rápidamente Londres (donde ven a la escritora española Concha Méndez) y Oxford, Fernando de los Ríos y Lorca embarcan en Southampton. Cinco días después Buñuel escribe a Dalí. *Un Chien andalou* va estupendamente, pese a no haberse estrenado aún públicamente. Todo el mundo habla de la película y la quiere ver. Y hay noticias procedentes, entre otros sitios, de Inglaterra:

> Federico, el hijo de puta, no ha pasado por aquí. Pero me han llegado sus pederásticas noticias. Concha Méndez, la zorra ágil, ha escrito a Venssensss* diciéndole:
> «Federico ha estado en Londres y me ha contado el gran fracaso de Buñuel y Dalí. Lo siento, pobres chicos».

* Es decir, Juan Vicéns.

Como ves las putas llenan la tierra y pronto llegarán a desalojar las custodias de sus nidos.

Alberti *«m'a fait chier»** y ha llegado la hora de intervenir. Esperaré a estar contigo para trazar nuestro plan de ataque. Muchas ganas tengo de volverte a ver en un atmósfera [*sic*]. A mediados de agosto estaré contigo. Planes: Todos y en especial

LIBRO
Revista
y
Film.[91]

La carta confirma, por si hiciera falta, la labor de zapa llevada a cabo desde hace tiempo por Buñuel con la intención de socavar el profundo afecto que siente Dalí por el poeta. Labor que se colma de éxito ahora que el pintor está preparando su definitivo salto a París. Cabe pensar que algo de ello intuye Lorca. O que está informado al respecto por Pepín Bello. Con motivos de sobra se siente desvalido al encaminarse hacia Nueva York.

*   «Me ha dado ganas de cagar.»

7. SEPARACIÓN, REENCUENTRO
Y MUERTE DE UN POETA
(1929-1936)

En junio de 1929, otra vez en casa, Dalí le escribe eufórico a Gasch. Su estancia en París le ha convencido de que el surrealismo es «un mundo nuevo del espíritu», un movimiento total. «Tengo *mil razones* para no considerar el surrealismo como una escuela más —declara—. Yo creo que todos los ismos han ido sucediéndose gradualmente, haciendo posible a cada nueva tendencia una mayor aproximación al surrealismo.» Lo que espera ahora es que el movimiento capitaneado por André Breton logre un equilibrio entre el inconsciente y la inteligencia.[1]

Bajo el impacto de tanta excitación está padeciendo una especie de regresión a la infancia —o al menos así lo recordará en *La vida secreta*—, sumergiéndose en el lado irracional de su personalidad, siendo víctima de histéricos ataques de risa y percibiendo «infinitas imágenes que no podía localizar con precisión en el tiempo, pero que estaba seguro de haber visto cuando era pequeño». Decide incorporar éstas en un cuadro, siguiendo sólo los avisos e impulsos de su subconsciente. El resultado es *El juego lúgubre* —cuyo primer título es *Les Jeux lugubres*, en plural—[2] verdadera antología de sus obsesiones anales y sexuales (lámina 19).[3]

Es interesante constatar que ejecuta la obra —poniendo en ella «cuerpo y alma»—[4] en el dorso de un dibujo de Lorca sin fecha, pero que pertenece, indudablemente, a 1927-1928 (lámina 17). Dibujo cuyo inquietante personaje filiforme quizá incidió sobre el contenido y la intención del emergente cuadro daliniano.[5]

El juego lúgubre, obra crucial en la trayectoria de Dalí, merece un breve análisis. En el centro del cuadro, dentro de la cabeza del masturbador (que había hecho su acto de presencia inaugural, como vimos, en *Los primeros días de la primavera*), encontramos la de un loro de vivos colores y, debajo de ésta, un cervatillo (ambos procedentes de recuerdos de calcomanías infantiles). Al espectador le puede llevar un

rato descubrir la cabeza de conejo dentro de la cual está encerrada la del loro. Pero allí está. Se trata de una de las
primeras dobles imágenes de un pintor a quien siempre
han fascinado los trucos ópticos y que, a partir de ahora,
hará de tales juegos uno de los elementos clave de su obra
y de su manera de entender la realidad (de allí vendrá su
luego famoso método paranoico-crítico).

El oscuro interior de la oreja del roedor parece no en-
cajar: señal inequívoca de que estamos en presencia de otra
imagen doble. Y es así. Como ha señalado Paul Moorhouse,
la oreja es también una vulva.[6]

De la cabeza del masturbador brota un vertiginoso tor-
bellino de «objetos de deseo» (en frase de Georges Bataille,
que analizó detenidamente el cuadro).[7] El brazo derecho y
los pechos desnudos de la muchacha con la cabeza en *collage* son, al mismo tiempo, un dedo fálico y un par de testí-
culos. El dedo está a punto de penetrar, entre dos nalgas
regordetas, un ano cuyo borde está rodeado de hormigas
(reminiscencia de *Un Chien andalou*). A la derecha del
pecho izquierdo, la punta de un cigarrillo se sitúa en la entrada de otro agujero, lista para hacer lo mismo. Imita la
actividad de un dedo situado encima de la cabeza del masturbador.

En esta época Dalí está obsesionado con fantasías de
penetración anal, ya sea por medio de falo o dedo. Mientras
trabaja en *El juego lúgubre* invita a Pepín Bello a Cadaqués
con estas palabras: «Te espero pues cuando bengas muy
contento i con el dedo (siempre) metido en el consabido
aguguero que es el aguguero del culo i ningun otro.»[8]

A la izquierda del dedo fálico, junto al rostro de la
muchacha, Dalí ha colocado un cáliz rematado con una
hostia en posición vertical, disposición habitual en la icono-
grafía católica. La yuxtaposición del cáliz y la hostia con un
ano, y, para colmo, un ano a punto de ser penetrado digital-
mente, muestra hasta qué punto Dalí está resuelto ahora
a cumplir al pie de la letra el mandato surrealista de atacar sin cuartel a la Iglesia. En este pasatiempo tiene como
leal compinche a Buñuel, que en febrero le ha dicho a Bello que él y Salvador proyectan escribir en colaboración un
libro de poemas durante el verano en Cadaqués. Algunos de

los posibles títulos son «Mulas huyendo de una hostia consagrada», «Combate de hostias consagradas y de hormigas», «Hostia consagrada con bigote y polla» y «Hostia consagrada saliendo por el culo de un ruiseñor y saludando». Es difícil imaginar un mayor insulto al catolicismo.[9]

Las vaginas —para Dalí, los más terroríficos de los orificios— abundan en el cuadro. Fundiéndose con la cabeza de la muchacha aparece la de un hombre cuya boca se ha transformado en órgano femenino color rojo subido. Los sombreros tienen hendiduras semejantes a vulvas, y encima del ano, en el centro del vórtice de imágenes, otra vagina imita el interior oscuro de la oreja del conejo.[10]

Éstos son algunos de los pequeños detalles. Si retiramos un poco la mirada para tener una vista completa de cuadro tan repleto de pormenores, otros elementos se destacan. Vemos, por ejemplo, que la cabeza del masturbador y el magma de elementos que se extiende por debajo de ella, llegando hasta las piernas cortadas de la figura con nalgas rosáceas, forman el contorno de la cabeza de un burro (¡otro burro!), una de cuyas orejas brota de la del masturbador.

En cuanto a la pareja del ángulo inferior derecho, aluden a una traumática tarde en Cadaqués cuando, para vergüenza del adolescente Salvador, su padre bajó del taxi que le traía desde Figueres y anunció ruidosamente que «se había cagado» en los pantalones.[11] Aquí la figura adulta, debidamente manchada de excremento, mira fijamente y con deleite algo, tal vez las nalgas rosáceas, y sostiene en la mano derecha lo que parece ser un instrumento afilado envuelto en un trapo manchado de sangre. En su hombro se apoya un joven desnudo y avergonzado. ¿Qué ha ocurrido? Cabe deducir que el hombre de la barba representa la «autoridad paterna», y que ha castrado al hijo, que se aferra a él, por sus ocultos deseos sexuales.

¿Y la figura que corona el pedestal, cubriendo el rostro y extendiendo una mano gigantesca? Para Dawn Ades tal ocultación facial es otra indicación de vergüenza, denotando la mano grotesca la causa de la misma: la masturbación. Quizá podemos estar de acuerdo con esta lectura, pues la mano es muy semejante a las que aparecen en otras obras de tema onanista correspondientes a esta etapa de Dalí.[12]

¿Cuál es, en definitiva, el tema del cuadro? ¿Cuál la culpa que ha merecido castigo tan terrible? Un estudio a lápiz para la obra aumenta la posibilidad de que el crimen no sea sólo la masturbación sino el voyeurismo, la curiosidad por lo sexual. En el estudio el hombre observa a una pareja desnuda entregada a una variedad de actividades sexuales, mientras el joven avergonzado oculta la cabeza en su hombro. Abundan dedos femeninos masturbatorios, y, en un ángulo del dibujo, una mano agarra un revólver.[13]

Ya para 1929 Dalí sabe que, tengan el éxito que tengan sus estratagemas exhibicionistas, y aunque un día encuentre pareja, nunca pertenecerá a la feliz cofradía de los sexualmente desinhibidos. Tal vez ningún cuadro suyo lo demuestra tan claramente como *El juego lúgubre*.

A principios de agosto de 1929, como se había previsto, los Magritte, Camille Goemans y la novia de éste, Yvonne Bernard, llegan a Cadaqués para pasar el mes con Salvador y ocupa un apartamento previamente alquilado.[14] Unos días después se suman al grupo Paul Éluard, su esposa Gala y la hija de ambos, Cécile, que se alojan en el hotel Miramar. Buñuel, ilusionado con la idea de trabajar con Dalí en el guión de una nueva película, se instala con la familia al lado del mar en Es Llané.[15]

Cuando Dalí ve a Gala en traje de baño, delante de la casa, la realidad sobrepasa lo que había imaginado después de tanto oír hablar de ella en París: la pequeña rusa es la encarnación de la mujer de sus sueños, la mujer que, aunque decapitada, había pintado de espaldas en *Cenicitas* dos años antes, con los muslos finamente contorneados y nalgas delicadas realzadas por una cintura de avispa. En el cuadro sus pechos, ocultos a la vista, son —así se deduce— de modestas dimensiones, de acuerdo con el resto del cuerpo (lámina 14). A Dalí le repugnan los senos grandes, y los de Gala se le antojan de proporciones perfectas. Nunca dejará de proclamar que lo que a él le gusta de verdad de las mujeres es el trasero y el de Gala no deja nada que desear. Después de tanta espera y de tanta angustia, una Venus Calipigia de verdad se ha materializado ante sus ojos en el lugar que más ama en el mundo, Es Llané, escenario de sus juegos y exploraciones infantiles donde más tarde, en 1925 y 1927, ha retozado con Lorca y a unos metros del cual, en *Academia neocubista,* un san Sebastián marinero avanza seguro hacia la playa. El marco es inmejorable; el cuerpo, glorioso. Es el *amour fou* a primera vista.[16]

El rostro de Gala difícilmente puede considerarse hermoso, pero es sin duda atractivo y hasta bonito cuando está de buen humor (por la forma de aceituna de su cara, Dalí la apodará luego *Oliva* u *Oliveta*). Tiene el pelo negro, una boca magnífica y una sonrisa deslumbrante. Pero su nariz recta es un poco larga, y este rasgo y los ojos oscuros y no muy separados le dan un aspecto de ave de presa cuando está enfadada, cosa no infrecuente. En realidad el animal al cual más se parece es la gata: Gala es sensual, elegante y en potencia una fiera. Su mirada, sobre todo cuando se fija en otras mujeres, tiene una intensidad feroz, capaz, escribió una vez Éluard, de atravesar murallas defensivas.[17] Para María Luisa González, mujer de Juan Vicéns y buena amiga de Dalí y Lorca, son ojos de rata.[18]

Helena Ivanovna Diakonova (Gala es su apodo familiar) no es tan joven como sugiere su bien cuidado cuerpo: nacida en Kazán o Moscú el 26 de agosto de 1894, tiene exactamente treinta y cinco años cuando conoce a Dalí, es decir diez más que él.[19] Sabemos muy poco acerca de su infancia. Su padre era un alto funcionario moscovita; su madre, una mujer culta que frecuentaba un círculo de escritores y artistas y había publicado una colección de cuentos infantiles. Dalí siempre insistiría en que tenía sangre judía; si fue así, debía ser por parte materna.[20]

En 1912, al cumplir Gala dieciocho años, sus médicos, temiendo que contrajera tuberculosis, habían recomendado una temporada en el famoso sanatorio Clavadel, en Suiza. Allí pasó dos años y conoció al joven poeta francés Eugène Grindel, que padecía una tuberculosis leve. En 1914, justo antes de la guerra, Gala regresó a Rusia y Grindel —que luego adoptaría el *nom de plume* de Paul Éluard— a París, donde fue movilizado. Se cartearon con regularidad y, en 1916, Gala atravesó Europa para reunirse con su amante y luego casarse con él.[21]

Se han conservado una treintena de cartas escritas por Gala a Éluard durante la guerra mientras vivía con la madre de éste en París. Revelan un apasionado temperamento erótico y un egoísmo implacable. Empeñada en vivir su propia vida y salirse con la suya, Gala llega al extremo de ordenarle a Éluard (asistente médico) que evite acercarse al frente de batalla, consiguiendo con ello que el poeta se sienta cobarde.[22]

Cécile, única hija del matrimonio, nace en mayo de 1918, seis meses antes del armisticio. Gala resulta una madre intolerable. Para ella Cécile es un estorbo inadmisible, y enseguida se la endilga a su suegra. Por suerte de la niña, Paul se demuestra padre afectuoso y tierno. A su lado Gala se sumerge en el bullicioso mundo literario y artístico de la vanguardia parisiense.

El hambre sexual de Gala es tan voraz que raya en la ninfomanía. Pronto empieza a necesitar amantes, lo cual no plantea problema alguno para Éluard, que cree tanto como ella en el amor libre. Una de las primeras conquistas posconyugales de Gala es Max Ernst, al que ella y Paul conocen en Colonia en 1921. En 1922, cuando Ernst, entonces en plena etapa dadaísta, llega a París, pisándole los talones a Tristan Tzara, se instala en casa de los Éluard. Poco después empieza a compartir la cama de sus anfitriones.[23]

En esta época Éluard se gana bien la vida trabajando con su padre en una agencia inmobiliaria e invirtiendo en arte. Puede darle a Gala la vida elegante que ella siempre ha deseado. Además, al morirse su padre en 1927, hereda una considerable fortuna. Sin embargo, dos años después, cuando la rusa conoce a Dalí, la herencia se ha reducido a niveles alarmantes, gracias a los astronómicos dispendios de ambos.[24]

Desde su relación adolescente con Carme Roget, no hay indicio alguno de que Dalí hubiera tenido la más ligera relación con nadie del sexo opuesto. Por lo que él mismo nos cuenta, vivía en un estado de permanente privación erótica, aliviada sólo por la masturbación. Al ver ahora a la mujer de sus sueños (tan desvergonzada en lo sexual como inhibido él), se encuentra ante un acuciante dilema. ¿Cómo llegar a interesarle? No hay modo de confirmar los estrafalarios ardides a los que, según nos cuenta Dalí en *La vida secreta,* recurrió para seducir a la misteriosa rusa (perfume de estiércol de cabra, atuendo inverosímil, axilas manchadas de sangre, collar de perlas, geranio rojo en la oreja, histéricos ataques de risa, etc.).[25] Gala, herméticamente reservada en cuanto a su vida privada, nunca daría su versión de lo ocurrido. Lo seguro, en todo caso, es que no tardó en alentar las esperanzas del enardecido pintor.[26]

Buñuel fue testigo del inicio del idilio, aunque su información al respecto es escasa. «De la noche a la mañana Dalí ya no era el mismo —cuenta en sus memorias—. Toda concordancia de ideas desapareció entre nosotros, hasta el extremo de que yo renuncié a trabajar con él en el guión de *La edad de oro.* No hablaba más que de Gala, repitiendo todo lo que decía ella. Una trasformación total.»[27]

No contribuye a mejorar las cosas el hecho de que el aragonés, al observar con atención a Gala en la playa, descubre en ella algo que le disgusta profundamente. Y es que, como más tarde le explicará a Max Aub, «odiaba a las mujeres cuyo sexo quedaba en un horcajo entre dos piernas separadas.» Y Gala tiene tal «defecto».[28] Las fotos sacadas durante estos días demuestran, de todos modos, que, pese a lo que pudiera sentir o decir más adelante, Buñuel no se negó en agosto de 1929 a posar sonriente y complacido con los incipientes amantes.

Parece que los aspectos anales y escatológicos de *El juego lúgubre* preocuparon a los invitados surrealistas de Dalí. El pintor consigna en *La vida secreta* que el grupo encargó a una inquieta Gala la tarea de preguntarle si era «coprófago», como ellos sospechaban. Negó la acusación (la de «coprófilo» habría sido más difícil de eludir), alegando que para él la escatología no era más que «un elemento de terror, igual que la sangre o mi fobia por las langostas». Logró convencer a sus amigos.[29]

A la familia tampoco les gustaba *El juego lúgubre*. Para Anna Maria, escribiendo veinte años después, se trataba de «la más viva representación de los cuadros de esa época», el que mejor indicaba el nefasto cambio que se acababa de operar en el «espíritu» de su hermano. Cambio del cual, para ella, los únicos responsables eran aquellos perversos

franceses con quienes su hermano había tenido la mala
suerte de tropezar en París cuando rodaba, con Buñuel, *Un
Chien andalou*.[30]

Éluard, cada vez más preocupado por su situación económica, se va de Cadaqués antes que los demás para seguir
con sus trapicheos en el mercado del arte (pero no antes de
que Dalí le haga un retrato). Gala y Cécile se quedan en el
pueblo, permaneciendo allí incluso hasta después de que los
Magritte, Goemans y su novia vuelvan a París a principios
de septiembre.

Dalí evoca en *La vida secreta* una trascendental escena amorosa con Gala ocurrida estos días y presidida por la
luna lorquiana del romance «Muerto de amor», dedicado por
el poeta a Margarita Manso y, por ello, evocador intensos recuerdos eróticos para el pintor. «Era uno de los sitios más
truculentamente desiertos y minerales de Cadaqués —escribe—, y el mes de septiembre mantenía sobre nosotros el
diente de ajo de "agónica plata" del incipiente creciente
lunar, aureolado por el primitivo sabor de lágrimas que
anudaba dolorosamente nuestras gargantas.»* En el curso
de la escena, nos asegura Dalí, le preguntó a Gala con insistencia, mientras el diálogo se hacía más apasionado:
«¿Qué quieres que te haga?». Después de un largo silencio
contestaría la rusa: «Quiero que me mates» (en el francés
daliniano del manuscrito original, *ge veux que vous me
fesiez crever!*).[31] Dalí, al parecer, tomó la frase al pie de la
letra, y nos cuenta que Gala le reveló entonces que desde
su infancia había sentido un «horror insuperable» al momento de la muerte, por lo cual deseaba que éste la cogie-
ra por sorpresa. Por ello quería que la matara ahora, sin
pensárselo dos veces. Pero no parece habérsele ocurrido a
Dalí que tal vez, al usar el término *crever*, lo que le pedía
en realidad la libérrima Gala, como apropiada culminación
de escena tan apasionada, era un enérgico acto de amor.
Sea como fuera, Dalí ni la mató ni la penetró.[32]

Inhibidos por la fuerza de la personalidad del pintor, pocos periodistas se atreverían jamás a hacerle preguntas con-

---

* Los versos de Lorca dicen: «Ago de agónica plata / la luna menguante, pone / cabelleras amarillas / a las amarillas torres.»

cretas sobre sus relaciones sexuales con Gala. El escritor y periodista catalán Lluís Permanyer fue una notable excepción a la regla. ¿Hizo Dalí el amor con Gala durante las primeras semanas que pasaron juntos en Cadaqués? No, respondió el pintor, le llevó unos tres meses conseguirlo.[33]

La obsesión de Dalí con Gala sembró enseguida la discordia entre sus familiares. Por aquellos tiempos, en el conservador Empordà, salir con una francesa casi equivalía a frecuentar a una prostituta, y, para más inri, en este caso concreto una francesa, además de sexualmente llamativa y desvergonzada, casada. Por ello no tardaron en empezar los comentarios. Nada más terrible podía ocurrirle al notario Dalí Cusí, pilar de la sociedad local, que pronto se refería a Gala con desprecio como «la madame». Cambió enseguida su testamento. Sus bienes serían ahora para Anna Maria y Salvador recibiría el mínimo necesario prescrito por la ley. Ni una sola piedra de la casa de Es Llané sería suya a menos que Anna Maria muriera antes, y si, por cualquier motivo, su hermana no pudiera heredar, Salvador tampoco gozaría de plenos derechos sobre la casa hasta la muerte de su madrastra, la tieta Catalina Domènech. La intención principal del testamento, acorde con el carácter violento de Dalí Cusí, era humillar a su hijo todo lo permitido legalmente. En la práctica, aunque en términos técnicos no fuera así, el pintor podía considerarse desheredado, si es que su padre le puso al corriente de lo que había hecho, cosa que parece probable.[34]

A la vista del nuevo testamento, parece lógico deducir que padre e hijo habían tenido una dura pelea en relación con Gala. La familia debió de respirar aliviada, de todas maneras, cuando ella y Cécile abandonaron Cadaqués hacia finales de septiembre, rumbo a París. Gala se llevó consigo, a instancias de Éluard, *El juego lúgubre*, y alguna obra más. Las cartas que había recibido del mismo en Cadaqués casi la ponían, de hecho, en el papel de intermediaria comercial con respecto a Dalí, y cabe preguntarse si la meta inicial de la rusa —bastante experta en el mundo del arte— no era seducir al pintor (como es probable sedujera antes a De Chirico) con la intención de acceder a su obra.[35]

Sin Gala, Salvador se dedica ahora con energía feroz a

preparar obra nueva para su exposición de aquel otoño en
Goemans, ejecutando entre otras obras extraordinarias *El
gran masturbador*, *La adecuación del deseo* y *Los placeres
iluminados*. Luego, en octubre, se va con sus cuadros a la
capital francesa. Allí el reencuentro con Gala es un éxito y
se instala con ella en el nuevo piso alquilado por Éluard debajo del Sacré-Coeur (el poeta no tiene más remedio que
buscar otro alojamiento). En cuanto a la exposición, casi
todos los cuadros se venden antes del *vernissage*. Eufóricos,
Dalí y Gala, sin esperar la inauguración de la muestra,
huyen a Sitges en «un viaje de amor».[36]

Luego, en Figueres —en presencia de Buñuel—, a Salvador le echa de casa su padre al enterarse de que en una de las
obras expuestas en París, *El Sagrado Corazón*, ha escrito:
«Parfois par plaisir je crache sur le portrait de ma Mère» («A
veces por placer escupo sobre el retrato de mi madre»). Insulto intolerable a la memoria de Felipa Domènech, aunque
Dalí alegará después que sólo fue cuestión de seguir los dictados del automatismo y que, además, a veces soñamos con
hacer daño a las personas que más queremos. Después de
unos días con Buñuel en Cadaqués, donde trabajan en el
guión de la que será *La edad de oro*, Dalí vuelve a París. Ha
empezado una nueva etapa de su vida, y él y Gala ya no se
separarán hasta la muerte.[37]

Entretanto, en Nueva York, Lorca se va adaptando poco a
poco a su papel de expatriado andaluz en la ciudad más
trepidante, más tecnológicamente avanzada y más deshu-
manizada del mundo, y ha empezado a expresar su de-
sorientación en poemas radicalmente comprometidos con el
sufrimiento humano, en primer lugar con los negros de
Harlem.* Instalado en una residencia de Columbia University, ha hecho una escapada durante el verano a Vermont,
donde pasa unos días con Philip Cummings, joven estu-

---

*   Recordando que Dalí proyectaba diseñar un telón de fondo titulado «El paraíso de los negros» para los *jazzmen* que tocaban en el Palace, de
Madrid, Lorca dará a una de las secciones de *Poeta en Nueva York* la rúbrica de «Norma y paraíso de los negros».

diante de español y poeta a quien ha conocido en Madrid. Allí escribe uno de los poemas más desoladores de su breve vida, «Infancia y muerte»,[38] y, antes de irse, confía a Philip un paquete de papeles privados, pidiéndole que lo guarde en lugar seguro. Treinta años después Cummings lo encontró y lo abrió. Contenía cincuenta y tres hojas manuscritas que constituían:

> una amarga y severa denuncia de gente que estaba tratando de acabar con él y su poesía y de impedir que fuera famoso. De manera más o menos confusa atacaba a personas en las que había depositado su confianza sin que la mereciesen. Tengo la impresión de que se sentía traicionado tanto en el aspecto físico como el emocional.[39]

La mayoría de los nombres de aquellas personas no le decían nada a Cummings. Sí el hecho de que entre ellos iba el de Salvador Dalí. Al final del manuscrito el poeta había garrapateado una petición: «Felipe, si no te pido estas hojas en diez años y si algo me pasa, ten la bondad, por Dios, de quemármelas». Movido por un sentimiento de lealtad hacia el poeta asesinado, Cummings hizo lo que le había rogado y las tiró al fuego. Después lamentaría haberlo hecho.[40]

Aun sin el testimonio de Cummings, es difícil pensar que Lorca no reflexionara a menudo en Nueva York sobre su relación con Dalí, no sólo por el amor y la admiración que le profesaba sino porque, al fin y al cabo, fue Salvador quien lo había empujado por el camino del surrealismo. Prueba de que el poeta no olvidaba a su «hijito» es el hecho de que, poco después de llegar a Nueva York, entregó para su publicación en una pequeña revista hispana de Manhattan, *Alhambra*, una serie de fotos que incluían cuatro sacadas por Anna Maria Dalí en Cadaqués, entre ellas la de Lorca y el pintor «trabajando en un manifiesto» y la que muestra a Federico «haciendo el muerto» delante de la casa del pintor (ilustraciones 21, 29).

Lorca tenía clavada la espina de *Un Chien andalou*, además, y le contó a su viejo amigo Ángel del Río, ahora profesor de Columbia, que Buñuel había hecho «una mierdesita así de pequeñita que se llama *Un perro andaluz*; y

el perro andaluz soy yo».[41] Lo que había empezado como
una intuición por parte del poeta el verano pasado era ya,
pues, una convicción. Ello sugiere que, para finales de 1929,
Lorca conocía el guión de la película. ¿Alguien se lo mandó? Cabe la posibilidad, aunque lo más probable es que lo
leyera por sí mismo en *La Révolution Surréaliste* o alguna
publicación anterior.[42]

   ¿El perro andaluz era Lorca? La acusación estaba jus-
tificada (aunque Buñuel la negaría después), y cabe pensar
que se basaba sobre todo en tres secuencias de la cinta.

   En primer lugar, la escena en que el protagonista masculino se materializa de repente sobre la cama y «vuelve a
la vida», transparente alusión a las representaciones que
hacía Lorca de su propia muerte y resurrección, y que tanto
habían impresionado a Dalí.

   Luego la escena de la bicicleta, atribuida por Buñuel,
probablemente con razón, al pintor.[43] En ella el protagonista masculino avanza sobre su tambaleante aparato por una
calle parisiense, vestido con uniforme de criada, y cae al
suelo. Lorca debió de advertir enseguida que el episodio se
nutre de *El paseo de Buster Keaton,* el «diálogo» que había
escrito en julio de 1925, poco después de su primera visita
a Cadaqués. A Dalí le había gustado tanto que a principios
de 1926, como vimos, sugirió que lo incluyesen en *Los putrefactos,* el proyectado (y nunca editado) libro de ambos.[44]
Dos años después *El paseo de Buster Keaton* se había publicado en *gallo,* donde lo volvería probablemente a leer
Dalí. En el breve texto, salpicado de alusiones al cine, un
afeminado Buster Keaton no sólo se cae de su bicicleta sino
que fracasa rotundamente en dos encuentros heterosexua-
les. En una palabra, es impotente, condición que Buñuel le
atribuía a Lorca.[45] Refuerza la vinculación entre *El paseo
de Buster Keaton* y *Un Chien andalou* el hecho de que tanto
la misteriosa caja llevada por el protagonista masculino de
la película como su corbata tienen las mismas rayas a listas que las medias de una de las muchachas del texto de
Lorca, donde reza una acotación: «La Joven se desmaya y
cae de la bicicleta. Sus piernas a listas tiemblan en el cés-
ped como dos cebras agonizantes».[46] Dalí debió de darse
perfecta cuenta de que el Keaton lorquiano era una encar-

nación de las dificultades sexuales del poeta. Citar del «diálogo» tan abiertamente en la película era, por tanto, muy malicioso por parte suya y de Buñuel.

En tercer lugar, es probable que Lorca sospechara otra alusión a su persona en el extraordinario inicio, intensamente erótico, de la secuencia en que el protagonista intenta seducir a la muchacha. Secuencia descrita así en el guión:

> Primer plano de manos lascivas en los pechos de la muchacha, que asoman por debajo del jersey. Una repentina expresión de terrible angustia, casi mortal, le atraviesa el rostro [al protagonista]. El hombre deja caer una baba sanguinolenta sobre los pechos desnudos de la muchacha.
> Los pechos desaparecen y se convierten en muslos que el personaje continúa palpando. Su expresión ha cambiado. Sus ojos brillan de crueldad y lujuria. La boca, antes bien abierta, se cierra y se hace pequeña, como apretada por un esfínter.[47]

La angustia que se refleja en el rostro del personaje al ver los pechos desnudos de la muchacha puede reflejar el horror que Lorca sentía por los senos, así como Dalí, y que éste recordaría muchos años después;[48] mientras el placer que experimenta el protagonista al acariciar las nalgas de la chica (no los muslos) pretende seguramente aludir una vez más a la homosexualidad sugerida por la boca-esfínter del guión. En cuanto a la sangre, brota de la comisura de los labios del protagonista casi exactamente como lo hace de la boca de la cabeza cortada del poeta en *La miel es más dulce que la sangre*, teniendo los ojos de ambas cabezas una idéntica mirada fija (ilustración 26). Para Buñuel la secuencia expresaba la «relación secreta pero constante» entre el sexo y la muerte que había intuido de niño durante su infancia en aquel primitivo Aragón.[49]

En suma, parece imposible dudar que al crear al protagonista masculino de *Un Chien andalou* Buñuel y Dalí no estuvieran pensando realmente en Lorca, como con razón creía éste. La reacción del poeta, meditando sobre todo ello desde Nueva York, era tomar su revancha al escribir un guión que superara en atrevimiento el de sus amigos.

La escasa información que poseemos acerca del nacimiento de *Viaje a la luna*, el único guión cinematográfico del poeta que se conoce, procede de Emilio Amero, artista mexicano con quien, acompañado del pintor manchego Gabriel García Maroto —editor en 1921 de *Libro de poemas*—, solía visitar Small's Paradise, club de jazz en Harlem. Amero, gran aficionado al cine, acaba de rodar un corto, *777*, inspirado por las máquinas de calcular norteamericanas (y hoy por lo visto irrecuperablemente perdido). Lo pasó para el poeta, que, según Amero, se quedó impresionado y le habló de *Un Chien andalou*. Allí, en el estudio del mexicano, elaboró en dos tardes su propio guión-contestación a la cinta de Dalí y Buñuel.[50]

A diferencia de *Voyage à la lune*, de Georges Méliès (1902), el guión lorquiano no tiene nada que ver con un imaginario viaje espacial, sino con una frustrada búsqueda amorosa presidida por el astro nocturno en su calidad de símbolo de la muerte y de la femineidad. Desde la «cama blanca sobre una pared gris» de la primera secuencia, donde los números 13 y 22 van cubriendo como hormigas las sábanas (recordando las de *Un Chien andalou*), y el «gran plano de un ojo» (secuencia 13), hasta la chica que «se defiende» del muchacho enloquecido (secuencia 61) y la luna y los árboles agitados por el viento de la última, la filiación con la película de Dalí y Buñuel es evidente, si bien en su creación de imágenes eróticas Lorca va bastante más lejos que éstos, apareciendo, por ejemplo, no sólo una «doble exposición sobre un sexo de mujer con movimiento de arriba abajo» (secuencia 5) sino, entre extrañas series de metamorfosis, «una luna dibujada sobre fondo blanco que se disuelve sobre un sexo y el sexo en la boca que grita» (secuencia 45).[51]

Llama la atención que en *Viaje a la luna* se insista sobre el nombre Elena, en un contexto de violencia y horror (secuencias 34 y 65). ¿Por qué Elena? Aparte de la alusión obvia a la Elena griega, arquetipo de la belleza femenina, no podemos descartar la probabilidad de una referencia a Eleanor Dove, la novia inglesa de Emilio Aladrén, conocida entre sus amistades españolas como, precisamente, Elena,[52] y «responsable», a ojos de Federico, de la ruptura de sus relaciones con el escultor. Elena reaparecerá en la obra de teatro *El público*, probablemente empezada en Nueva York. Lorca regaló el guión a Amero. Sólo volvería a aparecer décadas después de su asesinato. Gracias al pintor catalán Frederic Amat sería brillantemente trasladado el cine.[53]

El 10 de febrero de 1930, poco antes de salir para Cuba, Lorca dicta en el Instituto de las Españas su conferencia «Imaginación, inspiración, evasión», dada por vez primera en 1928 y ahora titulada «Tres modos de poesía». Es de suponer que se trata de una versión muy revisada del texto original, puesto que, si en éste había demostrado la simpatía que le inspiraban las premisas del surrealismo, la obra que ha creado en Nueva York a lo largo de los últimos seis meses debe mucho a la puesta en práctica de las mismas. Ya puede hablar del surrealismo con suficiente conocimiento de causa. El breve resumen de la charla publicada en el periódico *La Prensa*, portavoz de la comunidad hispana de Nueva York, demuestra que habló con renovado fervor aquella tarde de lo que desde 1928 gusta de llamar «el hecho poético» o «el fenómeno poético puro», libre del control lógico e independiente en sí. «Ya no hay términos —recalca, según *La Prensa*—, ya no hay límites, ya no hay leyes explicables. ¡Admirable libertad!» Según *La Prensa* insistió en que, pese a las apariencias, había numerosos «hechos poéticos» en el *Romancero gitano* —aquí cabe pensar que tenía muy presente la crítica de Dalí—, y reivindicó para España un surrealismo de ojos abiertos: «Los españoles queremos perfiles y misterio visible, forma y sensualidades. En el norte puede prender el surrealismo, ejemplo vivo la actualidad artística alemana, pero España nos defiende con su historia del licor fuerte del sueño». El reportaje tiene el gran interés de mostrarnos a un Lorca sobre quien planea sin lugar a dudas la sombra del gran amigo ausente.[54]

Cuba, para Lorca, es la tierra de promisión con la cual ha soñado desde su infancia, allá en Fuente Vaqueros, cuando escuchaba embelesado las lánguidas habaneras cantadas por su tía Isabel y escudriñaba las etiquetas interiores de las cajas de puros habanos de su padre, con sus láminas de Romeo y Julieta y la cabeza del «rubio Fonseca», el magnate tabaquero. Después de Nueva York, la isla caribeña es el cálido Sur, «una mezcla de Málaga y Cádiz»,[55] el reencuentro con sus raíces. En Cuba Lorca cosecha un éxito fenomenal: conferencias en teatros abarrotados, reportajes en la prensa, recitales, fiestas, adulación. Y, tal vez sobre todo, logra vivir más libremente que antes su homosexualidad. «Si yo me pierdo, que me busquen en Andalucía o en Cuba», escribe a sus padres.[56]

El 24 de abril de 1930 Vicenta Lorca incluye, con una carta suya, la que acaban de recibir en casa de Dalí, y en la cual el pintor les pide dinero que alega le debe Federico. Vicenta está escandalizada, pero no con el pintor. ¿Cómo es capaz Federico de tanta frescura? Después del favor que le ha hecho Dalí, y teniendo medios con que pagarle, ¡ha tirado el dinero en divertirse «sin lucir ni parecer»! A Vicenta Lorca no se le pasa por las mientes que el necesitado artista está tratando de engañarles.[57]

Pero ¿de qué «favor» hecho por Dalí a Federico se podía tratar? ¿Del trabajo invertido por el pintor en los decorados de *Mariana Pineda*, por lo visto aún no recompensados por Margarita Xirgu? ¿O de algo inventado a propósito por Dalí, aprovechando la ausencia del poeta? Al no conocerse la carta no lo podemos decir. La «frescura», de todas maneras, era de Salvador, y no, como creía ingenuamente Vicenta Lorca, de su hijo.[58]

Federico tiene otros motivos para pensar en Dalí. En Cuba coincide con el joven poeta guatemalteco Luis Cardoza y Aragón, cónsul de su país en la isla, que ha estado recientemente en París y admira profundamente el surrealismo. En su libro de memorias *El río. Novelas de caballería*, Cardoza recuerda sus muchas conversaciones con Lorca en La Habana, apunta que el poeta le habló varias veces, «maravillado», de Dalí, y evoca al poeta que pocos amigos suyos nos han dejado ver:

> Federico tuvo suave morfología feminoide, caderas algo pronunciadas, voz tenuemente afectada. Pronunciaba sílaba a sílaba con ritmo y sobrio ademán al escandir los poe-

mas. Las modulaciones eran sabias y, mientras leía, a menudo con ternura melancólica, nos observaba para medir la sujeción a su hechizo.

Me hablaba de que se había bañado en el mar o en un río, con un grupo de muchachos negros desnudos, que lo habían invitado a un bautizo, a una boda. Su homosexualidad era patente, sin que los ademanes fuesen afeminados; no se le caía la mano. De acuerdo con la división que señala André Gide en su Diario, cuando escribe *Corydon*, no sé si fue pederasta, sodomita o invertido. Diría que su consumo abarcó las tres categorías.[59]

El Lorca a quien conoce Cardoza está enfrascado en su obra de teatro *El público*, donde, si reivindica los derechos no sólo del erotismo homosexual sino del erotismo en su multiplicidad de expresiones y matices, le preocupan especialmente los del primero (la obra, según Lorca le escribe a Rafael Martínez Nadal poco tiempo después de volver a España, es de tema *«francamente* homosexual»).[60] El único personaje que se mantiene libre de hipocresía a lo largo de la obra, desnudo de toda máscara, es Hombre Primero (Gonzalo), al que parece inexcusable identificar con el propio poeta (además de con Cristo).[61] A lo largo de *El público* Gonzalo denuncia reiteradamente la duplicidad que impide a las personas ser lo que son y vivir la sexualidad que les ha tocado. «Mi lucha ha sido con la máscara hasta conseguir verte desnudo», le dice al Director (Enrique), añadiendo unos momentos después: «Te amo delante de los otros porque abomino de la máscara y porque ya he conseguido arrancártela».[62] Estas palabras recuerdan el poema «Tu infancia en Mentón», del ciclo neoyorquino, casi seguramente inspirado en la atormentada relación de Lorca con Emilio Aladrén.[63] Allí el «yo», como Gonzalo, acusa al amado de engañarse sobre su propia identidad sexual, declarando que le ha roto la máscara. Es probable, pues, que Enrique incorpora aspectos de Aladrén. Las últimas palabras de Gonzalo antes de morir crucificado —y en las cuales apostrofa a Enrique— también se pueden relacionar con «Tu infancia en Mentón», donde el poeta se refiere a «el tren y la mujer que llena el cielo» como elementos que le separan definitivamente del amado. Sería difícil encontrar en toda la obra de Lorca palabras más desoladoras que las del moribundo Gonzalo:

> Agonía. Soledad del hombre en el sueño lleno de ascensores y trenes donde tú vas a velocidades inasibles. Soledad de los edificios, de las esquinas, de las playas, donde tú no aparecerás ya nunca.[64]

Cuesta trabajo, ciertamente, no intuir en *El público,* como en otros poemas del ciclo neoyorquino, un reflejo de la angustia y de la soledad que se apoderaron del poeta, en primer lugar al venirse abajo su relación con Aladrén (Elena, como hemos dicho, reaparece en *El público*), y luego ante el distanciamiento de Dalí. En las violentas recriminaciones que se lanzan los personajes, en los celos que los atormentan, en sus estallidos de envenenado despecho... tenemos motivos de sobra para pensar que Lorca está expresando vivencias propias, transmutadas luego, como es obvio, por obra y gracia del arte.

Otra vez en España, con su «*francamente* homosexual» *El público* bajo el brazo, Lorca contesta durante el verano de 1930 la carta de Dalí a sus padres. Se desprende de la comunicación que no ha habido contacto epistolar alguno entre ellos durante la estancia del poeta en Estados Unidos y Cuba. También, por la falta de alusión a Gala, que Lorca no está todavía al tanto de la relación que va revolucionando la vida de su amigo:

> Queridísimo amigo Salvador: ¿Cuánto tiempo hace que no nos vemos? Tengo gana de hablar contigo y, además, me hace una falta enorme hablar contigo.
> He vivido un año en New York de manera estupenda y ahora me encuentro con que como no te conozco, no sé lo que te tengo que decir. Pero desde luego era esto: en enero yo tendré mucho dinero y desde ahora te invito para que te vengas conmigo a New York. Allí podrás estar seis meses y luego volverte a París, o hacer el viaje conmigo a Moscú.
> Yo haré una exposición en New York, pues ya tengo

galería y una enorme cantidad de amigos idiotas, de millonarios maricones y señoras que compran cuadros *nuevos* que nos harían agradable el invierno. Tú sabes que yo soy simpático personalmente. Creo que te sería útil y que tu maravilloso espíritu vería cosas nunca vistas en esa ciudad totalmente nueva y opuesta en su forma y en su sueño al ya podrido romanticismo renovado de París.

Ardo en deseo de conocer cosas tuyas. Envíame fotos y cuéntame qué has hecho.

Yo he trabajado mucho, y con gran trabajo y alegría.

Deseo que conozcas mis cosas nuevas, así como la pequeña película que he hecho con un poeta negro de New York, que se estrenará cuando yo vuelva en un cine admirable de la calle 8 donde dan todas las producciones rusas y alemanas.

Quiero hablar contigo. He vivido demasiado incomunicado de tu amistad.

Dime cómo piensas. Escríbeme largo.

Adiós. Siempre tuyo

FEDERICO.

Una vez rota mi cadena de estupidez, cuando me meto en la cama me siento más fuerte que nunca y más poeta que nadie.

Tu casa es la Acera del Casino, 31.

Me gustó muchísimo el timo que ibas a dar a mi familia, y es lástima que no te enviaran el dinero. Yo me enteré tarde, pues la carta me la enviaron a mí; si no, yo te hubiese girado el dinerito.

¡Escríbeme![65]

La carta tiene un interés excepcional. Pese a las exageraciones del poeta, formuladas a todas luces para impresionar a Salvador («en enero yo tendré mucho dinero»), el proyecto de volver a Estados Unidos al año siguiente parece fundarse en algo más que una vaga esperanza. ¿Y la película, hecha —se entiende rodada— «con un poeta negro de New York»? Hay que suponer que se trata de *Viaje a la luna*. ¿Existía realmente dicho bardo, o ha transformado Lorca en tal personaje al mejicano Emilio Amero, de piel muy morena? La verdad es que no sabemos nada al respecto. Lo que llama la atención, de todas maneras, es el deseo de reanudar con Dalí, de saber qué hace el pintor, de mostrarle cosas, *de estar con él*.

No se ha encontrado la respuesta de Dalí, si es que hubo. El poeta se entera poco después, de todas maneras, de que Salvador tiene novia —¡Dalí, una novia!— y novia por más señas despampanante. Hacia finales del verano, los García Lorca, siguiendo su rutina habitual, pasaron varias semanas en Málaga, y allí es imposible que Emilio Prados y otros amigos no le contaran a Federico numerosas anécdotas relacionadas con la estancia de Dalí y Gala aquel abril y mayo en la cala de La Carihuela, en Torremolinos (entonces minúsculo pueblo), invitados por el poeta José María Hinojosa. Episodio que evocará el pintor en su *La vida secreta*, llamándolo «luna de miel de fuego». A los pocos días la pareja había adquirido un bronceado de intensidad africana, bañándose desnudos y paseando Gala por el pueblo con los pequeños pechos al aire (como a ella le gustaba), sin despertar apenas sorpresa entre los pescadores. Salvador trataba de terminar entonces un cuadro que le creaba muchas dificultades, *L'homme invisible* (otra vez los trucos ópticos), y, con la ayuda de Gala, la versión definitiva de su librito *La Femme invisible*.[66]

Tanto en Málaga como en Torremolinos, Emilio Prados y sus amigos no habían podido por menos de observar hasta qué punto estaba obsesionado Dalí con Gala, besándola y abrazándola con tal insistencia a cada momento que a veces suscitaba las iras de la gente en la calle.[67]

Al oír estas y otras anécdotas parecidas —¿y cómo dudar de que las oyera, si en Málaga el «grupo surrealista» apenas hablaba de otra cosa?— cabe pensar que Lorca se quedaría estupefacto, pues ¿qué manera de mujer podría satisfacer a Dalí, tan marcadamente anal, tan tímido, tan sexualmente cohibido? Cuando le dijeron a Lorca, según Rafael Alberti, que Dalí vivía con una mujer, no lo pudo creer al principio y exclamó: «¡Si sólo se le pone tiesa cuando alguien le mete un dedo en el culo!»[68]

Podemos tener la seguridad de que a partir del verano de 1930 Lorca se desvive no sólo por volver a estar con Dalí sino por conocer a su pareja. Para ello tendrá que esperar, sin embargo, otros cinco años. Y nunca llegará a conocer la barraca de pescadores que Dalí y Gala acaban de comprar en Port Lligat a los hijos de la Lídia de Cadaqués. Barraca que poco a poco se irá transformando, con la adición de propiedades colindantes, en el laberinto luego mundialmente famoso del pintor, acurrucado al pie de su amado cabo de Creus, donde los Pirineos llegan al Mediterráneo en un «delirio geológico» de proporciones épicas.[69]

Lorca, nombrado poco después de la proclamación de la Segunda República en 1931, director del nuevo teatro de la Universidad de Madrid, La Barraca, tiene entre manos no sólo el compromiso de llevar dramas clásicos a los pueblos y plazas de una España atrasada y sedienta de cultura —tarea a la cual se entrega en cuerpo y alma— sino la elaboración de su propia obra y la imperiosa necesidad de ganarse la vida. En la imposibilidad de estrenar sus piezas revolucionarias *El público* y *Así que pasen cinco años*, tan avanzadas de tema y de forma (sí logra que se monte *La zapatera prodigiosa*), vuelve, de manera provisional, sabiendo exactamente lo que hace, al hontanar popular para la inspiración de obras capaces de triunfar en los escenarios y darle renombre... y así lo espero, dinero. El resultado, primero, es *Bodas de sangre*, con *Yerma* pisándole los talones. En cuanto a Dalí, además de trabajar con intensidad, como Federico, con el empeño de salir a flote económicamente y, como siempre, de conseguir la fama internacional, dedica sus inmensas energías al movimiento surrealista, al cual hace una formidable contribución reconocida por el propio André Breton. Durante dos o tres años Dalí sigue creyendo en la compatibilidad del marxismo y del surrealismo, pero poco a poco se rinde a la evidencia. Además, siempre proclive a la veneración de la autoridad, y deseando fervorosamente una reconciliación con su padre, no deja de sentir la temprana atracción del fascismo, algo que va preocupando progresivamente a Breton y que provoca varios conatos de expulsión del movimiento.

De vez en cuando, en las obras, entrevistas o conversaciones de Lorca y Dalí durante estos años surge la alusión a una amistad que saben perdurable aunque interrumpida por circunstancias ajenas a su voluntad.

Por ejemplo, en una exposición celebrada en 1931 en la galería Pierre Colle, de París, Dalí da a conocer, entre otros enjundiosos cuadros recientes, *La memoria de la mujer-niña*, cuyo título indica que Gala es la protagonista del mismo. En el centro del lienzo se alza una roca inspirada en las del cabo de Creus. Las inscripciones colocadas en los alvéolos de la misma (ilegibles en las reproducciones del cuadro) iluminan el tema del lienzo.[70] En el agujero del ángulo superior derecho se lee diez veces la expresión «Ma Mère». Ello tal vez quiera decir que Gala ha llegado a ocupar para Dalí el puesto de la madre perdida tan prematuramente doce años atrás. El agujero central contiene la inscripción «Fantaisie diurne», título de otro cuadro de la misma serie, y en el alvéolo inferior Dalí ha escrito «Le gran chienalie chanasie», «Le gran masturbateur», «Guillaume Tell», «Olivette Olivette Olivette» y «Concretion nostalgique d'un clé» («Materialización nostálgica de una llave»). «Chienalie chanasie», que suena a disparate, tiene visos no obstante de ser una referencia a Lorca, a través de *Un Chien andalou*. «Chienalie» se aproxima fonéticamente a «chien au lit» («perro en cama»), posible alusión a la escena en la que el protagonista masculino de la película se materializa de repente en la cama, remedo de las representaciones de su propia muerte que Lorca imponía a sus compañeros de la Residencia. Y «Chanasie» («Perro de Asia») podría referirse al tremebundo can de «Paisaje con dos tumbas y un perro asirio», poema escrito por Lorca en Nueva York y tal vez comunicado al pintor:

> *Amigo:*
> *Levántate para que oigas aullar*
> *al perro asirio...*
> *El aullido*
> *es una larga lengua morada que deja*
> *hormigas de espanto y licor de lirios.*
> *Ya viene hacia la roca. ¡No alargues tus raíces!*
> *Se acerca. Gime. No solloces en sueños, amigo.*

¡Amigo!
Levántate para que oigas aullar
al perro asirio.[71]

Entre octubre de 1933 y abril de 1934, mientras Dalí sigue mayormente en París, Lorca conoce en Buenos Aires triunfos jamás cosechados en la capital argentina por un escritor español, refiriéndose día tras día en la prensa porteña sus hazañas y milagros. Tanto es el éxito que, después de cientos de representaciones de *Bodas de sangre* y de conferencias a teatro lleno, el poeta puede enviar una cantidad astronómica a su padre, subrayando en una de sus comunicaciones a casa: «Este dinero podéis naturalmente disponer de él, porque es vuestro, y mamá y papá pueden gastarlo todo si les viene en gana».[72] No cuesta trabajo imaginar la euforia de Lorca al poder demostrar por fin a su familia que con la literatura puede ganar tanto o más dinero que un labrador granadino.

Durante estos meses, con voluntad férrea, Dalí prepara su primer visita a Nueva York, siguiendo con ello los pasos y el consejo de Lorca. El 1 de abril de 1934, da una conferencia sobre surrealismo en el Ateneu Enciclopèdic Popular de Barcelona. Conocida ya su ambigua actitud hacia el hitlerismo, un grupo de comunistas le hostiga después de la charla, logrando momentáneamente poner al público en contra suya, pero —por lo menos según informa en una pormenorizada carta a André Breton— consigue salir airoso del trance. No logra convencer a todos los presentes de su inocencia, sin embargo. «A Dalí sólo le faltó declararse nazi», comenta *La Publicitat.*[73]

Por una extraña coincidencia, Lorca desembarca en Barcelona la misma mañana de la conferencia de Dalí tras su triunfal estancia de seis meses en Buenos Aires. Sale para Madrid aquella misma noche sin ver al pintor. Unos días después, aparece en la primera plana de *La Publicitat* una entrevista. En ella el poeta expresa su descontento con el teatro contemporáneo español y deja claro que, después de su experiencia en Argentina, está más decidido que nunca a acometer la renovación del escenario nacional.[74]

Es casi seguro que Dalí lee la entrevista. Poco des-

pués, desde Cadaqués, redacta una postal por lo visto no
enviada:

> Querido Lorquito: estoy seguro de que nos «divertira»
> que nos viesemos de nuevo, quieres? Has pasado por Bar-
> celona, que lastima que no hubieras venido a Cadaques
> donde paso unos meses, despues el 2 de mayo voy a Paris
> por un mes.
>
>   Tengo un gran proyecto de opera que se basa en per-
> sonages importantes Sacha [sic] Masoch, Luis II de Bavie-
> ra, Bogen [¿por Wagner?], etc. Pienso que podriamos hacer
> *algo* juntos si vinieras podriamos entendernos ahora sobre
> muchas cosas. Gala tiene una curiosidad terrible de cono-
> certe.

¿Ha visto Federico —sigue Dalí— el último número de
Minotaure? Quiere que lea allí un artículo suyo sobre arquitectura *modern style,* otro de Éluard sobre postales y la importante *mise au point* de Breton sobre el tema de la comunicación.[75] Firmando «Tu Buda» (como había hecho alguna
vez en los días de la Residencia), Dalí termina ordenando
a Lorca que le conteste inmediatamente.*

Rafael Santos Torroella ha comentado, con su habitual
agudeza, el contenido y significación de la postal:

> Parece como si, por la mención de Gala a seguido de
> haber afirmado que «ahora» se podrían entender mejor so-
> bre muchas cosas, Dalí quisiera significar la superación
> definitiva del conflicto íntimo en que habían desembocado
> sus relaciones amistosas y del cual aquél había hecho escu-
> do y símbolo aleccionador a su *San Sebastián.* Sin embar-
> go, el señuelo que le brinda a Lorca de trabajar juntos en
> un proyecto de ópera, entre cuyos importantes personajes
> estaban tan notorios ejemplos de desviación y decadentis-

---

*   No se conoce el original de la postal, transcrita, sin indicación de
fuente ni más pormenores, en Rodrigo, *Lorca-Dalí. Una amistad traicionada,* p. 225. Tal vez la postal no enviada sirvió como borrador de otra. En
cuanto a «Bogen», no se conoce a ningún personaje así llamado. Es posible
que Rodrigo no transcribiera correctamente el nombre. Creemos que se
trata de Wagner, por ir asociado con frecuencia el nombre del compositor
a los de Luis II de Baviera y Sacher-Masoch en los textos y proyectos dalinianos de estos años.

mo eróticos como Luis II de Baviera y el barón austríaco Leopold von Sacher-Masoch (de quien, como es sabido, tomó su nombre la perversión masoquista) induce a la sospecha de que Dalí, con Gala o sin ella, en modo alguno había dado por agua pasada su estrecha amistad con Federico.[76]

Desde luego, en absoluto había dado Dalí por terminada su relación con el poeta.

El descubrimiento por parte del pintor de Sacher-Masoch era inevitable, tarde o temprano, dada su obsesión con Sade y con las desviaciones sexuales en general, y hay numerosas alusiones al autor de *La Venus de las pieles* en sus dibujos de la época. En cuanto a Luis II de Baviera, protector de Wagner y fundador del festival de Bayreuth, se estaba convirtiendo a toda prisa en otra obsesión daliniana, sobre todo por los excesos eróticos que se le atribuían. Habiendo leído, hacía unos días, que Lorca estaba decidido a revolucionar el teatro español, Dalí, sin duda correctamente, estimaba que un proyecto que girara en torno a personajes tan singulares podría entusiasmar al ahora famoso poeta-dramaturgo-músico granadino. Pero la deseada colaboración nunca tendría lugar.

Durante el verano de 1934 Dalí pinta en Port Lligat un extraño y minúsculo cuadro, *Calavera atmosférica sodomizando a un piano de cola*, inspirado, según él, por un sueño, y cuya acción se sitúa delante de la barraca adquirida a los hijos de Lídia Noguer en 1930 (lámina 20).[77] Parece probable que aquel sueño —de haber sido realmente la inspiración del cuadro— reflejaba el episodio ocurrido en Cadaqués entre Dalí y Lorca en julio de 1927, aludido en la compungida carta del poeta ya citada (y otra posterior), y que Santos Torroella deduce haber consistido en una nueva tentativa del granadino por poseer sexualmente a Dalí (véanse páginas 165-169).

Si el crítico acierta, y si la calavera representa a Lorca, ¿cómo explicar que Dalí aparezca aquí en guisa de piano de cola? ¿Se trata de una alusión a los de *Un Chien andalou*, con sus burros podridos encima y Salvador, vestido de Ma-

rista, arrastrado con ellos? ¿Al sobre el cual su padre habría
dejado un libro sobre enfermedades venéreas, con repugnantes láminas? Para Santos Torroella, la asociación remite, más bien, al piano de cola de la familia Pichot, que,
colocado entre las rocas de Es Sortell o subido a la barca
especial para conciertos en noches de *calma blanca*, tanto
había impresionado al Dalí niño, y que, según él, explicaba
la presencia de tal instrumento en sus cuadros.[78]

Terminadas las «vacaciones» en Port Lligat —que para
el pintor son, y serán siempre, vacaciones de intenso trabajo— Dalí y Gala vuelven a París y luego, en noviembre de
1934, cruzan por vez primera el Atlántico, rumbo a Nueva
York, donde hace exactamente un año el pintor ha expuesto con éxito en la galería de Julien Levy. Esta vez, con la
presencia de Dalí, se prevé un triunfo de público, crítica y
ventas aún mayor. Y así será.

La pareja viaja bajo el ala protectora de su rica amiga
norteamericana Caresse Crosby, que lleva tiempo incitán-
doles a hacer la travesía. Cuando atraca el barco en Manhattan, Crosby invita a los periodistas a preguntar a Dalí
por el surrealismo y la significación de los cuadros que va
a exponer en Julien Levy. No sabe una palabra de inglés, de
modo que Crosby actúa de intérprete. Al día siguiente el
New York Times anuncia: «LLEGA SALVADOR DALÍ». Y debajo:
«Pintor Surrealista Trae Veinticinco Obras Para Exposición
Aquí.»

Salvador había tratado de aclarar su *modus operandi*:

> Hago todo mi trabajo subconscientemente. Nunca uso
> modelos ni pinto del natural o paisajes. Todo es imagina-
> ción. Es decir, que cuando trabajo veo todo como en un sue-
> ño, y no decido el título hasta que termino de pintar. A ve-
> ces me lleva algún tiempo saber qué he pintado. Todas las
> escenas de mi imaginación tienen a España como fondo...,
> mi Cataluña o, tal vez, el sur de Andalucía.

La referencia al «sur de Andalucía» llama fuertemente
la atención, puesto que Dalí no había pintado nada inspirado por él, con la sola excepción de los decorados para
Mariana Pineda. ¿Pretendía aludir secretamente a Lorca

en el preciso momento en que pisaba por vez primera Nueva York? ¿Pensaba en la carta entusiasta que le había escrito el poeta nada más volver de su viaje a la metrópoli en 1930, recomendándole que le acompañara la próxima vez? Desde luego resulta difícil creer que, al desembarcar en Manhattan, Dalí no recordara que cinco años antes le había precedido allí Lorca, algunos de cuyos poemas neoyorquinos, hondamente influidos por el surrealismo, conocía ya con toda probabilidad.

Para celebrar el tremendo éxito de la segunda individual de Dalí en Julien Levy se organiza una fiesta, el 10 de diciembre de 1934, en la Casa de las Españas, epicentro de la cultura hispana en Nueva York. Es el mismo sitio donde Lorca había dictado en 1930 su conferencia «Tres modos de poesía», tan influida por Dalí. Ángel del Río, el profesor de literatura española de la Universidad de Columbia que había acompañado frecuentemente a Federico durante su estancia en la ciudad (y oído sus quejas por *Un Chien andalou*), es el encargado de presentar al pintor. A Dalí no se le había pedido que hiciera uso de la palabra, pero, dado el gran interés de los invitados en saber cómo ejecuta sus cuadros surrealistas, improvisa una breve charla. Explica que su único método consiste en transcribir, sin intervención de la razón, o de consideraciones estéticas o morales, las imágenes que afloran espontáneamente desde su subconsciente. Pintar así, dice —según informa *La Prensa*, el diario que había dado cuenta de la conferencia de Lorca—, era para él una cuestión de vida o muerte, «una especie de sistema curativo para liberarse de la obsesión que lo dominaba».

Parece ser que fue durante esta improvisada charla cuando Dalí enunció por vez primera en público la frase que repetiría *ad nauseam* casi hasta el día de su muerte: «La única diferencia entre un loco y yo es que *yo no estoy loco*».[79]

El 28 de septiembre de 1935 se produce por fin, en Barcelona, el reencuentro de poeta y pintor. Reencuentro tan jubiloso que da lugar a un pequeño escándalo. Lorca tenía que asistir aquella noche a un concierto en su honor. La sala estaba a tope, la orquesta a punto, el coro preparado... pero para consternación de los organizadores y del público el poeta no aparece a la hora convenida. Por fin Cipriano Rivas Cherif tiene que anunciar que se ha ido con Salvador Dalí, así por las buenas, a Tarragona.[80]

Lorca no puede ni quiere disimular la alegría que le produce estar otra vez con Dalí. El joven periodista Josep Palau i Fabre toma nota de que no desperdicia oportunidad alguna para hablar de su amigo, proclamando incluso que va a escribir algo en colaboración con Salvador y que diseñarán juntos los decorados. Tal vez se trata de la ópera sobre Luis II de Baviera, Sacher-Masoch y Wagner que Dalí lleva tiempo proyectando. «Somos dos espíritus gemelos —dice Lorca a Palau—. Aquí está la prueba: siete años sin vernos y hemos coincidido en todo como si hubiésemos estado hablando diariamente. Genial, genial Salvador Dalí.» El comentario de Lorca recuerda el dibujo que había hecho del pintor en 1927, representándole, según la interpretación de Dalí, en guisa de dioscuro (lámina 13).[81]

Con otro periodista, Jordi Jou, incide otra vez sobre su admiración por Dalí:

> Salvador Dalí es poco apreciado en Cataluña, a pesar de que él la ha dado a conocer en todo el mundo. Aquellas maravillosas visiones de Cadaqués... Para mí, Dalí es el pintor más puro de todos los que hay actualmente.

Y comenta Jou:

> García Lorca siente una gran veneración por Dalí, que se trasluce en el tono vehemente que adopta al hablar de él. Nos cuenta que cuando fue a Nueva York también Dalí estaba allí, consiguiendo un éxito grandioso y alcanzando una gran popularidad. Incluso en los suburbios de la ciudad Dalí era fotografiado en la primera página de los semanarios populares, y sus dibujos acompañaban a los dibujos infantiles que publican aquellas revistas.

> —¡Los dibujos de Dalí mezclados con los «monos» de los niños! ¿Qué más quiere? —dice Lorca entusiasmado.

El periodista consigna al final de la entrevista que la ha entregado a Lorca para que le dé su beneplácito. «En sustancia —le comenta el poeta— dice usted aquí más o menos lo que yo le dije, pero lo dice usted de otra manera.» Llama la atención el que Lorca dejara tal cual el abultado error histórico según el cual él y Dalí habrían coincidido en Nueva York. ¿O tal vez propagó el bulo intencionadamente, para subrayar aún más su amistad? Es posible. De todas maneras, no cabe duda de que está al tanto del enorme éxito de la visita de Salvador a Nueva York, siguiendo los pasos suyos.[82]

Dalí, sorprendentemente, no menciona el reencuentro con Lorca en *La vida secreta*, publicada siete años después, haciéndolo por vez primera en un texto editado en 1954. Allí, creyendo —o quizá queriendo creer— que el acontecimiento que tuvo lugar dos meses antes de iniciarse la guerra civil, declara que Gala «se había quedado estupefacta *(bouleversée)* ante aquel fenómeno pegajoso y lírico total». «El sentimiento fue recíproco —agrega Dalí entre paréntesis—, durante tres días Lorca no me habló, maravillado, más que de Gala.» Por desgracia, la Musa, siempre enigmática y esquiva, no parece haber dejado constancia documental de la impresión que le causara el poeta.[83]

Dalí y Gala estaban acompañados aquellos días por su mecenas, el poeta y coleccionista de arte Edward James, excéntrico inglés inmensamente rico de quien se rumoreaba que era hijo ilegítimo del rey Eduardo VII. A James le gustaba llevar un *kilt*, excentricidad que en España siempre provocaba comentarios (¡un hombre con faldas!). Cuando conoce a Lorca, sin embargo, no va de hijo de Escocia sino de tirolés, con un traje excesivamente bordado, una camisa de encaje y el típico pantalón corto de cuero. Dalí recordaría que a Lorca le encantó James, que le parecía «un colibrí vestido como un soldado de la época de Swift», y que el inglés, como Gala, «se quedó prendido en el pegamento de la personalidad» del poeta andaluz.[84]

Era cierto el entusiasmo de James, que contó a una amiga que había conocido en Barcelona a muchos compañeros de Dalí pero especialmente a Federico García Lorca, que les había leído obras suyas durante una noche entera (por desgracia no dice cuáles). Le consideraba «un poeta realmente grande», tal vez el único con quien había coincidido jamás.[85]

Invitados por James, Dalí y Gala estaban a punto de trasladarse a Amalfi, donde aquél había alquilado una espléndida mansión. James quería que Lorca les acompañara pero, debido a los múltiples compromisos del poeta —en pleno triunfo en estos momentos en Barcelona—, no fue posible. Después de la muerte de Lorca, Dalí, olvidando que el encuentro había ocurrido nueve meses antes de que empezara la guerra, lamentaría no haber insistido lo suficiente. Creía que de haberlo hecho se habría podido evitar la tragedia que se avecinaba.[86]

La joven actriz Amelia de la Torre fue testigo de las apasionadas conversaciones de Dalí y Lorca, celebradas habitualmente en un café de las Ramblas cerca del teatro Barcelona. Se quedó asombrada ante las estrafalarias corbatas de Dalí, hechas con tiras de papel de periódico, y pudo observar el embeleso con que Lorca le escuchaba. Era evidente que entre pintor y poeta había una relación muy especial.[87]

En 1986, Dalí, por su parte, recordaría con nostalgia su último encuentro con Lorca, que según él tuvo lugar en El Canari de la Garriga, el famoso restaurante bohemio situado enfrente del hotel Ritz que habían patrocinado juntos por vez primera en 1925 y donde el poeta había estampado entonces un entusiasta «*Visca Catalunya lliure!*» en el libro de oro.[88]

Desde Ravello y Roma Dalí envía entusiastas postales a J. V. Foix («Italia está resultando más surrealista que el Papa. Roma es el paroxismo del imperialismo del "*trompe-l'oeil*"»).[89] Es difícil creer que, tras el eufórico reencuentro con Federico, no le mandara a éste también por lo menos una. Pero no hay constancia de ello.

La última comunicación conocida del pintor a Lorca es una postal enviada a finales de marzo de 1936 desde Port Lligat. Gala se encargó con su letra clarísima, de estampar las señas del poeta: «Monsieur Frederico [*sic*] Lorca, Alcalá, 102, Madrid». El texto confirma que se trata casi de un mensaje conjunto de la pareja. El pintor ha visto la reciente reposición de *Yerma* en Barcelona:

Querido Federiquito — Que l'astima me a d'ado que no nos hayas benido a ver en PARIS tan bien que lo hubieramos pasado i tenemos que hacer cosas juntos otra vez — Yerma es una cosa llena de ideas *oscurisimas* i surrealistas — Pasamos dos messes en Port-Lligat [para] acer una cura de analisis i obgetividad i comer todas estas cossas extravagantes que NADIE CONOCE i que son las habas hetophadas [es decir, estofadas] de primera calidad super finas y lisas que dan gusto de verlas i son los mismisimos misterios de Eleussis pour [*sic*] lo que al condimento se refiere — *Dime lo que haces y lo que piensas hacer* — Estaremos siempre contentos de verte adelantar acia nuestra cassa, te acuerdas de aquella estructura estrambotica de carne i hueso (pero que parecia mentira) que se titulaba Max Aub?

Gala te manda su afeccion i yo te abrazo.[90]

Es la única indicación que tenemos de que Lorca hubiera conocido a Max Aub, cuyo libro *Conversaciones con Buñuel*, publicado en 1985, es uno de nuestros documentos fundamentales para conocer al cineasta aragonés y su mundo.

¿Se daba Dalí cuenta de hasta qué punto el compromiso sociopolítico del poeta se había radicalizado a lo largo de los cinco años de la República? No lo sabemos, pero parece difícil que en la Barcelona de su reencuentro, donde Lorca es aclamado como el «poeta del pueblo»,[91] el pintor no se percatara de que en absoluto se trataba ya de un escritor «apolítico», sino, al contrario, explícitamente comprometido con la República. ¿Y cómo creer que en las fervorosas conversaciones de las cuales fue testigo Amelia de la Torre, pintor y poeta no se explayaran sobre la volcánica situación política de España, así como de Europa en general?

Desde el estreno de *Yerma*, en diciembre de 1934, Lorca venía siendo objeto de ataques cada vez más virulentos en la prensa de derechas, a la que aquella obra había ofendido profundamente. *El Debate* —el diario católico más leído del país— habló de la odiosidad de la misma, de su «inmoralidad» y sus «blasfemias». Para *Informaciones*, no cabía «nada más soez, grosero y bajo que el lenguaje empleado por el señor García Lorca»; «Se ha contaminado el poeta y ha enfangado su pluma», despotricó *ABC*.[92] Y si ésta fue la reacción de la prensa de la derecha más o menos moderada, no hace falta mucha fantasía para imaginar la de los fascistas. La revista *Gracia y Justicia,* una de cuyas «gracias» era llamar al poeta Federico García *Loca*,[93] sentenció:

> Se ha encontrado una cosa más feroz que la mordedura de la cobra, que estaba conceptuada como la serpiente más venenosa. Se trata de las representaciones de *Yerma*, de García Lorca. El único antídoto es no ir.[94]

En cuanto a La Barraca, las descalificaciones habían llovido después de la victoria de las derechas en las urnas del otoño de 1933, y finalmente el gobierno conservador había cortado la subvención, declarando Lorca entonces:

> Cuando ya no tengamos trajes ni decorados, representaremos con nuestros monos el teatro clásico. Y si no nos dejan levantar el tabladillo, representaremos en plena calle, en las plazuelas de los pueblos, donde sea... Y si tampoco nos dejasen así, representaremos en cuevas y haremos teatro oculto.[95]

Durante estos años Lorca ataca una y otra vez a la burguesía española, «frívola y materializada»,[96] atribuyéndole el hundimiento del teatro español y abogando por un teatro abierto a todos:

> Yo arrancaría de los teatros las plateas y los palcos y traería abajo el gallinero. En el teatro hay que dar entrada al público de alpargatas. «¿Trae usted, señora, un bonito traje de seda? Pues, ¡afuera!» El público con camisa de esparto, frente a *Hamlet*, frente a las obras de Esquilo, frente a todo lo grande.[97]

En cuanto a su propio teatro, al teatro que quiere hacer, Lorca insiste una y otra vez durante los años republicanos sobre su deseo de ponerlo al servicio del cambio y de la subversión. «Aspiro a recoger el drama social de la época que vivimos hoy», declara.[98]

El odio que sienten las derechas por Lorca no hace sino aumentar, acrecentado por el éxito de *Yerma* en Barcelona.

Hasta tal punto es así que el poeta puede hablar de una campaña contra él y la muy republicana Margarita Xirgu (cuya amistad con Manuel Azaña se comenta a menudo en la prensa). El 7 o el 8 de octubre de 1935 escribe a sus padres:

> Claro es que las derechas tomarán todas estas cosas para seguir en su campaña contra mí y contra Margarita, pero no importa. Es casi conveniente que lo hagan, y que se sepan [de] una vez los campos que pisamos. Desde luego, hoy en España no se puede ser *neutral*.[99]

Lorca tenía toda la razón: en la España del otoño de 1935 nadie podía ser neutral.

Por las mismas fechas, en la ya citada entrevista otorgada a Jordi Jou en que habla con tanta admiración de Dalí, Lorca expresa sin ambages su compromiso social y el de su teatro.

> Ante la realidad social, el poeta debe apasionarse. No puede permanecer impasible de ninguna manera. ¿Cómo se pretende que el poeta pueda cerrar los ojos ante los hombres que sufren, ante la tragedia espantosa del hombre oprimido? El poeta debe sentirlo y comprenderlo, y ayudar en la medida de sus posibilidades en la conquista de un mundo más justo y más humano.[100]

En noviembre, en plena temporada de éxitos, recién estrenada *Doña Rosita la soltera* ante el fervor de un público barcelonés incondicional, vuelve a lo mismo:

> Una de las finalidades que persigo con mi teatro es precisamente aspaventar y aterrar un poco. Estoy seguro y contento de escandalizar. Quiero provocar revulsivos, a ver si se vomita de una vez todo lo malo del teatro actual [...] Tengo un asunto de incesto, *La sangre no tiene voz*, ante cuya crudeza y violencia de pasiones *Yerma* tiene un lenguaje de arcángeles.[101]

Convocadas las nuevas elecciones, Lorca apoya públicamente al Frente Popular y, después del triunfo de la coalición en febrero de 1936, firma numerosos manifiestos antifascistas, recita poemas en mítines de marcado acento izquierdista y sigue hablando de la necesidad de un teatro comprometido con el pueblo. Ningún poeta de su generación, ni Rafael Alberti, estuvo tan atrevido en sus declaraciones, y eso que nunca se afilió a un partido político. Así, por ejemplo, en una entrevista de abril:

> El día que el hambre desaparezca, va a producirse en el Mundo la explosión espiritual más grande que jamás conoció la Humanidad. Nunca jamás se podrán figurar los hombres la alegría que estallará el día de la Gran Revolución. ¿Verdad que te estoy hablando en socialista puro?[102]

Y en sus últimas declaraciones a la prensa, publicadas en *El Sol* de Madrid el 10 de julio de 1936, unas pocas semanas antes de su asesinato, Lorca sentenció:

> Ningún hombre verdadero cree ya en esta zarandaja del arte puro, arte por el arte mismo. En este momento dramático del mundo, el artista debe llorar y reír con su pueblo. Hay que dejar el ramo de azucenas y meterse en el fango hasta la cintura para ayudar a los que buscan las azucenas.[103]

Ello no significaba renunciar al legítimo disfrute de sus éxitos. Ha dejado constancia Jorge Guillén de que en 1935 Lorca describía a sus amigos cómo sería la casa que se iba a construir al lado del Mediterráneo, se supone que en Granada (quién sabe si no a imitación de la de Dalí en Port Lligat): «"Porque ahora —exclamaba con más aire de adolescente que nunca— me toca ganar dinero a mí"».[104]

Llegado el verano Lorca tiene el proyecto de reunirse con Margarita Xirgu en México, donde la actriz representa con éxito sus obras y la llegada del poeta es esperada de un día a otro. Al volver a Granada la noche del 13 de julio, después del asesinato de Calvo Sotelo, tiene, según su hermano Francisco, el pasaje de Nueva York en el bolsillo (desde allí bajaría a México en tren). Pero no puede ser. El 16 de agosto de 1936 Lorca es detenido por Ramón Ruiz Alonso, ex diputado por Granada de la CEDA (Confederación Española de Derechas Autónomas) y autor de un manual fascista publicado en plena guerra. Según Miguel Rosales, testigo presencial, Ruiz Alonso alega que Lorca «ha hecho más daño con la pluma que otros con la pistola».[105] Lo llevan al Gobierno Civil, como se sabe, y desde allí a su lugar de ejecución.

No hubo manera de salvar a Lorca porque era considerado por las autoridades rebeldes, apoyadas por la Iglesia, como rojo peligrosísimo. Le asesinaron cerca del pueblo de Alfacar en la noche del 17 al 18 de agosto de 1936, al lado de dos torerillos y de un maestro de escuela. Es posible que le torturaran primero.[106] La «peor burguesía de España», como Lorca había definido a la clase media granadina en su última entrevista, nunca se tomó la molestia de aclarar para la posteridad cómo había sido la muerte del poeta, y eso que lo sabían muchas personas. Es difícil no estar de acuerdo con Pablo Neruda: «Desde entonces no sabemos nada, sino su propia muerte, el crimen por el que Granada vuelve a la Historia con un pabellón negro que se divisa desde todos los puntos del planeta».[107]

El rumor de la muerte de Lorca a manos de los fascistas corrió como un reguero de pólvora por las redacciones de la prensa mundial hacia el 10 de septiembre de 1936. Al principio les resultó imposible a los amigos del poeta dar crédito a la noticia, pero poco a poco, al no demostrar los rebeldes granadinos que el poeta estaba vivo —fácil de haber sido así—, y al conocerse cada vez más pormenores de la brutal represión que se llevaba a cabo en Granada, la verdad acabó imponiéndose.

No hay constancia documental de cómo reaccionó Dalí al oír por vez primera la noticia. Seis años más tarde, reescribiendo la historia, apuntó en *La vida secreta*:

Al estallar la revolución, mi gran amigo, el poeta de *la mala muerte* Federico García Lorca, murió ante un pelotón de ejecución en Granada, ocupada por los fascistas. Su muerte fue explotada con fines de propaganda. Esto era innoble, pues sabían tan bien como yo que Lorca era por esencia la persona más apolítica del mundo. Lorca no murió como símbolo de una u otra ideología política, murió como víctima propiciatoria de ese fenómeno total e integral que era la confusión revolucionaria en que se desarrolló la guerra civil. Por lo demás, en la guerra civil la gente no se mataba siquiera por las ideas, sino por «razones personales», por razones de personalidad; y como yo, Lorca tenía personalidad de sobra y, con ella, mejor derecho que la mayoría de los españoles a ser fusilado por españoles. El sentido trágico de la vida que poseía Lorca se distinguía por la misma constante trágica por que se distingue el destino de todo el pueblo español.[108]

Palabras, palabras. En 1954 afirmaría que, al enterarse del asesinato del poeta, había exclamado «¡Olé!», usando el término en el sentido que se da en el toreo, es decir, para expresar admiración por un pase excepcional: Lorca, obsesionado con la muerte, habría realizado a la perfección su destino.[109] En otra ocasión escribiría: «Lorca consideraba la palabra ¡olé! como el grito más desgarrador que surge en los momentos más trágicos del cante jondo».[110]

Enfrentado a la pérdida de Federico, no pudo por menos de recordar a menudo cómo, en la Residencia de Estudiantes, el poeta había luchado por conjurar su intenso miedo a morir mediante la compulsiva representación de sus últimos momentos, fallecimiento, entierro y descomposición, mientras sus amigos seguían el ritual con fascinación y horror. Ahora que, con apenas treinta y ocho años, había sido asesinado, Salvador se dio cuenta de que algo fundamental se había roto para siempre en su propia vida.

8. DALÍ SIN LORCA

La muerte de Lorca dio lugar a un resurgimiento de la presencia del «hijito». Un primer indicio de ello se aprecia en *Metamorfosis de Narciso*, poema «paranoico» que ilustró «palabra por palabra» un cuadro terminado en junio de 1937 (lámina 21).[1]

Dado su extremado narcisismo, no puede sorprendernos que Dalí atribuyera una gran importancia personal al mito del bello muchacho enamorado de su propio reflejo. Parece seguro que conocía desde los días de la Residencia de Estudiantes los *Tres ensayos sobre teoría sexual* de Freud, y en especial las *Notas psicoanalíticas sobre un informe autobiográfico de un caso de paranoia (caso Schreber)*, donde se utiliza el término «narcisismo» para denominar «un estadio del desarrollo de la libido que ésta atraviesa en el camino que va del autoerotismo al objeto de amor». Freud subraya que se trata de un momento en que las fijaciones pueden producirse con facilidad y en el que se arraigan tenazmente las neurosis y la paranoia.[2] A Salvador le llamaría la atención, sobre todo, que Freud entendiera la paranoia como defensa contra la homosexualidad. Puesto que el pintor se ufanaba de ser no sólo el Gran Masturbador sino el Gran Paranoico —título de un cuadro de 1936— debía saber que, para ser consecuente, le incumbía aceptar ahora, como factor clave de su personalidad, el miedo a ser homosexual. Pero como ha observado Rafael Santos Torroella en su penetrante análisis de *Metamorfosis de Narciso,* nunca estaría dispuesto a dar este paso.[3]

No es de extrañar, si tenemos en cuenta que tal miedo se fundía con el de haber heredado una tendencia paranoica (el fantasma del suicidado abuelo Galo) que en *Metamorfosis de Narciso* aparezcan alusiones a Lorca. El poema contiene un reconocimiento explícito de que al irlo componiendo, Dalí tiene presente al amigo fusilado en Granada:

Narciso, pierdes tu cuerpo,
arrebatado y confundido por el reflejo milenario de tu de-
[saparición,

tu cuerpo herido mortalmente
desciende hacia el precipicio de los topacios con los restos
                                             [amarillos del amor,
tu blanco cuerpo, engullido,
sigue la pendiente del torrente ferozmente mineral
de las negras pedrerías de perfumes acres,
tu cuerpo...
hasta las desembocaduras mates de la noche
al borde de las cuales
ya destella
toda la platería roja
de las albas de venas rotas en «los desembarcaderos de la
                                             [sangre.

En una nota a pie de página Dalí indica que la expresión «los desembarcaderos de la sangre» es de Federico García Lorca, pero no identifica la fuente de la misma. Procede del poema «Panorama ciego de Nueva York», inédito hasta cuatro años después de la muerte del poeta pero que éste quizá le recitara o leyera a Dalí cuando se volvieron a ver por última vez en la Barcelona de 1935. El poema plasma la terrible angustia que a Lorca le suscita Nueva York al llegar a la metrópolis en 1929:

No, no son los pájaros:
No es un pájaro el que expresa la turbia fiebre de laguna,
ni el ansia de asesinato que nos oprime cada momento,
ni el metálico rumor de suicidio que nos anima cada
                                             [madrugada:
es una cápsula de aire donde nos duele todo el mundo,
es un pequeño espacio vivo al loco unísón de la luz,
es una escala indefinible donde las nubes y rosas olvidan
el griterío chino que bulle por el desembarcadero de la
                                             [sangre.
Yo muchas veces me he perdido
para buscar la quemadura que mantiene despiertas las
                                             [cosas
y sólo he encontrado marineros echados sobre las baran-
                                             dillas
y pequeñas criaturas del cielo enterradas bajo la nieve.[4]

No se trata del único poema neoyorquino del granadino que deje su impronta en *Metamorfosis de Narciso*. La
imagen «las desembocaduras mates de la noche», tan lorquiana, remite también a «Navidad en el Hudson», tal vez
otro de los poemas leídos a Dalí en Barcelona:

He pasado toda la noche en los andamios de los arrabales
dejándome la sangre por la escayola de los proyectos,
ayudando a los marineros a recoger las velas desgarradas
y estoy con las manos vacías en el rumor de la desembo-
                                                     [cadura.
No importa que cada minuto
un niño nuevo agite sus ramitos de venas
ni que el parto de la víbora, desatado bajo las ramas,
calme la sed de sangre de los que miran al desnudo.
Lo que importa es esto: hueco. Mundo solo. Desemboca-
                                                     [dura.
Alba no. Fábula inerte.
Desembocadura.
Sólo esto. Desembocadura.[5]

Pero en *Metamorfosis de Narciso* no se trata sólo de la
influencia del ciclo neoyorquino del amigo. Diez años atrás
Dalí había criticado, como sabemos, el que consideraba tras-
nochado pintoresquismo andaluz del *Romancero gitano*.
Pero tenía muy interiorizados aquellos poemas. Ahora aflora uno de ellos al aludir Dalí a los bailarines del fondo del
cuadro, denominados «el grupo heterosexual». Los componentes masculinos son un hindú, un catalán y un alemán.
Las mujeres, una inglesa, una rusa, una sueca, una norteamericana y

la gran Andaluza tenebrosa
robusta de glándulas y olivácea de angustia.

Estamos, sin lugar a dudas, ante Soledad Montoya, protagonista del «Romance de la pena negra», que busca de-
sesperada por el monte oscuro, vuelta azabache, «su alegría
y su persona». La poco habitual construcción sintáctica de

la frase «robusta de glándulas y olivácea de angustia» parece proceder, además, directamente del poema:

> *¡Soledad, qué pena tienes!*
> *¡Qué pena tan lastimosa!*
> *Lloras zumo de limón*
> *agrio de espera y de boca.*[6]

Rafael Santos Torroella no se equivocaba, seguramente, al considerar que la plena significación del poema de Dalí, y por tanto del cuadro, sólo se aclara al final del mismo con la aparición de Gala en los últimos versos.[7] Inmerso en su ensoñación narcisista; en peligro cuando vivía el poeta de sucumbir a sus tendencias homosexuales, y tal vez todavía (hay indicios de que Edward James, para quien «el Dalí auténtico era mucho más homosexual que heterosexual», le presionaba en este sentido);[8] con una actividad erótica reducida al mundo de las fantasías masturbatorias y simbolizada por la monumental mano fósil en la cual se transforma Narciso en el cuadro: a Dalí la epifanía de Gala le ha ofrecido la posibilidad, si no de curación, por lo menos de sobrevivir emocionalmente. En este sentido es significativo que el cuadro se ambiente en el cabo de Creus y sus inmediaciones, donde empezaron a amarse. Gala, si bien no aparece de modo explícito en el cuadro, está simbolizada por el narciso que emerge de la cabeza del desesperado autocontemplativo, convertida ahora en huevo:

> *Cuando esta cabeza se raje,*
> *cuando esta cabeza se agriete,*
> *cuando esta cabeza estalle,*
> *será la flor,*
> *el nuevo Narciso,*
> *Gala...*
> *mi narciso.*[9]

¿Conocía Gala, tan literaria ella, algo de la poesía de Lorca? Una vez más sólo nos contesta el silencio —no hay constancia de ningún comentario suyo al respecto—, pero sería difícil que no se hubiera familiarizado al menos con la apasionada oda que le había inspirado Salvador.

En 1938, mientras prepara obra para su próxima exposición en Nueva York, Dalí empieza a trabajar con Léonide Massine en *Tristan Fou,* que Edward James le ha prometido montar en Londres. El ballet pasa pronto a llamarse *Venusberg* y, poco después, definitivamente, *Bacanal.* Se trata del proyecto en el que Dalí había invitado a Lorca a participar en 1934, y cuyo protagonista es Luis II de Baviera, a quien acompañan, entre otros, Sacher-Masoch y quizá Wagner.

Que Lorca ronda los pensamientos de Dalí mientras trabaja en *Bacanal* lo confirma el cuadro *El gran cíclope cretino* (o *imbécil*), pronto rebautizado *El enigma sin fin* (1938). Como otras dos telas de este año —*Afgano invisible con la aparición en la playa del rostro de García Lorca en forma de frutero con tres higos* y *Aparición de un rostro y un frutero en una playa*—, la obra presenta una «materialización» de la cabeza del poeta en el cabo de Creus, cuyos acantilados se reflejan en una típica *calma blanca* de la localidad (lámina 22).

Para el catálogo de su exposición en Nueva York, Dalí prepara un esquema de seis dibujos en el que desenmaraña la complicada madeja de imágenes que se superponen en *El enigma sin fin* (ilustración 38). No explica, empero, que el «gran cíclope cretino» es Lorca. Tampoco que la mujer sentada que remienda una vela en la playa (de Port Lligat, delante de la casa del pintor), y que, en doble imagen, figura la parte inferior de la cara del poeta, es una amalgama de su aya, Llùcia, y de la Lídia de Cadaqués, motivo desarrollado por vez primera en *El destete del mueble-alimento* (1934).[10]

La mitad superior de la cabeza de Gala, insertada en el borde derecho de *El enigma sin fin* —como excluida de lo que ocurre en la playa— llama fuertemente la atención. Los ojos de la rusa tienen un siniestro brillo digno de la misma Medusa. En opinión de Santos Torroella están vigilando los sentimientos más íntimos del pintor por el amigo asesinado, y con los que se siente todavía incómodo: razón, tal vez, por la cual Lorca tiene que ser degradado en el título de la obra al nivel de «cíclope cretino» o «imbécil».[11]

Si, en el minúsculo *Afgano invisible con la aparición en la playa del rostro de García Lorca en forma de frutero con tres higos* (ilustración 37), la cabeza del perro es, efectivamente, invisible, aunque su cuerpo se aprecia, no así en el más pormenorizado *Aparición de un rostro y un frutero en una playa,* donde se perfila la cabeza con precisión (lámina 23). La presencia de un perro en estos tres cuadros del mismo año —Dalí tendía siempre a componer obsesivamente en series— sugiere que el pintor está aludiendo a *Un Chien andalou.* Y quizá también al can del poema lorquiano «Paisaje con dos tumbas y un perro asirio», citado antes. Además, el collar que lleva el perro en *Aparición de un rostro y un frutero en una playa*, y que representa al mismo tiempo un acueducto con arcos que cruza el mar de Cadaqués en calma blanca, evoca indefectiblemente la *Oda a Salvador Dalí*, donde

> *El aire pulimenta su prisma sobre el mar*
> *y el horizonte sube como un gran acueducto.*[12]

La cabeza del poeta, su parte inferior una vez más doble imagen de la mujer sentada de espaldas en la playa, vuelve a aparecer en otras dos obras de la serie, *Las tres edades (La vejez, la adolescencia, la infancia)*, de 1940 (ilustración 39), y *Boca misteriosa que aparece en la espalda de mi niñera*, fechada 1941 pero quizá empezada el año antes (ilustración 40). En la primera, el Salvador niño, con su traje de marinero, acompaña a la mujer en la playa y parece estar contemplando la cara del poeta —en representación de la adolescencia—, cuyos ojos reflejan unas barracas blancas rodeadas de cipreses. Evocan a la vez la casa de Dalí en Port Lligat y uno de los cuadros que más admiraba: *La isla de los muertos*, de Böcklin.

Muerto Lorca, no es sorprendente que la *Oda a Salvador Dalí* empezara a obsesionar al pintor. En 1940, cuando los alemanes avanzan hacia París, huye con Gala a Arcachon, para estar más cerca de la frontera española en el caso de tener que abandonar Francia. Allí Dalí trabaja frenéticamente, informando a Edward James de su nuevo empeño en ser fuerte, en renunciar para siempre a la que ha llegado a considerar su «debilidad» ante los retos de la vida profesional. Para justificar tal actitud, Dalí remite a James a la *Oda*. En los versos iniciales del poema, ¿no se refiere Lorca a la «niebla impresionista» rechazada por los cubistas y, asimismo, por Dalí? Pues bien, ahora lo que quiere es desterrar de su vida para siempre «la horrible niebla» de la confusión. A continuación cita otro verso del poema, «Alma higiénica, vives sobre mármoles nuevos», viendo en él un llamamiento al clasicismo.[13]

En una carta dirigida a otro amigo en estos momentos, vuelve a aludir a la oda. Él y Gala están llevando una auténtica existencia intrauterina en su villa de Arcachon, explica, y ha empezado algunas cosas importantes, con una «gran sed de límites, de contornos, de un realismo perfecto y desesperado». Se trata de un claro eco de otro verso del poema lorquiano: «Un deseo de formas y límites nos gana».[14] No cabe duda: la *Oda a Salvador Dalí* está ya condicionando la percepción que Dalí tiene de sí mismo y, al mismo tiempo, el programa que va esbozando para sus próximas actuaciones.

A medida que los alemanes aumentan su presión sobre Francia, Edward James y la amiga norteamericana de Salvador y Gala, Caresse Crosby, empiezan a preocuparse por la seguridad de la pareja. Crosby ha prometido publicar *La vida secreta de Salvador Dalí* con la Dial Press de Nueva York. Quiere saber cómo avanza el libro. En mayo escribe al pintor:

> Doy por sentado que tú y Gala me visitaréis en mi casa de campo de Bowling Green, en Carolina, Virginia. Las habitaciones están listas y esperándoos [...] será un lugar tranquilo para tu trabajo. Me dicen que ya tienes mucho material para el libro de memorias que preveo sacar este otoño. Es absolutamente necesario que estés aquí los meses de verano para arreglar este asunto conmigo.[15]

El 14 de junio de 1940 los alemanes ocupan París. Como recordaría la pintora Léonor Fini, que también se había mudado a Arcachon, a los Dalí les entró entonces un pánico mortal. ¡A Salvador ya no le parecía Hitler tan pintoresco, tan apetecible su carne blanda, tan divertido su bigotito![16]

Cuando los nazis llegaron a Burdeos, los Dalí se batieron rápidamente en retirada, cruzando la frontera española poco tiempo antes de llegar hasta allí las tropas invasoras, que el 28 de junio plantaron la esvástica en Hendaya.[17]

Mientras la siempre práctica Gala marchó a Lisboa a organizar el viaje a Nueva York, Salvador cruza España para ver a su familia en Figueres. Les encuentra muy afectados por sus experiencias durante la guerra, y recibe un pormenorizado relato de los padecimientos de Anna Maria a manos de los «rojos». Franco había bombardeado Figueres, y, al retirarse, los republicanos habían tratado sin éxito de volar el castillo de San Fernando, causando serios daños en el intento. Parte de la ciudad estaba en ruinas.

Hizo una visita relámpago a Cadaqués y allí encontró sana y salva a Lídia, que, desde la atalaya de su paranoia, había disfrutado a su manera de la guerra. Las paredes de la casa de Port Lligat estaban cubiertas de pintadas de ambos bandos.

Después el pintor viajó con toda prisa a Madrid, donde se alojó en el hotel Palace, escenario de tantas noches de parranda con Buñuel y Lorca. Allí vio a dos viejos amigos convertidos ahora en prohombres falangistas: los escritores Eugenio Montes (autor, en 1929, de la crítica de *Un Chien andalou* que tanto había gustado a Dalí), y Rafael Sánchez Mazas. También conoció a otro falangista de primera fila, el poeta y ensayista Dionisio Ridruejo. Es de suponer que surgió el tema de la muerte de Lorca, que unos años después Ridruejo tendría el valor de lamentar públicamente.[18]

Eran momentos de euforia para el franquismo, y los periódicos proclamaban día tras día que los nazis estaban a punto de aplastar a Gran Bretaña. La caída de Francia se veía con enorme satisfacción en los medios oficiales, y se le hacía saber insistentemente a la nación que, en colaboración con un Hitler victorioso por un lado y con Mussolini por otro, el país iba a conocer ahora una expansión imperialista en África (con la garantía, por supuesto, de un Gibraltar recuperado).[19]

Dalí estaba predispuesto a disfrutar de su llegada a la España franquista, como demuestran unas atolondradas cartas profascistas suyas a Buñuel,[20] y le encantaron el entusiasmo y la retórica triunfalista de los falangistas madrileños. Este grupo, le escribió a Caresse Crosby a finales de julio, era, con toda seguridad, uno de los más inteligentes, inspirados y originales de los tiempos que corrían, y profetizó que España iba a salvar ahora espiritualmente al resto del mundo, en estos momentos sumido en la mediocridad. Intuía que la victoria de Franco le podría ser útil a la larga; pero primero habría que ver el desarrollo de la situación mundial.[21]

En *La vida secreta de Salvador Dalí* el pintor dice haber encontrado el país, después de tres años de guerra civil, «cubierto de ruinas, noblemente empobrecido, con reavivada fe en su destino y con el luto grabado con punta de diamante en cada corazón».[22] Olvida aclarar que el tal luto estaba grabado sobre todo en el corazón de los españoles de significación progresista. Tampoco menciona las ejecuciones en masa de inocentes que habían empezado al final de la guerra. En cuanto a la «reavivada fe en su destino» que ahora le tocaba a España, se trataba exactamente de la especie de huera retórica falangista-fascista con la que Montes, Sánchez Mazas, Ridruejo y otros llenaban diariamente las columnas de los periódicos madrileños en el verano de 1940.

A los oídos de Edward James había llegado un desconcertante rumor: ¡Dalí estaba detenido en España! James, recordando el triste destino de Lorca, casi enfermó de angustia. El 8 de julio telegrafió nada más y nada menos que a Franklin D. Roosevelt, pidiéndole que se investigara el asunto. Contestación: según la embajada norteamericana en Madrid, Dalí estaba alojado en el hotel Palace, previéndose que el 17 de julio partiera para Lisboa. Cuando el pintor voló a la capital portuguesa unos pocos días después, telegrafió a James para decirle que había pasado «unos días magníficos» en España.[23]

Los Dalí consiguieron hacerse con un billete para el *Ex-*

cambion, del American Export Line, que zarpó para Nueva
York a comienzos de agosto de 1940. Tardarían ocho años
en volver a Europa.[24]

El 11 de mayo de 1940, dos meses antes de la llegada de los
Dalí, la editorial W. W. Norton publica *Poeta en Nueva York*
en una edición bilingüe. Dalí no tardaría en enterarse del
acontecimiento, que significaba el auténtico lanzamiento de
Lorca en Estados Unidos, y es de suponer que se hizo rápidamente con un ejemplar del libro. No se refiere en ninguna declaración conocida a su lectura del mismo, pero en
Confesiones inconfesables hay una alusión al tercer poema
de la colección. «Lorca no era miembro de ningún partido —
dice Dalí—. En agosto de 1936, cerca de Granada, fue literalmente raptado. No se encontraron ni su cuerpo ni su
tumba, como él mismo había predicho en un poema.» Se
trata de «Fábula y rueda de los tres amigos»:

Cuando se hundieron las formas puras
bajo el cri cri de las margaritas
comprendí que me habían asesinado.
Recorrieron los cafés y los cementerios y las iglesias.
Abrieron los toneles y los armarios.
Destrozaron tres esqueletos para arrancar sus dientes de oro.
Ya no me encontraron.
¿No me encontraron?
No. No me encontraron.[25]

Estos versos debieron de convencer al pintor de que
Lorca, siempre obsesionado con la muerte, había previsto
la manera de la suya. Y es de suponer que, como cualquier
lector inteligente, se preguntaría por la identidad de los
tres amigos del poema. Acerca de uno de ellos cabe pensar
que no tendría duda alguna, pues Emilio tiene todos los
visos de ser Emilio Aladrén, conocido —como ha aclarado
Rafael Martínez Nadal— por su afición a la ginebra, y con
quien Dalí había tropezado en Madrid durante su breve estancia de aquel agosto.[26] Martínez Nadal declaró, en 1992,
que no le sería difícil identificar a los otros dos amigos del

poema, pero murió sin hacerlo. Dalí, de todas maneras, probablemente se preguntaría si, disfrazado bajo el nombre de Enrique o de Lorenzo, él mismo no era uno de ellos.[27]

Al instalarse con Gala en casa de Caresse Crosby, uno de los primeros empeños del pintor era terminar *La vida secreta de Salvador Dalí*. El libro estaba redactado en un francés caótico... tan caótico que, al entregarlo durante el verano de 1941 al traductor Haakon Chevalier, éste tuvo que hacer un esfuerzo casi sobrehumano para verterlo al inglés. Todavía no se ha publicado la versión francesa original, que obra en poder de la Fundación Gala-Salvador Dalí.[28]

Se trata de una autobiografía megalomaníaca escrita en gran parte sin recurrir a documentación alguna, y con la exclusión intencionada, o la distorsión, de episodios o momentos cruciales en su vida. No menciona su virulento marxismo adolescente; no nos da las razones del repudio paterno en 1929 (no hay la más leve alusión a la ofensiva inscripción del cuadro del Sagrado Corazón); pasa por alto su veneración por Breton en los primeros años de su colaboración; nos dice que al año de sumarse al movimiento ya había rechazado el automatismo —no es del todo cierto—, inventado el eslogan «la conquista de lo irracional» (de hecho no formulado hasta 1935)[29] y se había embarcado —tampoco está demostrado— en un programa secreto para hacerse con el control del movimiento y redirigir sus energías;[30] reclama como suyo todo el mérito de haber creado «la moda de los objetos surrealistas», sin mencionar a sus predecesores ni las instrucciones explícitas de Breton para su divulgación;[31] manifiesta su desdén por el compromiso político del movimiento surrealista cuando él mismo lo compartió durante un tiempo («personalmente la política nunca me ha interesado», miente, olvidando convenientemente, por ejemplo, su coqueteo con el partido marxista catalán, el Bloc Obrer i Camperol);[32] hace recaer únicamente en Buñuel la culpa del férvido anticlericalismo de *La edad de oro*, afirmando que ya para 1930, cuando se rodó la película, le «sorprendían y le obsesionaban la grandeza y la suntuosidad del catolicismo», cosa absolutamente incierta;[33] quiere que admiremos su estoica negativa (y la de Gala) a confe-

sar su falta de dinero en los tiempos difíciles, omitiendo
toda referencia a las sustanciosas ayudas recibidas de aristócratas y otros benefactores franceses; habla de Picasso
como si fuera íntimo amigo;[34] y así sucesivamente. Se trata de una larga cadena de ambigüedades, tergiversaciones
y traiciones: traición a los antiguos amigos, traición a palabras y actuaciones propias, traición a la verdad, traición
incluso a la declaración de intenciones con que se abre el libro, en la que Dalí expresa el deseo de que la obra sea «un
honrado intento de autorretrato».[35]

En el libro el autor se presenta como mezcla de muchacho ambicioso y brillante que sienta la cabeza a los treinta y siete años, profeta de la guerra (tanto la española como
la europea), «Salvador» del arte moderno (al rescatar éste
de la abstracción y recuperarlo para la «tradición eterna»
del Renacimiento) y español profundo que ve la luz católica después de lamentables, si comprensibles, desvaríos juveniles. O sea, Dalí se proyecta como hijo pródigo que se
apresta a volver al seno de la tradición católica de su país.
Otra finalidad del libro es la creación del mito de Gala como
musa predestinada, vislumbrada ya en la infancia, vuelta
a atisbar en la adolescencia y finalmente «hecha carne» en
la playa de Cadaqués en 1929. Hay algún objetivo más:
adular a Norteamérica, vista, tras el colapso de Europa,
como Tierra Prometida; promocionar la llanura del Empordà, Cadaqués y Port Lligat como los lugares más espiritualmente importantes del mundo; preparar el terreno para su
regreso definitivo a España; y, por supuesto, aumentar su
fama y ventas en Estados Unidos en momentos en que el
mercado del arte está de capa caída.

Se revela en *La vida secreta* como narrador de talento,
y a menudo muy divertido. Muchos episodios quedan vívi-
damente grabados en la mente del lector, por ejemplo la «orgía de dos días» en Madrid, cuando se inicia con el grupo de
la Residencia de Estudiantes en los placeres del alcohol.
Sus descripciones de la Lídia de Cadaqués son graciosas y
penetrantes. Y los párrafos dedicados a Lorca, que ya conocemos, únicos por no ocultar la envidia que le provocaba
durante sus salidas nocturnas en la capital.

El libro sirvió, entre otras cosas, para establecer que

Dalí había sido íntimo amigo de un poeta que ahora tenía en Estados Unidos, gracias a la publicación de *Poeta en Nueva York*, una creciente celebridad. A partir de este momento Dalí nunca perderá ocasión para ufanarse públicamente de aquella relación.

Animado por la polémica recepción y las boyantes ventas de *La vida secreta de Salvador Dalí*, el pintor ha decidido escribir una novela. A tal fin, mientras la guerra arrecia en varios frentes, se refugia en el otoño de 1943 en una finca de su amigo el marqués de Cuevas en Franconia, New Hampshire, donde, en cuatro meses, y «a un ritmo de catorce horas por día», escribe *Rostros ocultos*. Hasta Dalí se queda impresionado ante tal hazaña, de la que deduce que es, probablemente, «el artista más trabajador de nuestro tiempo».[36]

Haakon Chevalier, puesto al tanto por Dalí de que va a escribir una novela, le visita, no sin escepticismo, en el campo. Para su sorpresa, el traductor de *La vida secreta* descubre que, terminado el primer y extenso capítulo, toda la novela está ya «bien definida y muy clara» en la mente de Dalí, y la mayoría de las escenas cuidadosamente elaboradas. Lee el capítulo con admiración creciente. Apenas se lo cree: un pintor de fama internacional «totalmente preocupado con problemas de personajes, situaciones, intensidad dramática; analizando el modo en que Balzac, Stendhal o Cervantes habían tratado un problema determinado». Era casi increíble.[37]

En el «Prólogo del autor» a la novela, Dalí explica que una de las razones que le ha motivado a escribir *Rostros ocultos* es el deseo de completar la «trilogía pasional» de «ismos» inaugurada por el marqués de Sade. El «sadismo» había llevado necesariamente al «masoquismo», pero aún falta «el tercer término del problema, el de la síntesis y la sublimación». Dalí, siendo Dalí, se ha encargado de inventar, pues, el «cledalismo»:

> El sadismo puede definirse como el placer experimentado al infligir dolor al objeto; el masoquismo, como el placer experimentado a través del dolor causado por el objeto.

El cledalismo es el placer y el dolor sublimados en una identificación trascendente con el objeto.[38]

El término procede, según Dalí, del nombre de la aristocrática protagonista de la novela, Solange de Cléda. Años
más tarde será más explícito al aclarar a Carlos Lozano que
el cledalismo es un sistema que detenta la «clave» (francés
clé) para entender a Dalí: *clé-Dalí*. Para encarnarlo había
creado a Solange de *Cléda*.[39]

El cledalismo desarrolla la teoría de la no entrega
sexual, o sublimación, formulada por vez primera en 1927
en «San Sebastián», teoría a la que Dalí y Lorca habían dedicado largas conversaciones, desvelos y, también, conside-
rables cantidades de tinta. Que Solange de Cléda es, al menos en parte, una versión femenina de san Sebastián, lo
confirma el frontispicio realizado por Dalí para la novela,
donde la heroína, desnuda, aparece atada, en la postura del
santo, a un alcornoque, símbolo heráldico de los Grands-
sailles, a cuyo último descendiente, el conde Hervé, ex político, ama Solange. Pese a la importancia acordada por Dalí
a su heroína, que muere sin que haya podido consumar su
pasión por el despiadado conde (que tiene mucho en común
con el Dalí adolescente de *La vida secreta*, que impone un
rígido «plan quinquenal» de abstinencia a su novia), la novela, más que girar en torno al «eterno misticismo femenino», parece centrarse en la cuestión de la impotencia masculina. Mientras se nos pide que creamos que Grandsailles
ha tenido incontables amantes, nunca vemos indicio de
tales actividades; y hay un momento en que asalta al conde lo que él llama «la recurrencia de mi complejo de impotencia».[40] Cualesquiera que sean las razones aducidas por
el narrador en favor de la supremacía de la abstinencia sobre la indulgencia, es imposible, leyendo la novela, no recordar las declaraciones brutalmente sinceras sobre su propia
ineficacia amorosa hechas por Dalí en otros lugares.[41]

En el prólogo a *Rostros ocultos* Dalí advierte al lector
que, bajo la superficie de la ficción, late «la presencia familiar, continua y vigorosa de los mitos esenciales de mi vida
y de mi propia mitología».[42] Otra pista sobre el tema de la
novela la encontramos en la portada de la misma, donde, a

modo de epígrafe, el autor ha estampado la primera máxima de las *Cogitationes privatae* de Descartes: *Larvatus prodeo* (Avanzo enmascarado). Puesto que los diarios adolescentes de Dalí revelan que a los dieciséis años ya entendía la vida en general, y la suya en particular, como una mascarada, la frase latina nos invita a buscar el verdadero rostro del escritor-artista detrás de los ocultos que encontraremos en las páginas de la novela.

Uno de los más ubicuos es el de Lorca, cuya presencia, casi siempre de forma disfrazada, impregna todo el libro. En el prólogo, Dalí nos dice que en 1922 Lorca le había vaticinado una carrera literaria (como sabemos, no se conocieron de hecho hasta 1923), opinando que su futuro estaba en la «novela pura». En el mismo sitio Dalí evoca el proyecto de ópera conjunta concebida con Lorca —dice que en 1927—, proyecto que ahora acometerá solo. Y en el prólogo a la edición castellana del libro hay una alusión a la visita que hicieron los dos a las ruinas de Empúries.[43]

Al margen de este abierto reconocimiento de la importancia de su relación con el granadino, el «rostro oculto» del poeta asoma numerosas veces entre las líneas del texto, mientras hay varias alusiones explícitas a la *Oda a Salvador Dalí*, que sigue afectando profundamente la percepción que tiene ahora de sí mismo el pintor. Dalí recuerda, por ejemplo, el énfasis puesto en el poema sobre la rosa, no como tradicional símbolo de lo fugaz, sino, «limpia de artificios y croquis», de impasibilidad, de serenidad:

Tranquila y concentrada como una estatua ciega,
ignorante de esfuerzos soterrados que causa.[44]

En *Rostros ocultos* leemos que Veronica Stevens es «tranquila y concentrada como una estatua ciega», y una enigmática nota a pie de página aclara: «Federico García Lorca, hablando de su amigo».[45] Es decir, de Dalí. La cita se vuelve a repetir más adelante, referida a la misma Veronica Stevens.[46]

Otro verso de la oda, «Un deseo de formas y límites nos gana», celebra la búsqueda de sobriedad expresiva emprendida por poeta y pintor. En la novela, estas palabras encuentran un claro eco en una declaración de John Randolph, alias Baba, el heroico aviador que, habiendo combatido por la República durante la guerra, está ahora arrepentido (el subrayado es nuestro):

> «No», dijo Baba, «yo también he vuelto a creer en las fuerzas indelebles de la tradición y la aristocracia, y hoy siento mis ilusiones revolucionarias de los días de la guerra española como una germinación distante que ya ha sido cosechada en mi vida. *Una nueva sed de límites y de solidez comienza a poseernos*, y cuando vuelo ya no es, como antes, la orgullosa rebelión de los arcángeles que se lanzan a conquistar un paraíso quimérico. Al contrario, me apremia el deseo de reconquistar la tierra, la tierra, con su dureza, su nobleza... su renuncia... de recuperar la dignidad de los pies descalzos pisando la tierra. Ahora sé que el hombre debe mirar al cielo con humildad. Ya ves, esta guerra me está volviendo católico».[47]

Puesto que los sentimientos que aquí expresa Baba son a todas luces los de Dalí, que en varios momentos de la novela se identifica de manera explícita con el narrador, la apropiación de dicho verso de la *Oda* es particularmente significativo. Demuestra que para Salvador, en estos momentos, Lorca le está instando a que regrese a la serenidad «clásica» de su época presurrealista.

Otras imágenes y alusiones lorquianas, no reconocidas explícitamente como tales, se filtran en el texto. Dos ejemplos. Al expresar Betka su disgusto por el color verde, el pintor no puede evitar hacerle decir: «¡Verde que te odio verde! Color del demonio», divertido juego léxico a costa de uno de los versos más célebres del granadino.[48] Luego, al final de la novela, Dalí adapta la descripción del alba de los primeros versos de «Romance de la pena negra» («Las piquetas de los gallos / cavan buscando la aurora») para la escena de la ejecución del fiel notario de Grandsailles, Pierre Girardin, a manos de los nazis: «A las cinco y media de la mañana los gallos ya picoteaban las crestas de la aurora...».[49]

En cuanto a Solange de Cléda, no sólo incorpora uno de los aspectos de Lorca que más afectaron a Dalí —su obsesión con su propia muerte y putrefacción, representada en las altas horas de la noche en la Residencia de Estudiantes—, sino que se convierte también en una reencarnación daliniana de Soledad Montoya, la protagonista del «Romance de la pena negra» (a quien Dalí ya ha evocado en *Metamorfosis de Narciso*). Igual que el poeta, Solange es dada a cavilar sobre «la más minúscula» de las «ceremonias» de su entierro, «la asfixia y la presión de la mortaja», el descenso a la tumba y «la horrible aparición de las primeras gotas de los líquidos, las cremas, los bálsamos y los jugos de su propia descomposición». Y, cuando es objeto de una reprimenda del narrador («Solange de Cléda, ¿qué estás haciendo con tu cuerpo? ¿Qué estás haciendo con tu espíritu?»),[50] es imposible no recordar el diálogo del romance lorquiano, ya citado en parte al comentar *Metamorfosis de Narciso*:

> *¡Soledad, qué pena tienes!*
> *¡Qué pena tan lastimosa!*
> *Lloras zumo de limón*
> *agrio de espera y de boca.*
> *¡Qué pena tan grande! Corro*
> *mi casa como una loca,*
> *mis dos trenzas por el suelo*
> *de la cocina a la alcoba.*
> *¡Qué pena! Me estoy poniendo*
> *de azabache, carne y ropa.*
> *¡Ay mis camisas de hilo!*
> *¡Ay mis muslos de amapola!*
> *Soledad: lava tu cuerpo*
> *con agua de las alondras,*
> *y deja tu corazón*
> *en paz, Soledad Montoya.*[51]

Al margen de los préstamos concretos señalados, se deja sentir a través de toda la novela la presión del lenguaje metafórico del granadino sobre lo que Haakon Chevalier denomina «la exuberante jungla» de la prosa daliniana.[52]

Para mediados de los años cuarenta, habiéndose percatado de las sustanciosas ventajas económicas que podía obtener al unir su nombre a productos comerciales, Dalí ya se prostituía artísticamente y explotaba cada vez más su arsenal de tópicos de los años treinta (muletas, relojes blandos, piel arrancada para dejar al descubierto una pared de ladrillos, hormigas, llaves, acantilados y rocas de Creus...), que además prodigaba en sus ilustraciones para libros —otra buena fuente de ingresos— y en decorados y figurines para una serie de ballets de inspiración propia o ajena.

La última de éstos era *Café de Chinitas,* «espectáculo flamenco» basado en la conocida canción andaluza que Lorca y su amiga Encarnación López Júlvez, *la Argentinita*, habían grabado, entre otras, para La Voz de su Amo a principios de los años treinta. La obra se estrenó en 1944 —mismo año de la publicación de *Rostros ocultos*—, primero en Detroit y luego en Nueva York. Dalí se encargó del vestuario y del decorado. Su telón de fondo introdujo algunos cambios en la manida metáfora del cuerpo femenino como guitarra. Del instrumento brotaban la cabeza y los brazos de una muchacha gitana. Las castañuelas que llevaba en ambas manos eran al mismo tiempo los clavos que la fijaban a una cruz en la pared, y de sus brazos goteaba sangre: alusión evidente al asesinato del poeta. Según Dalí, el telón gustó mucho. Escribió después que le había enorgullecido participar en el primer homenaje que Estados Unidos rendía a su amigo muerto, y recordó que familiares de Lorca habían estado presentes la noche del estreno en Nueva York.[53]

Agustín Sánchez Vidal cree encontrar en *Café de Chinitas*, así como en *Rostros ocultos*, «un talante expiatorio respecto al amigo muerto», provocado por el recuerdo del trato que le dispensaran él y Buñuel en la época del *Romancero gitano* y, sobre todo, en *Un Chien andalou*. Es posible que algo de ello hubiera, aunque lo más perceptible, aquí como en otros textos o iniciativas del pintor, es la nostalgia que atañe a Dalí cada vez que piensa en Lorca, o vuelve a oír, dentro de sí, la voz del poeta, cuyos versos tiene tan interiorizados.[54]

En 1949 Dalí y Gala vuelven a Port Lligat después de sus ocho años en Estados Unidos. A partir de este momento su vida oscilará durante décadas, con absoluta regularidad, entre su casa al pie del cabo de Creus, París y Nueva York.

Dalí sigue pensando en Lorca. En 1950 el cuadro *Yo mismo a la edad de seis años, cuando creía ser una niña, levantando con suma precaución la piel del mar para observar a un perro durmiendo a la sombra del agua* —que tiene dos variantes—[55] parece deber su origen, según ha visto Sánchez Vidal,[56] a una «suite» inédita del granadino, «Estampas del mar», que empieza:

> *El mar*
> *quiere levantar*
> *su tapa.*
>
> *Gigantes de coral*
> *empujan*
> *con sus espaldas.*[57]

La mar levantadora de su tapa recurre en *Dalí desnudo, en contemplación ante cinco cuerpos regulares metamorfoseados en corpúsculos, en los que aparece repentinamente la Leda de Leonardo cromosomatizada por el rostro de Gala* (1954).[58] Pero no se trata sólo de resonancias en la poesía del amigo. También de sus ocurrencias. Por ejemplo, en *La última cena*, cuadro pintado en 1955. Según Dalí, expresaba «la sublimidad paranoica del número 12» y constituía un homenaje a Lorca, «quien me había dicho que los apóstoles eran simétricos como las alas de las mariposas». Alas de las mariposas que, en *Oda a Salvador Dalí*, se equiparan a los pétalos de la «rosa pura».[59]

Este mismo 1955 Dalí conoce en Nueva York a la rubia y escultural Nanita Kalaschnikoff, hija del, en su día, celebérrimo escritor de novelitas galantes —y a menudo picantes— José María Carretero, *El Caballero Audaz*, a quien no podían ver Lorca, Buñuel y su grupo. Nanita será la segunda mujer en la vida de Dalí, la más fiel amiga. Salvador hablaba frecuentemente con ella de su amistad con Lorca, «el mejor amigo de su juventud», lamentando que, pese a la insistencia del poeta, nunca le hubiera visitado en Granada. Kalaschnikoff, aunque nacida en Madrid, había pasado muchas vacaciones en Montilla (lugar de origen de su padre), y, si bien cosmopolita y mundana, se consideraba fundamentalmente andaluza. Admiraba la poesía de Lorca, y a menudo ella y Dalí recitaban juntos sus versos. Dalí recordaba cuánto le había gustado tomarle el pelo a Federico al insistir en que Rafael Alberti era mejor que él, y reconocía haber tratado a veces con poca consideración al poeta enamorado. El Dalí cruel, a quien le encantaba «pinchar», no le caía nada bien a Nanita, que hizo todo lo posible por cambiarle. «Tú me has curado de ser cruel —la regañaba el pintor—, yo me gustaba más cuando era así.»[60]

Journal d'un génie (1964), traducido al español como *Diario de un genio*, confirma que la sombra de Lorca no dejó de seguir planeando sobre la sensibilidad daliniana a lo largo de la década de los cincuenta. Contiene algún dato inesperado. En mayo de 1952, por ejemplo, Dalí consigna que el poeta, fascinado por los bigotes de Hitler, había proclamado que «los bigotes constituyen la constante trágica del rostro del hombre».[61] Nada hay en la obra del granadino que da a entender que hubiera meditado sobre el tema. Aquel noviembre Dalí demuestra que conoce la «Baladilla de los tres ríos», publicada por vez primera en la revista madrileña *Horizonte* en 1923 —año de su encuentro con Lorca—, citando, al comentar la muerte del poeta, el verso «El río Guadalquivir tiene las barbas granates» y recordando correctamente que, según el poema, los dos ríos de Granada —el Darro y el Genil— son «uno llanto y otro sangre».[62] Federico, es decir, ya tenía la intuición de su mala muerte. Meditando otra vez sobre el asesinato, Dalí reconoce que, cuando Edward James invitó a Lorca a acompañarles a Italia, en el fondo él no quería, ya que se sentía «más o menos celoso del poeta». «Sí —añade—; en el momento del descubrimiento daliniano de Italia, mis relaciones con Lorca y nuestra correspondencia violenta, por extraña coincidencia, se parecen a la ya célebre desavenencia entre Nietzsche y Wagner.» Lo de los celos subyacentes pudo ser verdad. Ya hemos visto que en su *La vida secreta* admite, memorablemente haber experimentado envidia al presenciar el éxito social del poeta. Con todo, lo que surgió en realidad, en el último encuentro de pintor y poeta en Barcelona, fue el jubiloso deseo de volver a colaborar juntos.[63] Dalí conocía bien el *Llanto por Ignacio Sánchez Mejías*, y *Diario de un genio* demuestra que para 1958 ya percibe el encalado patio de su casa en Port Lligat en términos de dos inolvidables versos de la elegía de Lorca al diestro muerto:

> *¡Oh, blanco muro de España!*
> *¡Oh, negro toro de pena!*

La alusión se sitúa, además, en un momento clave del diario, cuando Dalí acaba de escuchar, «en nuestro patio —¡oh, gran muro de la España de García Lorca»— la tesis del doctor Pierre Roumeguère según la cual él y Gala son una reencarnación de los gemelos Cástor y Pólux, nacidos del mismo huevo de Leda.[64] Antes de la llegada de la rusa, como vimos, Dalí y Lorca habían decidido que eran almas gemelas, y Lorca había dibujado al pintor en guisa de dioscuro (lámina 13). Si Gala ahora toma el relevo del poeta en este sentido, no por ello se disipa en Port Lligat la presencia de éste. Al contrario, es ahora cuando a Dalí se le ocurre que Federico, al igual que Gala, es espíritu tutelar de la casa. Como si para celebrar dicho hallazgo pinta *Cielo hiperxiológico* (1960) —variante del perdido *La miel es más dulce que la sangre*, de 1927, donde yace la cabeza del poeta en la arena—, recordando que en el cuadro original Lorca le había pedido: «Pon mi nombre en él para que signifique algo en el mundo». «He decidido finalmente —añade Dalí— unir el nombre de García Lorca con el de Gala, que forma el de "Galcía Larca".»[65] Inspirado hallazgo para vincular a los dos amores de su vida.

Poco después, sobre una magnífica fotografía de Port Lligat por Robert Descharnes, hizo un *collage* de sus «divinidades tutelares», con el comentario: «Mis dioses de la casa han sido Lídia, que nos la dio, Lorca que la celebró en poesía, y Gala quien, como Gala Placidia al casarse con el rey Ataúlfo, consiguió la unidad del lugar» (*Gala Placidia* es el título de una tragedia de Ángel Guimerà que se desarrolla en la Barcelona del año 416). Llama la atención el hecho de que la fotografía de Lorca —del Lorca adolescente— ocupa el centro del grupo.[66]

El poeta nunca había cantado la casa de Dalí, que sepamos, aunque sí, en su visita al cabo de Creus con Salvador y Anna Maria en 1925, había pasado delante de Port Lligat en la barca pilotada por aquellos pescadores de nombres inolvidables, Filemón y Bancis. ¿O es que, después del reencuentro de 1935 y de conocer por vez primera a Gala, mandaría algún verso a Salvador que se haya perdido? De todas maneras, para el Dalí que ha hecho su hogar en el sitio que más ama en el mundo, es como si Lorca lo hubiera conocido desde el primer momento («Estaremos siempre contentos de verte adelantar hacia nuestra casa», le había escrito el pintor en marzo de 1936).[67]

Coincidiendo con la publicación de la edición francesa de *Diario de un genio*, en 1964, Dalí hizo su más importante declaración de todas sobre la influencia de Lorca sobre su creación:

> En el fondo, yo le debo muchas de mis ideas a esta especie de masa confusa, hormigueante e integral que es la poesía de García Lorca... Lo que yo he hecho ha sido desarrollarlas; y, como soy ligeramente fenicio, he especulado durante mucho tiempo con las ideas que él lanzaba de una manera confusa, con una generosidad realmente deslumbrante. He especulado con ellas y las he sistematizado, las he hecho inteligibles, inteligentes; porque García Lorca, como la mayoría de los grandes fenómenos poéticos, era muy poco inteligente. Era el fenómeno de la poesía en bruto, con un significado, por otra parte, muy próximo al del fenómeno folklórico y popular.[68]

Podemos discrepar con las apreciaciones del pintor acerca de la falta de inteligencia de Lorca —una mera *boutade*— así como de su «folklorismo», pero no con la sinceridad de la confesión. Si Dalí dice que debía muchas de sus ideas a la especie de «masa confusa, hormigueante e integral» de la poesía lorquiana, es que realmente era así. Lo que hemos visto y vamos viendo lo confirma.

Nunca olvidaba tampoco el don musical del poeta. Una de las canciones favoritas de Lorca era *El zorongo gitano*, que, antes de que la arreglara y adaptara para sus sesiones folklóricas, ya habían citado Albéniz y Manuel de Falla en obras suyas (es motivo clave de *Noches en los jardines de España*, por ejemplo). En diciembre de 1966, la BBC de Londres rodó un documental sobre el pintor en Nueva York. Dalí va caminando por la calle. Está tarareando una melodía. ¡El zorongo! De repente, volviéndose hacia la cámara, recita los versos más conocidos del mismo:

> *La luna es un pozo chico,*
> *las flores no valen nada,*
> *lo que valen son tus brazos*
> *cuando de noche me abrazan.*

«¡García Lorca!», exclama enfáticamente, antes de desaparecer por una puerta.[69]

La larga entrevista con Alain Bosquet, *Entretiens avec Dalí*, editada este mismo 1966, luego las conversaciones con Louis Pauwels (*Les Passions selon Dalí*, 1968) y André Parinaud (*Comment on devient Dalí. Les aveux inavouables de Salvador Dalí,* 1973) aportan nuevos datos, unos muy importantes, sobre las relaciones de pintor y poeta.

Hemos visto que, hablando con Bosquet, Dalí aludió por vez primera en público a las tentativas de Lorca por penetrarle y, también por vez primera, a la extraordinaria escena desarrollada entre él, el poeta y Margarita Manso (a quien no se identifica todavía por su nombre).[70]

Vuelve a hacerlo con Louis Pauwels, que le entrevista repetidas veces durante los veranos de 1966 y 1967. Le cuenta, recordando aquella escena, que Lorca opinaba que los pies de Jesús «tenían la fragancia y la temperatura de la rosa». Por ello, al susurrarle al oído de Manso, después de hacerle el amor, aquellos dos versos de «Thamar y Amnón» —«y en las yemas de tus dedos / rumor de rosa encerrada»— había una alusión crística.[71] En otro momento de las conversaciones con Pauwels, Dalí comenta, recordando los intentos del poeta: «Cuando Lorca quería poseerme, me oponía con horror. Pero, ya que voy envejeciendo, me siento más atraído por los hombres.» Pero no de cualquier hombre. Tienen que parecerse lo más posible a chicas: «Sobre un

cuerpo muy juncal, casi femenino, ver levantarse el emblema de la virilidad alegra mis ojos».[72]

En cuanto a Parinaud y *Confesiones inconfesables*, quizá lo más llamativo es la afirmación que encontramos en la
primera sección del libro, «Cómo vivir con la muerte»:

> Mi juego supremo es imaginarme muerto, devorado
> por los gusanos. Cierro los ojos, y con increíbles detalles de
> una precisión absoluta y escatológica, me veo mordido y de-
> glutido lentamente por un hervidero infernal de larvas
> grandes y verduscas que se alimentan con mi carne. Se
> instalan en mis órbitas tras haber roído mis ojos y atacan
> mi cerebro con glotonería. Las siento sobre mi lengua, ba-
> beantes de placer al morderme. Bajo las costillas, son como
> un aire que agita mi tórax mientras sus mandíbulas des-
> truyen la arácnea red de mis pulmones. Mi corazón, por su
> parte, resiste un poco, quizá por aquello de guardar las
> formas; siempre me ha servido con gran fidelidad y abne-
> gación. Ahora es como una gran esponja empapada de pus,
> que de pronto estalla y se derrama en un magma en el que
> se agitan gruesos gusanos blancos. Después es mi vientre,
> pútrido, pestilente, el que revienta como un globo lleno de
> carroña, estercolero agitado por los movimientos de su vida
> subterránea. Suelto un cuezco por última vez, como un vie-
> jo volcán, y me disloco en un desgarramiento de carnes y
> huesos que estallan bajo la presión de los gusanos que sa-
> borean golosamente mi médula. Este ejercicio constituye
> un útil entretenimiento al que me someto desde que era
> niño.[73]

Suena muy familiar. En efecto, la evocación se parece
tan estrechamente a la ceremonia impuesta por Lorca a sus
compañeros de la Residencia de Estudiantes —y evocada
más adelante por Dalí en *Confesiones inconfesables*, así
como en otros lugares— que viene a ser otra demostración
de hasta qué punto el pintor se siente identificado con el
Lorca angustiado con la muerte.

A lo largo del libro hay alusiones al poeta, a veces explícitas, a veces entre líneas. Dalí reconoce otra vez los celos que le provocaba el granadino,[74] y recuerda con especial
halago sus decorados para *Mariana Pineda*. Todavía oye
cómo, con «su voz cálida», Lorca recitaba los desesperados

versos de la heroína mientras espera inútilmente que venga su novio a salvarla:

> *Y me quedo sola mientras*
> *que, bajo la acacia en flor*
> *del jardín, mi muerte acecha.*
> *Pero mi sangre está aquí.*
> *Mi sangre se agita y tiembla,*
> *como un árbol de coral*
> *con la marejada tierna.*[75]

Es evidente que la imagen de la sangre agitándose como un árbol de coral movido por la brisa de la marejada le había impresionado. Ahora, casi treinta años después de la muerte del poeta, recuerda otra vez la obsesión con su propia muerte que atenazaba a Lorca, proyectándose en todo lo que escribía. Plasmará esta obsesión en una de sus últimas grandes obras, *El torero alucinógeno*.

A diferencia de Picasso, Dalí no es un aficionado a los toros, aunque de vez en cuando va a verlos. Hacerlo tiene la ventaja añadida de proporcionarle publicidad gratuita. Los coleccionistas Reynolds y Eleanor Morse asistieron a unas cuatro corridas con la pareja. «A Gala le encantaba que los matadores la honraran obsequiándole su montera y a Dalí le gustaban los murmullos de adulación de la multitud a su alrededor.» ¿De adulación? A Dalí nunca le adularon en España. Era famosísimo, eso sí. Y como famoso la muchedumbre taurófila le escudriñaba, esperando alguna ocurrencia suya, que además no solía faltar. Y nada más.[76]

Cuando se piensa bien, era casi inevitable que tarde o temprano, recordando la muerte tanto de Lorca como de Ignacio Sánchez Mejías, Dalí sintiera la necesidad de dedicar un importante lienzo a la lidia, con Lorca como protagonista. El punto de partida de *El torero alucinógeno* ocurre a principios de 1968, en Nueva York, cuando el pintor se encuentra, de repente, mirando fijamente la etiqueta de una caja de lápices de la marca «Venus», y percibe en el torso de la diosa el rostro melancólico de un torero (ilustración 41).[77]

Tras muchos estudios preparatorios, empieza a pintar
Torero alucinógeno en Port Lligat en la primavera de 1969,
aprovechando, como motivo central del cuadro, la imagen de
la caja de lápices (lámina 24).

El escritor Luis Romero, que visitaba entonces con frecuencia a Dalí,[78] llevaba algunos años pensando en la posibilidad de escribir un libro sobre él. Un día de improviso, el
pintor hace una sugerencia: ¿por qué no elaborar uno basado en este nuevo cuadro de grandes dimensiones, que pretende ser «una antología de toda su obra»? Dalí opina que,
al tener el lienzo doce metros cuadrados, Romero debería dividir el libro en el mismo número de apartados. El escritor
acepta el reto. Pasarán seis años, sin embargo, antes de la
publicación del muy valioso *Todo Dalí en un rostro.*[79]

Gracias especialmente a Romero, pero también al fotógrafo figuerense Melitón Casals y a Reynolds Morse, la ejecución de *El torero alucinógeno,* que dura quince meses, está
muy bien documentada. Casi cada componente de esta «antología» pictórica de Dalí ha sido analizado y clasificado, desde
la silla cubista del ángulo inferior izquierdo (tomada de *Naturaleza muerta sobre una silla,* de Juan Gris, pintada en
1917), las multicolores «partículas atómicas» que señalan la
estocada fatal, el indiscreto botón de la bragueta de Henri
Matisse al lado del abdomen de Venus, la lágrima del torero
(«premonitoria» la llama Dalí, porque el diestro sabe que va
a morir)[80] y la turista tumbada sobre una colchoneta inflable
en una cala de Creus (referencia a la escandalosa invasión de
Tudela por el Club Méditerranée) hasta el perro «invisible»
(abajo, centro), la mujer orante del *Ángelus* de Millet (vista
como una sombra de Venus), las moscas de Girona, la fotografía original del toro muerto o agonizante, y la recuperación del
Dalí niño de *El espectro del sex appeal* (1934).

Dalí le dijo a Romero que el torero era una figura compuesta en la que se fundían su hermano muerto y un grupo de amigos desaparecidos: Pierre Batcheff (protagonista
de *Un Chien andalou*), el príncipe Alex Mdivani, René Cre-
vel (otro suicidio) y Lorca.[81]

En cuanto al poeta, es posible que la insólita corbata
verde del torero sea una alusión al famoso verso del «Romance sonámbulo» (ya satirizado en *Rostros ocultos*), «verde

que te quiero verde», y que la rosa de la solapa remita al papel central de esta flor en la *Oda a Salvador Dalí*.

El perro «invisible» (se trata de un dálmata) se podría rechazar como alusión a Lorca si no fuera por el hecho de que el propio Dalí garabateó en un papel, mientras Romero trabajaba en *Todo Dalí en un rostro*: «El perro andaluz, turista en cala Perona» (ubicada en el extremo norte del cabo de Creus y elegida por Buñuel y Salvador para la llegada, en *La edad de oro*, de la flota de gentes de derechas).[82]

Los arcos de la plaza que aparecen en la parte superior del lienzo, ejecutados a la manera de De Chirico, hacen pensar en un anfiteatro romano, detalle que recuerda el *Llanto por Ignacio Sánchez Mejías*, en el cual el diestro muerto, con la cabeza dorada por el «aire de Roma andaluza», sube por las gradas en busca del amanecer, de su «perfil seguro», de su hermoso cuerpo. Pero no hay amanecer, ni perfil seguro, ni hermoso cuerpo, sólo la sangre derramada en la arena, que Lorca quiere ver cubierta por la luz lunar y los jazmines «con su blancura pequeña». El arco central, a diferencia de todos los demás, no arroja sombra. Flanqueado por dos ángeles, cabe pensar que es el portal a través del cual el alma de Ignacio, y, por extensión, la de Lorca y del torero alucinógeno, ascienden al cielo.

La presencia de una luna menguante, que se aprecia a la izquierda del cuadro, refuerza la significación lorquiana del mismo. Luis Romero ha señalado que el mundo de Dalí, a diferencia del de Lorca, presidido por el astro nocturno, es casi exclusivamente solar, y que la luna sólo sale contadas veces en su obra. Es cierto: Dalí es el pintor de contornos precisos, detalles nítidos, sombras duras.[83] Pero cuando se trata del tema de Lorca, la luna suele aparecer. Fue el caso durante la «época lorquiana» del pintor, durante los años veinte, y ocurrió después en *Aparición de un rostro y un frutero en una playa*, ya comentada, donde se trata de una luna llena (lámina 23). La comparecencia de la luna en *El torero alucinógeno* es otra indicación, pues, de que el pintor está bajo el embrujo del *Llanto* y que Lorca es el auténtico protagonista oculto del lienzo.

Gala aparece también, fantasmal, sobre las gradas del ruedo donde recibe el saludo de Dalí, quien, como apuntó el pintor en un estudio preparatorio, «se ha convertido en un torero joven que sueña con ofrecer a Gala el toro de su Revolución Cultural».[84] Se trata de una de las representaciones más feas de la Musa jamás ejecutadas por Dalí, contrastando brutalmente la expresión de su ademán con la del torero, triste y noble. ¿Ello es intencionado? No se puede excluir tal posibilidad. Las relaciones de la pareja se habían vuelto muy tensas durante el romance de la musa con el joven norteamericano William Rotlein, y el pintor llegó a creer que esta vez Gala le iba a abandonar. En tales circunstancias no era sorprendente que volviera a inquietarle hondamente el fantasma de Lorca.[85]

A mediados de los años sesenta Dalí había conocido en París a la llamativa transexual y cantante Amanda Lear, que durante más de un lustro le acompañaría con cierta asiduidad. El caótico libro de Lear, *Le Dali d'Amanda* (1984), demuestra que a lo largo de su relación el pintor le habló con frecuencia de Lorca, contándole, entre otras cosas, que «Matilde la ingrata», aludida en la *Oda a Salvador Dalí*, era una antigua novieta suya,[86] citando versos del granadino mientras la pintaba y, cómo no, refiriendo los frustrados intentos del poeta por poseerle.[87] Al organizar para Amanda una lidia erótica con un apuesto torero, Dalí insiste (tal vez recordando a los muchachos que cantan «enseñando sus cinturas» en la *Oda a Walt Whitman*),[88] que Lorca «no amaba más que a los obreros que trabajan en los bordes de las carreteras, el torso lleno de sudor. Era relativamente más fácil ligar».[89] Una noche, cuando Dalí, Gala y Amanda escuchan *Tristán e Isolda* en el patio de Port Lligat (que Dalí ya relaciona, como vimos, con el «blanco muro de España» de *Llanto por Ignacio Sánchez Mejías*), el pintor, emocionado, coge las manos de la futura «reina europea del disco» y le recita, como había hecho Lorca años atrás con Margarita Manso, los versos de «Thamar y Amnón»:

> *y en las yemas de tus dedos*
> *rumor de rosa encerrada.*[90]

Es evidente que aquella escena seguía siendo para Dalí una de las más conmovedoras de su vida.

Amanda fue testiga de la emoción de Dalí al dar Franco luz verde, en junio de 1970, al Teatro-Museo del pintor en Figueres. No consigna, sin embargo, que acababa de regalar al museo —su primera donación— un magnífico cuadro que siempre se había resistido a vender: *Naturaleza muerta al claro de luna*, de 1926, donde aparecen la cabeza suya y la de Lorca sobre una mesa de Es Llané bañada por la luz de la luna (lámina 9). «El cuadro tiene la particularidad de ser además el retrato de un amigo nuestro», comentó Dalí en una entrevista, «pero la sombra del busto es la sombra que corresponde a mi propia sombra, o sea, es un poco la sombra de un autorretrato».[91]

El Teatro-Museo abrió finalmente en 1974, año que vio también la grabación en París de la «ópera-poema» de Dalí, *Être Dieu* («Ser Dios»), protagonizada por el pintor en persona.

El tema de esta megalomaníaca obra es que Dalí es *casi* Dios, pero sólo *casi*. Al fin y al cabo, si fuera realmente el Creador, como el coro se encarga de recordarnos a lo largo de la «ópera-poema», no sería Dalí... cosa poco conveniente.

Entre los contenidos de la obra hay una fuerte veta antidemocrática, y en uno de sus monólogos Dalí hace una apasionada defensa de José Antonio Primo de Rivera y ataca con sorna los sistemas electorales que permiten votar a unos «cretinos». El elogio de la monarquía absoluta confirma que ya le preocupaba el problema de la sucesión del general Franco, aunque no hay ninguna alusión directa a la situación política española del momento.

Ninguna grabación daliniana capta como ésta las ricas inflexiones de la voz del pintor, y al oírle cantar trocitos de pícaras canciones catalanas, o recitar sus trabalenguas favoritos (que en su infancia le enseñara la abuela materna, Maria Anna Ferrés), se aprecia el carisma personal y el humor que, en sus mejores momentos, mitigaban su machacón egoísmo. No falta una alusión a Lorca, como apenas podía ser de otra manera toda vez que Dalí siempre había anhelado que colaborasen juntos en una ópera. Así como en *Rostros ocultos*, evoca el «Romance sonámbulo», que años atrás, en la Residencia, le había parecido tener un «argumento», aunque no lo tenía. «¡Verde! ¡Que te quiero verde!», enfatiza el Ángel. «¡Blanco! ¡Que te quiero blanco!», insiste «Dalí Andrógino "ella"», improvisando unos segundos después:

> ¡El caballo al fondo del mar!
> ¡Y la barca encima de la montaña!
> La materia es la caricatura de la muerte
> La muerte es la caricatura de la vida.

Una vez más, pues, Lorca, en los pensamientos de Dalí, ha vuelto, insistentemente, con toda su muerte a cuestas.[92]

«Romance sonámbulo» no es la única composición «gitana» de Lorca interiorizada por el pintor, ya lo sabemos. En 1977, mientras se recupera en Port Lligat de una operación de próstata, el museo Goya de la ciudad francesa de Castres celebra una exposición de las ochenta reelaboraciones suyas a punta seca de los *Caprichos* del aragonés, ejecutadas sobre heliograbados.[93] Estas adaptaciones en color tienen cierto interés, incluso cierto encanto, pues Dalí utilizó los expresivos aguafuertes de Goya como vehículo para sus propias obsesiones. Las obras, que desarrollan la más ligera alusión sexual o escatológica de los originales y que (salvo una o dos excepciones) sustituyen con textos propios los de Goya, están salpicadas de los manidos tópicos del Divino: muletas, relojes blandos, penes eyaculando (incluso el de un ahorcado), vaginas, traseros femeninos y Grandes Masturbadores (uno de ellos en versión aérea).

Tal vez la variación más interesante es la número ocho, «... al río creyendo que era mozuela». El grabado de Goya, con el pie «¡Que se la llevaron!», muestra a una joven muerta elegantemente ataviada arrastrada por dos siniestros encapuchados. El pie recordó a Dalí los versos iniciales del famoso romance lorquiano «La casada infiel» («Y que yo me la llevé al río / creyendo que era mozuela, / pero tenía marido.»). La escena del estupendo coito contada por el gitano de Lorca es única en la poesía española por su brío y la riqueza de sus imágenes eróticas, y es imposible que Dalí no conociera el romance prácticamente de memoria, habiéndoselo incluso oído recitar al propio poeta. En el espacio en blanco detrás del grupo de Goya, introdujo un grotesco monstruo que contempla la brutal escena que se desarrolla, o se ha desarrollado, en primer plano. Tiene un pene enorme, pero fláccido. ¿Alusión a la impotencia heterosexual de Lorca y Dalí? En todo caso, el grabado es una indicación más del continuo poder que el poeta y su obra ejercen sobre el pintor.[94]

Este mismo 1977 Dalí es entrevistado en el programa *A fondo*, de RTVE. Al preguntarle Joaquín Soler Serrano por su amistad con Lorca, el pintor contesta: «Es la más grande que he tenido, cuando hablo de amistades, la más grande que he tenido, no hay ninguna duda». Soler, por desgracia, no pide más explicaciones.[95] Tampoco, un año después, Mónica Zerbib, al afirmar Dalí: «Mi amistad con Lorca fue la más entrañable de todas. Comprendí más tarde lo que Lorca tenía de pitagórico».[96]

Dalí releía constantemente la poesía del granadino. Otra prueba es el libro *Los vinos de Gala* (1977), donde la presencia del granadino domina la sección sobre el jerez. Allí nos asegura el pintor:

> Para defender tan preciosos racimos, los viticultores construyen al principio de verano los bienteveo, garitas erigidas sobre pilotes desde donde los guardias vigilan la cosecha. «Viñas y muchachas son difíciles de guardar», pretende una canción andaluza, hasta la mañana en que, con gran estrépito de carretas y de risas, se acerca la cohorte de
>
> *Vendimiadores de piel morena*
> *robando las lágrimas de la viña.*
>
> Parecidas a las que vio García Lorca, con gestos de ternura, recogen los racimos de *palominos*, cuyo jugo exteriorizará al cabo de algunos años un instante vehemente y sensual como el cante flamenco. El pueblo andaluz se expresa por el jerez de la misma manera que se expresa a través del cante.[97]

La cita de Lorca, mal traducida del francés, remite al poema «Cuatro baladas amarillas», de *Primeras canciones*, no precisamente la composición más conocida del poeta:

> *Vendimiadora morena*
> *corta el llanto de la viña.*[98]

Aún más interesante es la segunda referencia a Lorca que contiene la misma sección:

> *¡Jerez! Alzad vuestra copa de jerez,*
> *¡Federico García Lorca nos acompaña!*
>
> *«Que tengo enfrente rosas blancas*
> *y mi copa desborda vino.»*[99]

La cita procede de otro poema de la juventud de Lorca, «Ritmo de otoño» (1920), que termina con unos versos muy personales:

> *Sobre el paisaje viejo y el hogar humeante*
> *Quiero lanzar mi grito,*
> *Sollozando de mí como el gusano*
> *Deplora su destino.*
> *Pidiendo lo del hombre, Amor inmenso*
> *Y azul como los álamos del río.*
> *Azul de corazones y de fuerza,*
> *El azul de mí mismo,*
> *Que me ponga en las manos la gran llave*
> *Que fuerce al infinito.*
> *Sin terror y sin miedo ante la muerte,*
> *Escarchado de amor y de lirismo,*
> *Aunque me hiera el rayo como al árbol*
> *Y me quede sin hojas y sin grito.*
>
> *Ahora tengo en la frente rosas blancas*
> *Y la copa rebosando vino.*[100]

En 1977 Dalí cumple 73 años. Gala ya tiene 83. Las de-
savenencias de la pareja no dejan de multiplicarse. La muerte de Franco en 1975 ha sido un duro golpe para el pintor,
que sigue temiendo represalias por el férvido apoyo prestado
al dictador durante más de dos décadas (fusilamientos de
Burgos incluidos), y las finanzas de la pareja, con inquietan-
tes aspectos fiscales en varios países, sobre todo en Estados
Unidos, son caóticas. Dalí, fervoroso admirador de Juan
Carlos de Borbón y su mujer, llega a la conclusión de que ya
es hora de establecerse a todos los efectos legales en España. Las autoridades españolas de la transición se prestan a
complacerle, aunque el proceso lleva su tiempo.

Su regreso tiene lugar en 1980. Está enfermo y atibo-
rrado de drogas, después de haber cogido una fuerte gripe
en Nueva York. Cuando abandona la clínica en Marbella
donde se ha instalado con Gala y vuelve a Port Lligat es
casi irreconocible. El 24 de octubre de 1980 da una rueda
de prensa multitudinaria en su Teatro-Museo. Es una sombra del Dalí que sólo un año antes conservaba su energía
y su fuerza física y que, ante las cámaras de Televisión Española, había cantado con energía los célebres versos de
José en *La corte de Faraón*:

> *Cuando te miro el cogote,*
> *el nacimiento del pelo,*
> *se me sube, se me sube, se me baja*
> *la sangre por todo el cuerpo...*[101]

Al lado de Dalí, una Gala minúscula, con su peluca y su
cara exageradamente pintada, da la impresión de que nada
de lo que está ocurriendo va con ella. Preguntado por su
relación con Lorca, el pintor sólo puede farfullar unas frases, apenas inteligibles, sobre la *Oda a Salvador Dalí*.[102]

El 10 de junio de 1982 muere Gala en Port Lligat. El
cadáver es llevado clandestinamente al castillo de la musa
en el pueblo de Púbol, regalo de Dalí unos años antes. El
pintor no tarda en instalarse allí, con la musa ya enterra-
da en el sótano. Nunca volverá a Port Lligat. Se acabó.

En Púbol, sumido en una honda depresión, se entera de
la muerte de Luis Buñuel, sobrevenida trece meses después

en México DF. En 1939, en Nueva York, Dalí se había negado a prestar dinero al cineasta, entonces en serios apuros económicos, alegando como disculpa que le había recomendado una vidente suiza que no tuviera nada que ver con sus antiguos amigos.[103] Buñuel había jurado no volver a tener nada que ver con el pintor. Y así fue. Pese a varios intentos de reanudar por parte de Salvador, el último hacía unos meses, el aragonés siempre había contestado con evasivas, con un lacónico «agua pasada no mueve molino». Cabe pensar que la desaparición de Buñuel, sin haber conseguido recuperar su amistad, le parecería a Dalí otra señal de que todo llegaba a su fin.

Dalí era ya un saco de huesos, y le resultaba cada vez más difícil controlar el temblor de su mano derecha. Incapaz de conseguir la precisión que había caracterizado su mejor obra, sólo lograba manchar burdamente las telas. A Elda Ferrer, una de las enfermeras, le habían ordenado que dijera a los periodistas que el artista seguía trabajando. Consideró que se trataba de una exigencia razonable, pero cambió de opinión cuando vio la realidad: Dalí «deseaba ardientemente» pintar pero no podía sostener siquiera el grueso pincel que trataba de manejar.[104] Ferrer recordó que Dalí apenas era capaz de hablar, que lloriqueaba sin cesar y que se pasaba horas gruñendo o aullando como un animal. Tenía alucinaciones y se creía un caracol. «En dos años —declaró Ferrer— sólo le entendí una frase coherente: "Mi amigo Lorca"» («el meu amic Lorca»).[105]

Ningún destino peor podía esperarle a un hombre para quien la representación y la máscara lo habían sido todo, o casi todo. Había perdido dramáticamente su atractivo físico, además, por lo cual no podía aparecer en público. Había perdido a Gala. Había perdido su hermosa voz; y, finalmente, la capacidad de pintar. Se había colapsado su mundo.

Dalí sólo sale de Púbol una vez, y para no volver nunca. Ocurre cuando, en 1984, sufre graves quemaduras al encenderse su cama durante la noche, debido a un fallo eléctrico del timbre. Superada la larga intervención quirúrgica, efectuada en Barcelona, se le instala en la Torre Gorgot —luego rebautizada Torre Galatea—, aneja al Teatro-

Museo de Figueres, donde vivirá los últimos cinco años de su vida sin apenas ver a nadie.[106]

Durante varios años quien esto escribe había intentado en vano conseguir una entrevista con el pintor. Su secretario, Enric Sabater, me había permitido estar presente en la rueda de prensa del Teatro-Museo en 1980, pero no pude hablar pesonalmente entonces con el pintor. Poco tiempo después, cuando telefoneé a Port Lligat con la esperanza de poder conseguir una entrevista, Gala me invitó a visitar a Dalí unas semanas más tarde en París, lo que resultó imposible. Luego me di por vencido. Sin embargo, cuando en 1985 se publicó el primer tomo de mi biografía de Lorca, le envié al pintor un ejemplar y luego llamé a su amigo y brazo derecho, Antoni Pitxot (la etapa Sabater había terminado), para preguntarle si había llegado. Pitxot estuvo sumamente amable y me manifestó su aprecio por el libro, en el que había tratado la relación entre Dalí y Lorca con el máximo rigor posible. Me dijo que intentaría convencer al pintor para que me recibiera.

El 15 de enero de 1986 me llamó para decirme que Dalí le había expresado su deseo de verme inmediatamente. «Si no viene usted hoy mismo, puede cambiar de idea», me advirtió. Unas horas después estaba en la Torre Galatea, donde Pitxot me llevó por una sucesión de laberínticas antesalas hasta el pintor.

En el extremo del imponente salón de trono, vestido con una túnica de seda blanca que le llegaba hasta los pies, luciendo una cadena de oro y con su famosa *barretina* roja en la cabeza, me esperaba el hombre que de niño se había divertido disfrazándose de rey en el terrado de su casa.

Su aspecto físico era verdaderamente espantoso. El rostro estaba hundido, la boca abierta llena de baba. De la nariz le salía un racimo de tubos. El pintor me agarró con una mano temblorosa. Pitxot se sentó a un lado del trono y yo al otro, tras colocar el magnetófono sobre una mesa cercana.

Mirándome con acuosos ojos azul marino, Dalí empezó a hablar muy deprisa, en una mezcla casi ininteligible de castellano y catalán que se hacía aún más difícil de seguir por el febril tamborileo de la mano derecha en el brazo del sillón.

Una vez acostumbrado el oído, me di cuenta, con la ayuda de Pitxot, de que me estaba contando cuánto le había querido Federico García Lorca. El poeta había sentido por él un intenso amor físico, me aseguró. Nada de amor platónico. Hubiera querido corresponderle, pero fue incapaz. A cambio, Federico había hecho el amor en su presencia con la delgada pero seductora Margarita Manso. Recordó luego la obsesión del poeta con la muerte, y aquellas célebres representaciones de su agonía, entierro y putrefacción en Granada. A Gala apenas la mencionó: se trataba de hablar de Lorca y nada más que de Lorca. No por otra razón me había convocado a la Torre Galatea. Me marché de su lado con el convencimiento de que Dalí percibía su amistad con el poeta como quizá su experiencia más fundamental.

Unos días después publiqué la entrevista en *El País*.[107] Se la leyeron al pintor. Estimó que yo no había reflejado suficientemente la intensidad de su relación con Lorca y dictó una breve carta al diario para subrayar que aquélla, lejos de «una azucarada novela rosa», había sido «en realidad todo lo contrario. Fue un amor erótico y trágico, por el hecho de no poderlo compartir». A continuación el pintor adujo otras «pruebas» de que su amistad con Lorca no se había roto nunca:

1. El homenaje más grande que yo le hice en Nueva York, haciendo representar, pintando yo mismo los decorados, *El café de Chinitas*, con un tema musical de Lorca, con asistencia de familiares del poeta y con un éxito sin precedentes.

2. Y antes, en pleno surrealismo, cuando Gala se ocupa con su ex esposo, el poeta surrealista Paul Éluard, de la traducción al francés de la *Oda a Salvador Dalí*.[108]

Las revelaciones de Dalí sobre la escena con Margarita Manso ofendieron profundamente a la hermana del poeta, Isabel García Lorca, y a alguna antigua amiga de La Barraca, que escribió airada a *El País* para protestar contra la «falta de sensibilidad» del diario con «la publicación de determinado acto de lo más vil y bajo, en detrimento de la imagen de Federico García Lorca». Pero el acto no había

sido ni vil ni bajo. Y narrarlo no suponía detrimento alguno para la imagen de Lorca.[109]

Casi tres años después, sin volver a hablar públicamente de su relación con el poeta, Dalí se moría en su torre de
Figueres, con el Teatro-Museo a dos pasos al otro lado de la
puerta. La comparación con el moribundo Felipe II en El
Escorial —edificio que tanto admiraba el pintor— parecía
ineludible.

EPÍLOGO

El encuentro de Dalí y Lorca supuso un recíproco deslumbramiento, el gozo de una mutua admiración ilimitada, compatible con el reconocimiento de radicales diferencias de temperamento. Al ir cerrando estas páginas, oigo al respecto, dentro de mí, varias insistentes afirmaciones de los dos interesados.

Dalí a Gasch:

> La primera época de Madrid, cuando se inicia mi gran amistad con Lorca, se caracteriza ya por el violento antagonismo de su espíritu eminentemente religioso (erótico) y la anti-religiosidad mía (sensual). Recuerdo las inacabables discusiones que duraban hasta las 3 y las 5 de la mañana y que se han perpetuado cada vez más agudamente a lo largo de nuestra amistad; qué pagaría ahora mi curiosidad por poseer fielmente taquigrafiadas aquellas tremendas y apasionadas conversaciones mantenidas en nuestro cuarto de la Residencia de Estudiantes.[1]

Lorca a Gasch:

> Dalí el maravilloso sobre toda ponderación, me ha mandado unos ensayos poéticos que son un encanto. Yo siento cada día más el talento de Dalí. Me parece único y posee una serenidad y una *claridad* de juicio para lo que piensa que es verdaderamente emocionante. Se equivoca y no importa. *Está vivo.* Su inteligencia agudísima se une a su infantilidad desconcertante, en una mezcla tan insólita que es absolutamente original y cautivadora [...] Me conmueve; me produce Dalí la misma emoción pura (y que Dios nuestro Señor me perdone) que me produce el niño Jesús abandonado en el Pórtico de Belén, con todo el germen de la crucifixión ya latente bajo las pajas de la cuna.[2]

Dalí a Lorca:

> El dia que pierdas el miedo, te cagues con los Salinas, abandones la Rima, en fin el arte tal como se entiende en-

tre los puercos —aras cosas divertidas, orripilantes, crispadas, poeticas como ningun poeta a realizado.[3]

Dalí a Lorca:

> Tú eres una borrasca cristiana y necesitas de mi paganismo. La última temporada en Madrid te entregaste a lo que no debiste entregarte nunca. Yo iré a buscarte para hacerte una cura de mar. Será invierno y encenderemos lumbre. Las pobres bestias estarán ateridas. Tú te acordarás que eres inventor de cosas maravillosas y viviremos juntos con una máquina de retratar.[4]

También me viene a las mientes lo que le cuenta Buñuel a José Bello, en 1927, molesto por la cada vez más estrecha amistad de Salvador y Federico:

> Dalí influenciadísimo. Se cree un genio, imbuido por el amor que le profesa Federico. Me escribe diciendo: «Federico está mejor que nunca. Es el gran hombre. Sus dibujos son geniales. Yo hago cosas extraordinarias, etc, etc». Y es el triunfo fácil de Barcelona. Qué desengaños terribles se iba a llevar en París. Con qué gusto le vería llegar aquí y rehacerse lejos de la nefasta influencia del García. Porque Dalí, eso sí, es un hombre y tiene mucho talento.[5]

Y, cómo no, el juicio sobre el poeta que formula Dalí en su *La vida secreta*, al evocar los primeros tiempos de su amistad:

> El fenómeno poético en su totalidad y «en carne viva» surgió súbitamente ante mí hecho carne y hueso, confuso, inyectado de sangre, viscoso y sublime, vibrando con un millar de fuegos de artificio y de biología subterránea, como toda materia dotada de la originalidad de su propia forma.[6]

Son testimonios que, destacándose ahora en mi memoria entre los muchos que se desparraman por las hojas de este libro, sintetizan la mutua e imparable fascinación que se apoderó de Lorca y Dalí y que, si éste no teme profundamente descubrirse homosexual, habría podido conducir la vida de ambos por derroteros diferentes.

Hay indicaciones, de que, a juicio de Lorca, Salvador, aunque se negaba a admitirlo, era (a diferencia de Emilio Aladrén, por ejemplo) fundamentalmente homosexual. Con el paso del tiempo el mismo Dalí se mostraría menos reacio que durante los años veinte a admitir su preferencia por el cuerpo masculino sobre el femenino. «Sobre un cuerpo muy juncal, muy femenino, ver levantarse el emblema de la virilidad alegra mis ojos», declaró sin ambages a Louis Pauwels en 1968.[7] Su primer secretario, el capitán del ejército británico retirado Peter Moore, lo expresaría así, con su habitual laconismo: «Lo que quería Dalí era un chico con tetas».[8] El colombiano Carlos Lozano, gay sin complejos, que conoció a Dalí en 1969, a los veinte años, y se convirtió de la noche a la mañana en uno de los predilectos de su corte parisiense, nunca dudaría de que las verdaderas inclinaciones de Dalí eran homosexuales, aunque el pintor se resistía tenazmente a aceptarlo.[9]

La desesperación de Lorca ante tal renuncia no es difícil de imaginar, y la falta de entrega por parte de Dalí le parecería ratificar, una vez más, la imposibilidad de conocer la plenitud del amor.

El reencuentro de 1935 fue jubiloso, como demuestra la entrevista de Lorca con Josep Palau i Fabre: después de ocho años sin verse, poeta y pintor coinciden en todo, le asegura, «como si hubiésemos estado hablando diariamente. Genial, genial Salvador Dalí». Cabe pensar que, si no estalla la guerra civil y muere asesinado el poeta, los dos amigos habrían conseguido verse con más frecuencia, como ambos querían, y colaborado en algún proyecto común, quizás en una ópera.

Recordando al Lorca ya muerto, y algo más conforme ya con sus propias inclinaciones reales, Dalí debió reflexionar a menudo sobre el curso que hubiera podido tener su vida si, en vez de formar pareja con Gala y empeñarse en presentar al mundo una imagen de heterosexual feliz, logra vivir su íntima realidad.

Sus obras de la «época lorquiana», y luego las ejecutadas después del asesinato, demuestran que para el pintor el recuerdo más persistente del granadino estaba indisolublemente vinculado a las estancias de éste en Cadaqués, escenario idílico de la *Oda a Salvador Dalí*. Tal vez su máxima tragedia, aunque no la formulara así, fue no haber podido corresponder plenamente al poeta, allá por los felices tiempos de 1927, cuando todavía había tiempo.

Siglas utilizadas en las notas

AMD:
Ana María Dalí, *Salvador Dalí visto por su hermana*, Barcelona, Juventud, 1949.

DD:
Dalí, *Un diari: 1919-1920. Les meves impressions i records íntims*, edición de Fèlix Fanés, Barcelona, Edicions 62, 1994.

DOH:
Robert Descharnes, *Dalí, la obra y el hombre*, Barcelona, Tusquets/Edita, 1984.

EC:
Federico García Lorca, *Epistolario completo*, Madrid, Cátedra, 1997.

FFGL:
Fundación Federico García Lorca, Madrid.

FGSD:
Fundació Gala-Salvador Dalí, Figueres.

MEAC, I, II:
400 obras de Salvador Dalí de 1914 a 1983, Madrid, Ministerio de Cultura, dos tomos, 1983.

MUS:
Luis Buñuel, *Mi último suspiro*, Barcelona, Plaza & Janés, 2.ª ed., 1983.

OC, I, II, III, IV:
Federico García Lorca, *Obras completas*, edición de Miguel García-Posada, Madrid, Galaxia Gutenberg/Círculo de Lectores, cuatro tomos, 1996.

SDFGL:
Rafael Santos Torroella (ed.), *Salvador Dalí escribe a Federico García Lorca [1925-1936], Poesía. Revista ilustrada de información poética*, Madrid, núm. 27-28, abril de 1987.

SVBLD:
Agustín Sánchez Vidal, *Buñuel, Lorca, Dalí. El enigma sin fin*, Barcelona, Planeta, 1988.

VPM:
Ian Gibson, *Vida, pasión y muerte de Federico García Lorca*, Barcelona, Plaza & Janés, 1998.

VS:
Vida secreta de Salvador Dalí. Traducción de José Martínez. Figueres, DASA Edicions, S.A., 1981.

NOTAS

INTRODUCCIÓN

    1. Carta a *El País*, Madrid, 30 de enero de 1986.
    2. Zerbib.

CAPÍTULO 1

    1. *Crónica de Madrid*, Plaza & Janés, Barcelona, 1990, p. 339.
    2. Penón, p. 245.
    3. *VPM*, pp. 21-23; *OC*, III, p. 364.
    4. *OC*, III, pp. 526-527.
    5. *VPM*, pp. 18-21, 27.
    6. *Ibíd.*, pp. 23-24; *OC*, III, p. 364.
    7. Cabrolié, pp. 87, 89.
    8. Valdivielso Miquel, p. 152.
    9. *OC*, IV, pp. 161-162.
  10. *Ibíd.*, I, p. 72.
  11. Valdivielso Miquel, pp. 153-155.
  12. *Ibíd.*, p. 155.
  13. *Cartas de Vicente Lorca a su hijo Federico*, Ed. Fernández, *passim*.
  14. *Libro de poemas*, en *OC*, I, p. 155.
  15. *Ibíd.*, p. 78.
  16. Martínez Nadal, introducción a Federico García Lorca, *Poems*, p. VII.
  17. Sáenz de la Calzada, p. 57.
  18. Conversación nuestra con D.ª Isabel García Lorca, Madrid, 18-3-1983.
  19. Molina Fajardo, p. 15.
  20. Conversación nuestra con D. Alfredo Anabitarte, Madrid, 21-11-1983.
  21. Emilio Garrigues y Díaz-Cañabate, p. 105; conversación nuestra con D. Santiago Ontañón, Toledo, 15-5-1979. Véanse también Moreno Villa, «Recuerdo a Federico García Lorca», p. 23, y Francisco García Lorca, p. 61.
  22. *OC*, I, p. 96.
  23. Conversaciones nuestras con D. José Caballero, D. Santiago Ontañón y D. Rafael Alberti, Madrid, 1978-1986.
  24. Martínez Nadal, introducción a Federico García Lorca, *Poems*, p. VII.
  25. Francisco García Lorca, p. 61.
  26. Martínez Nadal, en Federico García Lorca, *Autógrafos*, I, p. XVI, nota 4.
  27. Conversación nuestra con D.ª Isabel García Lorca, Madrid, 5-7-1982.

28. *OC*, IV, pp. 858-861.
29. *VPM*, pp. 16-17, 21.
30. *Ibíd.*, p. 32.
31. *OC*, III, pp. 526-527.
32. *VPM*, pp. 38-41.
33. Baedeker, *Spain and Portugal. Handbook for Travellers*, Leipzig, 1.ª ed., 1898, p. 334.
34. *VPM*, pp. 38-41.
35. Gibson (2011), pp. 86-87.
36. Conversación nuestra con el médico D. Rafael Rodríguez Contreras, compañero de Lorca en el instituto, Granada, 1996.
37. *VPM*, p. 59.
38. *Ibíd.*, pp. 56-59.
39. *Ibíd.*, pp. 60-62.
40. Francisco García Lorca, p. 160.
41. *OC*, IV, p. 683.
42. *Ibíd.*, pp. 632-633.
43. «Veo la palabra amor/Desmoronada», leemos en «La sombra de mi alma», de *Libro de poemas* (*OC*, I, p. 83).
44. *OC*, IV, pp. 248-249.
45. Cartas de José Fernández-Montesinos a García Lorca, verano de 1917. FFGL.
46. Por ejemplo, carta de Martínez Fuset a Lorca, 17-9-1917. FFGL.
47. *OC*, IV, p. 128; carta sin fecha de Martínez Fuset a Lorca, FFGL.
48. *OC*, IV, pp. 318.
49. «Mística de nuestro mundo interior desconocido», *ibíd.*, p. 608.
50. «Un tema con variaciones pero sin solución» (17-12-1917), *ibíd.*, p. 241.
51. «Mística en que se habla de la eterna mansión», *ibíd.*, p. 574.
52. «Mística que trata del freno puesto por la sociedad a la naturaleza de nuestros cuerpos y nuestras almas. Visión de juventud», *ibíd.*, p. 630.
53. «Mística en que se habla de la eterna mansión», *ibíd.*, p. 576.
54. *Ibíd.*, p. 575.
55. *Ibíd.*, p. 897.
56. *[Jehová]*, esbozo de obra de teatro empezada el 6 de mayo de 1920, *ibíd.*, p. 1010.
57. «Mística de negrura y de ansia de santidad», *ibíd.*, p. 545.
58. «Mística. El hombre del traje blanco», sin terminar y sin fecha, *ibíd.*, p. 621.
59. Conversación nuestra con D.ª Carmen Ramos, Fuente Vaqueros, septiembre de 1966.
60. *Cristo. Tragedia religiosa*, *OC*, IV, pp. 970-971.
61. «Mística en que se trata de Dios», *ibíd.*, p. 619.
62. *Ibíd.*, p. 619.
63. *Ibíd.*, p. 733.
64. *Ibíd.*, pp. 734-735.
65. *Ibíd.*, pp. 855-856.
66. «Manantial» (1919), en *Libro de poemas*, *ibíd.*, I, p. 157.

67. «Mística que trata del freno puesto por la sociedad a la naturaleza de nuestros cuerpos y nuestras almas. Visión de juventud» (otoño de 1917), *OC*, IV, pp. 626-628.

68. Francisco García Lorca, p. 161.

69. «Mística de sensatez, extravío y dudas crueles», *OC*, IV, p. 570.

70. «[Buda]», *ibíd.*, pp. 277-278.

71. «Mística que trata de nuestra pequeñez y del misterio de la noche», *ibíd.*, p. 557.

72. «Canción desolada», *ibíd.*, p. 247.

73. «Elegía», *Libro de poemas, OC*, I, p. 88.

74. «Balada apasionada y dolorosa», *OC*, IV, p. 685.

75. «Mística de luz infinita y de amor infinito», *ibíd.*, p. 597.

76. «Tarde de abril», sin fecha, *ibíd.*, p. 332.

77. «Lluvia», 1919, *Libro de poemas, OC*, I, p. 84.

78. *OC*, IV, p. 313.

79. *Ibíd.*, pp. 651-652.

80. *Ibíd.*, p. 288.

81. *Libro de poemas, OC*, I, p. 78.

82. [«Pequeña elegía a María Blanchard»], *OC*, III, p. 133.

83. Conversaciones nuestras con D. Miguel Cerón Rubio, Granada, 1965-1966.

84. «Historia vulgar», *OC*, IV, p. 779.

85. «[¿Qué hay detrás de mí?]», *ibíd.*, p. 649. Véase también «Estrella de junio», *ibíd.*, pp. 794-795.

86. *Ibíd.*, pp. 244-245.

87. «Elogio. Beethoven», *ibíd.*, pp. 242-244.

88. Véanse especialmente «Crepúsculo espiritual», «Carnaval. Visión interior», *ibíd.*, pp. 282-283, 287-289 y 289-291.

89. *Libro de poemas, OC*, I, pp. 88-90.

90. *Ibíd.*, pp. 73-75.

91. *Ibíd.*, p. 51.

92. Alonso, p. 75.

93. «Mística que trata del dolor de pensar», *OC*, IV, p. 541.

94. *EC*, pp. 47-48.

95. Lorca tenía en su biblioteca la magnífica edición de *La Teogonía* en versión castellana de L. Segalá y Estalella, con dibujos de John Flaxman (Barcelona, Tipografía «La Académica», 1910). Véase Fernández-Montesinos García, p. 53.

96. *OC*, IV, pp. 258-259.

97. «Mística que trata del freno puesto por la sociedad a la naturaleza de nuestros cuerpos y nuestras almas. Visión de juventud», *ibíd.*, pp. 628-629.

98. *Ibíd.*, I, p. 160.

99. *Ibíd.*, IV, p. 693.

100. Conversación nuestra con D. Andrés Segovia, Madrid, 19-12-1980.

101. Eloy Escobar de la Riva, «Centro Artístico», *Noticiero Granadino*, 18-3-1918.

102. Murciano, «En el Centro Artístico».

103. *OC*, IV, p. 52.
104. Aureliano del Castillo, «Libros. *Impresiones y paisajes*», en *El Defensor de Granada*, 19-4-1918.
105. Arciniegas, «Federico García Lorca».
106. *OC*, III, p. 366.
107. *VPM*, pp. 105-106.

CAPÍTULO 2

1. Romero y Ruiz, p. 20.
2. *Ibíd.*, p.76; Teixidor Elies, p. 295.
3. Vayreda, p. 13; conversaciones nuestras con D.ª Montserrat Dalí (Barcelona, 1993-1995); Pla, «Salvador Dalí, una notícia».
4. Conversación telefónica nuestra con D. Antoni Pitxot (nacido en esa misma casa), 28-10-1993; Anna Maria Dalí también la describió como un paraíso ante Joan Guillamet, véase Gómez de Liaño, «En la casa del arte», p. 26.
5. *VS*, p. 84, nota 1.
6. Palau i Fabre, p. 60. Don Antoni Pitxot ha confirmado esta información en nuestras conversaciones.
7. Los detalles de la compra se encuentran en el Registro de la Propiedad de Roses, finca número 1236 (Cadaqués), donde figura con fecha de 1908. No obstante, es posible que la operación tuviera lugar con anterioridad (según me han asegurado las autoridades de dicho Registro, en esa época las inscripciones en el registro no se solían efectuar hasta varios años después de la transacción). De acuerdo con Palau i Fabre, cuya información procede de los Pichot, la casa original se construyó en 1899 siguiendo un proyecto de Miquel Utrillo. No nos ha sido posible corroborar la fecha, pero parece improbable pues sabemos que Pepito Pichot no se estableció en Figueres hasta 1900.
8. Palau i Fabre, p. 60; conversaciones nuestras con D. Antoni Pitxot, Cadaqués, 1993 y 1994.
9. Palau i Fabre, pp. 60-61.
10. La información relativa a esta construcción procede de la mujer que cocinaba para los Dalí en aquellos tiempos, y que me ha sido transmitida por su yerno, Miquel Figueres, ex alcalde de Cadaqués. Doña Rosa María Salleras me ha confirmado que la casa de su padre y la de Salvador Dalí Cusí eran de Pepito Pichot, que más tarde se las vendió.
11. *VS*, p. 327.
12. Palau i Fabre, pp. 60-61.
13. Citado por Tharrats, *Cent anys de pintura a Cadaqués*, p. 98.
14. *VS*, p. 326; Dalí en Descharnes, *The World of Salvador Dalí*, p. 49.
15. Conversaciones con D. Antoni Pitxot, Cadaqués, 1993.
16. Para la visita de Picasso a Cadaqués en 1910, la mejor fuente es «Picasso a Cadaqués», número especial de *Negre + gris*, Barcelona, número 10, otoño de 1985. Véase también Tharrats, «Picasso entre nosaltres», en *Cent anys de pintura a Cadaqués*, pp. 59-70.

17. *AMD*, pp. 11-12.
18. *VS*, p. 53.
19. *Ibíd.*, p. 74.
20. *AMD*, pp. 19-20.
21. *VS*, pp. 74, 250-252 y 372. Anna Maria también recuerda que Llúcia le contaba cuentos a su hermano (*AMD*, p. 36).
22. *AMD*, p. 9; Dalí también menciona la canción en *VS*, p. 74.
23. *AMD*, pp. 12-14.
24. Gibson, *La vida desaforada de Salvador Dalí*, p. 54.
25. *AMD*, p. 16.
26. Conversación con nuestra D.ª Nanita Kalaschnikoff, Marbella, 13-9-1995; Lear, *Le Dali d'Amanda*, p. 159; véase también *DG*, p. 199.
27. Dalí, *Confesiones inconfesables*, p. 42; Bernils i Mach, *Figueres*, p. 77; *AMD*, p. 35.
28. *VS*, pp. 12-13. El cometa se vio la noche del 20 de mayo de 1910. Según informó *La Veu de l'Empordà* del 22 de mayo de ese año, no fue visible desde Figueres a causa de un temporal.
29. Dalí, *Confesiones inconfesables*, p. 36.
30. Dalí, *Confesiones inconfesables*, p. 1; Dalí, *Confesiones inconfesables*, p. 36.
31. *VS*, p. 40.
32. *Ibíd.*, pp. 39-41; don Pere Buxeda, propietario de una magnífica colección de antiguas fotografías de Figueres, tiene una que muestra parte de la colección de piezas románicas de Trayter; para la información relativa a Darwin, los almacenes Lafayette y al mal humor de Trayter, quiero agradecer a doña María Asunción Trayter Sabater (Figueres, octubre de 1993).
33. Dalí, «Le Mythe de Guillaume Tell. Toute la vérité sur mon expulsion du groupe surréaliste». Dalí repite este párrafo casi literalmente en *DG*, p. 15.
34. Cuando los comentarios de Dalí sobre Trayter aparecieron en un artículo en *La Vanguardia*, la hija del maestro, María Trayter Colls, profesora como su padre, escribió enfadada al periódico (15-4-1972), insistiendo en que Trayter nunca había sido ateo y que muchos de los antiguos alumnos que aún vivían podían dar fe de ello.
35. Conversación nuestra con D.ª María Asunción Trayter Sabater, Figueres, octubre de 1993.
36. Para Dalí Cusí como ateo y librepensador véanse, además del documento citado, *VS*, p. 40, y *Diario de un genio*, p. 15.
37. *VS*, pp. 39-41.
38. *Ibíd.*, p. 45.
39. *Ibíd.*, p. 51.
40. *Ibíd.*, pp. 47 y 49.
41. *Ibíd.*, p. 55.
42. Lynd, p. 67.
43. Bernils i Mach, *Els Fossos*, pp. 7-15.
44. *Ibíd.*, pp. 15-20 y 27-51; Jiménez y Playà, «El col·legi La Salle».
45. Según nos ha contado don Joan Vives, que ingresó en el colegio poco después de que Dalí lo dejara, a los alumnos descubiertos hablando

en catalán en el patio se les hacía llevar una piedra llamada *la parleuse* («la parlanchina»). Conversación nuestra con don Joan Vives, Figueres, 25-1-1993.

46. Jiménez y Playà, «El col·legi La Salle».

47. Quiero agradecer al entonces director, el hermano Domingo Bóveda, que gentilmente me facilitó una fotocopia del documento relativo a los años de Dalí en «Els Fossos», descubierto en Béziers con ocasión del 75° aniversario del colegio de Figueres.

48. Dalí, «Reflexions. El sentit comú d'un germà de Sant Joan Baptista de La Salle».

49. *VS*, pp. 76-77.

50. Por la información relativa a la ausencia de otros niños en el edificio, agradezco a los actuales propietarios, el señor y la señora Carbó; para el regalo de la capa, la corona y el cetro, y la pasión de Dalí por los disfraces, véase *VS*, pp. 77-78; para estar «en la cumbre», *ibíd.*, p. 79.

51. Anna Maria Dalí, *Noves imatges de Salvador Dalí*, pp. 74-75.

52. El cuadro perteneciente a Albert Field se reproduce en color en Romero, *Psicodélico Dalí*, p. 10, donde, siguiendo *La vie publique de Salvador Dalí* (catálogo), p. 5, núm. 344, está fechado en 1910. MEAC, que también reproduce el cuadro, es más prudente y lo fecha «hacia 1914» (I, p. 16).

53. El cuadro pertenecía al capitán Peter Moore, Cadaqués, y se expone en el Museo Perrot-Moore de la misma localidad. Se reproduce en color en el catálogo *Dalí à Perpignan. La Collection Salvador Dalí du Musée Perrot-Moore, Cadaqués* (véase la bibliografía, sección 1).

54. La fecha del examen de ingreso, 2 de junio de 1916, figura en la segunda página del expediente del bachillerto de Dalí conservado en el Instituto de Figueres.

55. Dalí, «Les cançons dels dotze anus. Versus em prosa i em color», 1922.

56. Catálogo *Juan Núñez Fernández* (véase bibliografía, sección 4).

57. Hay una fotografía del diploma en Morse, *Pablo Picasso, Salvador Dalí. A Preliminary Study in their Similarities and Contrasts*, p. 8.

58. *AMD*, pp. 51-52.

59. Véase nota 57.

60. Dalí, *Un diari: 1919-1920*, *passim*.

61. Miravitlles, «Dalí i l'aritmètica», p. 32; «Una vida con Dalí», p. 5.

62. *AMD*, p. 14.

63. Lear, *El Dalí de Amanda*, p. 92.

64. *VS*, p. 152; Dalí, «Le Mythe de Guillaume Tell. Toute la vérité sur mon expulsion du groupe surréaliste».

65. Dalí, «Le Mythe de Guillaume Tell. Toute la vérité sur mon expulsion du groupe surréaliste».

66. *VS*, p. 48.

67. *Studium*, Figueres, núm. 6 (1-6-1919), p. 5.

68. Los volúmenes 2, 3, 9, 10 y 11 del diario han sido editados por Fèlix Fanés con el título *Un diari: 1919-1920. Les meves impressions i records íntims*, Barcelona, Edicions 62, 1994. En adelante: *DD*.

69. *DD*, p. 135.

70. *Ibíd.*, *passim*.

71. *Ibíd.*, pp. 97-104.
72. *Ibíd.*, p. 27.
73. *Ibíd.*, p. 37.
74. *Ibíd.*, p. 38.
75. *Ibíd.*, p. 46.
76. *Ibíd.*, p. 50.
77. *Ibíd.*, pp. 100 y 137-38.
78. *Ibíd.*, p. 55.
79. *DD*, p. 105.
80. Dalí, *Tardes d'estiu*, p. 23.
81. *DD*, p. 85.
82. Teixidor Elies, pp. 34-36.
83. *VS*, pp. 133-134.
84. *DD*, p. 66.
85. *Ibíd.*, p. 98; véase también *VS*, pp. 149-150.
86. Miravitlles, «Notes a l'entorn de l'art d'avanguarda», p. 321.
87. *DD*, pp. 48-49.
88. Dalí, *Confesiones inconfesables*, pp. 103-104.
89. Para el recuerdo que tenía Dalí de las fotografías de enferme- dades venéreas, véase Permanyer, «El pincel erótico de Dalí», p. 161. Dalí le habló también a Luis Romero de esas fotografías y del horror que le pro- vocaban los genitales femeninos (*Dedálico Dalí*, p. 57).

CAPÍTULO 3

1. Para la Institución Libre de Enseñanza, véanse J. B. Trend, *The Origins of Modern Spain*, y Jiménez-Landi, *La Institución Libre de Enseñanza*.
2. García de Valdeavellano, pp. 13-15; Jiménez Fraud, *Historia de la Universidad española*, pp. 435-436.
3. García de Valdeavellano, pp. 25 y sigs.
4. J. R. Jiménez, «Chopos».
5. Pritchett, p. 129.
6. Para la falta de vino, *MUS*, p. 67.
7. Trend, *A Picture of Modern Spain*, p. 36.
8. Crispin, p. 41.
9. Jiménez Fraud, «Lorca y otros poetas»; carta enviada por la Re- sidencia de Estudiantes al padre del poeta, 22-7-1919, en FFGL; Pérez-Vi- llanueva Tovar, p. 164.
10. Carta de Lorca a su familia, *EC*, pp. 57-58.
11. Parece ser que la reseña de Mora Guarnido salió en el diario granadino *La Publicidad*, que no hemos podido localizar para la fecha co- rrespondiente. Se titulaba «A Madrid ha llegado un poeta», según *La Al- hambra*, Granada, núm. 508 (31-5-1919), p. 309 («Crónica granadina»).
12. Federico García Lorca, *García Lorca. Cartas, postales, poemas y dibujos* (ed. Gallego Morell), pp. 16-17.
13. *EC*, pp. 57-61.
14. *Ibíd.*

15. *Ibíd.*, pp. 60-61.
16. J. R. Jiménez, *Selección de cartas*, p. 105.
17. Mora Guarnido, *Federico García Lorca y su mundo*, pp. 118-19; Videla, pp. 1-88, *passim*; *MUS*, pp. 76-77.
18. Conversaciones nuestras con D. José Bello, Madrid, 1983-1984.
19. *MUS*, p. 64.
20. *Ibíd.*, p. 54; García Buñuel, pp. 35-40.
21. *MUS*, pp. 55-56.
22. *Ibíd.*, pp. 56-57.
23. *Ibíd.*, pp. 61-62.
24. Unamuno, *Ensayos*, VI, p. 65.
25. Arciniegas, «Federico García Lorca».
26. *EC*, p. 61.
27. *La Alhambra*, Granada, 15-6-1919, pp. 333-334; *El Defensor de Granada*, 16-6-1919, p. 1.
28. Mora Guarnido, *Federico García Lorca y su mundo*, p. 123.
29. Conversación nuestra con D. Miguel Cerón, Granada, 17-9-1965.
30. Conversaciones nuestras con D. Miguel Cerón, Granada, 1965-1996.
31. *MUS*, p. 64.
32. *Ibíd.*, pp. 54-78, *passim*.
33. *SVBLD*, p. 53.
34. *MUS*, pp. 64-65.
35. Moreno Villa, *Vida en claro*, p. 107.
36. Caffarena, p. 6.
37. Prados, p. 26.
38. *Ibíd.*, pp. 29-30.
39. Fernández Almagro, «El primer estreno de Federico García Lorca».
40. Gibson, «En torno al primer estreno de Lorca (*El maleficio de la mariposa*)», pp. 72-74.
41. *Ibíd.*
42. *EC*, pp. 72-75.
43. *Ibíd.*, pp. 75-76.
44. *OC*, I, p. 59.
45. Gibson (2011), pp. 296-297.
46. *DD*, p. 85.
47. *Ibíd.*, pp. 135, 154 y 172.
48. *VS*, p. 133.
49. Clará, p. 53.
50. *VS*, p. 131.
51. *DD*, pp. 26, 28-30, 42, 48, 49, 59, 72-73, 74, 88-89, 92, 93, 99, 124-125, 141-142 y 161.
52. *ibíd.*, p. 144.
53. *Ibíd*, *passim*.
54. *Ibíd.*, p. 104.
55. *Ibíd*, p. 111.
56. Carta publicada por primera vez, en traducción castellana, por Arbós, p. 46. Agradezco a D. Eduard Fornés una copia del original catalán.

57. Conversación nuestra con D.ª Carme Roget Pumerola, Figueres, 23-9-1993.

58. *DD*, p. 48.

59. *Ibíd.*, p. 121.

60. En la portada del libro se lee: Boccioni, futurista, *Pittura, scultura, futuriste (dinamismo plastico), con 51 reproduzioni, quadri sculture di Boccioni — Carrà — Russolo — Balla — Severini — Soffici, Edizioni Futuriste di «Poesia»*, Milano, Corso Venezia, 61, 1914.

61. Carta sin fecha reproducida en Gasch, *L'expansió de l'art català al món*, p. 146.

62. Santos Torroella, *La trágica vida de Salvador Dalí*, p. 44.

63. *AC. Las vanguardias en Catalunya* (catálogo, véase bibliografía, sección 4), pp. 156-157. La portada del catálogo de Dalmau se reproduce en *Miró, Dalmau, Gasch* (catálogo, véase bibliografía, sección 4), p. 51.

64. Pepito Pichot murió el 5 de julio de 1921. La nota necrológica publicada en *Empordà Federal*, Figueres, el 9 de julio no menciona la causa de la muerte, tampoco un artículo en elogio del difunto editado en el mismo periódico el 16 de julio. No hemos podido localizar el certificado de defunción.

65. *VS*, p. 163.

66. Dalí, diario inédito de diez páginas correspondientes a octubre de 1921, FGSD.

67. *DD*, p. 153.

68. Dalí, «Les cançons dels dotze anys» (1922), FGSD.

69. *L'hora*, Barcelona, núm. 38 (25-9-1931), p. 7.

70. «Jak», «De la Rússia dels soviets». Reproducido por Fèlix Fanés en Dalí, *L'alliberament dels dits. Obra catalana completa*, pp. 7-8. El único ejemplar conocido de *Renovació Social* se conserva en la Biblioteca Municipal Carles Fages de Climent, Figueres.

71. «C» [Carlos Costa], «De arte. En las "Galeries Dalmau"», *La Tribuna*, Barcelona, 9-5-1921, p. 1; *Empordà Federal*, Figueres, núm. 574 (21-1-1922), p. 3.

72. *Empordà Federal*, Figueres, núm. 597, 1-7-1922.

73. Reflexiones al final de «Les cançons dels dotze anys» (1922), FGSD.

74. *Ibíd.*

75. *DD*, pp. 165 y 194, nota 97.

76. *AMD*, pp. 82-83.

77. Eugenio d'Ors, «Las obras y los días», *El Día Gráfico*, Barcelona, 19-10-1924, p. 6.

78. Una copia de este documento se conserva en el expediente de Dalí en la Facultad de Bellas Artes de la Universidad Complutense, Madrid.

79. *VS*, pp. 167-171.

80. La carta se conserva en la Fundació Municipal Joan Abelló, Mollet del Vallès (Barcelona). Véase Fernández Puertas, «Les cartes de Salvador Dalí al seu oncle Anselm Domènech al Museu Abelló».

81. Dalí, «Poesia de l'útil standarditzat».

82. *VS*, p. 171.

83. *Ibíd.*, p. 187.

84. Conversación nuestra con D. José Bello, Madrid, 14-10-1992.

85. Moreiro, p. 21.

86. *Ibíd.*

87. Rodrigo, *Lorca-Dalí. Una amistad traicionada*, pp. 18-21.

88. Documenta la presencia de Dalí en Pombo un apunte de Barradas reproducido por Ramón Gómez de la Serna en su *Sagrada cripta*, p. 253.

89. Santos Torroella, *Dalí residente*, pp. 30-31.

90. *Ibíd.*

91. Tanto *Sueños noctámbulos* como el resto de la serie pertenecen hoy a FGSD.

92. Pauwels y Dalí, p. 114.

93. «La leyenda de las piedras», *OC*, IV, p. 296.

94. Sobre el apellido Dalí, véase Gibson, *La vida desaforada de Salvador Dalí*, pp. 34-35.

95. Carta en catalán, tal vez de 1927, citada por Gasch, *L'expansió de l'art català al món*, p. 145. Consultado el original en el archivo particular de D. Emili Gasch, Barcelona, hemos podido corregir la lectura de Gasch y restablecer algunas frases cortadas.

96. *VS*, p. 188.

97. *Ibíd.*, p. 218.

98. Conversación nuestra con D. José Bello, Madrid, 19-10-1994.

99. Alberti, *Imagen primera de...*, pp. 19-20.

100. *OC*, III, p. 77.

101. Dalí, «To Spain, Guided by Dalí», p. 94.

102. Alberti, *La arboleda perdida. Libros I y II de memorias*, p. 176.

103. Se trata de la sexta composición de *La bonne chanson*.

104. Dalí, «En el cuarto numeru 3 de la Residencia de Estudians. Cunciliambuls d'un grup d'avanguardia». Traducimos del catalán. El trozo de diálogo se reproduce en Víctor Fernández y Rafael Santos Torroella (eds.), *Querido Salvador, querido Lorquito. Epistolario completo 1925-1936*, p. 22.

105. Dalí, «... sempre, per damunt de la musica, Harry Langdon...».

106. Colección de D. Pere Vehí, Cadaqués.

107. *VS*, pp. 199-201; conversaciones nuestras con D. José Bello, Madrid, 1994-1995; para las clases de charlestón, *SDFGL*, p. 42.

108. *VS*, p. 200.

109. Declaraciones al autor de D.ª Nanita Kalaschnikoff, Marbella, 1994.

110. Dalí, «Skeets arbitraris. De la fira», reproducido por Fèlix Fanés en Dalí, *L'alliberament dels dits*, pp. 9-11.

111. Santos Torroella, «The Madrid Years», p. 84.

112. Guillén, p. XLVII.

113. Santos Torroella, *Dalí. Época de Madrid* (bibliografía, sección 2), pp. 28-34.

114. La hoja de estudios de Dalí se conserva en su expediente en la Facultad de Bellas Artes de la Universidad Complutense. Reproducida en *La Vie publique de Salvador Dalí* (catálogo). documento número 371, p. 15, y en MEAC, II, p. 171.

115. Documento conservado en el expediente de Dalí mencionado en la nota anterior.

116. Noticia y declaración en *Heraldo de Madrid*, 18-10-1923, p. 5; otra noticia en *El Sol*, Madrid, 18-10-1923, p. 8.

117. La nota publicada por *Heraldo de Madrid*, 18-10-1923, p. 5, dice: «Un grupo de estudiantes de la Escuela de Bellas Artes protesta, en nombre de sus compañeros, contra la decisión del tribunal encargado de nombrar al catedrático de Pintura al Aire Libre. Los estudiantes sostienen que el tribunal no ha adoptado una decisión sensata, pues ha declarado vacante una plaza para la que había un candidato apropiado».

118. La carta de Dalí a Rigol se publicó por primera vez, en versión castellana, en Rodrigo, *Lorca-Dalí. Una amistad traicionada*, pp. 32-36. Don Rafael Santos Torroella ha tenido la amabilidad de facilitarme una fotocopia del original catalán. El expediente de Rafael Calatayud (Facultad de Bellas Artes de la Universidad Complutense), confirma que éste fue expulsado en 1923-1924, pero, a diferencia del de Dalí, no contiene más información sobre el asunto.

119. Documento reproducido en *DOH*, p. 35.

120. Moreiro, p. 19.

121. Salvador Dalí Cusí estampó sus comentarios sobre la expulsión definitiva de su hijo en su álbum de recortes (FGSD), pp. 144-150.

122. La primera referencia a la asistencia de Dalí a la Academia Libre se encuentra en Rodrigo, *Lorca-Dalí. Una amistad traicionada*, p. 36, sin constancia de fuente. De Rodrigo la han tomado otros autores, inclusive el por lo general extremadamente cauto Rafael Santos Torroella (*Dalí residente*, pp. 39, 55 y 74, nota 1).

123. *DD*, p. 137.

124. Rivas Cherif, p. 7.

125. *Diario de Gerona*, 22-5-1924, citado por Clará, p. 53; *El Día Gráfico*, Barcelona, 25-5-1924.

126. *Justicia Social*, Barcelona, 31-5-1924; *El Autonomista*, Girona, 13-6-1924. Al parecer no ha sobrevivido ninguna colección de estas publicaciones. Por suerte los recortes referidos a la detención del Dalí, así como otro de *La Veu de l'Empordà*, Figueres, 14-6-1924, se incluyen en el álbum de Salvador Dalí Cusí conservado en la FGSD.

127. «Empresonaments», *Justicia Social*, Barcelona, 14-6-1924 (véase la nota anterior); *La Veu de l'Empordà*, Figueres, 14-6-1924 (véase la nota anterior); Clará, p. 53.

128. Clará, p. 53.

129. Salvador Dalí Cusí dio su versión de lo ocurrido en una entrevista con *Empordà Federal*, Figueres, 2-6-1923.

130. Salvador Dalí [Cusí], «Al Sr. Procurador de la República Española, Fiscal del Tribunal Supremo», *Empordà Federal*, Figueres, 9-5-1931; *VS*, p. 133.

CAPÍTULO 4

1.   El documento se conserva en el expediente de Dalí en la Facultad de Bellas Artes de la Universidad Complutense.

2.   Hay una fotografía de la representación en *Poesía*. *Número monográfico dedicado a la Residencia de Estudiantes* (véase bibliografía, sección 7, bajo *Poesía...*), pp. 80-81, y en *Buñuel. La mirada del siglo* (catálogo, véase bibliografía, sección 4), p. 298; para la representación en sí, véase *SVBLD*, pp. 86-91.

3.   *MUS*, pp. 72-75; Alberti, *La arboleda perdida. Libros III y IV de memorias*, pp. 308-309.

4.   Conversación nuestra con D.ª María Luisa González, Madrid, 8-4-1982.

5.   Antonio Marichalar, reseña de *El nuevo glosario: Los diálogos de la pasión meditabunda*, de Eugenio d'Ors, en *Revista de Occidente*, Madrid, I, núm. 4 (octubre de 1923), p. 126.

6.   Una reseña apareció en *La Voz*, Madrid, 10-6-1922.

7.   *MUS*, p. 222.

8.   Moreno Villa, *Vida en claro*, p. 111.

9.   James Strachey en la «Nota del Encargado de la Edición» antepuesta a Freud, *Three Essays on the Theory of Sexuality*, Londres, The Hogarth Press, 1975, p. 126.

10.   El libro, editado en dos tomos, lleva la fecha 1923, pero no tiene colofón. Gonzalo Lafora, autor de la reseña aparecida en *Revista de Occidente*, Madrid, VI, núm. 16 (octubre de 1924), pp. 161-165, apunta que «[apareció] hace pocos meses».

11.   *VS*, p. 179, nota.

12.   La mayor parte de la biblioteca de Dalí permaneció en la casa familiar cuando su padre le desheredó en 1929, y nunca se la devolvieron. Cuando la conocimos, la heredera de Anna Maria Dalí conservaba los siguientes volúmenes: *Tótem y tabú, Psicopatología de la vida cotidiana, El porvenir de las religiones, Interpretación de los sueños* y *Psicología de la vida erótica*.

13.   Agradezco a D. Pere Vehí, de Cadaqués, información sobre las anotaciones de Dalí.

14.   Breton, *Oeuvres complètes*, I, p. 1332.

15.   Vela, «El suprarrealismo».

16.   *EC*, pp. 267-268.

17.   Carta reproducida en Gibson, I, p. 401.

18.   *EC*, p. 269.

19.   Rodrigo, *Lorca-Dalí. Una amistad traicionada*, p. 39.

20.   Descharnes, *The World of Salvador Dalí*, p. 136.

21.   Playà i Maset, *Dalí de l'Empordà*, pp. 15-16.

22.   *AMD*, p. 102.

23.   Jardí, pp. 306-309.

24.   Pauwels y Dalí, p. 24.

25.   *VS*, p. 284.

26.   Fotografía conservada en FGSD.

27.   *SDFGL*, p. 76.

28. *AMD*, p. 102; *EC*, p. 269.
29. Rodrigo, *García Lorca en Cataluña*, pp. 28-29.
30. *Ibíd.*, pp. 30-32; *EC*, p. 271; carta de Lorca a sus padres, *ibíd.*, pp. 267-268.
31. *EC*, p. 297.
32. *Ibíd.*, p. 269.
33. *Ibíd.*, p. 296.
34. Dalí, *Diario de un genio*, p. 81.
35. Rodrigo, «La historia del tesoro».
36. Carta al autor de D. Luis Domínguez Guilarte, Salamanca, 12-2-1966.
37. Dalí, *Confesiones inconfesables*, p. 17; para otra evocación de la ceremonia, *Diario de un genio*, p. 81.
38. *EC*, p. 274.
39. Rodrigo, *García Lorca en Cataluña*, pp. 40-44; *AMD*, pp. 103-104.
40. Rodrigo, *Lorca-Dalí. Una amistad traicionada*, p. 61.
41. Santos Torroella, *Dalí residente*, p. 76.
42. *EC*, p. 318.
43. Rodrigo, *Lorca-Dalí. Una amistad traicionada*, p. 63.
44. *Ibíd.*, pp. 63-66.
45. *EC*, p. 270.
46. Carta a Melchor Fernández Almagro, *EC*, p. 318.
47. Aragon, p. 25.
48. *MUS*, p. 65.
49. Moreno Villa, «Nuevos artistas», p. 80.
50. MEAC, II, p. 143.
51. Santos Torroella, *Dalí. Época de Madrid* y «Salvador Dalí en la primera exposición de la Sociedad de Artistas Ibéricos».
52. El recorte del artículo con el comentario manuscrito de Lorca se encuentra en el álbum de Salvador Dalí Cusí (FGSD). El artículo apareció en *Buen humor*, Madrid, 21-6-1925.
53. Hay numerosos recortes de prensa en el álbum de Salvador Dalí Cusí (FGSD).
54. *VS*, p. 217.
55. *EC*, pp. 283-284.
56. *SDFGL*, p. 19.
57. *OC*, II, p. 182.
58. *Ibíd.*, p. 183.
59. Dos páginas del manuscrito, luego por lo visto no enviado (o tal vez mandado en otra versión más depurada) se reproducen en *Federico García Lorca (1898-1936)* (catálogo, véase bibliografía, sección 4), p. 176. García-Posada, en *OC*, II, p. 844, lee «penosa impresión», pero la «i» de «preciosa» se lee claramente.
60. *Ibíd.*, p. 178.
61. *Venus y un marinero* se reproduce en MEAC, I, p. 60; otro cuadro parecido, también de 1925, y con el mismo título, se reproduce en *DOH*, p. 65; para la cita de carta a Anna Maria, *EC*, p. 277.
62. *EC*, pp. 299-300.
63. Para la legislación represiva remitimos Sahuquillo, «El asesi-

nato de "Vuelta de paseo", p. 495, a Alberto García Valdés, *Historia y presente de la homosexualidad*», Akal, Madrid, 1981.

64. *SDFGL*, p. 19.

65. *EC*, p. 286.

66. *Ibíd.*, pp. 292-293.

67. *SDFGL*, p. 16.

68. Gibson, *La vida desaforada de Salvador Dalí*, pp. 177-179.

69. *SDFGL*, pp. 20-23.

70. Santos Torroella, *Dalí. Época de Madrid*, pp. 65-68.

71. *SDFGL*, pp. 24 y 122, nota 2 a la carta IX.

72. Para extractos de algunas de las reseñas, véase *AMD*, pp. 117-120.

73. El telegrama figura en el álbum de recortes de Salvador Dalí Cusí (FGSD).

74. Carta de Buñuel a Lorca fechada 2-2-1926. FFGL.

75. *EC*, p. 334.

76. *OC,* III, p. 1317.

77. *SDFGL*, p. 33.

78. *Ibíd*, pp. 32-33.

79. Para las cartas, véase Santos Torroella, *La miel es más dulce que la sangre*, pp. 239-240.

80. Fernández Puertas, «Anselm Domènech, l'oncle de Salvador Dalí Domènech», pp. 74-76.

81. *SDFGL*, p. 127, col. 3, nota 1; Rodrigo, *Memoria de Granada*, p. 223.

82. Es posible que Dalí llegara con la carta de Lorca a Ortiz en el bolsillo (Rodrigo, *Memoria de Granada*, p. 223).

83. *VS*, p. 221.

84. *Ibíd.*

85. *Ibíd.*, p. 221.

86. Zervos, «Oeuvres récentes de Picasso», incluye dos fotografías que muestran las obras que se veían entonces en los rincones del estudio del artista.

87. No hay referencia a la visita en *Conversations avec Picasso* de Brassaï, donde el pintor malagueño afirma que la primera vez que vio cuadros de Dalí fue en Barcelona en 1926 (o sea, después de la olvidada visita).

88. Rodrigo, *Memoria de Granada*, p. 223.

89. Anna Maria Dalí, *Noves imatges de Salvador Dalí*, p. 116.

90. *MUS*, pp. 100-101.

91. Aub, p. 104.

92. *Ibíd.*, p. 105.

93. *Revista de Occidente*, Madrid, abril de 1925, pp. 52-58. Reproducido en *OC*, I, pp. 457-461.

94. Cassou, «Lettres espagnoles».

95. *EC*, p. 354.

96. Bosquet, p. 56: «Mais je me sentais fort flatté au point de vue du prestige. C'est que, au fond de moi-même, je me disais qu'il était un très grand poète et que je lui devais un petit peu du trou du c... du Di-

vin Dalí! Il a fini par s'emparer d'une jeune fille, et c'est elle qui m'a remplacé dans le sacrifice. N'ayant pas obtenu que je mette mon c... à sa disposition, il m'a juré que le sacrifice obtenu de la jeune fille se trouvait compensé par son sacrifice à lui: c'était la première fois qu'il couchait avec une femme».

97. *OC*, I, p. 453.

98. Ontañón y Moreiro, p. 122.

99. Entrevista telefónica nuestra con D. José María Alfaro, grabada en magnetofón, Madrid, 22-6-1992.

100. El expediente de Margarita Manso se conserva, como el de Dalí, en los archivos de la Facultad de Bellas Artes de la Universidad Complutense.

101. Conversación con D.ª Maruja Mallo, Madrid, 15-5-1979.

102. *Ibíd.*

103. *SDFGL*, p. 36.

104. *Ibíd.*, p. 57.

105. *Ibíd.*, p. 88.

106. Expediente de Dalí en el archivo de la Facultad de Bellas Artes de la Universidad Complutense.

107. El informe del Consejo de Disciplina de San Fernando se conserva en el expediente de Dalí, Facultad de Bellas Artes de la Universidad Complutense.

108. Comentario de siete páginas de Dalí Cusí sobre la expulsión de su hijo, fechado 20-11-1926, en su álbum de recortes (FGSD), pp. 144-150.

109. Documento conservado en el expediente de Dalí en la Facultad de Bellas Artes de la Universidad Complutense.

110. *VS*, p. 18.

111. Rodrigo, *Lorca-Dalí. Una amistad traicionada*, p. 85.

112. Copia del documento mecanografiado titulado «Junta de profesores, reunidos en consejo de disciplina el día 23 de junio de 1926, a la siete de la tarde», en el expediente de Dalí conservado en la Facultad de Bellas Artes de la Universidad Complutense.

113. FFGL.

114. Álbum de recortes de Salvador Dalí Cusí (FGSD), pp. 144-150. Véanse también los comentarios de Dalí Cusí escritos en el dorso de la Hoja de estudios de Salvador en la Escuela Especial (fechada 17-6-1926). Tanto esta hoja como los comentarios del notario se reproducen fotográficamente en *Dalí joven [1918-1930]* (catálogo, véase bibliografía, sección 1), p. 27.

115. *VS*, p. 218.

116. *DD*, p. 85.

117. Pedro Rodríguez, «Dalí vuelve a casa. "Soy el primer distribuidor, a escala mundial, del libro 'Camino'..."», *Los Sitios*, Girona, 12-7-1970.

CAPÍTULO 5

1. Fernández Almagro, «Por Cataluña».
2. Santos Torroella, *Dalí. Época de Madrid*, p. 68.
3. Santos Torroella, *La miel es más dulce que la sangre*, *passim*; véase especialmente el diagrama reproducido en las pp. 227-228.
4. *Ibíd.*, p. 72.
5. *EC*, p. 374.
6. Beurdeley, p. 84.
7. Savinio, *Nueva enciclopedia*, p. 369.
8. Freud, *Introductory Lectures on Psycho-Analysis*, London, The Hogarth Press, XV, 1975, p. 154.
9. Gibson, *Luis Buñuel*, p. 219.
10. *Ibíd.*, p. 42.
11. Santos Torroella, *La miel es más dulce que la sangre*, p. [110].
12. *Ibíd.*, p. [110].
13. Fotografía conservada en FFGL.
14. *SDFGL*, p. 45.
15. *L'amic de les arts*, Sitges, 26-11-1926, p. 4.
16. Reproducido en *Salvador Dalí. Rétrospective. 1920-1980* (catálogo, véase bibliografía, sección 1), núm. 33, p. 47.
17. Reproducido en color en *DOH*, p. 49.
18. García Lorca, «Paraíso cerrado para muchos, jardines abiertos para pocos. Un poeta gongorino del siglo xvii», *OC*, III, pp. 78-87.
19. *EC*, p. 383.
20. Santos Torroella, *La miel es más dulce que la sangre*, p. 223. El cuadro se reproduce en color en *DOH*, p. 69, con el título de *Figura cubista*.
21. Santos Torroella, *La miel es más dulce que la sangre*, pp. 223-224. El cuadro se reproduce en color en *DOH*, p. 71; en la reproducción en blanco y negro de Gómez de Liaño, núm. 31, se aprecia más claramente el perfil de la cabeza de Lorca.
22. El catálogo de la exposición de Dalí se reproduce en *SDFGL*, p. 132.
23. *SDFGL*, p. 47.
24. FFGL.
25. *Ibíd.*, p. 48; *EC*, p. 522.
26. *SDFGL*, p. 48.
27. *EC*, pp. 423-424.
28. La carta de Fernández Almagro (FFGL) se cita en Rodrigo, *García Lorca en Cataluña*, p. 84.
29. FFGL.
30. *SDFGL*, pp. 52, 54.
31. *EC*, p. 426.
32. *Ibíd.*, p. 414.
33. *Ibíd.*, p. 433.
34. *Ibíd.*, pp. 415 y 418.
35. *Ibíd.*, p. 418.
36. *Ibíd.*, p. 417.
37. *SDFGL*, p. 32 y n. 12.

38. *Heraldo de Madrid*, 1-4-1927, p. 5; *EC*, pp. 466-467; Valentín de Pedro, «El destino mágico de Margarita Xirgu».

39. *EC*, pp. 468-470.

40. *Ibíd.*, pp. 473-474.

41. *Ibíd.*, p. 475.

42. *SDFGL*, pp. 58-59.

43. *EC*, p. 496.

44. Rafael Moragas, «Durante un ensayo, en el Goya, de "Mariana Pineda", cambiamos impresiones con el poeta García Lorca y el pintor Salvador Dalí», *La Noche*, Barcelona, 23-6-1927, p. 3.

45. Gibson (2011), pp. 496-498.

46. *Ibíd.*, p. 498.

47. García Lorca, *Cartas a sus amigos*, pp. 8-11.

48. *DOH*, p. 68.

49. Reproducido en color en García Lorca, *Dibujos* (catálogo, véase bibliografía, sección 3), núm. 114, p. 153, y en Romero, *Todo Dalí en un rostro*, núm. 277, p. 220.

50. Descharnes, *The World of Dalí*, p. 21.

51. *Verso y prosa*, Murcia, abril de 1927.

52. *SDFGL*, p. 36.

53. Gasch, «Mi Federico García Lorca», pp. 10-11.

54. *La Gaceta Literaria*, Madrid, 1-9-1927, p. 2.

55. *SDFGL*, p. 93.

56. Traducimos de la versión del texto publicado en *L'amic de les arts*, Sitges, núm. 16, 31-7-1927, pp. 52-54.

57. Ades, p. 45; Pierre, p. 53.

58. *EC*, p. 492; Romero, *Todo Dalí en un rosotro*, núm. 213, p. 172.

59. Santos Torroella, *La miel es más dulce que la sangre*, pp. 224-225.

60. Massip, p. 5.

61. Reproducido en color en *DOH*, p. 76.

62. *SVBLD*, p. 116.

63. *Ibíd.*, p. 158.

64. *Ibíd.*, p. 159.

65. Permanyer, «El pincel erótico de Dalí».

66. Ana María Dalí, pp. 122-132; Rodrigo, *García Lorca, el amigo de Cataluña*, p. 196.

67. *El Sol*, Madrid, 20-7-1927, p. 2.

68. *L'amic de les arts*, Sitges, núm. 20, 30-11-1927, p. 104. Los dos textos se reproducen en el catalán original en Salvador Dalí, *L'alliberament dels dits*, pp. 49-52.

69. Entrevista de J. Martínez Rubio a Dalí para la revista *Usted*, 30-6-1961, reproducida en Víctor Fernández y Rafael Sánchez Torroella (eds.), *Querido Salvador, querido Lorquito. Epistolario completo 1925-1936*, pp. 264-268.

70. *L'amic de les arts*, Sitges, pp. 498-501. El manuscrito de la carta se conserva en FGSD. Escrita en letra menuda, ofrece varias dificultades de lectura. La reproduce fotográficamente, con comentarios, Santos Torroella en *Dalí residente*, pp. 177-178.

71. *EC*, pp. 501-502.

72. Conversaciones nuestras con D. Rafael Santos Torroella, Madrid y Barcelona, 1987.

73. Mario Hernández, «García Lorca y Salvador Dalí: del ruiseñor lírico a los burros podridos», p. 270.

74. *EC*, p. 503.

75. *Ibíd.*, p. 506.

76. *Ibíd.*, p. 508.

77. *Ibíd.*, pp. 511-512. Carta del antiguo archivo de Anna Maria Dalí, transcrita por Rafael Santos Torroella en 1949. Hoy se desconoce el original.

78. *EC*, p. 516.

79. *Ibíd.*, p. 518.

80. *Ibíd.*, p. 519.

81. *Ibíd.*, p. 520.

82. *Ibíd.*, p. 517.

83. Dalí, «Federico García Lorca: exposició de dibuixos colorits».

84. Catalán original en Combalía, p. 83, nota 84. Gasch menciona la carta en «Les fantasies d'un reporter», p. 108.

85. Playà i Maset, p. 36.

86. Gasch, «Les fantasies d'un reporter», p. 108.

87. Véase el final del artículo de Gasch sobre Miró publicado en *Gaseta de les Arts*, Barcelona, núm. 39, 15-12-1925 (reproducido en Gasch, *Escrits d'art i d'avantguarda*, pp. 52-57): «Para concluir, debería subrayarse que la obra de Joan Miró representa, dentro de la pintura moderna, el esfuerzo más original e importante desde Picasso. A muchos esta afirmación podrá parecerles gratuita. Pero no soy yo quien lo afirma. Miró ha tenido la gran fortuna de oírla de labios del artista de Málaga».

88. *SDFGL*, p. 66.

89. Santos Torroella, *Salvador Dalí i el saló de Tardor*, pp. 32-33, nota 21.

90. *Ibíd.*, p. 521. Entre los textos de Dalí de esta etapa conservados en FFGL figuran «Poema de las cositas» (fechado octubre de 1927) y «Pez perseguido por un racimo de uvas» (FFGL). Véase *SDFGL*, pp. 68-69, 70-71 y notas. También cabe pensar, como apuntamos en su momento, que Lorca conocía «La meva amiga i la platja» antes de su publicación en *L'amic de les arts*, Sitges, núm. 19 (30-11-1927), p. 104. La mejor colección de textos de Dalí en español es la titulada *¿Por qué se ataca a La Gioconda?* (véase bibliografía, sección 6); para los textos catalanes originales, *L'alliberament dels dits. Obra catalana completa* (véase bibliografía, sección 6).

91. *OC*, I, pp. 487, 488, 489, 493.

92. *Ibíd.*, p. 490.

93. *La Voz de Guipúzcoa*, San Sebastián, 11-8-1927, p. 5.

94. *OC*, III, p. 359.

95. Alberti, *La arboleda perdida. Libros I y II de memorias*, pp. 260-261; conversación con D. Vicente Aleixandre, Madrid, 26-4-1982.

96. *Heraldo de Madrid*, 20-10-1927, p. 5.

97. *La Gaceta Literaria*, Madrid, 1-11-1927, p. 5; la carta de Dalí

a Gasch se encuentra en el archivo familiar de éste (y nos fue facilitada en fotocopia por D.ª Caritat Gasch en 1985). Texto original catalán:

Mariana Pineda (segons un telegrama d'en L'Orca) s'a estrenat a Madrid em un exit formidable; els decorats van esser ovacionats. Si en Lorca fa dines, es segur l'aparicio de la Rebista ANTIARTISTICA.

98.   Dalí, «Els meus quadros del Saló de Tardor». Reproducido en MEAC, II, p. 174, documento 8; carta inédita a Gasch, AG.

99.   *SDFGL*, p. 69.

100.   *Ibíd.*, p. 80-81.

101.   Miguel Pérez Ferrero, «Films de vanguardia», *La Gaceta Literaria*, Madrid, 1-7-1927, p. 8; *MUS*, pp. 101-102.

102.   Fotografía de la carta en *SVBLD*, p. 161.

103.   *SVBLD*, p. 167.

104.   Documento reproducido en *EC*, p. 529.

105.   Publicado por Martínez Nadal, *Federico García Lorca. Mi penúltimo libro sobre el hombre y el poeta*, p. 218.

106.   Carta de Gasch a García Lorca (26-12-1927) en FFGL.

107.   La carta se encuentra en el archivo familiar de Sebastià Gasch. Nos facilitó amablemente fotocopia de la misma, en 1995, la viuda del crítico, D.ª Caritat Gasch, fotocopia de la misma en 1995.

108.   *EC*, pp. 542-544.

109.   *OC*, I, pp. 264-265.

110.   Martín, *Federico García Lorca, heterodoxo y mártir*, p. 262.

CAPÍTULO 6

1.   *SDFGL*, pp. 82-85.

2.   Carta sin fecha consevada en el archivo de D. Emili Gasch, Barcelona, quien amablemente nos permitió la consulta.

3.   *Ibíd.*

4.   Ricardo Baeza, «Marginalia. Los *Romances gitanos* de Federico García Lorca».

5.   *EC,* p. 578.

6.   *Ibíd.*, p. 579.

7.   *Ibíd.*, pp. 581-582.

8.   *SDFGL*, pp. 88-94.

9.   Martínez Nadal, *Federico García Lorca. Mi penúltimo libro sobre el hombre y el poeta*, p. 53.

10.   *EC*, p. 585.

11.   *Ibíd.*, p. 589.

12.   Manuscrito en FFGL; los textos se publicaron en *L'amic de les arts*, Sitges, núm. 28 (31-IX-1928), p. 218.

13.   *EC*, pp. 588-589.

14.   *SDFGL*, pp. 76-79.

15.   *OC*, I, p. 495.

16.   Hernández, «García Lorca y Salvador Dalí: del ruiseñor lírico a los burros podridos (poética y epistolar)», p. 298.

17.   *SVBLD*, p. 181, n. 17; *OC*, I, p. 495.

18. La carta se reproduce en *SVBLD*, pp. 178-180.
19. *OC*, III, pp. 261-262.
20. *SDFGL*, p. 71.
21. *OC*, III, p. 96.
22. *Ibíd.*, p. 120.
23. *Ibíd.*, p. 366.
24. *Ibíd.*
25. Aub, p. 550.
26. *OC*, III, p. 366.
27. Carta de Buñuel a Bello (17-2-1929), citada por Sánchez Vidal en sus notas a Buñuel, *Obra literaria*, p. 266.
28. *Ibíd.*, p. 36.
29. *MUS*, p. 102.
30. Sánchez Vidal, «Las bestias andaluzas», p. 253.
31. *VS*, p. 220; una versión similar en *Confesiones inconfesables*, p. 110.
32. Carta de Buñuel a Dalí, 24-6-1929, Museu Joan Abelló, Mollet del Vallès (Barcelona).
33. J. Puig Pujades, «Un film a Figueres. Una idea de Salvador Dalí i Lluís Buñuel», *La Veu de l'Empordà*, Figueres, 2-2-1929, artículo reproducido por Santos Torroella, *Dalí residente*, pp. 237-240.
34. Carta de Buñuel a José Bello (París, 10-2-1929), reproducida en *SVBLD*, pp. 189-191.El profesor Sánchez Vidal nos ha confirmado que Buñuel escribió «La marista», no «El marista» (carta al autor, 20-12-1995).
35. Buñuel en la entrevista concedida a Tomás Pérez Turrent y José de la Colina en *Contracampo*, Madrid, núm. 16 (octubre-noviembre de 1980), pp. 33-34. El texto de la entrevista se reproduce en *Buñuel por Buñuel*, de los mismos autores, pp. 23-26.
36. *La Révolution Surréaliste,* París, núm. 12 (15-12-1929), p. 34.
37. *SVBLD*, p. 203.
38. Bataille, «"Le Jeu lugubre"».
39. Dalí, «Dues proses. La meva amiga i la platja».
40. Aranda, p. 85, nota 2.
41. Santiago Ontañón a Max Aub, en Aub, p. 320.
42. En «To Spain, Guided by Dalí», p. 94, Dalí dice que *El tránsito de la Virgen* era el cuadro del Museo del Prado que más impresionaba a Lorca, que lo imaginaba pintado «a la luz de un eclipse».
43. J. Puig Pujades, «Un film a Figueres. Una idea de Salvador Dalí i Lluís Buñuel», *La Nau*, Barcelona, 29-1-1929.
44. «Buñuel y Dalí en el Cineclub», *La Gaceta Literaria*, Madrid, 1-2-1929, p. 6.
45. *SVBLD*, pp. 189-191.
46. Aranda, pp. 65-66, nota.
47. *EC*, pp. 602-603.
48. *Ibíd.,* p. 602.
49. Programa en FFGL; *El Sol*, Madrid, 3-2-1929, p. 3, 5-2-1929, p. 3; conversación con D. José Jiménez Rosado, Madrid, 27-2-1984; Rivas Cherif, «Poesía y drama del gran Federico»; Ucelay, *«Amor de don Perlimplín*, de Federico García Lorca».

50. Gibson, *La vida desaforada de Salvador Dalí*, pp. 280-281.

51. «Un número violento de *L'amic de les arts*», *La Gaceta Literaria*, Madrid, 1 de febrero de 1929, p. 7.

52. Cartas inéditas sin fechar, archivo particular de D. Emili Gasch, Barcelona.

53. Carta de Buñuel del 22 de marzo de 1929. Colección de D. Pere Vehí, Cadaqués.

54. Miravitlles, «Notes a l'entorn de l'art d'avanguarda. Miró-Dalí-Domingo», p. 321.

55. Carta inédita a Sebastià Gasch, archivo particular de D. Emili Gasch, Barcelona.

56. *MUS*, p. 101.

57. Archivo particular de D. Emili Gasch, Barcelona.

58. «Revistas», *La Gaceta Literaria*, Madrid, 1 de abril de 1929, p. 7; el rumor lo confirmó la bien informada revista barcelonesa *Mirador*, cuyo corresponsal en París, Domènec de Bellmunt, comunicó el 18 de abril de 1929 que Dalí había llegado para ultimar los detalles de la sofisticada revista de vanguardia.

59. Gibson I, p. 596.

60. *La Gaceta Literaria*, Madrid, 15-4-1929, p. 1.

61. *EC*, pp. 605-606 y n. 562.

62. *Ibíd.*, p. 605.

63. Para la estancia de García Rodríguez en Madrid, carta de Falla al poeta (9-2-1929) en FFGL; Martínez Nadal, *Cuatro lecciones sobre Federico García Lorca*, pp. 33-34.

64. Martínez Nadal, *Cuatro lecciones sobre Federico García Lorca*, pp. 31-32.

65. Según una carta inédita de Dalí a Gasch, el pintor iba a marchar a París el 1 de abril (archivo particular de D. Emili Gasch, Barcelona).

66. *SDFGL*, p. 113, para la fecha de la salida de Dalí para París; *VS*, pp. 223-232; los seis artículos de «París-Documental-1929» salieron en *La Publicidad* entre el 26 de abril y el 18 de junio de 1929.

67. *VS*, p. 231.

68. *Ibíd.*, p. 228.

69. Lubar, p. 13.

70. Véase el útil «Indice de símbolos» en Freud, Standard Edition, XXIV, pp. 173-176.

71. *CI*, pp. 190-191 y 217; Pauwels y Dalí, pp. 32-33.

72. *VS*, p. 234.

73. Moorhouse, p. 35.

74. *Ibíd.*

75. *VDSD*, pp. 279-280.

76. *Ibíd.*, p. 280.

77. Concretamente, *La Veu de Catalunya*. Segundo álbum de recortes, sin encuadernar, de Salvador Dalí Cusí (FGSD), folio 39.

78. *VDSD*, pp. 231-232.

79. *Ibíd.*, p. 232.

80. Invitación al estreno reproducida en García Buñuel, p. 80.

81. *MUS*, p. 104.

82. Louis Chavance, «Les influences de "L'Âge d'or"», *Revue du cinéma*, París, núm. 19 (1-2-1931, p. 48.

83. André Delons, «"Un Chien andalou". Film de Louis Buñuel», *Variétés*, Bruselas, 15 de julio de 1929, p. 22.

84. J. Bernard Brunius, «"Un Chien andalou". Film par Louis Buñuel», *Cahiers d'Art*, París, núm. 5 (1929), pp. 230-231.

85. Montes, «"Un Chien andalou"».

86. *VS*, pp. 226-227; en el mismo libro, p. 356, leemos «¡inolvidable Buster Keaton, trágico y delirante como mis podridos y místicos burros, rosas del desierto de España!»

87. *Ibíd.*, p. 227.

88. *El Socialista*, Madrid, 13-4-1929, p. 1; *Heraldo de Madrid*, 14-6-1929, p. 2.

89. Pomès, «Españoles en París (XIV).»

90. Para una reproducción de la invitación al pase privado, véase García Buñuel, p. 80; para el estreno, *MUS*, pp. 104-105.

91. Museo Joan Abelló, Mollet del Vallès (Barcelona).

CAPÍTULO 7

1. Cartas inéditas en el archivo particular de D. Emili Gasch, Barcelona.

2. Carta inédita de este verano a Sebastià Gasch (archivo particular de D. Emili Gasch, Barcelona).

3. *VS*, pp. 234-235.

4. *Ibíd.*, p. 236.

5. Véase, sobre todo ello, Fanés, *«El joc lúgubre* de Salvador Dalí».

6. Moorhouse, p. 38.

7. Bataille, «Le "Jeu lugubre"».

8. Santos Torroella, *Dalí residente*, pp. 229-230. El crítico entiende que la frase expresa «un perentorio alarde de "impenetrabilidad" que, a su vez, denotaría la amenaza a que alguna vez acaso temiera verse expuesto».

9. *SVBLD*, pp. 189-191.

10. Moorhouse, p. 38.

11. Gibson, *La vida desaforada de Salvador Dalí*, p. 84.

12. Ades, *Dalí*, p. 75.

13. *Salvador Dalí. Rétrospective* (catálogo, veáse bibliografía, sección 1), p. 150.

14. Sylvester, p. 81.

15. *Sol ixent*, Cadaqués, 15-8-1929, p. 10.

16. *VS*, p. 244.

17. En *Au Défaut du silence* (1925). Véase Éluard, *Oeuvres complètes*, I, p. 165.

18. Conversación nuestra con D.ª María Luisa González, Madrid, 2-11-1991.

19. Navarro Arisa, p. 19.

20. Gibson, *La vida desaforada de Salvador Dalí*, p. 295 y nota 157.

21. *Ibíd.*, p. 296.

22. Éluard, *Cartas a Gala*, pp. 338, 345, 346, 349-351, 352, 353-355 y 356.

23. *Ibíd.*, pp. 297-298.

24. Gateau, pp. 166-167.

25. *VS*, pp. 241-245.

26. *Ibíd.*, p. 244.

27. *MUS*, pp. 95-96.

28. Aub, p. 63.

29. *VS*, p. 247.

30. *AMD*, p. 141.

31. Dalí, *La Vie secrète de Salvador Dalí* (ed. Joseph-Lowery), p. 471.

32. *VS*, pp. 260-262.

33. Permanyer, «El pincel erótico de Dalí», p. 162.

34. El primer testamento (fechado 5-8-1926) se había firmado en Figueres en presencia del notario Salvador Candal y Costa; el segundo, también en Figueres, ante el notario Martín Mestres y Borrella. Ambos se conservan en el archivo notarial de la localidad.

35. *VS*, pp. 265-266.

36. Gibson, *La vida desaforada de Salvador Dalí*, p. 315.

37. *Ibíd.*, pp. 315-318.

38. *OC*, I, pp. 587-588.

39. Carta de Philip Cummings a Daniel Eisenberg (21-10-1974), publicada en Eisenberg, *«Poeta en Nueva York»: historia y problemas de un texto de Lorca*, p. 181, nota 155.

40. *Ibíd.*

41. Pérez Torrent y José de la Colina, p. 21; *MUS*, p. 154.

42. Antes de aparecer en *La Révolution Surréaliste* (15-12-1929) el guión se había dado a conocer en la revista belga *Variétés* (15-7-1929) y la parisiense *Revue du cinéma* (noviembre de 1929).

43. Aub, p. 59.

44. *SDFGL*, p. 32.

45. Aub, p. 105.

46. *OC*, II, p. 184.

47. *La Révolution Surréaliste,* París, núm. 12 (15-12-1929), p. 35.

48. Gibson, «Con Dalí y Lorca en Figueres».

49. *MUS*, p. 21.

50. *VPM*, p. 322.

51. OC, II, pp. 267, 272.

52. Testimonio de una íntima amiga inglesa de Eleanor Dove, Norma Middleton, con quien mantuvimos una larga correspondencia entre 1990 y 1992.

53. Está hoy en la Biblioteca Nacional de España.

54. Eisenberg, «Lorca en Nueva York», pp. 26-29, y «Dos conferencias lorquianas en Nueva York».

55. *EC*, p. 681.

56. *Ibíd.*, p. 686.

57. *Cartas de Vicenta Lorca a su hijo Federico* (ed. Fernández), pp. 86.

58. *EC*, pp. 692-694.

59. Cardoza y Aragón, p. 351; la referencia a Dalí, p. 352.

60. *EC*, p. 690.

61. Estamos de acuerdo con el análisis de André Belamich en su edición de *El público*, véase Federico García Lorca, *Oeuvres complètes*, París, Gallimard, tomo II, p. 1052, nota 8.

62. *OC,* II, p. 306.

63. *Ibíd.*, I, pp. 515-516.

64. *Ibíd.,* II, p. 319.

65. *EC*, pp. 692-693.

66. *VS*, pp. 274-281.

67. Carmona, «Anecdotario», *passim.*

68. Conversación nuestra con D. Rafael Alberti, Madrid, 4-10-1980.

69. Gibson, *La vida desaforada de Salvador Dalí*, pp. 323-324.

70. Agradezco a Peter Tush, del Salvador Dali Museum (St. Petersburg, Florida), la transcripción de estos lemas, así como de otros pormenores del cuadro.

71. *OC,* I, p. 550.

72. *EC*, p. 799.

73. La carta de Dalí a Breton, franqueada en Cadaqués el 17 de abril de 1934, está en el Fonds Breton, Bibliothèque Littéraire Jacques Doucet, París; *La Publicitat*, Barcelona, 14-4-1934, p. 2.

74. Joan Tomàs, «El poeta García Lorca i l'escenògraf Manuel Fontanals vénen de fer una revolució a Buenos Aires», *La Publicitat*, Barcelona, 13-4-1934, pp. 1 y 6.

75. Se trata del número 3-4 de *Minotaure*, París, publicado en diciembre de 1933. El artículo de Dalí, de hecho muy importante, se titula «De la Beauté terrifiante et comestible de l'architecture "modern style"».

76. *SDFGL*, p. 149.

77. En *VS*, lámina 5, frente a la p. 166, Dalí dice que tuvo el sueño en el verano de 1937 [*sic*]. Debe tratarse de una errata, pues sabemos que el cuadro se pintó en 1934 y, además, en absoluto estuvo Dalí en Cadaqués en 1937, cuando España estaba en plena guerra.

78. Santos Torroella, *La miel es más dulce que la sangre,* pp. 195-211.

79. «Información cultural. Se dio una recepción al pintor Salvador Dalí en la Casa de las Españas», *La Prensa*, Nueva York, 12-12-1934, pp. 4 y 6.

80. *La Humanitat*, Barcelona, 1-10-1935, p. 1.

81. *OC*, III, p. 604.

82. *Ibíd.*, pp. 608-610.

83. Dalí, «Les Morts et moi».

84. *Ibíd.*

85. Carta de Edward James a Diane Abdy, 20-10-1935. Edward James Foundation, West Dean, Chichester, Inglaterra.

86. Dalí, «Les Morts et moi».

87. Conversación nuestra con D.ª Amelia de la Torre, Madrid, 3-4-1987.

88. Gibson, «Con Dalí y Lorca en Figueres».

89. Santos Torroella (edición), *Salvador Dalí corresponsal de J.V. Foix*, p. 153.

90. *SDFGL*, p. 97.

91. *VPM*, pp. 487-488.

92. *Ibíd.*, pp. 470-474.

93. *Ibíd.*, pp. 397-398.

94. *Ibíd.*, p. 474.

95. *OC*, III, p. 578.

96. *Ibíd.*, p. 495.

97. *Ibíd.*, p. 447.

98. *Ibíd.*, p. 568.

99. *EC*, p. 817.

100. *OC*, III, p. 607.

101. *Ibíd.*, pp. 611-612.

102. *Ibíd.*, p. 632.

103. *Ibíd.*, p. 635.

104. Guillén, p. LXVII.

105. Gibson, *El asesinato de García Lorca*, p. 206.

106. *Ibíd.*, pp. 229-253.

107. Pablo Neruda, *Viajes: Al corazón de Quevedo y Por las costas del mundo*, Santiago de Chile, 1947, en *Obras Completas*, Losada, Buenos Aires, 1968, II, p. 17.

108. *VS*, p. 388.

109. Dalí, «Les Morts et moi»; véase también Lake, p. 270.

110. Borrador reproducido en Víctor Fernández y Rafael Santos Torroella (eds.), *Querido Salvador, querido Lorquito. Epistolario completo 1925-1936*, p. 262.

CAPÍTULO 8

1. Dalí a Éluard en *Cartas a Gala,* carta 229, nota 2, pp. 420-421.

2. Freud, *The Standard Edition of the Complete Psychological Works*, XII, p. 60.

3. Santos Torroella, *La miel es más dulce que la sangre*, p. 153.

4. *OC*, I, pp. 534-535.

5. *Ibíd.*, p. 531.

6. *Ibíd.,* p. 426.

7. Santos Torroella, *La miel es más dulce que la sangre*, p. 153.

8. Gibson, *La vida desaforada de Salvador Dalí*, pp. 478-479.

9. Hemos traducido del texto francés, reproducido en *Salvador Dalí. Rétrospective. 1920-1980* (catálogo, véase bibliografía, sección 1), pp. 284-288.

10. Descharnes, *The World of Salvador Dalí*, p. 27; *El destete del mueble-alimento* se reproduce en *DOH*, p. 161.

11. Santos Torroella, «El Reina Sofía se equivoca con Dalí», p. 38.

12. *OC*, I. p. 457.

13. Edward James Foundation, West Dean, Chichester, Inglaterra.

14. *La Vie publique de Salvador Dalí* (catálogo), p. 88.

15. Conover, p. 73.

16. Vieuille, p. 181; Secrest, p. 175.

17. «La bandera del Reich ondea en la frontera francoespañola», *Pueblo*, Madrid, 28-6-1940, p. 2.

18. *VS*, pp. 417-420; Gibson, *El asesinato de García Lorca*, pp. 294-297.

19. Rodríguez Puértolas, pp. 347-348.

20. *VDSD*, pp. 392-395.

21. Etherington-Smith, p. 305.

22. *VS*, p. 413.

23. Edward James Foundation, Chichester, West Dean, Inglaterra.

24. *La Vie publique de Salvador Dalí* (catálogo), p. 88.

25. *OC*, I, p. 515.

26. Se trata de «el escultor Aladreu» [*sic*] de la edición inglesa original, error no corregido en la española, p. 419.

27. Martínez Nadal, *Federico García Lorca. Mi penúltimo libro sobre el hombre y el poeta*, p. 29.

28. Para las dificultades de Chevalier con el original francés, véase *VS*, p. 81, nota.

29. *VS*, p. 238.

30. *Ibíd.*, pp. 238 y 268.

31. *Ibíd.*, p. 335.

32. *Ibíd.*, p. 364.

33. *Ibíd.*, p. 270.

34. *Ibíd.*, p. 364.

35. *Ibíd.*, p. 11.

36. Chevalier, «Prólogo del traductor» a *Hidden Faces*; Dalí, «Prólogo del autor».

37. Chevalier, «Salvador Dalí as Writer».

38. *Hidden Faces*, p. 12.

39. Conversación nuestra con D. Carlos Lozano, Cadaqués, 6-7-1995.

40. *Hidden Faces*, p. 169.

41. Véanse, por ejemplo, Pauwels y Dalí, p. 241, y Permanyer, «El pincel erótico de Dalí».

42. Dalí, *Hidden Faces*, p. 13.

43. Dalí, *Rostros ocultos*, p. 10.

44. *OC*, I, p. 459.

45. Dalí, *Hidden Faces*, p. 76.

46. *Ibíd.*, p. 242.

47. *Ibíd.*, p. 212.

48. *Ibíd.*, p. 105.

49. *Ibíd.*, p. 295.

50. *Ibíd.*, p. 179.

51. *OC*, I, pp. 426-427.

52. Chevalier, «Prólogo del traductor» a *Hidden Faces*, p. 8.

53. Fotografía del manuscrito en Dalí, *Les morts et moi*.
54. *SVBLD*, p. 194.
55. Ambos se reproducen en *DOH*, p. 339.
56. *SVBLD*, p. 282.
57. *OC*, I, p. 209.
58. Reproducido en *DOH*, p. 338.
59. Tapié, citado en *SVBLD*, p. 323; *OC*, I, p. 460.
60. Conversaciones nuestras con D.ª Nanita Kalaschnikoff, Marbella-Madrid-París, 1994-1996.
61. Dalí, *Diario de un genio*, p. 20.
62. *Ibíd.*, p. 82.
63. *Ibíd.*, p. 84.
64. *Ibíd.*, p. 204.
65. Descharnes, *The World of Salvador Dalí*, p. 73, con una reproducción del cuadro.
66. *Ibíd.*, p. 88.
67. *SDFGL*, pp. 96-97.
68. Citado por Agustín Sánchez Vidal, *SVBLD*, p. 317. Se trata, según apunta el autor, de unas declaraciones del pintor reproducidas en la portada del disco de Paco Ibáñez, Polydor 658 022 GU.
69. *Dalí in New York*, producido y dirigido por Jack Bond. Presentadora: Jane Arden. Emitido por BBC2 el 14 de enero de 1966.
70. Bosquet, p. 44.
71. Pauwels y Dalí, p. 153.
72. *Ibíd.*, p. 239.
73. Dalí, *Confesiones inconfesables*, pp. 11-12.
74. *Ibíd.*, p. 82.
75. *Ibíd.*, p. 79; *OC*, II, p. 157.
76. Morse, *Animal Crackers*, p. 32.
77. Morse, *Salvador Dalí. A Panorama of His Art*, pp. 198 y 202.
78. Romero, *Todo Dalí en un rostro*, pp. 145 y 311, nota 15.
79. Romero, *Torero al·lucinogen*, p. 5.
80. Romero, *Todo Dalí en un rostro*, p. 189.
81. *Ibíd.*, pp. 171-182.
82. Conversación nuestra con D. Reynolds Morse, St. Petersburg, Florida, 15-7-1996; Romero, *Todo Dalí en un rostro*, p. 93; para el rodaje de *La edad de oro* en Creus, véase Gibson, *Luis Buñuel. La forja de un cineasta universal*, pp. 389-403
83. Romero, *Todo Dalí en un rostro*, p. 225.
84. *Ibíd.*, p. 217.
85. Gibson, *La vida desaforada de Salvador Dalí*, pp. 639-641.
86. Lear (1994), pp. 62-64.
87. *Ibíd.*, pp. 47, 85.
88. *OC*, I, p. 563.
89. Lear (1994), pp. 171-172.
90. *Ibíd.*, p. 51.
91. Enrique Sabater, «Éste será el primer cuadro que Dalí donará a su museo», *Los Sitios*, Gerona, 14 de junio de 1970, p. 7.
92. Agradezco a D. Eduardo Fornés una copia del libreto. *Être*

Dieu ha sido editado por Distribucions d'Art Surrealista, Barcelona, DCD-50001-3.

93.   Michler y Löpsinger (véase bibliografía, sección 2), p. 252; conversación telefónica nuestra con el capitán Peter Moore (en Cadaqués), 30-8-1996.

94.   *Les Caprices de Goya de Salvador Dalí*, Hamburgo, Galería Levy, 1977. El primero en señalar las resonancias lorquianas de este «capricho» de Dalí fue Sánchez Vidal, *SVBLD*, p. 179.

95.   El programa ha sido reeditado en vídeo por Editrama, Barcelona.

96.   Zerbib, p. I.

97.   Dalí, *Los vinos de Gala*, p. 124.

98.   *OC*, I, p. 182.

99.   Dalí, *Los vinos de Gala*, p. 125.

100.   *OC*, I, p. 170.

101.   En el programa *Imágenes*, RTVE, 6 de junio de 1979.

102.   Gibson, *Un irlandés en España*, pp. 145-148.

103.   Gibson, *La vida desaforada de Salvador Dalí*, pp. 499-503.

104.   Elda Ferrer, en *El enigma Dalí*, RTVE (1993), emitido el 7 de agosto de 1994.

105.   Secrest, p. 17.

106.   Gibson, *La vida desaforada de Salvador Dalí*, pp. 749-756.

107.   Gibson, «Con Dalí y Lorca en Figueres».

108.   «Matización de Dalí», *El País*, Madrid, 30 de enero de 1986; la carta completa se reproduce en Víctor Fernández y Rafael Sánchez Torroella (eds), *Querido Salvador, querido Lorquito. Epistolario completo 1925-1936*, p. 157.

109.   Carta de doña María del Carmen García-Lasgoity a *El País*, Madrid, 31-1-1986, p. 12; llamada telefónica al autor de doña Isabel García Lorca, Madrid, 27-1-1986.

EPÍLOGO

1.   Carta en catalán, tal vez de 1927, citada por Gasch, *L'expansió de l'art català al món*, p. 145. Consultado el original en AG, hemos podido restablecer alguna frase cortada.

2.   *EC*, pp. 542-544.

3.   *SDFGL*, p. 93.

4.   *EC,* p. 578.

6.   *VS*, p. 188.

7.   Pauwels y Dalí, p. 239.

8.   Conversación nuestra con el capitán Peter Moore, Cadaqués, 26 de octubre 1993.

9.   Conversación nuestra con D. Carlos Lozano, Cadaqués, 29 de junio de 1996.

PRINCIPALES FUENTES CONSULTADAS

1. Catálogos de exposiciones de Dalí (orden cronológico)

Les Caprices de Goya de Salvador Dalí, Hamburgo, Galería Levy, 1977.

Salvador Dalí. Rétrospective. 1920-1980, París, Centre Pompidou, 1979.

La Vie publique de Salvador Dalí, París, Centre Pompidou, 1980. Siglas en las notas: *VPSD.*

Dalí à Perpignan. La Collection Salvador Dalí du Musée Perrot-Moore, Cadaqués, Perpiñán, 1982.

400 obras de Salvador Dalí de 1914 a 1983, Madrid, Museo Español de Arte Contemporáneo (MEAC), Ministerio de Cultura, 1983. Introducción de Ana Beristain y Robert Descharnes.

Salvador Dalí: The Early Years, Londres, Hayward Gallery (South Bank Center), 1994.

Dalí joven [1918-1930], Madrid, Museo Nacional Centro de Arte Reina Sofía (MNCARS), 1994.

2. Catálogos razonados de la obra de Dalí

MICHLER, Ralf y LÖPSINGER, Lutz W., *Salvador Dalí. Catalogue Raisonné of Etchings and Mixed-Media Prints, 1924-1980.* Prólogo de Robert Descharnes, Múnich, Prestel-Verlag, 1994.

SANTOS TORROELLA, Rafael, *Dalí. Época de Madrid. Catálogo razonado,* Madrid, Residencia de Estudiantes, 1994.

3. Catálogos de los dibujos de Lorca

Dibujos, catálogo, proyecto y catalogación de Mario Hernández, Madrid, Ministerio de Cultura, Fundación para el Apoyo a la Cultura, etc., 1986.

Libro de los dibujos de Federico García Lorca, edición de

Mario Hernández, Madrid, Tabapress/Grupo Tabacalera/Fundación Federico García Lorca, 1990.

4. Otros catálogos (orden alfabético)

AC. Las vanguardias en Cataluña, 1906-1939. Protagonistas, tendencias, acontecimientos, Barcelona, La Pedrera, 1992.

Buñuel. La mirada del siglo, al cuidado de David Yasha, Madrid, Museo Nacional Centro de Arte Reina Sofía, 1996.

Dalí, introducción de Robert S. Lubar, The Salvador Dalí Museum, St. Petersburg, Florida, Estados Unidos, 1991.

Federico García Lorca (1898-1936), Madrid, Museo Nacional Centro de Arte Reina Sofía, 1998.

Federico García Lorca y Granada, Granada, Centro Cultural Gran Capitán, 1998.

Miró, Dalmau, Gasch. L'aventura per l'art modern, 1918-1937, Barcelona, Centre d'Art Santa Mònica, 1993.

Modest Urgell 1839-1919, Madrid, Fundació «La Caixa», 1992.

Juan Núñez Fernández (1877-1963), Figueres, Museu de l'Empordà, 1987.

La Sociedad de Artistas Ibéricos y el arte español de 1925, Madrid, Museo Nacional Centro de Arte Reina Sofía, 1995.

Los Pichot. Una dinastía de artistas, Madrid, Centro Cultural del Conde Duque, 1992.

Los putrefactos por Salvador Dalí y Federico García Lorca. Dibujos y documentos, Barcelona, 1998.

Yves Tanguy. Rétrospective 1925-1955, París, Centro Georges Pompidou, 1982. Introducción de José Pierre.

5. Epistolarios (orden cronológico)

GARCÍA LORCA, Federico, *Cartas a sus amigos,* edición de Sebastián Gasch, Barcelona, Cobalto, 1950.

GARCÍA LORCA, Federico, *Cartas, postales, poemas y dibujos,* edición, introducción y notas por Antonio Gallego Morell, Madrid, Moneda y Crédito, 1968.

SANTOS TORROELLA, Rafael (ed.), *Salvador Dalí corresponsal de J. V. Foix, 1932-1936*, Barcelona, Editorial Mediterrània, 1986.

— *Salvador Dalí escribe a Federico García Lorca [1925-1936], Poesía. Revista ilustrada de información poética*, Madrid, núm. 27-28, abril de 1987.

— «Las cartas de Salvador Dalí a José Bello Lasierra», *ABC*, Madrid, suplemento literario, 14-XI-1987, pp. IX-XV.

— *Dalí residente*, Madrid, Publicaciones de la Residencia de Estudiantes, 1992.

— Bouhours, Jean-Michael y Nathalie Schoeller (eds.), *L'Âge d'or. Correspondance Luis Buñuel - Charles de Noailles, Les Cahiers du Musée National d'Art Moderne*, Hors-Série/Archives, París, 1993.

FANÉS, Fèlix, «Joan Miró escribe a Salvador Dalí. El breve encuentro de los artistas catalanes en Figueres y su ambivalente relación posterior», *El País*, Madrid, suplemento Babelia, 25-26 de diciembre de 1993, pp. 6 y 11.

MASSOT, Josep y Josep Playà, «Sis anys de correspondència entre Miró i Dalí», *Revista de Girona*, Girona, núm. 164 (mayo-junio de 1994), pp. 36-41.

— *Cartas de Vicenta Lorca a su hijo*, edición de Víctor Fernández, prólogo de Lluís Pasqual, Barcelona, RBA, 2008.

FERNÁNDEZ PUERTAS, Víctor, «Les cartes de Salvador Dalí al seu oncle Anselm Domènech al Museu Abelló», *Revista de Catalunya*, Barcelona, núm. 104 (febrero de 1996), pp. 57-73.

— *Querido Salvador, querido Lorquito. Epistolario completo 1925-1936*, edición de Víctor Fernández y Rafael Santos Torroella, Barcelona, Elba, 2013.

GARCÍA LORCA, Federico, *Epistolario completo*, edición de Andrew A. Anderson y Christopher Maurer, Madrid, Cátedra, 1997. Siglas en las notas: *EC*.

6. Obras literarias de Dalí mencionadas en el texto (por orden cronológico, en la medida de lo posible)

«Los grandes maestros de la pintura. Goya», *Studium*, Figueres, núm. 1 (1-1-1919), p. 3.

«Los grandes maestros de la pintura. El Greco», *ibíd.*, núm. 2 (1-2-1919), p. 3.

«Capvespre», *ibíd.*, p. 5.

«Los grandes maestros de la pintura. Durero», *ibíd.*, núm. 3 (1-3-1919), p. 3.

«Los grandes maestros de la pintura. Leonardo Da Vinci», *ibíd.*, núm. 4 (1-4-1919), p. 3.

«Los grandes maestros de la pintura. Miguel Ángel», *ibíd.*, núm. 5 (1-5-1919), p. 3.

«Los grandes maestros de la pintura. Velázquez», *ibíd.*, núm. 6 (1-6-1919), p. 3.

«Divagacións. Cuan els sorolls s'adormen», *ibíd.*, p. 5.

Un diari: 1919-1920. Les meves impressions i records íntims, edición de Fèlix Fanés, Fundació Gala-Salvador Dalí/Edicions 62, Barcelona, 1994.

A Dalí Journal. 1920. Traducción de Joaquim Cortada i Pérez del Libro 6 del diario de Dalí, publicado con carácter privado por Stratford Press en edición limitada para The Reynolds Morse Foundation, Cleveland, 1962.

Tardes d'estiu. Fragmento de novela (once páginas), Fundació Municipal Joan Abelló, Mollet del Vallès (Barcelona). ¿1920? Publicado por Víctor Fernández en edición limitada de 600 ejemplares, Cave Canis, Barcelona, 1996.

«La meva vida en aquest mon» («Mi vida en este mundo»), cuaderno inédito en el cual resume su vida entre 1920 y 1921 (Fundació Gala-Salvador Dalí).

Diario inédito de diez páginas, octubre de 1921. Fundació Gala-Salvador Dalí, Figueres.

[«Jak», seudónimo], «De la Russia dels Soviets. Un museu de pintura impresionista a Moscou», *Renovació Social*, Figueres, any 1, núm. 1, 26 de diciembre de 1921.

«Ninots. Ensatjos sobre pintura. Catàlec dels cuadrus em no-tes». (1922). Manuscrito inédito e incompleto de veintidós páginas, Fundació Municipal Joan Abelló, Mollet del Vallès (Barcelona).

«Les cançons dels dotze anys. Versus em prosa i em color» (1922), manuscrito inédito, Fundació Gala-Salvador Dalí, Figueres.

«En el cuartel numeru 3 de la Residencia d'Estudians. Cunciliambuls d'un grup d'avanguardia», manuscrito de dos páginas, ¿1923?, Fundació Municipal Joan Abelló, Mollet del Vallès (Barcelona).

«Skeets [sic] arbitraris. De la fira», *Empordà Federal*, Figueres, núm. 646 (26-5-1923), p. 2.

«Sant Sebastià», *L'amic de les arts*, Sitges, núm. 16 (31-7-1927), pp. 52-54

«Reflexions. El sentit comú d'un germà de Sant Joan Baptista de La Salle», *ibíd.*, núm. 17 (31-8-1927), p. 69.

«Federico García Lorca: exposició de dibuixos colorits. (Galeries Dalmau)», *La Nova Revista*, Barcelona, vol. III, núm. 9 (septiembre de 1927), pp. 84-85.

«La fotografia, pura creació de l'esperit», *L'amic de les arts*, Sitges, núm. 19 (31-X-1927), hoja adicional.

«Els meus quadros del Saló de Tardor», *Ibíd*, addició.

«Dues proses. La meva amiga i la platja. Nadal a Brussel·les (conte antic)», *ibíd.*, núm. 20 (30-11-1927), p. 104.

«Film-arte, fil[m]-antiartístico», *La Gaceta Literaria*, Madrid, núm. 24, 15-XII-1927, pp. 4-5.

«Nous limits de la pintura», *L'amic de les arts*, Sitges, núm. 22 (29-II-1928), pp. 167-168; núm. 24 (30-IV-1928), pp. 185-186; núm. 25 (31-V-1928), pp. 195-196.

«Poesia de l'util standarditzat», *ibíd.*, núm. 23 (31-3-1928), pp. 176-177.

«Per al "meeting" de Sitges». *Ibíd.*, núm. 25 (31-V-1928), p. 211.

«Poema de les cosetes», *Ibíd.*, núm. 27 (31-8-1928), p. 211.

«Realidad y sobrerrealidad», *La Gaceta Literaria*, Madrid, 15 de octubre de 1928, p.7.

«... sempre per damunt de la musica, Harry Langdon», *L'amic de les arts*, Sitges, núm. 31 (31-3-1929), p. 3.

«... L'alliberament dels dits», *ibíd.*, pp. 6-7.

«Luis Buñuel», *Ibíd.*, p. 16.

Un Chien andalou (con Luis Buñuel), *Revue du Cinéma*, París, núm. 5 (15-11-1929), pp. 2-16, y *La Révolution Surréaliste*, París, núm. 12 (15-12-1929), pp. 34-37.

«Documental-París-1929», *La Publicitat*, Barcelona, 26 de abril de 1929, p. 1; 28 de abril de 1929, p. 1; 23 de mayo de 1929, p. 1; 7 de junio de 1929, p. 1; 16 de junio de 1929, p. 6; 28 de junio de 1929, p. 1.

«No veo nada en torno del paisaje. Poema», *La Gaceta Literaria*, Madrid, núm. 61 (1-VII-1929), p. 6.

«Un chien andalou», *Mirador*, Barcelona, 24-X-1929, p. 6.

L'Âge d'or, con Luis Buñuel, 1920-1930, guión publicado en *L'Avant-Scène du Cinéma*, París, junio de 1963, pp. 28-50.

«Posició moral del surrealisme», *Hélix*, Vilafranca del Penedés, núm. 10 (marzo de 1930), pp. 4-6; reproducido en facsímil por Molas, La literatura catalana d'avantguarda (véase la sección 7 de esta bibliografía), pp. 364-368.

«L'Âne pourri», *Le Surréalisme au Service de la Révolution*, París, núm. 1 (julio de 1930), pp. 9-12.

Guión inédito para un documental sobre surrealismo (¿1930?), publicado por Dawn Ades en Studio International. Journal of the Creative Arts and Design, Londres, vol. 195, núm. 993/4, 1982, pp. 62-77.

«Intellectuels castillans et catalans –Expositions— Arrestation d'un exhibitionniste dans le métro», *Le Surréalisme au Service de la Révolution*, París, núm. 3 (diciembre de 1931), pp. 31-6.

La Femme visible, París, Éditions Surréalistes, 1930.

L'Amour et la mémoire, París, Éditions Surréalistes, 1931.

«Objects surréalistes», *Le Surréalisme au Service de la Révolution*, París, núm.3 (diciembre de 1931), pp. 16-17.

«Rêverie», *ibíd.*, *Le Surréalisme au Service de la Révolution*, París, núm. 4 (diciembre de 1931), pp. 31-36.

Babaouo. C'est un film surréaliste [cubierta]. En la portada: *Babaouo. Scénario inédit. Précedé d'un Abrégé d'une histoire critique du cinéma et suivi de Guillaume Tell, ballet portugais*, París, Éditions des Cahiers Livres, 1932. [Terminado de imprimir el 12 de julio de 1932, según el colofón.]

«The Object as Revealed in Surrealist Experiment», *This*

Quarter, París, número especial dedicado al surrealismo, septiembre de 1932, pp. 197-207.

«De la Beauté terrifiante et comestible de l'architecture modern style», *Minotaure*, París, núm. 3-4 (diciembre de 1933), pp. 69-76.

Métamorphose de Narcisse, París, Éditions Surréalistes, 1937, y simultáneamente, en inglés, por Julien Levy, Nueva York. El texto francés se reproduce en el catálogo *Salvador Dalí. Rétrospective. 1920-1980* (véase sección 1, arriba), pp. 284-288.

The Secret Life of Salvador Dalí, Nueva York, The Dial Press, 1942, traducción del francés por Haakon Chevalier; *Vida secreta de Salvador Dalí*, Figueres, Dasa Edicions S. A., 1981 (se trata de una reimpresión de la edición argentina de 1944). Siglas de la edición española en las notas: *VS*.

Hidden Faces, Londres, Nicholson and Watson, 1947, traducción del original francés por Haakon Chevalier; *Rostros ocultos*, Barcelona, Planeta, 1974 (no consta nombre del traductor).

«Le Mythe de Guillaume Tell. Toute la vérité sur mon expulsion du groupe surréaliste», *La Table Ronde*, París, núm. 55 (julio de 1952), pp. 21-38.

«To Spain, Guided by Dalí», *Vogue*, Nueva York, 15 de mayo de 1959, pp. 54-55, 57 y 94.

«Les Morts et moi», *La Parisienne*, París, núm. 17 (mayo de 1954), pp. 52-53. Edición facsímil del manuscrito en Dalí, *Les Morts et moi*, Barcelona, Editorial Mediterrània, 1991.

Journal d'un génie, París, Éditions de la Table Ronde, 1964; *Diario de un genio*, traducción de Paula Brines, Barcelona, Tusquets, 1983. Siglas de la edición en las notas: *DG*.

Pauwels, Louis y Salvador Dalí, *Les Passions selon Dalí*, París, Denoël, 1968.

Dalí par Dalí, prefacio del doctor Rouméguère, París, Draeger, 1970.

Comment on devient Dalí. Les aveux inavouables de Salvador Dalí, récit présenté par André Parinaud, París, Robert Laffont, 1973; versión española: *Confesiones inconfesables*, recogidas por André Parinaud, traducción de

Ramón Hervás, Barcelona, Bruguera, 1973. Siglas de la edición española en las notas: *CI*.

Los vinos de Gala, París, Draeger, 1977.

¿Por qué se ataca a la Gioconda?, artículos de Dalí, edición a cargo de María J. Vera, traducción de Edison Simmons, Madrid, Siruela, 1994.

L'alliberament dels dits. Obra catalana completa, presentación y edición de Fèlix Fanés, Barcelona, Quaderns Crema, 1995.

La vie secrète de Salvador Dalí. Suis-je un génie? edición crítica de Fréderique Joseph-Lowery, prefacio de Jack Spector, Lausana, L'Âge d'Homme, 2006.

7. Obras completas de Lorca

FEDERICO GARCÍA LORCA, *Obras completas*, ed. de Miguel García Posada, Madrid, Galaxia Guterberg / Círculo de Lectores, 4 tomos, 1996. Siglas en las notas: *OC*, I, II, III, IV.

8. Libros y artículos relativos a Dalí y Lorca y su mundo

ADES, Dawn, *Dalí*, Londres, Thames and Hudson, «World of Art», 1982, reimpreso en 1990.

ALBERTI, Rafael, *Imagen primera de...*, Buenos Aires, Losada, 1945.

— *La arboleda perdida. Libros I y II de memorias*, Buenos Aires, Compañía General Fabril Editora, 1959.

— *La arboleda perdida. Libros III y IV de memorias*, Barcelona, Seix Barral, 1987.

ALEIXANDRE, Vicente, «Federico» (1937), en García Lorca, *Obras completas*, Madrid, Aguilar, 22.ª ed., 1986, II, pp. IX-XI.

ALONSO, Dámaso, *La poesía de San Juan de la Cruz (desde esta ladera)*, Madrid, Aguilar, 4.ª ed., 1966.

ARAGON, Louis, «Fragments d'une conférence», *La Révolution Surréaliste*, París, núm. 4 (15-7-1925), pp. 23-25.

ARANDA, J. Francisco, *Luis Buñuel. Biografía crítica*, Barcelona, Lumen, 2.ª ed., 1975.

ARBÓS, Albert, «Aquellos amores de Dalí y Pla», *Cambio 16*, Madrid, núm. 542 (19-4-1982), pp. 44-51.

ARCINIEGAS, Germán, «Federico García Lorca», *Diario de la Marina*, La Habana, 1 de abril de 1979, p. 16.

ARCO, Manuel del, *Dalí al desnudo*, Barcelona, José Janés, 1952.

AUB, Max, *Conversaciones con Buñuel, seguidas de 45 entrevistas con familiares, amigos y colaboradores del cineasta aragonés*, prólogo de Federico Álvarez, Madrid, Aguilar, 1985.

BAEZA, Ricardo, «Marginalia. De una generación y su poeta», *El Sol*, Madrid, 21 de agosto de 1927, p. 1.

— «Marginalia. Los Romances gitanos de Federico García Lorca», *ibíd.*, 29 de julio de 1928, p. 2.

BATAILLE, Georges, «Le "Jeu lugubre"», *Documents*, París, núm. 7, diciembre de 1929, pp. 369-372. Reproducido en el catálogo Salvador Dalí (véase arriba, sección 1), pp. 150-153.

BELAMICH, André, introducción («Envergure de Lorca») y notas a FGL, *Oeuvres complètes*, París, Gallimard (Pléiade), tomo 1, 1981; tomo 2, 1990.

BERNILS I MACH, Josep Maria, *«Els Fossos», 75 anys d'història, 1909-1984*, Figueres, 1984.

— «Dalí a la presó», *El Perdrís, Revista cultural de «L'Empordà»*, Figueres, núm. 4, 12-VI-1987.

— *Figueres*, Figueres, Editorial Empordà, 3.ª ed., 1994.

BEURDELEY, Cécile, *L'Amour bleu*, traducido del francés por Michel Taylor, Rizzoli, Nueva York, 1978.

BONA, Dominique, *Gala*, París, Flammarion, 1995; *Gala*, Barcelona, Tusquets, 1996, traducción de Javier Albiñana.

BONET CORREA, Antonio (ed.), *El surrealismo*, Madrid, Universidad Menéndez Pelayo y Cátedra, 1983.

BOSQUET, Alain, *Entretiens avec Salvador Dalí*, París, Pierre Belfond, 1966; traducción al español, *Dalí desnudado*, Buenos Aires, Paidós, 1967.

BRASSAÏ, *Conversations avec Picasso*, París, Gallimard, 1964.

BRENAN, Gerald, *El laberinto español*, Barcelona, Plaza & Janés, 2.ª ed., 1985.

BRETON, André, *Oeuvres complètes*, París, Gallimard («Pléiade»), 2 vols., 1988 y 1992, respectivamente.

BUÑUEL, Luis, «Notes on the Making of *Un chien Andalou*», en *Art in Cinema*, Frank Stauffacher (ed.), Museo de Arte de San Francisco, 1947, traducción de Grace L. McCann Morley; reimpreso por Arno Press, Inc. 1968.

— Luis, *Mon dernier soupir*, París, Robert Laffont, 1982; *Mi último suspiro,* Barcelona, Plaza & Janés, traducción de Ana María de la Fuente, 2.ª ed., 1983. Siglas de la edición española en las notas: *MUS.*

— *Obra literaria*, introducción y notas de Agustín Sánchez Vidal, Zaragoza, Ediciones de Heraldo de Aragón, 1982.

CABROLIÉ, Martine, «Enquête sur le milieu socio-économique de la famille de Federico García Lorca», tesis inédita, Université de Toulouse-Le Mirail, 1975.

CAFFARENA, Ángel, «Federico García Lorca y las distintas ediciones del *Romancero gitano*», *La Estafeta Literaria*, Madrid, núm. 362 (28-1-1967), pp. 8-9.

CARDOZA y ARAGÓN, Luis, *El río. Novelas de caballería*, México, Fondo de Cultura Económica, 1986.

CARMONA, Darío, «Anecdotario de Darío Carmona (Apuntes de una conversación de Darío Carmona con José María Amado)», introducción a la edición facsímil de la revista *Litoral*, Francfort, Detlev Avvermann - Madrid, Turner, 1975.

CASSOU, Jean, «Lettres espagnoles», *Mercure de France*, París, CLXXXIX, núm. 673 (1-7-1926), p. 235.

CHEVALIER, Haakon, «Salvador Dalí as Writer. Surrealism Takes to the Typewriter», *Saturday Review*, Nueva York, 15 de abril de 1944.

CLARÀ, Josep, «Salvador Dalí, empresonat per la dictadura de Primo de Rivera», *Revista de Girona*, núm. 162 (enero-febrero de 1993), pp. 52-55.

COMBALÍA, Victoria, *El descubrimiento de Miró. Miró y sus críticos, 1918-1929*, Barcelona, Destino, 1990.

CONOVER, Anne, *Caresse Crosby. From Black Sun to Roccasinibalda*, Santa Barbara, Capra Press, 1989.

COSSART, Michael de *The Food of Love. Princesse Edmonde de Polignac (1865-1943) and her Salon*, Londres, Hamish Hamilton, 1978.

CRISPIN, John, *Oxford y Cambridge en Madrid. La Residencia de Estudiantes, 1910-1936, y su entorno cultural*, Santander, La Isla de los Ratones, 1981.

CROSBY, Caresse, *The Passionate Years*, Londres, Alvin Redman, 1955.

CUMMINGS, Philip, introducción, fechada 31 de agosto de 1929, a Federico García Lorca, *Songs*, traducido por Philip Cummings con la ayuda de Federico García Lorca, edición de Daniel Eisenberg, Pittsburgh, Duquesne University Press, 1976, p. 23.

DALÍ, Ana María, *Salvador Dalí visto por su hermana*, Barcelona, Juventud, 2.ª ed., 1953. Siglas en las notas: *AMD*.

— *Noves imatges de Salvador Dalí*, prólogo de Jaume Maurici, Barcelona, Columna, 1988.

DESCHARNES, Robert, *The World of Salvador Dalí*, Nueva York y Evanston, Harper and Row, 1962.

— *Dalí, l'oeuvre et le homme*, Lausanna, Edita, 1989; *La obra y el hombre*, Barcelona, Tusquets, 1984, traducción de Carmen Artal. Siglas en las notas: *DOH*.

DESCHARNES, Robert y Gilles Néret, *Dalí*, 2 vols., Colonia, Benedikt Taschen Verlag, 1994, traducción de Pedro Guillermet.

DUCASSE, Isidore, véase Lautréamont, conde de.

EISENBERG, Daniel, «Lorca en Nueva York», en Eisenberg, *Textos y documentos lorquianos*, Tallahassee, Florida, impreso particularmente, 1975, pp. 17-36.

— «Dos conferencias lorquianas en Nueva York (Nueva York y La Habana)», *Papeles de son Armadans*, Madrid-Palma de Mallorca (noviembre-diciembre 1975), pp. 197-212.

— «*Poeta en Nueva York*»: historia y problemas de un texto de Lorca, Barcelona-Caracas-México, Editorial Ariel, 1976.

ÉLUARD, Paul, *Lettres à Gala (1924-1948)*, edición de Pierre Dreyfus, con un prólogo de Jean-Claude Carrière, París, Gallimard, 1984; *Cartas a Gala*, Barcelona, Tusquets, 1986, traducción de Manuel Sáenz de Heredia.

— *Oeuvres complètes*, París, Gallimard («Pléiade»), 2 tomos, 1968.

ETHERINGTON-SMITH, Meredith, *Dalí*, Londres, Sinclair-Stevenson, 1992.

FANÉS, Fèlix, «El joc lúgubre de Salvador Dalí», *Locus Amoenus*, Barcelona, núm. 2 (1996), pp. 207-228.

FERNÁNDEZ ALMAGRO, Melchor, «Por Cataluña», *La Época*, Madrid, 17 de julio de 1926, p. 1.

— «El primer estreno de Federico García Lorca», *ABC*, Madrid, 12 de junio de 1952, p. 3.

FERNÁNDEZ-MONTESINOS GARCÍA, Manuel, *Descripción de la biblioteca de Federico García Lorca (catálogo y estudio)*, tesis inédita, Universidad Complutense, Madrid, 1985.

FERNÁNDEZ PUERTAS, Víctor, «Anselm Domènech, l'oncle de Salvador Dalí Domènech», *Revista de Catalunya*, Barcelona, núm. 97 (1995), pp. 61-81.

FREUD, Sigmund, *Psicopatología de la vida cotidiana (olvidos, equivocaciones, torpezas, supersticiones y errores)*, traducido del alemán por Luis López-Ballesteros y de Torres, Madrid, Biblioteca Nueva, 1922.

— *Una teoría sexual y otros ensayos. Una teoría sexual. Cinco conferencias sobre psicoanálisis. Introducción al estudio de los sueños. Más allá del principio del placer*, traducido del alemán por Luis López-Ballesteros y de Torres, Madrid, Biblioteca Nueva, 1922.

— *La interpretación de los sueños*, traducido del alemán por Luis López-Ballesteros y de Torres, Madrid, Biblioteca Nueva, 2 vols., 1923.

— *The Standard Edition of the Complete Psychological Works*, traducción de James Strachey, en colaboración con Anna Freud y con la ayuda de Alix Strachey y Alan Tyson, Londres, The Hogarth Press, 24 vols., 1966-1974.

GARCÍA, Tomás, *Y todo fue distinto*, edición de Ángel Caffarena, Málaga, publicaciones de la Librería Antigua El Guadalhorce, 1990.

GARCÍA BUÑUEL, Pedro Christian, *Recordando a Luis Buñuel*, Zaragoza, Excma. Diputación Provincial/Excmo. Ayuntamiento, 1985.

GARCÍA LORCA, Francisco, *Federico y su mundo*, edición y prólogo de Mario Hernández, Madrid, Alianza, 2.ª ed., 1981.

GARCÍA DE VALDELLANO, Luis, «Un educador humanista: Alberto Jiménez Fraud y la Residencia de Estudiantes», introducción a Alberto Jiménez Fraud, *La Residencia de Estudiantes. Visita a Maquiavelo*, Barcelona, Ariel, 1972.

GARRIGUES y DÍAZ-CAÑABATE, Emilio, «Al teatro con Federico García Lorca», *Cuadernos hispanoamericanos*, Madrid, núm. 340 (1978), pp. 99-117.

GASCH, Sebastià, «Les fantasies d'un reporter», *AA*, núm. 20 (30-11-1927), pp. 108-109.

— «Mi Federico García Lorca», prólogo a Federico García Lorca, *Cartas a sus amigos*, 1950 (véase arriba, sección 5).

— «Salvador Dalí», en *L'expansió de l'art català al món*, Barcelona, edición del autor, 1953, pp. 139-163.

— *Escrits d'art i d'avantguarda (1925-1938)*, Barcelona, Edicions del Mall, 1987.

GATEAU, Jean-Charles, *Paul Éluard ou Le frère voyant*, París, Laffont, 1988.

GERARD, Max, *Dalí...Dalí...Dalí...*, prefacio del Dr. Rouméguère, París, Draeger, 1974; Barcelona, Blume, 1983, traducción de Ángel Buendía, 2.ª ed., 1983.

GIBSON, Ian, *Un irlandés en España*, Barcelona, Planeta, 1981.

— «En torno al primer estreno de Lorca *(El maleficio de la mariposa)*, en Ricardo Domenech (edición), *«La casa de Bernarda Alba» y el teatro de García Lorca*, Madrid, Cátedra/Teatro Español, 1985, pp. 57-75.

— «Con Dalí y Lorca en Figueres», *El País*, Madrid, 26 de enero de 1986, suplemento dominical, pp. 10-11.

— «¿Un paranoico en la familia? El extraño caso del abuelo paterno de Salvador Dalí, un "infeliz demente" que se suicidó en Barcelona en 1886», *El País*, Madrid, suplemento *Babelia*, 10 de abril de 1993, pp. 2-3.

— *El asesinato de García Lorca*, Barcelona, Plaza & Janés, 1997.

— *Vida, pasión y muerte de Federico García Lorca*, Barcelona, Plaza y Janés, 1998.

— *La vida desaforada de Salvador Dalí*, Barcelona, Anagrama, 1998.

— *«Caballo azul de mi locura». Lorca y el mundo gay*, Barcelona, Planeta, 2009.

— *Federico García Lorca*, Barcelona, Crítica, 2011.

— *Luis Buñuel. La forja de un cineasta universal (1900-1939)*, Barcelona, Aguilar, 2014.

GÓMEZ DE LIAÑO, Ignacio, «En la casa del arte», en *Los Pichot. Una dinastía de artistas*, 1992 (catálogo, véase arriba, sección 4), pp. 15-45.

GÓMEZ DE LA SERNA, Ramón, *La sagrada cripta de Pombo. (Tomo IIº, aunque independiente del Iº, pudiendo leerse el IIº sin contar con el Iº)* [1924], edición facsímil, Madrid, Editorial Trieste, Madrid, 1986.

GUILLÉN, Jorge, «Federico en persona», en Federico García Lorca, *Obras completas*, Madrid, Aguilar, 22.ª ed., 1986, I, pp. XIII-LXXXIV.

HERNÁNDEZ, Mario, «García Lorca y Salvador Dalí: del ruiseñor lírico a los burros podridos (Poética y epistolario)», en Laura Dolfi (edición), *L'imposíbile/posíbile di Federico García Lorca*, Nápoles, Edizioni Scientifiche Italiana, 1989, pp. 267-319.

JARDÍ, Enric, *Eugeni d'Ors*, Barcelona, Aymà, 1967.

JIMÉNEZ, Juan Ramón, «Chopos», en *Residencia*, Madrid, I, núm. 1 (1926), p. 26.

— *Selección de cartas (1899-1958)*, Barcelona, Picazo, 1973.

JIMÉNEZ, Xavier y J. Playà Maset, «El col·legi La Salle», *Hora Nova*, Figueres, núm. 365 (29-5-1984 a 4-6-1984), p. 6.

JIMÉNEZ FRAUD, Alberto, «Lorca y otros poetas», *El Nacional*, Caracas, 13 de septiembre de 1957.

— *Historia de la Universidad española*, Madrid, Alianza, 1971.

JIMÉNEZ-LANDI, Antonio, *La Institución Libre de Enseñanza y su ambiente. Los orígenes*, Madrid, Taurus, 1973.

JONES, Ernst, *Sigmund Freud*, edición abreviada de Lionel Trilling y Steven Marcus, Harmonds-worth, Penguin Books, 1974.

KAUFMAN, Gershen, *The Psychology of Shame. Theory and Treatment of Shame-Based Syndromes*, Londres, Routledge, 1993; Psicología de la vergüenza. Teoría y tratamiento de sus síndrome, Barcelona, Editorial Herder, 1994.

LAFORA, Gonzalo R., «Ereutofobia o temor de ruborizarse», en *Archivos de Neurobiología*, Madrid, XVI, núm. 3-6 (1936), pp. 319-382.

LAKE, Carlton, *In Quest of Dalí* [1969], Nueva York, Paragon House, 1990.

LAUTRÉAMONT, conde de (Isidore Ducasse), *Los cantos de Maldoror por el conde de Lautréamont*, Madrid, Biblioteca Nueva, traducción de Julio Gómez de la Serna, prólogo de Ramón Gómez de la Serna, sin fecha [¿1921?].

— *Les Chants de Maldoror. Lettres. Poésies I et II*, París, Gallimard, 1973.

LEAR, Amanda, *Le Dali d'Amanda*, París, Favre, 1984; reimpreso, con dos nuevas páginas finales, como *L'Amant-Dali. Ma Vie avec Salvador Dalí*, París, Michel Lafont, 1994; edición española *El Dalí de Amanda*, Barcelona, Planeta, traducción de Jordi Marfà, 1985.

LUBAR, Robert, «Dalí and Modernism: Visions and its Representation», en *Dalí*, catálogo de The Salvador Dali Museum Collection, St. Petersburg, Florida, pp. 9-18.

LYND, Helen Merrel, *On Shame and the Search for Identity*, Nueva York, Harcourt, Brace and World, 1958.

MARTÍN, Eutimio, *Federico García Lorca, heterodoxo y mártir. Análisis y proyección de la obra juvenil inédita*, Madrid, Siglo XXI, 1986.

MARTÍNEZ NADAL, Rafael, introducción a Federico García Lorca, *Poems,* versión inglesa por Stephen Spender y J. L. Gili, Londres, The Dolphin Book Company, 1942, pp. VII-XXVIII.

— Prólogo a García Lorca, *Autógrafos*. I. Facsímiles de ochenta y siete poemas y tres prosas. Prólogo, transcripción y notas de Rafael Martínez Nadal, Oxford, The Dolphin Book Co. Ltd, 1975.

— *Cuatro lecciones sobre Federico García Lorca,* Madrid, Fundación Juan March/Cátedra, 1980.

— *Federico García Lorca. Mi penúltimo libro sobre el hombre y el poeta,* Madrid, Editorial Casariego, 1992.

— «Dalí-Lorca a la luz de los nuevos inéditos», en Estudios de literatura y lingüística españolas (ed. de Irene Andrés-Suárez, Germán Colón, Antonio Lara y Ramón

Sugranyes), Publicaciones de la Sociedad Suiza de Estudios Hispánicos, ¿Ginebra?, 1992, pp. 431-442.

Massip, José María, «Dalí hoy», *Destino*, Barcelona, núm. 661 (1-4-1950), pp. 1, 4-5.

Miravitlles, Jaume, «Notes a l'entorn de l'art d'avanguarda. Miró-Dalí-Domingo», *La Nova Revista*, Barcelona, núm. 24 (diciembre de 1928), pp. 318-323.

— «Dalí i l'aritmètica», *Revista de Girona*, Girona, núm. 68 (tercer trimestre de 1974), pp. 31-35.

— «Una vida con Dalí», en *400 obras de Salvador Dalí de 1914 a 1983* (catálogo, véase arriba, sección 1).

Molina Fajardo, Eduardo, *Los últimos días de García Lorca*, Barcelona, Plaza & Janés, 1983.

Montes, Eugenio, «"Un Chien andalou" (Filme de Luis Buñuel y Salvador Dalí, estrenado en Le Studio des Ursulines - París)», *La Gaceta Literaria*, Madrid, III, núm. 60 (15-7-1929), p. 1.

Moorhouse, Paul, *Dalí*, Wigston (Leicester), Magna Books, 1990.

Mora Guarnido, José, «El primer libro de Federico García Lorca», *Noticiero Granadino*, 1 de julio de 1921, p. 1.

— *Federico García Lorca y su mundo. Testimonio para una biografía*, Buenos Aires, Losada, 1958.

Moreiro, José María, «Dalí, en el centro de los recuerdos», *El País Semanal*, Madrid, 23 de octubre de 1983, pp. 15-21.

Moreno Villa, José, «Nuevos artistas. Primera exposición de la Sociedad de Artistas Ibéricos», *Revista de Occidente*, Madrid, II, núm. 24 (julio-agosto-septiembre 1925), pp. 80-91.

— «La jerga profesional», *El Sol*, Madrid, 12 de junio de 1925, p. 5.

— «Recuerdo a Federico García Lorca», en *Homenaje al poeta García Lorca contra su muerte (Antonio Machado, José Moreno Villa, José Bergamín, Dámaso Alonso, Vicente Aleixandre, Emilio Prados, Pedro Garfías, Juan Gil Albert, Pablo Neruda, Rafael Alberti, Manuel Altolaguirre, Arturo Serrano Plaja, Miguel Hernández, Lorenzo Varela, Antonio Aparicio). Selección de sus obras (poemas, prosas, teatro, música, dibujos)* por Emilio Prados, Ediciones Españolas, Valencia-Barcelona, pp. 23-24; reimpresión, facsímil, Granada, 1986.

— *Vida en claro. Autobiografía*, México, Colegio de México, 1944.

MORSE, Reynolds, *Pablo Picasso, Salvador Dali. A Preliminary Study in their Similarities and Contrasts*, Cleveland, Salvador Dali Museum, 1973.

— *Salvador Dali. A Panorama of his Art*, Beachwood (Cleveland), Salvador Dali Museum, 1974.

— *Dali's Animal Crackers*, St. Petersburg, Florida, Salvador Dali Museum, Inc., 1993.

MURCIANO, José, «En el Centro Artístico».

NAVARRO ARISA, J. J., «Gala Dalí. Los secretos de una musa», *El País Semanal*, Madrid, núm. 181 (14-8-1994), pp. 10-19.

ONTAÑÓN, Santiago y José María Moreiro, *Unos pocos amigos verdaderos*, prólogo de Rafael Alberti, Madrid, Fundación Banco Exterior, 1988.

PALAU I FABRE, Josep, *Picasso i els seus amics catalans*, Barcelona, Aedos, 1971.

PAUWELS, Louis y DALÍ, Salvador, *Les Passions selon Dalí*, París, Denoël, 1968.

PEDRO, Valentín de, «El destino mágico de Margarita Xirgu», *¡Aquí está!*, Buenos Aires, 28 de abril-30 de mayo de 1948.

PENÓN, Agustín, *Diario de una búsqueda lorquiana (1955-1956)*, edición a cargo de Ian Gibson, Barcelona, Plaza & Janés, 1990.

PÉREZ TURRENT, Tomás y José de la Colina, *Buñuel por Buñuel*, Madrid, Plot, 1993.

PÉREZ VILLANUEVA TOVAR, Isabel, *La Residencia de Estudiantes. Grupos Universitarios de Señoritas, Madrid, 1910-1936*, Madrid, Ministerio de Educación y Ciencia, 1990.

PERMANYER, Lluís, «El pincel erótico de Dalí. Reportaje por Lluís Permanyer», *Playboy*, Barcelona, núm. 3 (enero de 1979), pp. 73-74 y 160-164.

PIERRE, José, «Breton et Dalí» en *Salvador Dalí. Rétrospective 1920-1980* (catálogo, véase arriba, sección 1), pp. 131-140.

— «La peinture surréaliste par excellence», en *Yves Tanguy*.

Rétrospective 1925-1955 (catálogo, véase arriba, sección 4), pp. 42-61.

PLA, Josep, «Salvador Dalí (una notícia)», en *Homenots. Quarta serie*, Barcelona, Destino, Obra completa, vol. XXVII, 2.ª ed., 1985, pp. 159-201.

— «Cadaqués», en *Un petit món del Pirineu*, Barcelona, Destino, Obra completa, vol. XXVII, 2.ª ed., 1981, pp. 7-212.

PLAYÀ I MASET, Josep, *Dalí de l'Empordà*, Barcelona, Labor, «Terra Nostra», 1992.

Poesía, Madrid, n.º 18-19 (1983), *número monográfico dedicado a la Residencia de Estudiantes (1910-1936) con motivo de cumplirse el centenario del nacimiento de su director, Alberto Jiménez Fraud (1883-1964) y en el que se da cuenta de su vida y de las actividades que en aquélla se desarrollaron.*

POMÈS, Mathilde, «Españoles en París (XIV). Federico García Lorca», *ABC*, Madrid, 22 de noviembre de 1967.

PRADOS, Emilio, *Diario íntimo*, Málaga, El Guadalhorce, 1966.

PRITCHETT, V. S., *Midnight Oil*, Harmondsworth, Penguin, 1974.

RIVAS CHERIF, Cipriano, «El caso de Salvador Dalí», *España*, Madrid, núm. 413 (14-3-1924), pp. 6-7.

RODRIGO, Antonina, *García Lorca en Cataluña*, Barcelona, Planeta, 1975.

— *Lorca-Dalí. Una amistad traicionada*, Barcelona, Planeta, 1981.

— «"La historia del tesoro" según Lorca», *El País*, Madrid, 20 de marzo de 1983, p. 38.

— *Memoria de Granada: Manuel Ángeles Ortiz y Federico García Lorca*, Barcelona, Plaza & Janés, 1984; 2.ª ed., Fuente Vaqueros (Granada), Casa-Museo Federico García Lorca, 1984.

— *García Lorca, el amigo de Cataluña*, Barcelona, Edhasa, 1984.

RODRÍGUEZ PUÉRTOLAS, Julio, *Literatura fascista española. I. Historia*, Madrid, Akal, 1986.

ROJAS, Carlos, *El mundo mítico y mágico de Salvador Dalí*, Barcelona, Plaza & Janés, 1985.

ROMERO, Alfonso y RUIZ, Joan, *Figueres*, *Quaderns de la Revista de Girona*, Figueres, núm. 34, 1992.

ROMERO, Luis, *Todo Dalí en un rostro*, Barcelona, Blume, 1975.

— *Dedálico Dalí*, Barcelona, Ediciones B, 1989.

— *Psicodálico Dalí*, Barcelona, Editorial Mediterrània, 1991.

— *Torero al·lucinogen*, Barcelona, Editorial Mediterrània, 1990.

ROUMÉGUÈRE, Pierre, «La mística daliniana ante la historia de las religiones», en Dalí, *Diario de un genio*, Barcelona, Tusquets, 1983, pp. 275-278.

— «The Cosmic Dalí. The "Royal Way" of Access to the Dalinian Universe», prólogo para *Dalí par Dalí* (véase arriba, sección 6), pp. III-IX.

— «Canibalismo y estética. Del canibalismo paranoico de la gastro-estética hacia una Estética Biológica. La oralidad, vía imperial de acceso al universo daliniano», prefacio de Max Gerard, *Dalí...Dalí...Dalí...* (véase arriba).

SÁENZ DE LA CALZADA, Luis, *La Barraca. Teatro Universitario*, Madrid, Revista de Occidente, 1976.

SAHUQUILLO, Ángel, «El asesinato de "Vuelta de paseo", de Federico García Lorca», en *Ensayos de literatura europea e hispanoamericana*, Universidad del País Vasco, 1990, pp. 493-504.

— *Federico García Lorca y la cultura de la homosexualidad masculina. Lorca, Dalí, Cernuda, Gil-Albert, Prados y la voz silenciada del amor homosexual*, Alicante, Instituto de Cultura Juan Gil-Albert y Diputación de Alicante, 1991.

SÁNCHEZ VIDAL, Agustín (edición), *Luis Buñuel. Obra literaria*, Zaragoza, Ediciones de Heraldo de Aragón, 1982.

— *Buñuel, Lorca, Dalí: el enigma sin fin*, Barcelona, Planeta, 1988.

— «La nefasta influencia del García», en Laura Dolfi (ed.), *L'imposible/posible de Federico García Lorca*, Nápoles, Edizione Scientifiche Italiane, 1989, pp. 219-228.

— «Las bestias andaluzas», en *Dalí joven [1918-1930]* (catálogo, veáse arriba, sección 1), pp. 253-283.

SANTOS TORROELLA, Rafael, *La miel es más dulce que la san-*

gre. Las épocas lorquiana y freudiana de Salvador Dalí, Barcelona, Planeta, 1984.

— *Salvador Dalí i el Saló de Tardor. Un episodi de la vida artística barcelonina el 1928*, Barcelona, Reial Acadèmia Catalana de Belles Arts de Sant Jordi, 1985.

— *Dalí, residente*, Madrid, Publicaciones de la Residencia de Estudiantes, Consejo Superior de Investigaciones Científicas, 1992.

— «El Reina Sofía se equivoca con Dalí», *ABC*, Madrid, suplemento «ABC de las artes», 2 de octubre de 1992, pp. 36-38.

— «The Madrid Years», en *Salvador Dalí: The Early Years* (catálogo, véase arriba, sección 1).

— *Dalí. Época de Madrid. Catálogo razonado*, Madrid, Residencia de Estudiantes, 1994.

— *La trágica vida de Salvador Dalí*, Barcelona, Parsifal, 1995.

— «Salvador Dalí en la primera exposición de la Sociedad de Artistas Ibéricos. Catalogación razonada en *La Sociedad de Artistas Ibéricos y el arte español de 1925* (1995, catálogo, véase arriba sección 4) pp. 59-66.

— *«Los putrefactos» de Dalí y Lorca. Historia y antología de un libro que no pudo ser*, Madrid, Residencia de Estudiantes, 1995.

SAVINIO, Alberto, *Nueva enciclopedia*, Barcelona, Seix Barral, 1983.

SECREST, Meryle, *Salvador Dalí*, Nueva York, E. P. Dutton, 1986.

SYLVESTER, David, *Magritte*, Londres, Thames and Hudson/ Fundación Menil, 1992.

TAPIÉ, Michel, *Dalí*, París, Le Chêne, 1956.

TEIXIDOR ELIES, P., *Figueres anecdòtica segle XX*, Figueres, patrocinado por el Excmo. Ayuntamiento, 1978.

THARRATS, Joan Josep, *Cent anys de pintura a Cadaqués*, Barcelona, Ediciones del Cotal, 1981.

— (edición), *Picasso a Cadaqués*, número especial de *Negre + gris*, Barcelona, núm. 10, otoño de 1985.

TREND, J. B., *A Picture of Modern Spain, Men and Music*, Londres, Constable, 1921.

— *The Origins of Modern Spain*, Universidad de Cambridge, 1934.

UCELAY, Margarita, «*Amor de don Perlimplín con Belisa en su jardín*, de Federico García Lorca. Notas para la historia de una obra: textos, ediciones, fragmentos inéditos», en *Essays on Hispanic Literature in Honour of Edmund L. King* (al cuidado de Molloy y Cifuentes), Londres, Támesis Books, 1983, pp. 223-239.

UNAMUNO, Miguel de, *Ensayos*, Madrid, Residencia de Estudiantes, seis tomos, 1916-1918.

VALDIVIELSO MIQUEL, Emilio, *El drama oculto. Buñuel, Dalí, Falla, García Lorca y Sánchez Mejías*, Madrid, Ediciones de la Torre, 1992.

VAYREDA, Maria dels Àngels, «Com és Salvador Dalí?», *Revista de Girona*, Girona, núm. 68 (1974), pp. 11-14.

VELA, Fernando, «El suprarrealismo», *Revista de Occidente*, Madrid, vol. VI, núm. XVIII (diciembre de 1924), pp. 428-434.

VIDELA, Gloria, *El ultraísmo. Estudio sobre movimientos poéticos de vanguardia en España*, Madrid, Gredos («Biblioteca Románica Hispánica»), 1963.

VIEUILLE, Chantal, *Gala*, Lausana-París, Faver, 1988.

ZERBIB, Mónica, «Salvador Dalí: "Soy demasiado inteligente para dedicarme sólo a la pintura"», *El País*, «Arte y pensamiento», 30 de julio de 1978, pp. I-VI.

ZERVOS, Christian, «Oeuvres récentes de Picasso», *Cahiers d'Art*, París, núm. 5 (junio de 1926), pp. 89-93.

ÍNDICE ONOMÁSTICO

Los números en cursiva remiten a las páginas de ilustraciones.

LISTADO DE ILUSTRACIONES

p.10. Dalí y Lorca en Figueres, primavera de 1927. El pintor hacía el servicio militar.

Láminas

1. Dalí, *Sueños noctámbulos,* 1922.
2. Dalí, *Retrato* [Federico García Lorca], ca. 1923-1924.
3. *Lorca,* La desesperación del té, *ca.* 1924.
4. Dalí, *Pierrot tocando la guitarra (Gran arlequín y pequeña botella de ron),* 1925.
5. Lorca, «*Slavdor Adil (Peintre)*», 1925.
6. Lorca, *Retrato de Dalí, ca.* 1925. El pintor con la pipa que nunca fumaba.
7. Dalí, *Muchacha de Figueras,* 1926.
8. Dalí, *Naturaleza muerta (Invitación al sueño),* 1926.
9. Dalí, *Naturaleza muerta al claro de luna,* 1926-1927.
10. Dalí, *Composición con tres figuras (Academia neocubista),* 1926.
11. Lorca, *El beso,* 1927.
12. Lorca, *El viento este,* 1927.
13. Lorca, *retrato de Dalí como dioscuro,* 1927.
14. Dalí, *Cenicitas,* 1927-1928.
15. Dalí, *Cenicitas,* la cabeza de Lorca en la línea de playa y mar.
16. Dalí, *Cenicitas,* la cabeza de Dalí (con pechos incorporados).
17. Lorca, dibujo (ca. 1927) regalado a Dalí.
18. Dalí, *Los primeros días de la primavera,* 1929.
19. Dalí, *El juego lúgubre,* 1929.
20. Dalí, *Calavera atmosférica sodomizando un piano de cola,* 1934.
21. Dalí, *Metamorfosis de Narciso,* 1936-1937.
22. Dalí, *El enigma sin fin,*1938.
23. Dalí, *Aparición de un rostro y un frutero en una playa,* 1938.
24. Dalí, *Torero alucinógeno,* 1969-1970.

Ilustraciones

1. Lorca adolescente.

2. Lorca y sus compañeros universitarios con los catedráticos Martín Domínguez Berrueta y José Surroca.

3. Salvador Dalí Cusí, padre del pintor.

4. La familia Pichot en Cadaqués.

5. Rocas del càbo de Creus.

6. Dalí en el Instituto de Figueres, 1916.

7. Dalí en una excursión del Instituto de Figueres.

8. Felipa Domènech, la madre de Salvador Dalí.

9. Carme Roget, la novia del Dalí adolescente.

10. Antonio Segura Mesa, profesor de piano de Lorca.

11. Juan Núñez Fernández, profesor de arte de Dalí.

12. La Residencia de Estudiantes en una postal de la época.

13. Una excursión de la Orden de Toledo, 1925.

14. Lorca con *Sifón y botella de ron*, 1925, que le regaló Dalí.

15. Dalí con *Pierrot tocando la guitarra (Gran arlequín y pequeña botella de ron)*, 1925, acompañado de su tío Anselm Domènech.

16. Lorca y Dalí en Barcelona, 1925.

17. Dalí, Lorca y José Bello cogidos de la mano en la Residencia de Estudiantes, 1926.

18. Picasso, *Estudio con cabeza de yeso* (1925).

19. Dalí, José Moreno Villa, Buñuel, Lorca y José Rubio Sacristán a orillas del Manzanares, 1926.

20. Dalí, *Autorretrat*, 1926.

21. Lorca «haciendo el muerto» en Cadaqués, fotografiado por Anna Maria Dalí.

22. «¡Hola hijo! Aquí estoy».

23. Lorca, dibujo (ca. 1927) de san Sebastián.

24. Dalí, ilustración del santo que acompañó su prosa *Sant Sebastià*.

25. Dalí, *La miel es más dulce que la sangre*, 1927.

26. Dalí, gran plano de la cabeza de Lorca en *La miel es más dulce que la sangre*.

27. Lorca y Dalí en Cadaqués, 1927.

28. Lorca y Dalí en el estreno de *Mariana Pineda*.